Handbuch Weltentdecker

D1726937

www.handbuchweltentdecker.de

weltweiser®

Thomas Terbeck
weltweiser-Team

Handbuch Weltentdecker

Der Ratgeber für Auslandsaufenthalte

Mit übersichtlichen Service-Tabellen

Au-Pair, Freiwilligendienste, Gastfamilie werden, Homestay,
Jobs & Arbeitspraxis, Jugendbegegnungen & Workcamps,
Jugendreisen & Klassenfahrten, Praktika, Schüleraustausch,
Sprachreisen, Studium, Work & Travel,
Programme für Schüler, Schulabgänger, Azubis und Studierende

Impressum

Thomas Terbeck, weltweiser-Team:
Handbuch Weltentdecker. Der Ratgeber für Auslandsaufenthalte,
mit übersichtlichen Service-Tabellen für Au-Pair, Freiwilligendienste, Gastfamilie
werden, Homestay, Jobs & Arbeitspraxis, Jugendbegegnungen & Workcamps,
Jugendreisen & Klassenfahrten, Praktika, Schüleraustausch, Sprachreisen,
Studium, Work & Travel, Programme für Schüler, Schulabgänger, Azubis,
Studierende und Menschen ab 50
10. vollständig überarbeitete und erweiterte Auflage, Cappenberg/Westfalen:
weltweiser Verlag 2018, ISBN 978-3-935897-37-2

Copyright © weltweiser, Cappenberg/Westfalen
Umschlaggestaltung & Grafiken: Dirk Grundner, Hamburg
Satz & Layout: Anuschka Dinter, weltweiser Bonn
Druck: H. Rademann GmbH, Lüdinghausen / Printed in Germany

Dieses Buch ist in jeder Buchhandlung im deutschsprachigen Raum
erhältlich, kann aber auch direkt beim Verlag bestellt werden.

weltweiser Verlag
Schloss Cappenberg – 59379 Selm-Cappenberg
Telefon: 02306 / 978 113 – Fax: 02306 / 978 114
info@weltweiser.de – www.weltweiser.de
www.handbuchweltentdecker.de

Inhaltsverzeichnis

Teil 1: Ratgeber

Teil 2: Service

Teil 3: Info

Man muss aus seinem Haus heraustreten, um zu lernen.

Afrikanisches Sprichwort

Teil 1

Einleitung

„Die größte Sehenswürdigkeit, die es gibt, ist die Welt – sieh sie dir an". Um möglichst viele Jugendliche und junge Erwachsene in die Lage zu versetzen, der klugen Aufforderung des Schriftstellers Kurt Tucholsky zu folgen und sich auf eine Entdeckungsreise zu begeben, ist dieser Ratgeber ein Wegweiser auf den zahllosen Wegen ins Ausland.

Das Handbuch Weltentdecker ist all denen eine echte Hilfe, die sich einen aktuellen Überblick über die zahllosen Programmangebote und -varianten, Teilnahmevoraussetzungen, Bewerbungsmodalitäten und Kosten verschaffen wollen. Es richtet sich sowohl an Schüler*, Schulabgänger, Auszubildende, junge Berufstätige und Studierende, die das Fernweh gepackt hat, als auch an alle anderen, die sich vorstellen können, Erfahrungen im Ausland zu sammeln.

Ob eine Sprachreise nach England, ein High School-Jahr in den USA oder China, Freiwilligenarbeit in Südafrika oder Peru, Au-Pair in Spanien, Work & Travel in Australien und Neuseeland, ein Praktikum in Kanada oder auch ein Studium in den Niederlanden – kaum zu glauben, wie viele der rund 200 Staaten unserer Erde als Ziele für einen Weltentdecker infrage kommen und welche Programmvielfalt sich inzwischen bietet.

In Teil 1 des Ratgebers wird der Leser zur ersten Orientierung mit fundiertem Basiswissen und Hintergrundinformationen versorgt. Hier werden zum einen die wichtigsten Fragen thematisiert, die sich vor der

---

*Aus Gründen der besseren Lesbarkeit wird auf die gleichzeitige Verwendung männlicher und weiblicher Sprachformen verzichtet. Sämtliche Personenbezeichnungen gelten gleichwohl für beiderlei Geschlecht.

Planung eines Auslandsaufenthaltes stellen – von der Entscheidung für ein Zielland bis hin zur Wahl eines geeigneten Anbieters. Zum anderen werden zentrale Themen wie u.a. die persönliche Vorbereitung, Kulturschock und die Zeit nach der Heimkehr behandelt.

Detaillierte Beschreibungen einzelner Programmarten sowie übersichtliche Informationstabellen zu den Angeboten verschiedener Organisationen in Teil 2 ermöglichen eine strukturierte Suche nach persönlichen Programmfavoriten. Hilfreiche Informationen sowie praktische Tipps und Links runden das Handbuch Weltentdecker mit Teil 3 ab. Damit der Traum von der Auslandserfahrung nicht allein von der Größe des Geldbeutels abhängen muss, findet sich in Teil 3 zudem eine umfangreiche Sammlung verschiedener geförderter Programme und Stipendien, die mögliche Perspektiven bieten können.

Wir hoffen, mit unserem Ratgeber durch fundierte Informationen und Tipps die eine oder andere Verunsicherung in Bezug auf einen möglichen Auslandsaufenthalt nehmen zu können. Nicht zuletzt möchten wir dazu motivieren, die Welt entdecken zu wollen – aus persönlicher Erfahrung sind wir davon überzeugt, dass es sich lohnt!

Viel Spaß auf der Entdeckungsreise wünscht
das Autoren-Team

www.handbuchweltentdecker.de
Infos – Links – Tipps

Erste Schritte

Eine junge Frau plant vor dem Start ins vermeintlich stressige Berufs-leben eine ausgiebige Weltreise und will sich dabei auf die Spuren der Inkas, Mayas und Maori begeben. Ein junger Mann möchte nach seiner Ausbildung in Deutschland seine in Valencia studierende Freundin be-suchen und dabei gleichzeitig Spanisch lernen. Eine Abiturientin plant ein freiwilliges Jahr im Ausland und hofft, möglichst kostengünstig im sozialen Bereich in einem Entwicklungsland wirken zu können. Der American Way of Life fasziniert einen jungen Hotelkaufmann so sehr, dass er sich im Rahmen eines Praktikums in Texas ein Bild davon ma-chen möchte, wie es wäre, dort in der Hotellerie tätig zu sein. Diese Bei-spiele zeigen, dass ein Auslandsaufenthalt verschiedenste Sehnsüchte und Wünsche befriedigen kann. Und zum Glück gibt es für fast jedes Vorhaben ein passendes Programm: Ob Au-Pair, Freiwilligendienste, Homestay, Jobs & Arbeitspraxis, Jugendbegegnungen & Workcamps, Praktika, Schüleraustausch, Sprachreisen, Studium, Work & Travel, Ju-gendreisen & Klassenfahrten, Auslandsaufenthalte für unter 18-Jährige nach dem Schulabschluss, für Azubis, für Menschen ab 50 oder aber die Möglichkeit, sich als Gastfamilie die Welt nach Hause zu holen – in Teil 2 dieses Buches werden alle Programme und ihre Rahmenbedin-gungen thematisiert.

Um das individuell am besten passende Angebot für sich zu finden, ist es jedoch sinnvoll, sich und seine Pläne zunächst kritisch zu hinterfra-gen. Was steckt hinter dem Drang, den Schritt ins Ausland zu wagen? Ist die Motivation persönlicher, sprachlicher, kultureller oder beruflicher Natur? Oder vielleicht eine Mixtur aus diesen Dingen? Wie will man den Auslandsaufenthalt gestalten? Wozu soll er dienen? Sollen Spaß oder Arbeit im Vordergrund stehen? Wie viel Geld hat man zur Verfügung? Was ist einem wichtig, um sich wohl zu fühlen? Ist man geeignet für all das, was man sich vorgenommen hat? Ist man der Typ dafür? Wo soll es überhaupt hingehen?

Wohin denn bloß?

Orientiert man sich an den Teilnehmerzahlen, so fällt auf, dass einige Programme eindeutige Schwerpunkte bezüglich der Zielregionen haben. Deutsche Au-Pairs gehen immer noch vorwiegend in die USA und nach Großbritannien. Work & Traveller zieht es vornehmlich nach Australien, Neuseeland oder Kanada. Bei internationalen Freiwilligendiensten finden sich die Projekte zu einem großen Teil in afrikanischen, asiatischen oder lateinamerikanischen Ländern, während der Europäische Freiwilligendienst oder der Internationale Jugendfreiwilligendienst als freiwilliges soziales oder ökologisches Jahr fast ausschließlich auf europäischer Ebene absolviert wird. Für Auslandssemester während des Studiums zieht es die meisten Studenten nach Spanien oder Frankreich, während Österreich und die Niederlande die beliebtesten Länder für ein Vollzeitstudium im Ausland sind. Sprachreisen finden wiederum verstärkt nach Großbritannien statt.

Die Entfernung zu einem bestimmten Land kann ausschlaggebend für die Entscheidung sein, wohin es gehen soll. Für die einen ist es wichtig, möglichst innerhalb von Europa zu reisen, um verhältnismäßig nahe bei Verwandten und Freunden zu bleiben. Für die anderen kann es gar nicht weit genug weg gehen und sie wähnen sich schon in der Südsee oder in Afrika. Und es gibt auch solche, die das große Ganze interessiert und die während eines einjährigen Gap Years alle fünf Kontinente erkunden wollen

Das liebe Geld

Neben der eigenen Länderpräferenz kann die Finanzierung zum Ausschluss bestimmter Ziele führen. Ein Praktikum in London oder ein Studium in Vancouver wollen erst einmal bezahlt sein. So wirft man seine Pläne, sich an den zur Verfügung stehenden Geldmitteln orientierend, im Verlauf der Planungen immer mal wieder um. Der finanzielle Aspekt wird gern unterschätzt, da man auf Stipendien hofft, den festen Glauben hat, dass sich die Programme quasi selbst tragen oder überzeugt davon ist, bei einem Praktikum fürstlich entlohnt zu werden. Ein weit verbreiteter Irrtum! Tatsächlich ist die Zahl zur Verfügung stehender Stipendien, komplett geförderter oder teilfinanzierter Programme überschaubar klein. Aus dem Studium in Vancouver wird dann vielleicht ein Erasmus-Semester in Manchester und anstelle des Praktikums in London engagiert man sich im Rahmen des Europäischen Freiwilligendienstes in einem kleinen Projekt nahe Rom. Diese oder ähnliche Kompromisse ermöglichen dennoch eine unvergessliche und erfahrungsreiche Zeit im Ausland.

Habe die Ehre, liebe Sprachbarriere!

Welcome! Shalom! Hallo! ¡Olá! Ni hao! Jasu! Bienvenue! Ciao! Merhaba! Czesc! Privet! Diese internationalen Willkommensgrüße sind dem einen oder anderen vielleicht noch bekannt. Aber danach wird es auch schon dünn. Man fragt sich beunruhigt, wie die Verständigung im fremden Land denn funktionieren soll.

Forscher berichten, dass asiatische Honigbienen innerhalb weniger Wochen die tänzerische Sprache ihrer weit entfernten europäischen Verwandten erlernen können. Was so eine Biene kann, funktioniert ganz ähnlich bei einem längerfristigen Aufenthalt im Ausland. Man muss die Sprache des Gastlandes nicht zwangsläufig perfekt beherrschen, bevor es losgehen kann. Niemand sollte von vornherein kapitulieren, nur weil es daran hapert. Schließlich kann man als kontaktfreudiges Wesen auch in einer vollkommen fremden Umwelt mit Händen und Füßen kommunizieren – und auf diese Weise sehr schnell Lernfortschritte beim Spracherwerb erzielen. Wer eine reine Sprachreise plant, hat solche Sorgen ohnehin nur bedingt. Schließlich dient diese ja gerade dazu, den Umgang mit der Fremdsprache zu erleichtern. Steht man allerdings vor einem Studium in den USA, einem Freiwilligendienst in

Südamerika oder einem Praktikum in Paris, so sollten doch mindestens Basiskenntnisse der jeweiligen Landessprache vorhanden sein. Bei manchen Programmen sind diese bzw. ein fortgeschrittenes Sprachlevel sogar Teilnahmevoraussetzung. Unabhängig davon ist es ein Zeichen einer guten Vorbereitung und eines gewissen Respekts, wenn man sich vorab mit der Sprache seines Gastlandes auseinandersetzt.

Länge des Aufenthalts

Wie lang ist zu lang? Wie kurz ist zu kurz? Gibt es überhaupt einen idealen Zeitraum? Je nach Programmart hat man die Möglichkeit, von einer Woche bis zu zwei Jahren oder sogar noch länger seine Spuren im Ausland zu hinterlassen. Als Au-Pair betreut man in der Regel für ein Jahr die Kinder einer Gastfamilie. Bei einem Work & Travel-Aufenthalt kann jeder selbst entscheiden, ob er für zwei Monate, ein halbes oder ein ganzes Jahr reisen und arbeiten geht. Der Besuch einer Sprachschule zur Verbesserung der Englisch-, Spanisch-, Italienisch-, Französisch-, Arabisch- oder Russischkenntnisse dauert für gewöhnlich ein bis vier Wochen – kann jedoch auch deutlich länger ausfallen. Ein Freiwilligendienst ist für wenige Wochen, mehrere Monate oder länger denkbar. Praktika für vier Wochen, vier Monate oder ein Jahr sind möglich.

Manchmal bringt es die Situation mit sich, dass man seinen Aufenthalt entgegen der ursprünglichen Planungen spontan vor Ort verlängert und – in seltenen Fällen – sogar ganz seine Zelte im Ausland aufschlägt. Wer solche Gedanken prinzipiell hegt, sollte sich bereits vor der Ausreise umfassend über Visumsbestimmungen informieren, da auf diese Weise viel Zeit, Mühe und Geld gespart werden kann. Dies gilt natürlich insbesondere für Reisen außerhalb Europas.

Die Dauer des Aufenthalts hängt zudem auch von einer Reihe anderer Faktoren ab.

- **Faktor Zeit:** Für wie lange traue ich mir zu, nach dem Abitur die Welt zu erkunden? Wann beginnt mein Fachhochschulstudium? Wie viel Zeit zum Reisen lässt mein Studium zu? Welche Freiräume lässt mir die Ausbildung? Wie viele Urlaubstage bietet mir mein Job? Wie lange würde mich mein Chef wohl freistellen? Kann ich während meiner Schulzeit ein Auslandsjahr einschieben?
- **Faktor Geld:** Wie sieht es mit meinen Finanzen aus? Kann ich mir das Programm A überhaupt leisten oder entscheide ich mich aus Kostengründen für Programm B? Wer kommt als potenzielle Geldquelle infrage? Wo kann ich jobben, um mir etwas dazuzuverdienen? Welche alternativen Finanzierungsmöglichkeiten gibt es?
- **Faktor Freunde und Verwandte:** Wie lange bin ich bereit, Familie und Freunde zu verlassen? Kann ich mich länger als einen Monat von meinem Freund/meiner Freundin trennen? Kommt das Fußballteam überhaupt ein halbes Jahr ohne mich aus?

Viele dieser Fragen kannst nur du selbst beantworten. Sicher ist jedoch: Je länger man eine Zeit in der Ferne verbringt, desto tiefer taucht man in die Lebensweise, die Kultur und den Alltag der Menschen dort ein. Sollte man allerdings nur die Möglichkeit auf einen Kurzzeitaufenthalt haben, bleibt immer noch die Option, sich das Ausland langfristig nach Hause zu holen. Viele Menschen aus den verschiedensten Winkeln dieser Erde würden sich über eine liebevolle deutsche Gastfamilie freuen. Auch auf diesem Weg kann man sich interkulturell begegnen, ohne den Heimathafen für längere Zeit verlassen zu müssen. Das äußerst gelungene Motto der Fußballweltmeisterschaft 2006 in Deutschland „Die Welt zu Gast bei Freunden" gilt hier als Ansporn.

Einsam oder gemeinsam?

Fällt die Entscheidung, zu einem zweiwöchigen Sprachkurs oder einem vierwöchigen studien- bzw. berufsbezogenen Praktikum allein anzureisen, noch relativ leicht, so kommt man bei mehrmonatigen Auslandsaufenthalten schon eher ins Grübeln, ob der Weg in die Fremde nicht doch besser zu zweit, zu dritt oder in einer Gruppe in Angriff genommen werden soll. In der Gemeinschaft teilt man vor, während und nach der Reise Freuden, Sorgen, Hoffnungen, Eindrücke und Wünsche mit Gleichgesinnten und ist nicht auf sich allein gestellt. Allerdings birgt eine gemeinsame Ausreise auch diverse Probleme. Der beste Freund oder die beste Freundin in Deutschland muss nicht zwangsläufig die ideale Begleitung sein. Das glücklichste Pärchen könnte schnell zum unglücklichsten Duo werden, stellt man während des Trips fest, dass manche Ansichten sich doch ganz schön unterscheiden und das ständige Miteinander kaum Luft zum Atmen lässt. Für den Alltag in Deutschland ist man kompatibel und versteht sich blind. Die Zeit im Ausland zeigt einem aber vielleicht schnell Grenzen des gemeinsamen Miteinanders auf.

Allein starten heißt nicht allein bleiben. Im Gegenteil. Gerade in den klassischen Backpackerländern Australien oder Neuseeland und in fast allen anderen Teilen der Welt trifft man immer wieder und nahezu überall auf Weltentdecker aus der ganzen Welt. Man lernt sich kennen, tauscht sich aus und verbringt einen Abschnitt seiner Tour zusammen. Es entstehen mitunter Freundschaften, die noch lange nach dem Aufenthalt Bestand haben. Jenseits typischer Rucksackrouten begegnet man Menschen, die für die Dauer von einigen Tagen, Wochen oder Monaten Teil der Entdeckungsreise werden. Im Ausland ist eigentlich niemand allein, der bereit ist, sich auf einen zunächst fremden Rhythmus einzulassen, die Kommunikation mit den Einheimischen zu suchen und sich aktiv am Alltagsleben zu beteiligen. Eine Prise Selbstbewusstsein, Offenheit, Interesse an der anderen Kultur und ein Lächeln zum richtigen Zeitpunkt helfen enorm.

Es gibt natürlich auch Programme, bei denen es Sinn und Zweck ist, allein auszureisen. Ohne deutschsprachige Mitreisende fällt der Fremdspracherwerb mitunter leichter und man lernt schneller dazu. Es wird das zumeist positive Signal gesetzt, dass man ohne die gewohnten Gefährten aus der eigenen Heimat das Land, seine Menschen und seine

Kultur kennenlernen möchte. Es ist nicht selten einfacher möglich, mit Einheimischen in Kontakt zu treten, sich mit ihnen auszutauschen und alltägliche Dinge zu erfragen. Zu zweit oder in einer Gruppe wird diese Art des „direkten" Kulturaustauschs seltener gewählt. Man verlässt sich zu sehr aufeinander.

In Momenten von Selbstzweifeln und Resignation hilft es ein klein wenig weiter, sich folgenden Satz vor Augen zu führen: „Es ist nicht besser. Es ist nicht schlechter. Es ist einfach anders". Wäre es das nicht, brauchte man seine gewohnte Umgebung ja erst gar nicht zu verlassen.

Unterkunftsarten

Die Auswahl an möglichen Wohn- und Schlafstätten während der Zeit im Ausland ist groß – und es ist für jeden Geldbeutel und Geschmack etwas dabei. Bei einer Sprachreise hat man die Wahl zwischen Gastfamilienaufenthalt, Wohnen im Hause des Lehrers, Internat-, College- oder Campusunterkünften, Hotels, Pensionen, Ferienwohnungen oder gar Studios. Hier gilt, dass das Leben in einer Gastfamilie sicherlich die intensivste Art und Weise darstellt, um Land, Leute und Kultur kennenzulernen. Als Familienmitglied auf Zeit bekommt man den Alltag hautnah mit, sei es auch nur für ein paar Wochen. Während des individuellen Rucksacktrips à la Work & Travel entscheidet man oft erst vor Ort, wo man für eine Weile unterkommt. Es bietet sich an, das internationale Flair von Hostels mit vielen anderen Backpackern zu spüren, Wohngemeinschaften auf Zeit zu gründen oder sich kurzerhand den komfortablen Kofferraum des Ford Falcon Station Wagon zur Schlafstätte umzubauen und so seine persönliche Freiheit zu manifestieren. Freiwilligendienstler wohnen nicht selten in Gastfamilien oder in Volunteer-Unterkünften mit anderen Engagierten zusammen. Die Ausstattung der Unterkünfte der Freiwilligen ist gerade in Schwellen-

oder Entwicklungsländern häufig eher einfach. Waschmaschinen und eine ununterbrochene Strom- und Wasseranbindung sind keineswegs selbstverständlich. Interessenten für Schüleraustauschprogramme können neben dem klassischen Gastfamilienaufenthalt auch die Unterkunft in einem Internat wählen. Allerdings spielt man dann preislich in einer ganz anderen Liga. Praktikanten haben – ähnlich wie Sprachreisende – zwischen vielen verschiedenen Optionen die Qual der Wahl. Als Au-Pair weiß man hingegen von vornherein, dass man in seiner Gastfamilie leben wird. Die hohe Dichte an meist gut eingerichteten Campingplätzen lädt in vielen europäischen Ländern, in Australien, Neuseeland, Kanada und den USA dazu ein, das gute alte Zelt, Campingkocher, Isomatte, Taschenlampe und Schlafsack mit einzupacken – und kann eine exzellente „Low-Budget-Variante" sein. In Mittel- und Südamerika, Afrika und Asien ist die Campingausrüstung in den meisten Fällen dagegen überflüssiger Ballast.

Mit oder ohne Veranstalter?

Nicht selten stellt sich die Frage, ob der Auslandsaufenthalt auf eigene Faust oder mit der Hilfe eines professionellen Veranstalters angegangen werden soll. Natürlich bleibt diese Entscheidung letztendlich jedem selbst überlassen. Es gilt allerdings zu beachten, dass bei manchen Programmen ein Aufenthalt im Ausland ohne Agentur sogar illegal ist. Für Au Pairs in den USA ist es zum Beispiel unerlässlich, über eine deutsche Mittlerorganisation einzureisen. Bei anderen Programmen ist es schlicht und einfach sinnvoll, sich für einen konkreten Anbieter zu entscheiden. Bei der Realisierung von internationalen Freiwilligendiensten bedarf es nicht nur einer deutschen Trägerorganisation, sondern auch einer professionellen Vorbereitung, Betreuung und pädagogischen Begleitung vor Ort sowie einer umfangreichen Nachbereitung zur gemeinsamen Reflexion. Häufig hört man von Work & Travel-Teilnehmern im Anschluss an ihre Reise, dass sie wohl besser ohne deutsche Agentur ausgereist wären. Viele Dinge ließen sich selbstständig in Angriff nehmen, und um Flugbuchung, Visumsbeschaffung, Versicherungsschutz oder Kontoeröffnung hätte man sich eigenständig kümmern können. Das ist sicherlich nicht falsch, und daher ziehen nicht wenige Work & Traveler ohne die Hilfe einer Organisation los. Allerdings wird in solchen Momenten gern vergessen, dass die Vorbereitung in Deutschland und die Betreuung in den ersten Tagen im Gastland nicht selten entscheidend mit dazu beiträgt, sich unabhängig und flexibel fortzubewegen und selbstständig zu agieren. Ein Aufenthalt ohne die Hilfe eines professionellen Veranstalters kann neben dem Aspekt der Ersparnis einiger Euro sicherlich andere Motive haben. Für manche gehört es einfach dazu, die Reise von A bis Z selbst zu planen, und es entspricht ihrem Verständnis von Freiheit und Emanzipation, die ersten großen Schritte in die Ferne selbstständig zu organisieren. Das Internet bietet überdies die Möglichkeit, in Foren für Fernwehgetriebene Ausschau nach Informationen und Gleichgesinnten zu halten, und so vielleicht bereits im Vorfeld einen Reisepartner zu finden. Die Entscheidung liegt am Ende bei jedem Einzelnen, aber die folgenden Beispiele sprechen sicherlich für die Unterstützung durch eine Agentur:

- Für viele, die es zum ersten Mal in die Ferne zieht, ist der Gedanke, im Gastland allein dazustehen, beängstigend. Die Inanspruchnahme einer Organisation eröffnet die Möglichkeit, andere Fernwehinfizierte vor der Ausreise kennen zu lernen, Ängste, Sorgen und Erwartungen zu teilen und zusammen loszureisen. Das wirkt mitunter sehr beruhigend.
- Vorbereitungsseminare in Deutschland und Einführungsseminare im Gastland erleichtern die ersten Schritte und sind für viele Programme unerlässlich.
- Die Hilfe bei der Beantragung eines Visums, ein maßgeschneiderter Versicherungsschutz sowie das Buchen von Schlafstätten oder Flugtickets zu vergünstigten Preisen durch Profis stellen selbst für erfahrene Weltentdecker Erleichterungen dar.
- Es besteht eine Betreuungsstruktur, auf die während des Aufenthalts jederzeit zurückgegriffen werden kann. Für Familie und Freunde gibt es jederzeit einen Ansprechpartner in Deutschland.

- Die deutschen Veranstalter und ihre Partner in den Gastländern lernen von ihren Programmteilnehmern und modifizieren Jahr für Jahr die Programme, um ein ausgewogenes Gleichgewicht zwischen den Bedürfnissen der Reisenden und den objektiv gegebenen Möglichkeiten im Gastland zu finden. So werden Enttäuschungen und Probleme minimiert.

Vom Suchen und Finden

Wenn man sich dafür entschieden haben sollte, seinen Aufenthalt über eine Organisation abwickeln zu lassen, sieht man sich mit einer großen Menge von potenziellen Anbietern und noch mehr Programmangeboten konfrontiert. Noch relativ überschaubar ist der Markt bei Agenturen für Work & Travel-Aufenthalte, Auslandspraktika sowie Studium im Ausland. Sind es bei Schüleraustauschprogrammen dann schon über 80 deutsche Veranstalter, die zur Auswahl stehen, so ist die Anzahl bei Sprachreisen und internationalen Freiwilligendiensten noch deutlich höher. Bei der Suche nach dem idealen Anbieter bzw. Programm ist es daher wichtig, die vielfältigen Programmangebote anhand von bestimmten Kriterien zu „sortieren". Folgende Fragen können dabei helfen, vor allem wenn die Antworten nach der persönlich festgelegten Relevanz gewichtet werden:

- Ist der Programmbeginn zum gewünschten Zeitpunkt möglich?
- Kann man die Dauer seines Aufenthaltes flexibel bestimmen?
- Inwieweit kann die Organisation individuelle Wünsche erfüllen?
- Wann muss man sich spätestens bewerben?
- Wie verläuft die Bewerbungsphase?
- Werden bestimmte Qualifikationen oder Abschlüsse (Mittlere Reife, Abitur, Berufsausbildung, Hochschulstudium) vorausgesetzt?
- Müssen für das gewünschte Programm Sprachkenntnisse nachgewiesen werden? Wenn ja: Wie? Durch Schulzeugnisse, Gutachten oder bestimmte Sprachzertifikate?
- Welche Leistungen bzw. Hilfestellungen bietet die Organisation an?

Buchung der Flüge bzw. Organisation der An- und Abreise? Abschluss von Versicherungen (Kranken-, Unfall-, Haftpflicht-, Gepäck-, Reiserücktrittsversicherung)? Vermittlung einer Unterkunft (z.b. Gastfamilie, WG-Zimmer, Hotel)?

- Welche dieser Leistungen sind im angegebenen Preis bereits enthalten und welche nicht?
- Entspricht der Programmpreis dem, was man sich leisten kann?
- Besteht die Option, den Programmpreis in Raten zu zahlen?
- Was passiert bei Rücktritt?
- Kann die Organisation Tipps für finanzielle Förderungen geben bzw. vergibt sie selbst Stipendien?
- Seit wann bietet die Organisation das Programm in dem Land an, für das man sich interessiert? Wie erfahren sind die derzeitigen Programmbetreuer?
- Wie viele Programmteilnehmer gab es im vergangenen Jahr?
- Gibt es Kontaktmöglichkeiten zu ehemaligen Teilnehmern, um Erfahrungen auszutauschen?
- Wie gestalten sich die Betreuungsstrukturen in Deutschland und im Gastland? Hat man feste Ansprechpartner?
- Werden Vor- und Nachbereitungsseminare in Deutschland angeboten? Wenn ja: In welchen Städten finden sie statt, wie lang dauern sie und welche Inhalte werden behandelt?
- Werden Einführungsseminare im Gastland angeboten?
- Reist man allein oder gibt es das Angebot einer Gruppeneinreise? Wird man nach Ankunft im Gastland am Flughafen abgeholt?
- Kann während des Programms (z.B. an Wochenenden) oder im Anschluss an das Programm „frei" gereist werden?
- Bestätigt die Organisation nach Abschluss des Programms offiziell und schriftlich die Teilnahme in Form eines Zertifikats oder Zeugnisses?

Es schadet nicht, wenn man vor der Buchung die Teilnahme- bzw. Geschäftsbedingungen und die Leistungsbeschreibungen eines jeden Anbieters einmal intensiver studiert. Im Gegenteil. Man erspart sich da-

durch böse Überraschungen. Insbesondere Abschnitte zu Rücktritts-
oder Zahlungsbedingungen sollten genauer unter die Lupe genommen
werden.

> Das zentrale Kriterium bei der Auswahl des Veranstalters ist
> die Qualität der Beratung und Betreuung vor, während und
> nach dem Auslandsaufenthalt durch persönliche Gespräche und
> Telefonate, E-Mail-Kontakt sowie Vorbereitungs-, Einführungs- und
> Nachbereitungsveranstaltungen.

Da die Betreuung im Gastland in der Regel über Partnerorganisationen
stattfindet, ist es im Vorfeld jedoch unmöglich, eine Prognose darüber
abzugeben, in welchem Umfang und in welcher Qualität sich lokale
Betreuer um einen kümmern werden. Daher muss es bei der Auswahl
des Veranstalters vor allem darum gehen, dass jenseits des objektiven
Preis-Leistungs-Vergleichs der persönliche Draht zu den deutschen
Programmverantwortlichen stimmt, also das subjektive „Bauchgefühl".
Denn bei der Lösung von Problemen im Gastland kommt es eben nicht
selten auch darauf an, wie und in welchem Umfang sich der deutsche
Veranstalter bei seinen Partnern einsetzt.

Als Entscheidungshilfe bei der Wahl des individuell passenden Pro-
grammanbieters können schließlich Qualitätsstandards dienen, die
durch die Mitgliedschaften in einem nationalen oder internationalen
Verband garantiert werden sollen. Da es sich bei diesen Zusammen-
schlüssen nicht zuletzt um Interessengemeinschaften handelt, sagt
eine Mitgliedschaft in einem solchen Verband jedoch nicht zwangsläufig etwas über die Qualität der angebotenen Programme aus. Das
Gesamtpaket muss stimmen.

Du und dein Aufenthalt

Persönliche Vorbereitung

Gut vorbereitet sein sollte man nicht nur für eine wichtige Prüfung, ein Vorstellungsgespräch oder ein prestigeträchtiges Lokalderby. Eine gute Vorbereitung ist für den Aufenthalt im Ausland unbedingt erforderlich. Zunächst einmal schadet es nicht, wenn man sich Literatur über das Gastland besorgt, um sich über kulturelle, landestypische, geografische oder sprachliche Besonderheiten und Bräuche zu informieren. So erspart man sich und anderen Stress, Ratlosigkeit und peinliche Situationen in der Fremde. Darüber hinaus ist es wichtig, sich bewusst zu machen, dass man als Weltentdecker die Rolle des Botschafters seines Landes übernimmt. Dementsprechend sollte man sich auch verhalten. Dabei ist die Akzeptanz von und das Interesse an Bräuchen und Sitten der Gastländer eine Grundvoraussetzung.

Insbesondere bei längerfristigen Planungen müssen eine Menge Details bedacht werden, die je nach Gastland und Programmart mehr oder weniger relevant sind:

- Ist der Reisepass lange genug gültig?
- Ist man rundum versichert?
- Stehen Impfungen an und sollten Medikamente besorgt werden?
- Welche Währung gilt vor Ort und welche Zahlungsmittel nimmt man mit (EC-Karte, Kreditkarte, Bargeld)?
- Sind wichtige Dokumente wie Pass, Zeugnisse, Nummern von Bankkarten, Kontakt- und Reisedaten sowie Flugtickets kopiert, auf einem USB-Stick gesichert, sicher verstaut und bei Eltern und/oder Freunden hinterlassen?
- Braucht man eine amtliche Übersetzung des Führerscheins oder sollte ein internationaler Führerschein beantragt werden?
- Wird ein Adapter für elektronische Geräte benötigt?
- Muss ein Zwischenmieter organisiert werden?
- Sollten Strom, Gas oder Wasser abgestellt werden?

Andere Länder, andere Sitten

Länder unterscheiden sich nicht nur aufgrund ihrer Sprache, Währung und des Klimas, sondern vor allem durch das Verhalten bzw. die Kultur der Einwohner voneinander. Man sieht sich in der Fremde oft mit völlig unbekannten Verhaltensweisen konfrontiert. Schon bei der Begrüßung kann es zu ersten Problemen kommen: Hände schütteln? Kopf nicken? Auf die Schulter klopfen? Wangenkuss? Verbeugung?

Nicht überall zählt ein fester Händedruck zum typischen Begrüßungsritual und eine vermeintlich normale Gestik und Mimik können mancherorts zu Missverständnissen führen. Ein gut gemeintes Gastgeschenk muss kein Auslöser von Freude oder Dankbarkeit sein. Im Gegenteil: Wer einem Italiener Chrysanthemen überreicht, sollte schon mal die Flucht ergreifen – sie gelten als Trauerblumen. Schmatzen, Rülpsen und Schlürfen gehört zum guten Ton in Japan oder China – man signalisiert damit, dass es schmeckt. Naseschnäuzen ist dagegen strengstens tabu. Beim Kauf hochwertiger Waren ist es in der Türkei, Marokko oder Thailand gang und gäbe, um den Preis zu feilschen. In den USA ist der Konsum von Alkohol in der Öffentlichkeit nicht nur ungern gesehen, sondern schlichtweg verboten – beim Schlendern durch diverse Parkanlagen fällt einem aber schnell auf, dass dieses Verbot durch das Umhüllen von Alkoholika mit blickdichten Papiertüten umgangen wird. In islamischen Ländern sollten Frauen und Männer nicht zu viel Haut zeigen, und beim Besuch von Kirchen, Moscheen, Synagogen und anderen religiösen Kultstätten sowie offiziellen Anlässen sollten knappe Shorts und Tops tabu sein – sie werden nicht selten als Zeichen eines schlechten Stils und Respektlosigkeit verstanden. Leider halten sich viele Touristen nicht daran. Fest steht: Um wesentliche Fettnäpfchen möglichst zu vermeiden, sollte man sich zumindest mit den rudimentären Gepflogenheiten und kulturellen Eigenarten des Gastlandes vertraut machen – und zwar, bevor die Reise losgeht. Bekanntschaft mit dem Phänomen „Kulturschock" wird man allerdings wahrscheinlich trotzdem machen.

Kulturschock

Als Kulturschock bezeichnet man die Phase, in der die Andersartigkeit des Gastlandes, die man zunächst als aufregend und reizvoll angesehen hat, Verunsicherung, Unwohlsein und Frustration auslöst. Die große Mehrheit aller Menschen, die es eine Zeit lang ins Ausland zieht, wird mit diesem Phänomen konfrontiert.

Die ersten Wochen des Auslandsaufenthalts erleben viele in einer euphorischen Stimmung. Alles ist neu und muss erkundet werden. Selbst ein Einkauf im Supermarkt oder der tägliche Weg zur Sprachschule, zur Universität oder zum Freiwilligenprojekt werden zum Erlebnis. Losgelöst von den gewohnten Konventionen scheint das Leben in der neuen Umgebung einfach und abwechslungsreich zu sein. Gute Stimmung macht sich breit. In dieser Phase vergeht ein Tag schneller als der andere und es bleibt kaum Zeit, an Eltern, Freunde und Bekannte in der Heimat zu denken. Eine Verabredung mit neuen Freunden jagt die nächste, Projektteilnehmer aus vielen Teilen der Welt wollen einen kennenlernen und die Gastfamilie investiert viel Zeit und Geduld, um die ersten Wochen so angenehm wie möglich zu gestalten. Alles ist vom Feinsten und man kann sich nicht vorstellen, dass jetzt noch etwas schiefgehen könnte.

Doch dann kommt die Ernüchterung. Langsam erkennt man, dass das Leben im Gastland nach einem gleichförmigen Alltagstrott abläuft, der keineswegs so aufregend ist, wie das zu Anfang angenommen wurde. Der Schulunterricht langweilt, das Praktikum vermittelt nicht die erhofften praktischen Fähigkeiten und die Mitarbeit beim Freiwilligenprojekt bietet zu wenig Abwechslung. Die Freizeitgestaltung verläuft unspektakulärer als erwartet: Mitschüler, andere Au-Pairs aus der Nachbarschaft oder Praktikumskollegen finden nur selten eine freie Minute, um sich mit einem zu treffen. Die Gasteltern sehen sich aufgrund ihrer beruflichen und privaten Verpflichtungen nicht permanent in der Lage, für einen da zu sein und erwarten, dass man sich selbst beschäftigt. An die

Stelle der anfänglichen Rücksichtnahme tritt allmählich Normalität und es wird verlangt, die bequeme Rolle des außenstehenden Beobachters und Gastes gegen die des gleichberechtigten Familienmitglieds, Klassen- und Projektkameraden oder Praktikumskollegen einzutauschen.

Nicht wenige bekommen in dieser Phase einen Kulturschock, weil sie durch die von ihnen verlangte Anpassung an die Sitten und Gewohnheiten des Gastlandes ihre persönliche und kulturelle Identität bedroht sehen und bestimmte Verhaltensweisen nicht akzeptieren wollen. Wann diese Phase eintritt, wie lang sie dauert und in welcher Form sie in Erscheinung tritt, ist individuell verschieden. Die Symptome sind jedoch oft die gleichen: Man fühlt sich niedergeschlagen, ist depressiv und entwickelt eine Abneigung gegen das Gastland, das man bei jeder sich bietenden Gelegenheit kritisiert. Plötzlich fallen einem Klima, Sprache und Gerüche zur Last und man verspürt das Bedürfnis, deutsch zu essen und deutsch zu sprechen. Die Heimat erscheint in dieser Phase in einem strahlenden Licht, Probleme mit Eltern, Freunden und Lehrern sind aus der Erinnerung radiert. Körperliche Anzeichen des Kulturschocks können unter anderem der Drang zum ständigen Händewaschen, Fressorgien oder die Verweigerung der Nahrungsaufnahme sowie ein ausgeprägtes Schlafbedürfnis und eine ständige Gereiztheit sein.

Selbstmitleid hilft in dieser Phase nicht weiter. Auf keinen Fall sollte man sich über einen längeren Zeitraum hängen lassen! Um aus der Lethargie zu erwachen, muss man sich verstärkt mit der neuen Umgebung auseinandersetzen. Es gilt dabei zu vermeiden, die Kultur des Gastlandes ständig mit dem Leben in Deutschland zu vergleichen. Insbesondere sollte immer daran gedacht werden, dass es keine höheren oder minderwertigen Kulturen gibt, sondern nur andere. Sicherlich nerven verschiedene Eigenarten von Mitschülern, Gasteltern oder Vorgesetzten, aber selbst in der Heimat gibt es garantiert genügend Dinge, mit denen man weniger gut zurechtgekommen ist oder die eine Belastung dargestellt haben. Mit Verallgemeinerungen in dem Sinne, dass man von dem Australier, dem Brasilianer oder dem Japaner „an sich" spricht, sollte man vorsichtig sein, da diese Klassifizierung der Verschiedenheit der Menschen nicht gerecht wird. Es gibt immer „solche und solche"! Die Flucht in eine vermeintlich heile Traumwelt ist der falsche Weg. Ablenkung in Form von vielfältigen Aktivitäten ist die richtige Reaktion. Gerade jetzt ist es wichtig, dass Kontakte zu „Einheimischen" aufgebaut und Sprachkenntnisse verbessert werden. Wer sich nicht in die Isolation zurückzieht und aufgeschlossen auf neue Bekannte und Freunde zugeht, lernt garantiert viele nette Menschen kennen, die einen so akzeptieren, wie man ist. Natürlich verlangen sie Toleranz und Feingefühl gegenüber bestimmten Gepflogenheiten, Sitten und Gebräuchen. Und auf die Einhaltung von geläufigen Höflichkeitsformeln wird gemeinhin gesteigerter Wert gelegt. Die Verleugnung seiner kulturellen Hintergründe oder gar eine hundertprozentige Assimilierung erwartet jedoch niemand. Die Angst, durch Anpassung seine Identität zu verlieren, ist daher unbegründet. Im Gegenteil: Gerade das bewusste Erleben einer anderen Lebensweise stärkt und bereichert die eigene Identität.

Ein alter Indianerspruch lautet: „Wenn du den anderen verstehen willst, gehe einige Zeit in seinen Mokassins". Wenn du das verinnerlichst, bist du sicherlich nicht auf dem falschen Weg.

Heimweh

Nach überstandenem Kulturschock und erfolgreicher Integration steht einem unbeschwerten Aufenthalt nichts mehr entgegen. Viele Reisende werden bei längerfristigen Aufenthalten jedoch gelegentlich von Heimweh geplagt. Besonders zu Ostern, Weihnachten und Silvester sowie am eigenen Geburtstag stehen die Chancen gut, von ungewohnter Schwermut und Traurigkeit erfasst zu werden. Das ist einfach zu erklären: Seit vielen Jahren spielen sich im heimischen Elternhaus, in der langjährigen Wohngemeinschaft oder im trauten Heim mit Freund oder Freundin an diesen Tagen immer die gleichen Rituale ab, die einem das Gefühl von Geborgenheit und Vertrautheit geben. Das fürsorgliche Bemühen um Vertrautes im Gastland wird daher in der Regel nichts daran ändern können, dass an den Festtagen etwas fehlt und man ein wenig „geknickt" ist.

Die Hochsaison für Heimweh ist üblicherweise die Zeit von Weihnachten bis Neujahr. Diese emotional aufgeladenen Tage verbringt man in vielen Ländern im Kreise der Familie, und es bieten sich unzählige Gelegenheiten, melancholisch zu werden. Trösten kann man sich mit der Gewissheit, das nächste Weihnachtsfest wieder in gewohnter Atmosphäre zu feiern, und dieses Jahr eine neue Erfahrung zu machen. Da das „Feiertags-Heimweh" in der Regel mit dem Ende der Festivitäten wieder vergeht, sollte man es einfach über sich ergehen lassen und lediglich versuchen, sich so gut wie möglich abzulenken.

Schlimmer als das Feiertags-Heimweh ist das unter Umständen recht hartnäckige Bedürfnis, bei anhaltenden Konflikten mit der Gastfamilie, den Reisebegleitern oder den Projekt- oder Praktikumskollegen seine Eltern und Freunde in Deutschland wiedersehen zu wollen, zumindest aber um Rat zu fragen. Viele junge Menschen wünschen sich in diesen Momenten nichts sehnlicher als einen Kurztrip in die Heimat. Die Symptome des problembedingten Heimwehs sind mit denen des Kulturschocks vergleichbar. Teilweise verlauten beide Entwicklungen sogar parallel und sind nicht voneinander zu trennen. Es ist verständlich, wenn man sich aufgrund eines vermeintlich unlösbaren Problems an seine engsten Vertrauten wendet – besonders hilfreich ist es jedoch nicht: Eltern und Freunde in Deutschland verfügen über keine fundierten Kenntnisse der Situation vor Ort. Folglich können sie diese nicht beurteilen. Gut gemeinte Ratschläge aus der Ferne schießen oft über das Ziel hinaus und sind eher kontraproduktiv. Auf die eigene psychische Verfassung wirkt sich ein intensiver Kontakt mit der Heimat meist negativ aus. Vielleicht kann man sich am Telefon einmal richtig ausheulen oder sich ein wenig bemitleiden lassen. Doch die vermeintliche Nähe zu den Lieben zu Hause ist trügerisch und die Einsamkeit nach dem Gespräch umso größer. Mit tränengetränkten Briefen sollte sparsam umgegangen werden. In der Regel vergehen einige Tage, bis die Post beim Adressaten ankommt. In dieser Zeit hat sich das Problem unter Umständen schon gelöst.

Ganz abzuraten ist in Konfliktsituationen von dem Gebrauch von Facebook, E-Mail, WhatsApp oder Skype. Bei einem herkömmlichen Brief kann auf dem Weg zum Briefkasten noch überlegt werden, ob er wirklich abgeschickt sein will, und es besteht die Möglichkeit, ihn telefonisch wieder „abzufangen". Das World Wide Web transportiert spontane Emotionen jedoch in wenigen Augenblicken um die ganze Welt, und die Möglichkeit, seine Ausführungen noch einmal zu überdenken, entfällt. Wie solche Situationen am besten zu lösen sind? Genau! Verabredungen mit Freunden und Weggefährten, das Arbeiten an seinen Sprachkenntnissen und eventuell Gespräche mit seiner Gastfamilie: Probleme lassen sich nur vor Ort lösen!

Faszination Ausland

Aber ein Auslandsaufenthalt besteht natürlich nicht vornehmlich aus Problemen. Schließlich befindet man sich in dem Land, von dem Freunde schon oft in den höchsten Tönen geschwärmt haben, das einen von Kindesbeinen an fasziniert hat, dessen Sprache man lernen möchte, in dem die Großeltern jahrelang gelebt haben oder über dessen Landschaft, Kultur, Lebens- und Arbeitsweise begeistert diverse Bücher verschlungen wurden. Und dann ist man auf einmal vor Ort und beginnt Schritt für Schritt und Tag für Tag ein Teil des dortigen Alltags zu werden.

Auf verschiedene Art und Weise beginnt man, am Leben um sich herum aktiv teilzunehmen. Für Austauschschüler und Au-Pairs ist es am Anfang spannend herauszufinden, ob die Gastfamilie wirklich so ist, wie Briefe, Bilder, E-Mails und Telefongespräche vermuten ließen. An den ersten Praktikumstagen wird genau darauf geachtet, was für Arbeitsabläufe es gibt und wie die neuen Kollegen so ticken. Im Klassenverband des Sprachkurses tauscht man sich mit anderen internationalen Teilnehmern aus und findet heraus, ob man dem Unterricht des Lehrpersonals folgen kann. Work & Traveler treffen auf andere Backpacker und man lotet gemeinsam aus, ob am Anfang das Reisen oder das Arbeiten steht. Freiwilligendienstler machen sich mit ihrem Projekt vertraut, um sich über die pädagogische oder ökologische Zielsetzung zu informieren. So gibt es viele unterschiedliche Startphasen und Voraussetzungen, die den Integrationsprozess prägen.

Jenseits vom Familien-, Schul- oder Arbeitsalltag bekommt man einen ersten Eindruck von der Landschaft, dem Stadtbild oder dem Lebensrhythmus der Menschen vor Ort. Man fängt an, seine Umgebung schärfer wahrzunehmen, und überprüft, inwieweit sich gewisse Dinge mit den eigenen Vorstellungen decken – jeder für sich auf eine unterschiedlich intensive Art. Begeistert wird festgestellt, dass vieles genauso ist, wie man es erzählt bekommen, gelesen oder sich erträumt hat. Man lernt aber auch zu akzeptieren, dass gewisse Dinge anders ablaufen als vermutet. In solchen Momenten bestätigt sich wieder: „Es ist nicht besser. Es ist nicht schlechter. Es ist einfach anders."

Alle diese Faktoren und noch einiges mehr lassen einen das Abenteuer Ausland nach und nach in seiner Ganzheit wahrnehmen und führen zu Gefühlen der Freude, der Euphorie oder auch der Traurigkeit. Rückblickend berichtet ein Großteil junger Weltenbummler, dass die Phasen des Zweifelns, der Unzufriedenheit und der Resignation vergleichsweise wenig Platz einnehmen, allerdings im Fall der Fälle natürlich besonders intensiv sind. Die Begeisterung über das Neue überwiegt. Nicht selten erkennt man so manch gute Seite der Unternehmung Ausland erst dann, wenn man zurück in der Heimat die Ereignisse reflektiert und gewisse Dinge Revue passieren lässt.

Home, Sweet Home

Tritt man den Weg ins Ausland an, rechnet man mit Eingewöhnungs-schwierigkeiten oder mit einem Kulturschock, schon wegen der Spra-che und anderen Gepflogenheiten. Vorbereitungsseminare haben darauf hingewiesen und in der Lektüre über das Zielland wurde es er-wähnt. Womit viele Weltentdecker nicht rechnen: Die Heimkehr nach Deutschland ist oft viel schwieriger als der Gang ins Ausland selbst. Denn sie beginnt nicht selten mit einem Kulturschock!

Aber was passiert eigentlich nach dem großen Trip? Es ist eine eigen-tümliche Geschichte. Ein zweischneidiges Schwert geradezu. Eine Mixtur aus unterschiedlichen Gefühlen überkommt einen. Da ist der Teil, der sich auf die Wiederkehr nach Deutschland freut, und da ist der andere Teil, der mit der Trauer über die herannahende Abreise kämpft. Auf der einen Seite das Wiedersehen mit Freunden, Verwandten und Bekannten. Auf der anderen Seite der Abschied von Gasteltern, Weg-begleitern, Projektkollegen, Freunden auf Zeit. Hier die Wiederkehr in die scheinbar vertraute Umgebung, die Rückkehr zum Lieblingssofa und dem Bäcker um die Ecke. Dort der Abschied von exotischen Gerü-chen, Ganzjahreswärme und Meeresrauschen.

1999 teilte Thomas Terbeck im *„Handbuch Fernweh. Der Ratgeber zum Schüleraustausch"* * die Rückkehr erstmals in sechs Phasen ein:

1. Rückkehr in die fremde Heimat
Die letzten Wochen eines Auslandsaufenthalts vergehen wie im Flug und der Tag der Abreise rückt unaufhaltsam näher. Schließlich ist es so weit: Nach tränenreichem Abschied hebt der Flieger Richtung Deutsch-land ab. Die Gefühlswelt ist in diesem Moment absolut durcheinander. Zum einen freut man sich auf das Wiedersehen mit Eltern und Freun-

---

*Der Ratgeber erscheint jährlich in aktualisierter und überarbeiteter Form.

den, zum anderen ist man traurig darüber, lieb gewonnene Menschen länger nicht wiederzusehen.

Viel Zeit für wehmütige Erinnerungen oder Vorfreude bleibt nicht! In nur wenigen Stunden wird man mit einer wahnsinnigen Geschwindigkeit von einer Welt in eine andere katapultiert, die ziemlich fremd erscheint. Alles ist so hektisch, kalt und unfreundlich, und man verspürt den Wunsch, sofort wieder zurückzufliegen. Wenn einen nur noch wenige Meter von dem Tor trennen, hinter dem die Eltern und Bekannten vermutet werden, verwirft man diese Gedanken. Es wird tief Luft geholt, der Schritt verlangsamt sich und nach wenigen Metern öffnet sich die elektrische Ausgangstür und eine wartende Menschentraube schaut einen an. Irgendwer ruft deinen Namen, und plötzlich stehen die Eltern oder Freunde mit offenen Armen vor einem: Wieder daheim!?

2. Die Erzählphase
In den ersten Tagen nach der Rückkehr ist einem viel Aufmerksamkeit sicher. Eltern, Freunde und Verwandte möchten erfahren, wie es „da drüben" aussieht. „Und, wie war's?", lautet die Standardfrage, die fast täglich gestellt wird. Das ernst gemeinte Interesse der Umgebung ist nicht immer leicht zu befriedigen, da mehrere Monate Auslandsaufenthalt in einem wenige Minuten dauernden Gespräch nicht zusammenzufassen sind. Außerdem ist man selbst noch gar nicht in der Lage, seine vielfältigen Eindrücke und Erlebnisse zu ordnen. Nach anfänglicher Sprachlosigkeit erzählt man fast immer die gleichen „best of"-Geschichten, die den Auslandsaufenthalt für Außenstehende als reinsten Abenteuerurlaub erscheinen lassen. Selbst Verwandte und Bekannte, die vor der Abreise mit stichelnden Bemerkungen genervt haben, sind angetan von den Erfahrungen. Ein schönes Gefühl! Überhaupt gefällt man sich ein wenig in der Rolle des heimkehrenden Weltenbummlers, der „Außergewöhnliches" aus einer anderen Welt zu berichten hat.

3. Die Sättigungsphase
Ziemlich schnell normalisiert sich jedoch das Interesse an deiner Person: Konnte man seine Zuhörer zu Anfang mit spektakulären Geschichten fesseln, begeistern die euphorischen Schilderungen scheinbarer Banalitäten nur selten. Eltern und beste Freunde hören zwar immer noch geduldig zu, wenn zum wiederholten Mal betont wird, wie genial Menschen, Landschaft, Imbissbuden, Tankstellen, Bekleidungsläden und das Wetter im Gastland gewesen sind, aber irgendwann haben sie genug gehört. Gelegentlich wird man sogar wegen eines eigenartigen Sprachstils aufgezogen.

4. Die „Keiner-versteht-mich"-Phase
Eigentlich ist man gar nicht böse darum, nicht mehr ständig die gleichen Geschichten erzählen zu müssen. Aber dass sich Eltern, Freunde und Bekannte bereits kurz nach der Rückkehr einfach so verhalten, als ob man gar nicht „weg" gewesen sei, will man nicht verstehen: Irgendwie scheinen sie den Auslandsaufenthalt mit ihrem zweiwöchigen Sommerurlaub zu verwechseln. Sie begreifen offensichtlich überhaupt nicht, was es bedeutet, für eine lange Zeit in einem anderen Land gelebt zu haben. Gerade bei Personen, die einem ans Herz gewachsen sind, treibt es einen auf die Palme, wenn sie die Begeisterung für die andere Kultur nicht teilen wollen, sondern anmerken, dass das Leben in Deutschland ebenfalls nicht schlecht sei. Nach einigen vergeblichen Versuchen, sie von der eigenen Sichtweise zu überzeugen, gibt man schließlich auf.

5. Die „Alles-ist-Mist – Ich-will-wieder-weg"-Phase
Was folgt, ist eine Phase des Selbstmitleids, in der man sich selbstgefällig in seine Erinnerungen flüchtet. Die Entwicklung in der Heimat scheint stehen geblieben zu sein, während sich der eigene Horizont enorm erweitert hat. Mitschülern, Arbeitskollegen, Studienfreunden und Eltern fühlt man sich überlegen, da sie immer noch das gleiche, langweilige Leben führen wie vor einem Jahr – und glücklich damit sind. Selbst geht einem der monotone Alltag dagegen absolut auf den Geist!

In der Erinnerung verklärt sich der Auslandsaufenthalt in eine problemfreie Zeit, die täglich Neuerungen und Herausforderungen mit sich brachte. Vor allem vermisst man die Aufgeschlossenheit und Freundlichkeit der Menschen seines Gastlandes und entwickelt eine Aversion gegen bestimmte Verhaltensweisen „der" Deutschen, mit denen man nichts mehr gemeinsam haben will. Einziger Trost ist die Hoffnung auf eine bessere Zukunft. Es steht fest: Dieses schreckliche Land will man so schnell wie möglich wieder verlassen!

6. Die „back-to-reality"-Phase

Durch die ständige Nörgelei schafft man es in relativ kurzer Zeit, seinen gesamten Freundeskreis zu verstimmen. So kann es nicht weitergehen! Sobald die selbst gewählte Situation zunehmend unerträglich wird, beginnt man, sich mit den gegebenen Umständen zu arrangieren. Komischerweise empfindet man den Alltag in Deutschland auf einmal gar nicht mehr als so öde, und es macht wieder Spaß, mit Freunden loszuziehen. Normalität hält Einzug im Leben – und man genießt es! Erst jetzt ist man wieder richtig zu Hause angekommen!

Nachtrag

Diese Phaseneinteilung trifft natürlich nicht zwangsläufig auf alle Rückkehrer zu. Einige haben keinerlei Anpassungsschwierigkeiten und knüpfen nahtlos an ihr „altes" Leben an. Das ist aber nicht unbedingt die Regel! Je erfolgreicher ein Auslandsaufenthalt verlaufen ist, desto schwieriger gestaltet sich üblicherweise die „Wiedereingliederung". Um sich unnötige Probleme zu ersparen, sollte man folgende Punkte im Hinterkopf behalten:

* Freunde und Eltern haben sich während der eigenen Abwesenheit kaum verändert. Sie sind die gleichen Menschen, mit denen man sich jahrelang gut verstanden hat und die in schwierigen Situationen stets geholfen haben. Es gilt, sich daran zu erinnern, bevor man ihr Verhalten und ihre Lebensführung kritisiert!
* Für den Bekanntenkreis und die Eltern ist es mitunter ein eigenartiges Gefühl, mehrere Monate lang durch andere Menschen „ersetzt"

worden zu sein. Permanente Konfrontation mit den Vorzügen der Gastfamilie und ausländischer Freunde sollte man vermeiden, damit bei ihnen erst gar nicht der Eindruck entsteht, nur noch eine untergeordnete Rolle zu spielen und jederzeit austauschbar zu sein.

- Vergleiche der eigenen Zeit mit den Erlebnissen von Freunden und Verwandten verbieten sich: Jede Seite hat auf ihre Art eine schöne Zeit verbracht!
- Einige Tage lang ist es für alle Beteiligten ganz nett, wenn man mit seinen Sprachproblemen kokettiert. Nach einigen Wochen sollte man aber wieder in der Lage sein, „vernünftiges" Deutsch zu sprechen. Sonst läuft man Gefahr, sich lächerlich zu machen.
- Die Freude darüber, dass man im Ausland eine einzigartige Erfahrung gemacht hat, die einem niemand wegnehmen kann, sei jedem gegönnt. Aber gleichzeitig sollte man sich darüber im Klaren sein, dass sich das Leben in den nächsten Jahren wohl wieder in Deutschland abspielen wird!

Was bringt ein Auslandsaufenthalt?

Die Auslandserfahrungen eines jeden Einzelnen sind individuell. Jeder erfährt auf seine ganz persönliche Art die Kultur, die Lebensweise, das Bildungssystem oder die Arbeitswelt eines fremden Landes. Pauschal kann jedoch festgehalten werden, dass Auslandsaufenthalte und die daraus entstehenden internationalen Freundschaften einen wichtigen Beitrag zur Völkerverständigung leisten. Durch das Eintauchen in eine zunächst völlig unbekannte Welt lernt man, eigene Fähigkeiten, Normen, Werte und Verhaltensweisen kritisch zu überprüfen. Wer seine gewohnte Umgebung, die eigene „Komfort-Zone", für eine Zeit lang verlässt und herausfordernde Situationen im Ausland meistert, lernt eigene Stärken, aber auch Grenzen kennen und gewinnt an Selbstbewusstsein und Eigenständigkeit. Interkulturelles Verständnis fällt leichter, man erweitert seinen Erfahrungshorizont und sieht aus ganz neuen Blickwinkeln, dass Deutschland nicht der Nabel der Welt ist. Auch das

Perfektionieren einer Fremdsprache ist in einer immer enger miteinander verknüpften Welt mit einem Europa ohne Grenzen sicherlich nicht von Nachteil – unabhängig davon, wo man später seinen Lebensmittelpunkt hat.

Nicht zuletzt macht es einfach Spaß, völlig losgelöst von den zum Teil einengenden Strukturen und Konventionen der Heimat neue Eindrücke zu sammeln und diese auf sich wirken zu lassen. Wenn man diese Freiheit richtig nutzt, wird ein Auslandsaufenthalt zu einem für die Persönlichkeit prägenden Ereignis, an das man sich sein Leben lang erinnert und dessen Relevanz schwer in Worte zu fassen ist. Dies sollten Gründe genug sein, sich auf das Abenteuer Ausland einzulassen. Also, worauf wartest du?

Teil 2

Service-Tabellen

In den folgenden Service-Tabellen stellen Austauschorganisationen, Veranstalter und Agenturen mit Sitz im deutschsprachigen Raum sich und ihre Programme vor. Die inhaltliche Gestaltung und die Gewichtung der einzelnen Abschnitte waren den Veranstaltern selbst überlassen. Die individuellen Ausführungen können somit Aufschluss über das Selbstverständnis einer jeden Organisation geben.

Die Service-Tabellen bilden in der Regel einen repräsentativen Querschnitt möglicher Programmvarianten ab, erheben allerdings keinen Anspruch auf Vollständigkeit. Neben den in diesem Handbuch vorgestellten Organisationen gibt es natürlich noch weitere Anbieter in Deutschland.

Die Autoren und der Verlag behalten sich ausdrücklich das Recht vor, die Aufnahme von Organisationen und ihren Programmen in diesen Serviceteil nach freiem Ermessen zu gestalten. Mit Einschränkungen wurden jedoch alle Organisationen aufgenommen, die mindestens eines der dargestellten Programme anbieten und bis zum Redaktionsschluss (Juli 2018) die für die Veröffentlichung notwendigen Daten geliefert haben.

Zum besseren Verständnis folgen an dieser Stelle Erläuterungen zu den einzelnen Kategorien, die in den Service-Tabellen abgefragt werden.

Selbstdarstellung

Im ersten Teil des Programmprofils haben die Organisationen die Möglichkeit, sich, ihre Geschichte, Mitarbeiter, Arbeitsweise und Philosophie vorzustellen.

Zielländer – Programmbeispiele
Leistungen – Kosten

Jenseits der Auflistung der angebotenen Zielländer (in der vom Veranstalter festgelegten Gewichtung) werden hier Programmvarianten, Projektbeispiele, Einsatzbereiche und ihre Rahmenbedingungen beschrieben. Dieser Abschnitt gibt überdies Aufschluss über die mögliche Programmdauer, darüber welche Leistungen (Flüge, Versicherungen, Seminare etc.) angeboten werden bzw. notwendig sind und mit welchen Kosten für die Programmteilnahme, Transport, Lebenshaltung, Taschengeld und optionale Zusatzleistungen zu rechnen ist. Sofern für das entsprechende Programm zutreffend, werden auch die Arbeitszeiten, Verdienstmöglichkeiten bzw. Entlohnung thematisiert.

In diesem Abschnitt kann es nur darum gehen, einen ersten Eindruck über die von vielen Veranstaltern angebotene Programmvielfalt und die Rahmenbedingungen zu bekommen. Detaillierte Informationen zu einzelnen Programmen finden sich auf den jeweiligen Websites der Organisationen. Alle Veranstalter wurden darum gebeten, Beispiele und Informationen zu geben, die repräsentativ für ihr Angebot sind und ansonsten gerade bei den Kosten „von – bis"-Preise anzugeben.

Bewerbungsverlauf und Kriterien
für die Annahme des Bewerbers

An dieser Stelle werden allgemeine und fachliche Teilnahmevoraussetzungen (z.B. Mindestalter, Höchstalter, notwendige Schul-, Berufs- oder Universitätsabschlüsse, Führerscheine, Vorkenntnisse, Referenzen, Eigenschaften) sowie der zeitliche Rahmen und Umfang des Bewerbungsprozesses inklusive Bewerbungsfristen genannt, die für die jeweiligen Programme der einzelnen Organisationen gelten.

Vorbereitung – Betreuung – Nachbereitung

Aus der Sicht der Autoren ist es essentiell wichtig, die Teilnehmer optimal vor, während und nach ihrem Auslandsaufenthalt zu betreuen. Hier bekommen die Organisationen Raum, um ihre Betreuungsleistungen bzw. ihren pädagogischen Anspruch zu beschreiben. Es wurde darum gebeten, den Umfang und die Art von Vorbereitung, Betreuung und Nachbereitung auf deutscher Seite möglichst detailliert zu beschreiben, aber natürlich auch Informationen über die Ansprechpartner im Gastland und mögliche Einführungsseminare im Zielland zu geben. Da die Veranstalter in ihren Broschüren die Begriffe „Seminare", „Treffen", „Workshop" und „Orientierung" nicht einheitlich verwenden, wurde die Verwendung der wie folgt definierten Begriffe empfohlen:

Vorbereitungstreffen: mehrstündige, maximal eintägige Veranstaltungen in Deutschland.

Vorbereitungsseminare: Veranstaltungen in Deutschland, bei denen an mindestens zwei aufeinander folgenden Tagen inhaltlich gearbeitet wird.

Einführungstreffen: mehrstündige, maximal eintägige Veranstaltungen im Gastland in den ersten Tagen nach der Ankunft.

Einführungsseminare: Veranstaltungen im Gastland in den ersten Tagen nach der Ankunft mit mindestens zweitägigem Programm.

Elterntreffen: Veranstaltungen, die während des Auslandsaufenthalts für die Eltern der Programmteilnehmer angeboten werden.

Nachbereitungstreffen: eintägige Veranstaltungen in den Wochen bzw. Monaten nach der Rückkehr der Programmteilnehmer.

Nachbereitungsseminare: Veranstaltungen, bei denen nach der Rückkehr der Programmteilnehmer an mindestens zwei aufeinander folgenden Tagen inhaltlich gearbeitet wird.

Wichtige Hinweise
Besondere Leistungen – Qualitätssicherung

Hinweise auf Mitgliedschaften in Fachverbänden oder anderen Interessengemeinschaften finden hier genauso ihren Platz wie Informationen über Partner oder die Einbindung in spezielle Programme (z.b. weltwärts, IJFD, EFD etc.) und finanzielle Fördermöglichkeiten bzw. Stipendien. Nicht zuletzt können die Organisationen auch ihren Mechanismus der Qualitätssicherung beschreiben.

Kurz und bündig

In dieser Tabelle werden einige wichtige Informationen noch einmal kompakt zusammengefasst:

Gründungsjahr: Wann wurde die Organisation gegründet?

Programm seit: Seit wann bietet sie das beschriebene Programm (Au-Pair, Freiwilligendienst, Schüleraustausch etc.) an?

Mindestalter: Wie alt muss man bei Ausreise mindestens sein?

Höchstalter: Wie alt darf man bei der Ausreise höchstens sein?

Anzahl der Programm XY-Teilnehmer in 2017: Wie viele Programmteilnehmer/innen reisten mit dieser Organisation im Jahr 2017 in dem beschriebenen Programm aus Deutschland ins Ausland? (In der Rubrik „Gastfamilie werden": Wie viele Programmteilnehmer/innen reisten mit dieser Organisation im Jahr 2017 nach Deutschland ein?)

Anzahl der Teilnehmer aller Programme in 2017: Wie viele Teilnehmer/-innen reisten mit dieser Organisation im Jahr 2017 aus Deutschland ins Ausland bzw. kamen mit dieser Organisation aus dem Ausland nach Deutschland, wenn man alle von ihr angebotenen Programme (Au-Pair, Freiwilligendienst, Schüleraustausch, Sprachreisen, Work & Travel etc.) addiert?

Sicherungsschein nach § 651r BGB wird ausgestellt: Falls die deutsche Organisation ihre Leistungen aufgrund von Zahlungsunfähigkeit oder Insolvenz nicht durchführen kann, gewährleistet ein Reisesicherungsschein gemäß § 651r des Bürgerlichen Gesetzbuches (BGB) die Erstattung aller an den Anbieter gezahlten Beträge durch ein Versicherungsunternehmen. Ein solcher Sicherungsschein wird von vielen Austauschorganisationen und Veranstaltern ausgestellt.

Programmdauer: Wie lange dauert das kürzeste angebotene Programm, wie lange das längste?

Weitere Angebote: Welche anderen Programme bietet die Organisation an? (Soweit hier Programme genannt werden, findet man sehr häufig in den entsprechenden Kapiteln dieses Buches weitere Informationen. Nicht alle Organisationen haben jedoch das Angebot genutzt, ihr Portfolio vollständig darzustellen.)

Abkürzungen

In den Service-Tabellen werden folgende Abkürzungen verwendet:

AA = Auswärtiges Amt
ACCET = Accrediting Council for Continuing Education & Training
ACELS = Advisory Council for English Language Schools
ADiA = Anderer Dienst im Ausland
AGEH = Arbeitsgemeinschaft für Entwicklungshilfe e.V.
AJA = Arbeitskreis gemeinnütziger Jugendaustauschorganisationen
AKLHÜ = Arbeitskreis Lernen und Helfen in Übersee
ALTO = Association of Language Travel Organisations
BMZ = Bundesministerium für wirtschaftliche Zusammenarbeit und Entwicklung
CSIET = Council on Standards for International Educational Travel
DAAD = Deutscher Akademischer Austauschdienst
DFH = Deutscher Fachverband High School

DJiA = Diakonisches Jahr im Ausland

DRV = Deutscher Reiseverband e.V.

ECAPS = European Committee for Au Pair Standards

EFD = Europäischer Freiwilligendienst

EFQM = European Foundation for Quality Management

EQUALS = European Association for Quality Language Services

FDSV = Fachverband Deutscher Sprachreiseveranstalter e.V.

FIYTO = Federation of International Youth Travel Organisations

FSJ / FÖJ = Freiwilliges Soziales Jahr / Freiwilliges Ökologisches Jahr

IAPA = International Au Pair Association

IATA = International Air Transport Association

ICEF = International Consultants for Education and Fairs

IJFD = Internationaler Jugendfreiwilligendienst

ISIC = International Student Identity Card Association

ISTC = International Student Travel Confederation

IVP = International Volunteer Programmes

MaZ = MissionarIn auf Zeit

MEI / RELSA = Marketing English in Ireland / Recognised English Language Schools Association

NEAS = National English Language Teaching Accreditation Scheme

PAD = Pädagogischer Austauschdienst

PPP = Parlamentarisches Patenschaftsprogramm

Quifd = Agentur für Qualität in Freiwilligendiensten

WWOOF = World Wide Opportunities on Organic Farms

WYSETC = World Youth Student & Educational Travel Confederation

Au-Pair

Kinder betreuen, Essen zubereiten, bei Hausaufgaben helfen, Kinder zum Sport fahren, Spielgefährte sein, Wäsche bügeln, Tränen trocknen, Geschichten vorlesen: Im Mittelpunkt des Au-Pair-Alltags stehen das Familienleben und das Wohl der Kleinen. Als Familienmitglieder auf Zeit leben und arbeiten Au-Pairs für mehrere Monate oder meist ein ganzes Jahr bei einer Gastfamilie im Ausland. Im Gegenzug dazu erhalten sie von der Familie freie Unterkunft und Verpflegung sowie ein wöchentliches Taschengeld – und manchmal sogar zusätzliche Leistungen wie die Zahlung der Flugkosten oder ein kleines Budget für die Teilnahme an Collegekursen. Dem Ursprung des französischen Ausdrucks „au pair" entsprechend beruht das Programm auf dem Prinzip der Gegenseitigkeit.

Für viele Eltern mit Kindern sind Au-Pairs eine wertvolle Entlastung im Alltag. Au-Pairs wiederum erhalten tiefe Einblicke in das Familienleben und erleben die Kultur der Gastregion hautnah. Das gemeinsame Zusammenleben über einen längeren Zeitraum ermöglicht eine intensive Austauscherfahrung. In ihrer freien Zeit stehen Au-Pairs Möglichkeiten für Ausflüge, eigene Aktivitäten wie Sport, aber auch Sprachunterricht und Kurse am örtlichen College oder der Universität offen.

Bei den meisten Gastfamilien handelt es sich um Paare mit mehreren Kindern. Doch auch alleinerziehende Mütter oder Väter, Patchworkfamilien oder Familien mit nur einem Kind freuen sich über tatkräftige Unterstützung eines Au-Pairs. Wünsche des angehenden Au-Pairs im Hinblick auf den Wohnort oder die Anzahl und das Alter der Kinder ihrer künftigen Gastfamilie können in den meisten Fällen angegeben werden – Flexibilität und Offenheit für unterschiedliche Familienkonstellationen erleichtern die Vermittlung jedoch sehr. Im Auswahlprozess haben Gastfamilie und Au-Pair in der Regel vorab die Gelegenheit, sich in einem (Video-)Telefongespräch kennenzulernen und sich dann für oder gegen ein Zusammenleben auf Zeit zu entscheiden.

Mögliche Zielländer und Programmvarianten

Das mit Abstand beliebteste Gastland deutscher Au-Pairs sind die USA. Daneben zieht es auch viele Au-Pairs nach Australien und Neuseeland. Aber auch in Ländern wie Kanada, Großbritannien, Irland, Spanien, Frankreich oder China sind Au-Pair-Programme möglich. Neben dem klassischen Au-Pair-Programm, das pro Woche ca. 40 bis 45 Stunden Arbeit in der Gastfamilie beinhaltet, gibt es verschiedene Kombinationsmöglichkeiten und Programmvarianten.

In den USA besteht beispielsweise die Möglichkeit, den Au-Pair-Aufenthalt mit der Einschreibung an einem nahe gelegenen College zu verbinden. Unter der Woche werden dort ein oder zwei Kurse besucht, die das Hineinschnuppern in den Hochschulalltag ermöglichen.

Eine beliebte Option, eine Au-Pair-Tätigkeit mit intensivem Sprachenlernen zu kombinieren, sind Demi-Pair-Programme, die insbesondere in Australien und Neuseeland ebenso wie in Kanada und in verschiedenen europäischen Ländern wie Spanien oder Irland möglich sind. Ein Demi-Pair arbeitet ca. 20 Stunden pro Woche für die Gastfamilie und nimmt daneben regelmäßig an einem Sprachkurs teil. Die Kosten für den Sprachkurs sind in der Regel Bestandteil des Programmpreises.

Ausgebildete Erzieher oder andere im pädagogischen oder pflegerischen Bereich qualifizierte Personen können sich für die Au-Pair-Varianten Au-Pair Plus bzw. Au-Pair Professional oder Au-Pair Elite (z.B. in den USA) entscheiden und – anders als „klassische" Au-Pairs – auf diese Weise Geld verdienen. Manche Agenturen ermöglichen einen Zusatzverdienst, die das Erledigen zusätzlicher Aufgaben im Haushalt, z.B. Putzen, finanziell entgelten.

Für junge Menschen, die nur für einen kürzeren Zeitraum in den Sommermonaten als Au-Pair tätig sein möchten, gibt es Sommer-Au-Pair-Programme, die insbesondere in Europa möglich sind. Manchmal begleiten Sommer-Au-Pairs die Gastfamilien sogar in den Urlaub.

Voraussetzungen

Au-Pairs können junge Menschen zwischen 18 und 30 Jahren werden. Wenngleich Au-Pair-Aufenthalte in einigen Ländern Europas zumindest theoretisch ab 17 Jahren möglich sind, vermitteln die meisten Agenturen ausschließlich volljährige Teilnehmerinnen und Teilnehmer – nicht zuletzt, weil die meisten Gastfamilien ältere Au-Pairs bevorzugen.

Für fast alle Programme müssen angehende Au-Pairs Nachweise darüber erbringen, dass sie über Erfahrungen in der Betreuung von Kindern verfügen – ob durch Babysitting, Praktika in einer Kindertagesstätte oder andere Betreuungstätigkeiten wie beispielsweise als Jugendtrainer oder Betreuer in einer Ferienfreizeit. Entsprechende Referenzen, die eine bestimmte Stundenanzahl an Betreuungserfahrung belegen, müssen mit der Bewerbung eingereicht werden. Die Betreuung eigener jüngerer Geschwister in der Vergangenheit reicht hier in der Regel nicht aus.

Au-Pairs sollten zudem selbstständig und verantwortungsbewusst sein und natürlich Offenheit für die Lebensweise und die Strukturen ihrer Gastfamilie mitbringen, denn sie wird zum Lebensmittelpunkt für die Dauer ihres Aufenthalts. Grundkenntnisse der Landessprache sind nicht nur hilfreich, sondern in den meisten Fällen auch Voraussetzung. Der Besitz eines Führerscheins, idealerweise mit etwas Fahrpraxis, ist zwar generell nicht Pflicht, aber für viele Gastfamilien ein Kriterium, insbesondere wenn Kinder in die Schule, zur Tagesstätte oder zum Sport gefahren werden müssen. Zudem bevorzugen fast alle Familien Nichtraucher.

Nicht nur junge Frauen, sondern auch junge Männer können als Au-Pair im Ausland tätig sein – auch wenn leider nicht alle Agenturen männliche Au-Pairs vermitteln. Die Mehrheit der Gastfamilien wünscht sich noch immer „klassischerweise" ein weibliches Au-Pair. Dennoch können viele Familien, beispielsweise Eltern von Söhnen, sehr gute Erfahrungen mit einem männlichen Au-Pair machen, das nicht nur in Haus und Garten tatkräftig mit anpacken, sondern auch als „großer Bruder" das Familienleben durchaus bereichern kann. Für junge Männer, die gern als

Au-Pair im Ausland tätig sein möchten, empfiehlt es sich, vorab eine große Anzahl an Betreuungsstunden und unterschiedlicher Referenzen für die Kinderbetreuung (idealerweise Kinder unterschiedlichen Alters, ggf. auch Kleinkinder) vorweisen zu können, um die Chancen auf eine Vermittlung zu erhöhen.

Visum

Für eine Au-Pair-Tätigkeit in den USA ist ein J-1-Visum notwendig. Dieses Visum erhalten Au-Pairs ausschließlich über eine qualifizierte deutsche Au-Pair-Agentur, die mit einer autorisierten Partnerorganisation in den USA zusammenarbeitet. Für Australien und Neuseeland reicht ein Working-Holiday-Visum aus (mehr Informationen dazu im Abschnitt *Work & Travel*), um legal einer Beschäftigung als Au-Pair bei einer Gastfamilie nachgehen zu dürfen. Au-Pair-Aufenthalte innerhalb der EU sind natürlich ohne Visum möglich. Professionelle Au-Pair-Agenturen informieren bei allgemeinen Fragen zum benötigten Visumstyp.

> Die private Organisation eines Au-Pair-Aufenthaltes ist in den USA illegal. Die Mindestdauer des Programms in den USA liegt bei zwölf Monaten.

Kosten und Finanzierung

Ein Au-Pair-Programm ist eine vergleichsweise kostengünstige Möglichkeit für einen mehrmonatigen Auslandsaufenthalt, da für Unterkunft und Verpflegung keine Kosten anfallen. Das wöchentliche Taschengeld schont den eigenen Geldbeutel. Je nach Organisation und Wunschland betragen die Programmkosten zwischen 180 Euro und 1.300 Euro. Die Reisekosten werden je nach Gastland, z.B. in den USA oder zum Teil auch in China, manchmal ebenfalls von der Familie übernommen. Für Flüge nach Down Under und in andere Länder zahlt das Au-Pair in der Regel selbst. Demi-Pair-Programme sind aufgrund der Kosten für den Sprachunterricht etwas teurer als klassische Au-Pair-Programme.

Kindergeld

Die Familienkasse der Agentur für Arbeit ist zuständig für Fragen rund um das Kindergeld. Der Anspruch auf Kindergeld besteht für über 18-Jährige bis zur Vollendung des 25. Lebensjahres, sofern sie sich in ihrer Berufsausbildung befinden bzw. an Ausbildungsmaßnahmen teilnehmen, die auf ihr zukünftiges Berufsziel ausgerichtet sind. Das Zusammenleben mit einer Gastfamilie erfüllt diese Voraussetzungen nicht. Eltern von Au-Pairs können jedoch weiter Kindergeld beziehen, wenn ein Sprachkurs im Gastland Bestandteil des Programms ist: Sprachaufenthalte im Ausland werden von der Familienkasse als Teil einer Berufsausbildung anerkannt, wenn sie mit dem Besuch einer allgemeinbildenden Schule, einem College oder einer Universität verbunden sind. In allen anderen Fällen und insbesondere bei Auslandsaufenthalten im Rahmen von Au-Pair-Programmen setzt die Anerkennung laut Dienstanweisung des Bundeszentralamts für Steuern (DA-FamEStG) voraus, dass der Aufenthalt von einem Sprachkurs an einer Sprachschule mit mindestens zehn Unterrichtsstunden pro Woche begleitet wird. Umfasst der Sprachunterricht weniger als zehn Wochenstunden, können Eltern dennoch versuchen, bei der Familienkasse den Antrag auf Weiterzahlung des Kindergeldes zu stellen. Die Differenz zwischen den geforderten zehn Wochenstunden und den tatsächlich an einem Sprachunterricht teilgenommenen Stunden kann ggf. ausgeglichen werden durch: Einzelunterricht, den Nachweis über die Vor- und Nachbereitung des Sprachunterrichts (z.B. Zeitaufwand für Hausaufgaben) oder den Besuch von fremdsprachlichen Vorlesungen (z.B. an einer nahe gelegenen Hochschule). Telefonisch ist die Familienkasse unter folgender kostenfreier Servicenummer erreichbar: 0800 / 455 55 30.

Au-Pair-Fachverbände

Es gibt verschiedene Au-Pair-Fachverbände, die sich u.a. mit Qualitätskriterien für Au-Pair-Programme befassen. In Deutschland sind dies in erster Linie die Au-Pair Society und die Gütegemeinschaft Au-pair, denen eine Vielzahl an Au-Pair-Agenturen angehören. Daneben gibt es Qualitätssiegel, mit denen sich Au-Pair-Organisationen nach entsprechender externer Prüfung regelmäßig auszeichnen lassen können, beispielsweise das „RAL-Gütezeichen Au Pair". Mehr Informationen zu nationalen und internationalen Au-Pair-Fachverbänden finden sich in Teil 3 dieses Handbuchs im Abschnitt *Fachverbände*.

Ist die favorisierte Au-Pair-Organisation in einem solchen Verband Mitglied, ist dies sicherlich nicht von Nachteil. Umgekehrt muss aber eine Agentur, die keinem Fachverband angehört und womöglich kein Qualitätssiegel trägt, keine schlechte Agentur sein. Unabhängig von einer Mitgliedschaft informieren Fachverbände darüber, was eine gute Au-Pair-Agentur ausmacht. An diesen Kriterien können sich angehende Au-Pairs bei der Auswahl eines passenden Anbieters gut orientieren. Einige dieser Kriterien sind im Allgemeinen:

- Au-Pairs werden ausführlich über alle Rahmenbedingungen des Aufenthalts informiert und ihre Voraussetzungen mittels eines ausführlichen Profils geprüft.
- Auch zu Erwartungen der Gastfamilien, möglichen Problemen und Bewältigungsstrategien berät die Agentur angehende Au-Pairs.
- Es erfolgt eine Überprüfung der potenziellen Gastfamilien durch die Kooperationspartner im Gastland.
- Au-Pairs erhalten im Vorfeld Informationen über potenzielle Gastfamilien (Namen, Kontaktdaten, Familienkonstellation, Wohnsituation).
- Gastfamilien werden mit ausführlichem Infomaterial vorbereitet.
- Es steht für Au-Pairs eine 24-Stunden-Notfallrufnummer im Gastland zur Verfügung.

Au-Pair – mit oder ohne Agentur?

Mit Hilfe von diversen Internetportalen machen sich nicht wenige angehende Au-Pairs inzwischen auch auf eigene Faust auf die Suche nach einer Gastfamilie in ihrem Wunschland, statt sich für das Programm einer Agentur zu entscheiden. Wenngleich dies zunächst verlockend erscheinen mag, ist es aus Sicherheitsgründen immer ratsam, den Service einer qualifizierten Au-Pair-Agentur in Anspruch zu nehmen, um Risiken zu vermeiden. Eine Au-Pair-Tätigkeit ohne zwischenge-schaltete Agentur unterliegt keinen festgelegten Rahmenbedingungen, insbesondere im Hinblick auf die Arbeitszeiten, die Aufgaben und die Bezahlung des Au-Pairs. Auch die Angaben potenzieller Gastfamilien werden in der Regel nicht überprüft. Entpuppen sich der Aufenthalt und die Arbeit in der Gastfamilie aus den unterschiedlichsten Gründen als „Reinfall", stehen für Au-Pairs ohne qualifizierte Agentur in den meis-ten Fällen alternativlos der Abbruch des Aufenthalts und der Heimflug an, wenn sich die kurzfristige Suche nach einer neuen Gastfamilie als erfolglos erweist. Durch ausführliche Beratung, eine Überprüfung der Gastfamilien und mit Ansprechpartnern vor Ort, die bei Problemen weiterhelfen, können qualifizierte Au-Pair-Agenturen sowohl Au-Pairs als auch Gastfamilien Sicherheit bieten. Auf den nachfolgenden Seiten präsentieren mögliche Anbieter ihre Au-Pair-Programme.

active abroad – Inh. Maria Riedmaier	
Obere Hauptstraße 8	Telefon: 08161 / 40 288 0
85354 Freising/München	Telefax: 08161 / 40 288 20
contact@activeabroad.net	www.activeabroad.de

Selbstdarstellung
Be active abroad und entdecke mit uns den Globus: Von Au-Pair/Demi-Pair über Work & Travel, Auslandsjobs, Volunteerjobs bis hin zu Sprachreisen findest Du bei uns eine Vielzahl an Auslandsprogrammen auf allen fünf Kontinenten. Aufgrund unserer langjährigen Erfahrung können wir Dir das passende Programm empfehlen und nehmen es uns zum Ziel, Dir durch einen vielfältigen und flexiblen Produktkatalog deinen Auslandsaufenthalt so individuell wie möglich zu gestalten.

Zielländer – Programmbeispiele – Leistungen – Kosten
Au-Pair: Australien, Neuseeland, USA, Kanada, Südafrika, China, Chile, 14 europ. Länder
Kost & Logis frei, wöchentliches Taschengeld, wöchentl. Arbeitszeit zw. 25 und 45 Stunden
Kosten: ab 178,50 € abhängig von Zielland und Programm
Demi Pair: Australien, Neuseeland, Kanada, Irland, England, Spanien, Frankreich, Italien, Südafrika. Kombination aus Au-Pair und intensivem Sprachunterricht.
Kost & Logis frei, teilweise Taschengeld, wöchentl. Arbeitszeit zw. 15 und 25 Stunden
Kosten: abhängig von der Dauer und Art des Sprachkurses

Bewerbungsverlauf und Kriterien für die Annahme des Bewerbers
Nach Erhalt Deiner Bewerbungsunterlagen vermitteln wir Dich über unsere Partneragentur an eine zu Dir passende Gastfamilie, bei der Du vor Ort wohnst und ein eigenes Zimmer hast.
Voraussetzungen: Mindestalter 18 Jahre, Erfahrungen in der Kinderbetreuung, Führerschein mit Fahrpraxis (von Vorteil), Englischkenntnisse
Abreisezeitpunkt: ganzjährig

Vorbereitung – Betreuung – Nachbereitung
Versand von ausführlichem Infomaterial, persönliche und individuelle Beratung, Hilfestellung und Tipps während des Bewerbungsprozesses, Betreuung vor, während und nach der Vermittlung, auf Wunsch Hilfe bei Flug, Visum, Versicherung, Betreuung im Gastland durch unsere zertifizierten Partneragenturen, Bestätigungen und Zertifikate nach deinem Aufenthalt

Wichtige Hinweise – Besondere Leistungen – Qualitätssicherung
Mitglied der IAPA (International Au-Pair Association), Mitglied der Au-Pair Society, RAL Gütezeichen „Outgoing"

Kurz und bündig

Gründungsjahr	1998	Anzahl der Au-Pair-Teilnehmer in 2017	k.A.
Programm seit	2001	Anzahl der Teilnehmer aller Programme in 2017	k.A.
Mindestalter	18	Sicherungsschein nach § 651r BGB wird ausgestellt	ja
Höchstalter	26-35	Programmdauer	3-12 Monate, Sommer Au-Pair 1-3 Monate
Weitere Angebote	Demi-Pair, Work & Travel, Farmstay, Volunteering, Auslandspraktika, Work Experience, Sprachreisen		

ASSE Germany GmbH / EurAupair	
Gürzenichstr. 21 a-c	Telefon: 0221 548 145 00
50667 Köln	Telefax: 0221 548 144 99
info@assegermany.de	www.assegermany.de

Selbstdarstellung

ASSE International Student Exchange Programs ist einer der größten Anbieter weltweit für Schüleraustausch und Au-Pair Programme und ermöglicht jährlich tausenden jungen Menschen einen internationalen Austausch. ASSE arbeitet mit Partnerbüros in über 30 Ländern auf fünf Kontinenten zusammen. Das EurAupair Au-Pair Programm wurde 1988 als eines der ersten legalen Au-Pair Programme in den USA von ASSE gegründet. Seitdem hat EurAupair tausende deutsche Au-Pairs in die USA vermittelt.

Zielländer – Programmbeispiele – Leistungen – Kosten

Au-Pair USA

Kosten: Programmgebühr   550 € / 770 € *(mit/ohne Erfahrung mit Kleinstkindern)*
           85 € *für Return Au-Pairs (USA)*
Die Programmgebühr fällt erst nach bestätigter Platzierung in der Gastfamilie an. Bis dahin ist die Bewerbung unverbindlich und kostenfrei.

Leistungen: 195,75 US$ / Woche Taschengeld
           250 US$ / Woche für Au-Pair Par Expérience (mit pädagogischer Ausbildung)
           500 US$ Studiengeldzuschuss für Collegekurse
           zwei Wochen Urlaub

Im Preis enthalten: Hin- und Rückflug zur Gastfamilie, Unterkunft und Verpflegung in der Gastfamilie, umfangreiches Versicherungspaket, gründliche Vorbereitung in Deutschland, 5 Tage Einführungs-Workshop in New York City (Manhattan) inkl. Sightseeing-Tour

Bewerbungsverlauf und Kriterien für die Annahme des Bewerbers

Bewerbungsvoraussetzungen: 18 - 26 Jahre alt (bei Ausreise), PKW-Führerschein, mind. 200 Stunden Kinderbetreuungserfahrung, Schulabschluss, ledig.
Nach Eingang deiner Kurzbewerbung erhältst du Zugang zu deiner passwortgeschützten Onlinebewerbung, die du mit unserer Unterstützung erstellst. Danach vereinbaren wir ein Auswahl- und Beratungsgespräch mit dir und wenn alles passt, leiten wir deine Bewerbung an eines unserer regionalen Büros in den USA weiter und dein Platzierungsprozess beginnt.

Vorbereitung – Betreuung – Nachbereitung

Persönliche Ansprechpartner, ein Vorbereitungsseminar in Deutschland sowie ein fünftägiger Einführungs-Workshop in New York City sind im Programmpreis enthalten.

Wichtige Hinweise – Besondere Leistungen – Qualitätssicherung

Die Nachfrage nach deutschen Au-Pairs ist bei EurAupair sehr hoch und unsere Au-Pairs werden daher sehr schnell in sorgfältig ausgewählte Gastfamilien vermittelt. EurAupair ist Mitglied der IAPA. Vollumfängliches Versicherungspaket.

Kurz und bündig

Gründungsjahr	1976	Anzahl der Au-Pair-Teilnehmer in 2017		k.A.
Programm seit	1988	Anzahl der Teilnehmer aller Programme in 2017		k.A.
Mindestalter	18	Sicherungsschein nach § 651r BGB wird ausgestellt		ja
Höchstalter	26	Programmdauer	mind. 12 Monate, max. 24 Monate	
Weitere Angebote	Schüleraustausch, USA-Studium, Praktika, Schülersprachreisen			

Cultural Care Germany GmbH	
Friedrichstraße 155/156	Telefon: 030 203 47 400
10117 Berlin	Telefax: -
aupair.de@culturalcare.com	www.culturalcare.de

Selbstdarstellung
Cultural Care Au Pair, Teil von EF Education First, ist die größte und erfahrenste Au-Pair Organisation weltweit. In über 28 Jahren konnten mehr als 125.000 junge Menschen mit uns als Au-Pairs in die USA reisen. Kulturaustausch und einzigartige Erfahrungen sind uns ebenso wichtig wie die Sicherheit und die exzellente Vorbereitung unserer Au-Pairs.

Zielländer – Programmbeispiele – Leistungen – Kosten
Werde die große Schwester/der große Bruder Deiner Gastkinder und verbringe zwischen 12 und 24 Monate als Au-Pair bei Deiner amerikanischen Gastfamilie. Verbessere Deine Sprachkenntnisse, lerne „The Real American Way of Life" kennen und finde Freunde aus aller Welt! Leistungen: 195,75 $ Taschengeld pro Woche; freie Kost & Logis; 500 $ für Collegekurse; An- und Abreise; Erika Travel Insurance (Unfall-, Kranken- und Haftpflichtversicherungsschutz); Orientierungswoche in NY; 2 Wochen bezahlter Urlaub; Reisemonat; Betreuung in Deutschland und in den USA; Hilfestellung beim Visumsantrag; regelmäßige Au-Pair Treffen Kosten: 1.500 € (inkl. Flüge, Transfers, Erika Travel Insurance)

Bewerbungsverlauf und Kriterien für die Annahme des Bewerbers
Bewerbungsverlauf: Bewirb Dich ca. 12 Monate und mindestens 4 Monate vor Deinem gewünschten Ausreisezeitpunkt (Ausreise wöchentlich möglich). Bei unseren unverbindlichen und kostenlosen Informationstreffen in Deiner Region erhältst Du alle Informationen und persönliche Erfahrungsberichte zum Programm. Nähere Informationen zu den Treffen erfährst Du online oder unter 030 203 47 400. Nach dem Treffen helfen wir Dir dabei, Deine Bewerbung fertigzustellen und die für Dich richtige Gastfamilie zu finden – und begleiten Dich natürlich auch während Deines Au Pair Abenteuers in den USA! Voraussetzungen bei Ausreise (frühere Bewerbung möglich): 18-26 Jahre alt; Kinderbetreuungserfahrung; B-Führerschein; Schulenglisch; mind. Mittlerer Schul-/Realschulabschluss od. Berufsausbildung

Vorbereitung – Betreuung – Nachbereitung
Persönliche Betreuung steht bei uns an erster Stelle. Daher sind wir vor, während und nach Deinem Au Pair Aufenthalt sowohl in Deutschland als auch in den USA jederzeit für Dich da. Persönliche Treffen, Online-Workshops, telefonische Hilfestellung, die Orientierungswoche und monatliche Au-Pair Treffen in den USA helfen Dir dabei, Dich optimal vorzubereiten. Natürlich kannst Du Dich bei Fragen und Problemen jederzeit an uns wenden.

Wichtige Hinweise – Besondere Leistungen – Qualitätssicherung
Wir sind eine der größten und erfahrensten Au-Pair-Organisation weltweit. Die US-Regierung erkennt uns offiziell als eine der wenigen staatlich zugelassenen Au-Pair Agenturen an und wir sind Mitglied der International Au-Pair Association (IAPA).

Kurz und bündig				
Gründungsjahr	1965	Anzahl der Au-Pair-Teilnehmer in 2017		k.A.
Programm seit	1989	Anzahl der Teilnehmer aller Programme in 2017		k.A.
Mindestalter	18	Sicherungsschein nach § 651r BGB wird ausgestellt		nein
Höchstalter	26	Programmdauer	12, 18, 21 oder 24 Monate	
Weitere Angebote		Professional + Kleinkinder Au-Pair, Büros weltweit (auch in Österreich)		

Deutsches Rotes Kreuz in Hessen Volunta gGmbH	
Allerheiligentor 2-4	Telefon: 0611/ 95 24 90 00
60311 Frankfurt am Main	Telefax: 069 / 2 47 54 66 10
weltweit@volunta.de	www.volunta.de

Selbstdarstellung
Volunta ist der Träger für Freiwilligendienste des Deutschen Roten Kreuzes in Hessen. Wir helfen jungen Menschen bei der Berufsorientierung und eröffnen neue Perspektiven. Wir machen Mut, sich für andere einzusetzen und gesellschaftlichen Einfluss zu nehmen. Wir schaffen Aufmerksamkeit für Freiwilligendienste und die Menschen, die dahinter stecken.

Zielländer – Programmbeispiele – Leistungen – Kosten
Au-Pair: Australien, Neuseeland, England, Frankreich, Irland, Schottland, Norwegen, Spanien, Italien, USA.
Aufgaben: Kinderbetreuung und leichte Hausarbeit.
Leistungen: Unterkunft, Verpflegung, Urlaub, Taschengeld (je nach Gastland i.d.R. 70 € bis 110 € pro Woche).
Kosten: Vermittlungsgebühr ab 150 € (abhängig vom Land), Interviewgebühr 50 €.

Bewerbungsverlauf und Kriterien für die Annahme der Bewerberin / des Bewerbers
Voraussetzungen: Mindestalter 18 Jahre, Erfahrung in der Kinderbetreuung, i.d.R. Grundkenntnisse der Landessprache, ledig, keine eigenen Kinder. Bewerbung: 3-4 Monate vor gewünschter Ausreise (u.U. kurzfristiger).

Unterlagen stehen auf www.volunta.de zum Download bereit. Die umfangreicheren Unterlagen für die USA senden wir per E-Mail zu.

Vorbereitung – Betreuung – Nachbereitung
Die Betreuung erfolgt durch Volunta und durch die Partneragentur im Gastland. Au-Pairs werden vor und während ihres Aufenthaltes zu regelmäßigen Treffen eingeladen. Ein Vorbereitungsseminar und ein Erste-Hilfe-Kurs am Kind sind optional buchbar.

Wichtige Hinweise – Besondere Leistungen – Qualitätssicherung
Wir sind Mitglied der International Au-Pair Association (IAPA) und der Gütegemeinschaft Au-Pair e.V. sowie mit dem RAL-Gütezeichen für Au-pair-Programme zertifiziert.

Kurz und bündig				
Gründungsjahr	2005	Anzahl der Au-Pair-Teilnehmer in 2017		k.A.
Programm seit	2007	Anzahl der Teilnehmer aller Programme in 2017		k.A.
Mindestalter	18	Sicherungsschein nach § 651r BGB wird ausgestellt		nein
Höchstalter	30	Programmdauer	2 bis 12 Monate	
Weitere Angebote	Freiwilligendienste im In- und Ausland, Schüleraustausch, Volunteering			

Experiment e.V. – The Experiment in International Living

Gluckstraße 1	Telefon: 0228 / 95 72 20
53115 Bonn	Telefax: 0228 / 35 82 82
info@experiment-ev.de	www.experiment-ev.de

Selbstdarstellung
Das Ziel von Experiment e.V. ist seit über 85 Jahren der Austausch zwischen Menschen aller Kulturen, Religionen und Altersgruppen. Experiment e.V. ist gemeinnützig und das deutsche Mitglied der weltweit ältesten Austauschorganisation „The Experiment in International Living" (EIL).
Kooperationspartner sind u.a. Auswärtiges Amt, Bundesministerium für wirtschaftliche Zusammenarbeit und Entwicklung, Deutscher Bundestag, Fulbright-Kommission, Goethe-Institut und die Stiftung Mercator.

Zielländer – Programmbeispiele – Leistungen – Kosten
Demi-Pair: Australien (Brisbane), Ecuador (Quito), Irland (Dublin), Großbritannien (Manchester) Kanada (Toronto), Neuseeland (Auckland, Wellington). Demi-Pair bedeutet: Halbtags Sprachkurs, halbtags Unterstützung der Gastfamilie bei Haushalt und Kinderbetreuung (20/25 Stunden pro Woche).
Leistungen: Einstufungstest, Unterstützung bei Beantragung des Visums, 6-24 Wochen langer Sprachkurs (Zertifikat) inkl. Lehrmittel, Vorbereitungsseminar in Deutschland, Abholung am Flughafen, Betreuung vor Ort, Unterbringung in persönlich ausgewählten Gastfamilien, Verpflegung, eigenes Zimmer, umfangreiches Versicherungspaket, 24h Notrufservice.

Bewerbungsverlauf und Kriterien für die Annahme des Bewerbers
18 bis 30 Jahre alt, ledig, kinderlos, Erfahrung im Haushalt und mit Kindern (mindestens zwei Referenzen), aktuelle Bescheinigung des Hausarztes über Gesundheitszustand, polizeiliches Führungszeugnis, Bewerbung über Anmeldeformular auf www.experiment-ev.de/bewerbung

Vorbereitung – Betreuung – Nachbereitung
Mehrtägiges Vorbereitungsseminar in Deutschland, Betreuung vor Ort durch Partnerorganisation, mehrtägiges Nachbereitungsseminar in Deutschland.

Wichtige Hinweise – Besondere Leistungen – Qualitätssicherung
Sprachzertifikate (auf Wunsch Cambridge, TOEFL, IELTS oder DELE möglich), Stipendien, Mikro-Sozialprojekt in Ecuador. Auszeichnungen/Qualitätssicherung: „Gütesiegel Freiwilligendienste Quifd", Gründungsmitglied des AJA (Dachverband gemeinnütziger Jugendaustausch-Organisationen in Deutschland).

Kurz und bündig

Gründungsjahr	1932	Anzahl Demi-Pair-Teilnehmer in 2017		73
Programm seit	1998	Anzahl der Teilnehmer aller Programme in 2017		2.288
Mindestalter	18	Sicherungsschein nach § 651r BGB wird ausgestellt		ja
Höchstalter	30	Programmdauer	ab 12 Wochen	
Weitere Angebote	Schüleraustausch weltweit, Freiwilligendienste (auch: Europäischer Freiwilligendienst, weltwärts, Internationaler Jugendfreiwilligendienst), Auslandspraktikum, Gastfamilienprogramme in Deutschland, Ferienprogramme, Homestay und Ranchstay.			

Au-Pair

55

Global Youth Group e.V.	
Eststr. 6	Telefon: +49 (0)201 61 24 529
45149 Essen	Telefax: +49 (0)201 47 61 98 24
info@global-youth-group.de	www.global-youth-group.de

Selbstdarstellung
Die Global Youth Group e.V. (kurz GYG) ist ein gemeinnütziger Verein mit Sitz in Essen. Unser Team besteht überwiegend aus pädagogisch geschulten Mitarbeitern, weshalb wir dich und deine Eltern fundiert beraten und betreuen können. Durch unseren guten Mix aus jungen und erfahrenen Kräften erreichen wir stets eine hohe Qualität und Sicherheit. Eine ausführliche und individuelle Betreuung, hohe Qualität und Sicherheit sind für uns selbstverständlich. Unser Ziel ist, dass du den höchstmöglichen Nutzen aus deinem Auslandsabenteuer ziehst!

Zielländer – Programmbeispiele – Leistungen – Kosten
Australien, Chile, England, Frankreich, Großbritannien, USA

Als Au-Pair Girl oder Boy kümmerst du dich immer um die Kinder deiner Gastfamilie, dies kann z.B. Hilfe bei den Hausaufgaben sein, mit den Kindern spielen, ihnen was zu Essen kochen oder sie ins Bett bringen. Als Au-Pair bekommst du immer ein wöchentliches Taschengeld, dein eigenes Zimmer und Kost und Logis in deiner Gastfamilie.
Wir unterstützen dich bei der Organisation einer Gastfamilie, bieten dir eine Betreuung, helfen dir dabei einen Flug zu organisieren und vieles weitere.

Australien (ab 225 €), Chile (ab 525 €), England (ab 150 €), Frankreich (ab 150 €), Großbritannien (ab 150 €), USA (ab 550 €)

Bewerbungsverlauf und Kriterien für die Annahme des Bewerbers
Bewirb dich online, per Fax, per E-Mail, per Telefon oder mit unserem Bewerbungsformular per Post. Nach Eingang deiner Bewerbung kontaktieren wir dich für ein unverbindliches und kostenloses Bewerbungsinterview per Skype.

Du solltest dich für die Kultur und die Sprache in deinem Gastland interessieren und mindestens mittler Englischkenntnisse haben. Du benötigst 2 Referenzen im Umgang mit Kindern oder Jugendlichen. Die Teilnahme ist für jeden zwischen 18 und 27 Jahren möglich.

Vorbereitung – Betreuung – Nachbereitung
Wir bieten optional ein Vorbereitungs- und Nachbereitungsseminar an verschiedenen Standorten an. Für deine Betreuung stellen wir dir immer einen persönlichen Ansprechpartner.

Wichtige Hinweise – Besondere Leistungen – Qualitätssicherung
Du solltest dich spätestens 3 Monate vor deiner gewünschten Ausreise bewerben.
Für das Summer Au-Pair Programm (1-3 Monate), ist die Bewerbungsfrist der 28. Februar.

Kurz und bündig			
Gründungsjahr	2009	Anzahl der Au-Pair-Teilnehmer in 2017	42
Programm seit	2009	Anzahl der Teilnehmer aller Programme in 2017	300
Mindestalter	18	Sicherungsschein nach § 651r BGB wird ausgestellt	ja
Höchstalter	27	Programmdauer	Ab 1 Monat bis 18 Monate
Weitere Angebote	Schüleraustausch, Freiwilligendienst, Work & Travel		

GoAmerica Dr. Krenz – Inh. Dr. Uwe Krenz	
N 7, 8	Telefon: 0621 / 79 94 248
68161 Mannheim	Telefax: 0621 / 79 94 251
aupair@go-america.eu	www.go-america.eu

Selbstdarstellung

Spezialist für die USA: Mittelgroße Organisation, dadurch persönliche und individuelle Betreuung. Der Inhaber Dr. Uwe Krenz LL.M. (American Univ.) ist nach seinem USA Studium seit 17 Jahren in internationalen Austauschprogrammen aktiv und hat u.a. GoAmerica Dr. Krenz gegründet, dessen Hauptanliegen eine schnelle und optimale Vermittlung ist und dies vor allem zu einem sehr günstigen Preis für die Au-Pairs. Erreicht wird dies durch geringe Marketingausgaben, die damit verbundenen Einsparungen geben wir komplett an die Au-Pairs weiter. In den USA kooperieren wir mit zwei der größten staatlich lizenzierten Au-Pair Organisationen, beide Mitglieder der IAPA, die über mehrere Tausend Gastfamilien im gesamten Bereich der USA verfügen.

Zielländer – Programmbeispiele – Leistungen – Kosten

Kosten: USA Vermittlungsgebühr: 349 €, fällig erst bei Abschluss des Au-Pair-Vertrags mit Ihrer amerikanischen Gastfamilie (keine Eigenbeteiligung; keine Kaution!)
Leistungen: Taschengeld 195,75 US$/Woche; College-Sprachkurse: 500 US$; freie Kost und Logis; Einzelzimmer; alle Flüge und Transfers inklusive; 5-tägige Orientierungswoche in New York; freie Versicherung; Platzierung in den gesamten USA; Direktplatzierung in Ihre Wunschfamilie in Ihrer Wunschstadt (Prematch) ist möglich; Programmstart ist jederzeit; 2 Wochen bezahlter Urlaub; 1½ Tage frei/Woche; 13. Reisemonat, sämtliche Visumsformulare; SEVIS-Gebühr (frei); regelmäßige Au-Pair-Treffen; Educare: geringere Arbeitszeiten; höherer Zuschuss zu den Sprachkursen/Premiere: Voraussetzung: 2 Jahre Kinderbetreuung o. Erzieherin/Kinderpflegerin: 255 US$ /Woche

Bewerbungsverlauf und Kriterien für die Annahme des Bewerbers

Nach Eingang Ihrer unverbindlichen Anfrage (auch online), erhalten Sie kostenlos alle Bewerbungsunterlagen. Bei Interesse laden wir Sie zu einem persönlichen Einzelgespräch in Ihrer Nähe ein und besprechen auch den schriftlichen Bewerbungsverlauf. Die Platzierung erfolgt durch unsere US-Partner anhand des Bewerberprofils und nach gründlicher Prüfung der Gastfamilie. Voraussetzungen: Alter 18-26; Schulabschluss, Führerschein, mind. 250 h Erfahrung in der Kinderbetreuung (Babysitten; Nachhilfe, Praktikum etc.), Nichtraucher.

Vorbereitung – Betreuung – Nachbereitung

Wir stehen jederzeit als Ansprechpartner zur Verfügung (Ausfüllen der Bewerbung; Visum, Botschaft, Kindergeld, Abschlusszertifikat etc.). In den USA haben Sie eine persönliche Betreuerin in Ihrer Nähe sowie eine gebührenfreie 24h-Hotline des US-Partners.

Wichtige Hinweise – Besondere Leistungen – Qualitätssicherung

Ausgezeichnet vom Familienministerium mit dem „RAL-Gütezeichen Au-Pair (Outgoing)"; Mitglied der Gütegemeinschaft Au-Pair e.V.

Kurz und bündig			
Gründungsjahr	2009	Anzahl der Au-Pair Teilnehmer in 2017	50
Programm seit	2009	Anzahl der Teilnehmer aller Programme in 2017	60
Mindestalter	18	Sicherungsschein nach § 651r BGB wird ausgestellt	nein
Höchstalter	26	Programmdauer	1 Jahr + 13. Reisemonat; Verlängerung mgl.
Weitere Angebote	High School, Praktika in den USA		

GoAustralia+ – Inh. Carmen Tokarski M.A.	
Am Kolvermaar 15a	Telefon: 02273 / 594 78 78
50170 Kerpen	Telefax: 02273 / 406 68 42
info@goaustraliaplus.com	www.goaustraliaplus.com

Selbstdarstellung
GoAustralia+ ist Spezialist für Au-Pair-Aufenthalte in Australien, Neuseeland, Irland und GB. Durch die Zusammenarbeit mit professionellen Partneragenturen in den jeweiligen Ländern und regelmäßigem persönlichen Austausch ist eine gezielte Vermittlung und zuverlässige Betreuung vor Ort gesichert.
Hohe Qualitätsstandards, individuelle und freundliche Beratung zeichnen uns aus. Während des Bewerbungs- und ggf. Visumverfahrens werden Bewerber und Bewerberinnen bei jedem Schritt begleitet. Vor Ort stehen unsere Partneragenturen engagiert und kompetent zur Seite.

Zielländer – Programmbeispiele – Leistungen – Kosten
Au-Pair: Australien, Neuseeland, Irland, Großbritannien
Freie Unterkunft und Verpflegung, wöchentliches Taschengeld für Mithilfe bei Kinderbetreuung und leichten Haushaltstätigkeiten zwischen 25 und 45 Std./Woche; Welcome Pack
Kosten:
GB/IRL 199,- €, AUS 329,- €, NZ ab 329,- €

Demi-Pair: Australien, Neuseeland, GB – Kombination aus Au-Pair und Sprachschule. Freie Unterkunft und Verpflegung, teilweise Taschengeld
Kosten: abhängig von der Dauer des Sprachkurses

Bewerbungsverlauf und Kriterien für die Annahme des Bewerbers
Nach Übermittlung der mit unserer Hilfe erstellten Bewerbungsunterlagen an die entsprechende Partneragentur wird das vollständige Profil einer interessierten Gastfamilie übermittelt. Bei Interesse wird sodann ein Skypeinterview arrangiert. Anreise ist ganzjährig jederzeit möglich.

Vorbereitung – Betreuung – Nachbereitung
Beratung und Hilfe vor, während und nach dem Vermittlungsprozess bis zur Abreise, auf Wunsch Hilfe bei Flugbuchung, Visumbeantragung, Versicherung. Im Gastland Betreuung durch Partneragentur.

Wichtige Hinweise – Besondere Leistungen – Qualitätssicherung
GoAustralia+ trägt das „RAL-Gütezeichen Au-Pair Outgoing" der Gütegemeinschaft Au-Pair e.V.

Kurz und bündig			
Gründungsjahr	2003	Anzahl der Au-Pair-Teilnehmer in 2017	k.A.
Programm seit	2005	Anzahl der Teilnehmer aller Programme in 2017	k.A.
Mindestalter	18	Sicherungsschein nach § 651r BGB wird ausgestellt	nein
Höchstalter	26-30	Programmdauer	3 bis 12 Monate	
Weitere Angebote	Work & Travel AUS, NZ, IRL; Familiensprachreisen nach GB		

Stepin GmbH – Student Travel and Education Programmes International

Kaiserstr. 19	Telefon: 0228 / 71 005 200
53113 Bonn	Telefax: 0228 / 71 005 999
au-pair@stepin.de	www.stepin.de

Selbstdarstellung
Stepin gehört zu den führenden deutschen Austauschorganisationen und vermittelt seit 1997 erfolgreich Auslandsaufenthalte für Weltentdecker – darunter High School, Work & Travel, Auslandspraktikum, Freiwilligenarbeit und Au-Pair. Unsere Mission: Jungen Menschen die einmalige Chance geben, fremde Kulturen und Länder zu entdecken und einzigartige Erfahrungen fürs Leben zu sammeln. Stepin ist Mitglied der »International Au Pair Association« (IAPA), dem Dachverband, der Richtlinien für Agenturen, Gastfamilien und Au-pairs festsetzt.

Zielländer – Programmbeispiele – Leistungen – Kosten
Länder: USA, Australien, Neuseeland, England, Irland, Island, Norwegen, Chile, Spanien
Programmbeispiele: Als Au-Pair 12 Monate Teil einer amerikanischen Familie sein, deren Alltagsleben kennenlernen und seine Englischkenntnisse verbessern. In Australien, Neuseeland, Norwegen, England, Irland und Island auch nur für 6 Monate möglich; in Chile geht es ab 3, in Spanien ab 4 Monaten. Eine immer beliebtere Variante des Au-Pair ist Demi-Pair (in Australien, Neuseeland, Kanada möglich). Vormittags steht ein Englischsprachkurs auf dem Programm, nachmittags können die Teilnehmer das frisch Erlernte gleich in der Familie anwenden. Leistungen: (Bsp. Demi-Pair Australien) u.a. Hilfestellung bei der Visumbeantragung, Vermittlung in Gastfamilie, Sprachkurs, Unterkunft und Vollverpflegung in der Familie, (Taschengeld) Kosten: USA 490 € (inkl. Flug); Australien ab 550 €; Neuseeland ab 550 €; Irland ab 450 €; England 450 €; Norwegen 450 €; Island 450 €; Chile 650 €; Spanien 450 €

Bewerbungsverlauf und Kriterien für die Annahme des Bewerbers
Au-Pair: Nach Eingang der (vorerst unverbindlichen) Bewerbung erhalten die Interessenten einen Link zum Downloadbereich für die Bewerbungsunterlagen. Wenn uns die vollständige Bewerbung vorliegt, findet ein persönliches bzw. telefonisches Interview statt. Bewerber/innen müssen volljährig sein, Erfahrungen in der Kinderbetreuung mitbringen, mittlere bis gute Englisch- oder Spanischkenntnisse (Chile) haben und über Fahrpraxis verfügen (USA/NZL). Ist eine Familie an einem Au-pair interessiert, wird ein Skype-Termin vereinbart. Wenn beide Seiten mit der Platzierung zufrieden sind, erhält das Au-Pair eine schriftliche Bestätigung und weitere Informationen.

Vorbereitung – Betreuung – Nachbereitung
Stepin und seine Partner im jeweiligen Gastland bieten jedem Au-Pair schriftliche, telefonische und persönliche Beratung und Betreuung vor und während des Aufenthaltes.

Wichtige Hinweise – Besondere Leistungen – Qualitätssicherung
Mitgliedschaften: WYSE Travel Confederation, IAPA, IATA, DFH, FDSV

Kurz und bündig

Gründungsjahr	1997	Anzahl der Au-Pair-Teilnehmer in 2017	ca. 250
Programm seit	1997	Anzahl der Teilnehmer aller Programme in 2017	k.A.
Mindestalter	18	Sicherungsschein nach § 651r BGB wird ausgestellt	ja
Höchstalter	30	Programmdauer 3-12 Monate, Verl. vor Ort teilweise mögl.	
Weitere Angebote	High School, Work & Travel, Auslandspraktikum, Freiwilligenarbeit, Gastfamilie werden, eigene Versicherungsabteilung		

StudyLingua GmbH	
Petrinistraße 14-16	Telefon: 0931 / 27 05 77 00
97080 Würzburg	Telefax: -
info@studylingua.de	www.studylingua.de

Selbstdarstellung
StudyLingua gehört zu den führenden, deutschen Sprachreiseveranstaltern und verfügt neben „gewöhnlichen" Sprachreisen für Erwachsene, Schüler und Geschäftsleute auch über eine große Auswahl an Demi-Pair-Sprachreisen. Bei einer Demi-Pair-Sprachreise gehen Sie vormittags in die Schule und kümmern sich am Nachmittag um die Kinder Ihrer Gastfamilie (15-20 Stunden/Woche). Während dem Sprachkurs verbessern Sie Ihre Sprachkenntnisse spürbar und strukturiert und können beispielsweise auf ein international anerkanntes Diplom hinarbeiten. StudyLingua berät und betreut Sie gerne individuell und kostenlos zu Ihrem geplanten Demi-Pair-Auslandsaufenthalt.

Zielländer – Programmbeispiele – Leistungen – Kosten
Zielländer: Australien, Neuseeland, England, Irland, Kanada, Südafrika
Aufenthaltsdauer: 3-12 Monate - je nach Reiseziel erst ab 6 Monaten möglich
Alter: 18–30 Jahre - je nach Reiseziel auch bis zu 35 Jahren möglich
Voraussetzungen: Freude und Erfahrung mit Kindern (Referenzen), Führungs- und Arztzeugnis, Mittelstufe-Sprachniveau, weitere Voraussetzungen variieren je nach Reiseziel und werden auf Anfrage mitgeteilt
Kosten: je nach Reiseziel und Aufenthaltslänge – unverbindliche Angebote können auf der Homepage erstellt werden

Bewerbungsverlauf und Kriterien für die Annahme des Bewerbers
Gerne beraten wir Sie persönlich, per E-Mail oder Telefon, welches Demi-Pair Programm am besten zu Ihren Vorstellungen, Wünschen und Zielen passt. Die Anmeldung kann per Email oder über unsere Homepage erfolgen. Je nach gewähltem Reiseziel benötigen wir weitere Dokumente von Ihnen. Freude und Erfahrung in der Kinderbetreuung, sowie Fremdsprachenkenntnisse auf Mittelstufe-Niveau sind Voraussetzung für eine erfolgreiche Anmeldung. Empfehlenswert ist eine Anmeldung spätestens 3 Monate vor dem gewünschten Starttermin. Teilweise ist aber auch eine kurzfristigere Anmeldung möglich.

Vorbereitung – Betreuung – Nachbereitung
Das StudyLingua-Team berät Sie gerne kostenlos und unverbindlich. Bei der Planung, Vorbereitung und Durchführung stehen wir Ihnen gerne mit unserer langjährigen Erfahrung zur Seite. Wir helfen Ihnen vor, während und nach dem Aufenthalt bei Fragen und Wünschen. Des Weiteren erhalten Sie von uns eine Notfalltelefonnummer für Ihren Aufenthalt.

Wichtige Hinweise – Besondere Leistungen – Qualitätssicherung
StudyLingua ist Mitglied des FDSV (Fachverband Deutscher Sprachreise-Veranstalter), sowie weiterer Branchenverbände.

Kurz und bündig			
Gründungsjahr	2010	Anzahl der Au-Pair-Teilnehmer in 2017	k.A.
Programm seit	2010	Anzahl der Teilnehmer aller Programme in 2017	k.A.
Mindestalter	18	Sicherungsschein nach § 651r BGB wird ausgestellt	ja
Höchstalter	30/35	Programmdauer	12-48 Wochen
Weitere Angebote	Sprachreisen Erw. / Schüler, Sprachkurs im Hause des Lehrers		

TravelWorks - Travelplus Group GmbH

Münsterstraße 111   Telefon: 02506 / 83 03 100

48155 Münster   Telefax: 02506 / 83 03 230

aupair@travelworks.de   www.travelworks.de

Selbstdarstellung

Unser TravelWorks-Motto: Anpacken und die Welt erleben! Reisen heißt für uns mehr, als nur Tourist sein in einem anderen Land. Nicht nur auf der Oberfläche schwimmen, sondern ins Geschehen eintauchen, das macht das Abenteuer aus! Mit einer breit gefächerten Palette spannender Programme und einem weltweiten Netzwerk anerkannter und engagierter Partnerorganisationen verhelfen wir dir zu einem gelungenen Auslandsaufenthalt.

Zielländer – Programmbeispiele – Leistungen – Kosten

Im Rahmen des Au-Pair-Programms kümmerst du dich für maximal zwei Jahre um die Kinder einer Gastfamilie in den USA, Australien, Neuseeland, Chile, Großbritannien, Irland, Norwegen oder Spanien. Dabei bist du eng in das Familienleben eingebunden und lernst so Kultur und Lebensweise deines Gastlandes kennen. Je nach Land erhältst du umgerechnet zwischen 50 € und 180 € pro Woche Taschengeld. Du arbeitest 25-45 Wochenstunden, ggf. auch mal am Wochenende oder abends. Leistungen: u.a. Platzierung in einer sorgfältig ausgewählten Gastfamilie, Unterkunft und Verpflegung, bezahlter Urlaub, Hilfe bei Visumsbeantragung, Infohandbuch etc. Zusätzliche Leistungen USA und Neuseeland: mehrtägige Orientierungsveranstaltung mit Übernachtungen nach Ankunft u.v.m.!

Bewerbungsverlauf und Kriterien für die Annahme des Bewerbers

Bewerbung mind. vier Monate vor geplanter Ausreise über Bewerbungsset auf www.travelworks.de. Je nach Land findet vorab ggf. ein Telefoninterview auf Englisch statt. Voraussetzungen: Alter ab 18 bis max. 30 Jahre. Gute Englischkenntnisse (Spanien, Chile: Spanischkenntnisse nicht notwendig, aber von Vorteil. Norwegen: Bereitschaft, Norwegisch zu lernen). Mind. 200 Stunden nachgewiesene Erfahrung in der Kinderbetreuung, einwandfreies polizeiliches Führungszeugnis, Führerschein, dt. Staatsbürgerschaft (Australien/Neuseeland), EU-Staatsbürgerschaft für alle anderen Programme, ggf. medizinisches Gesundheitszeugnis, Nichtraucher, Kochkenntnisse von Vorteil.

Vorbereitung – Betreuung – Nachbereitung

Gemeinsam mit unseren anerkannten Partnern im Gastland legen wir großen Wert auf eine umfassende Betreuung, Servicequalität und die individuelle Beratung jedes Teilnehmers. Je nach Programm geht der Bewerbungsprozess mit einem Spracheinstufungstest/einem Telefoninterview/einem Motivationscheck einher. Unsere Programmkoordinatoren/innen haben selbst umfangreiche Auslandserfahrung und kennen die einzelnen Destinationen sowie unsere Partner i.d.R. persönlich. Wir sind – im Notfall auch 24/7 – mit Infos und Hilfe für dich da.

Wichtige Hinweise – Besondere Leistungen – Qualitätssicherung

TravelWorks ist Mitglied der Qualitätsverbände DFH, FDSV, IAPA, IALC, Reisenetz, Partner des BundesForum Kinder- und Jugendreisen e.V.

Kurz und bündig			
Gründungsjahr	1991	Anzahl der Au-Pair-Teilnehmer in 2017	k.A.
Programm seit	2009	Anzahl der Teilnehmer aller Programme in 2017	k.A.
Mindestalter	18	Sicherungsschein nach § 651r BGB wird ausgestellt	ja
Höchstalter	30	Programmdauer	4 Wochen bis 24 Monate (je nach Land)
Weitere Angebote		Work & Travel, Freiwilligenarbeit, Auslandspraktika, Sprachreisen, High School, Summer School, Kurzstudium, English Adventure Camp	

Freiwilligendienste

Unterrichtsassistenz an einer Grundschule in Ghana, Kinderbetreuung in einer Tagesstätte in Indien, Mitarbeit in einer Obdachlosenunterkunft in den USA, ein Fußballprojekt in einem südafrikanischen Township oder Arbeiten in einem Nationalpark in Costa Rica – motivierten Freiwilligen steht eine Vielzahl an Einsatzmöglichkeiten weltweit offen. Durch die Mitarbeit in einem gemeinnützigen Projekt bieten internationale Freiwilligendienste die Möglichkeit, interkulturelle Begegnungen zu erfahren und durch das Zusammenleben mit den Menschen des Gastlandes ihre Kultur und Lebenswirklichkeit hautnah zu erleben. Freiwillige unterstützen ehrenamtlich die Mitarbeiter in sozialen, ökologischen oder kulturellen Projekten, indem sie je nach Tätigkeitsbereich alltäglich anfallende Arbeiten übernehmen und sich ihren Fähigkeiten entsprechend mit eigenen Ideen in die Projektarbeit einbringen. Oftmals entstehen durch die Arbeit auch Kontakte zu anderen internationalen Freiwilligen.

Mögliche Zielländer und Programmvarianten

Eine Vielzahl von Freiwilligendiensten findet in sogenannten Entwicklungs- und Schwellenländern in Afrika, Asien oder Lateinamerika, aber auch innerhalb Europas statt. Beliebte Einsatzländer für Freiwilligenarbeit sind beispielsweise Indien, Südafrika, Tansania, Ghana sowie Peru, Bolivien und Argentinien. Freiwillige, die sich in westlichen Industrienationen engagieren möchten, zieht es vor allem nach Großbritannien, Frankreich und in die USA.

In erster Linie unterschieden wird zwischen flexiblen Freiwilligenprogrammen einerseits, für deren Kosten die Teilnehmer selbst aufkommen, und den staatlich geförderten internationalen Freiwilligendiensten andererseits. Nicht geförderte, flexible Freiwilligenprogramme werden gleichermaßen von verschiedenen gemeinnützigen, aber auch von privatwirtschaftlichen Organisationen angeboten. In Bezug auf die Dauer und den Programmstart ist nicht geförderte Freiwilligenarbeit meist zeitlich flexibel und individuell planbar – oft auch für kürzere Zeiträume von wenigen Wochen oder Monaten. Die Kosten für Hin- und Rückflüge, Unterkunft und Verpflegung vor Ort, Versicherungen und die Vorbereitung auf den Aufenthalt tragen die Freiwilligen selbst. Ungeförderte Freiwilligenprogramme setzen meist keine Bewerbung im engeren Sinn voraus. Das Einsatzland und -projekt bzw. den Arbeitsbereich können Freiwillige in der Regel selbst wählen.

Die geförderten Freiwilligendienste werden zum größten Teil vom Bund oder der EU finanziert. Für Freiwillige selbst entstehen meist lediglich geringe bzw. selten sogar keine Kosten. Die Programme finden in festgelegten Zeiträumen statt und dauern in der Regel zwischen neun und zwölf Monate. In einzelnen Fällen sind auch kürzere oder längere Einsätze möglich. Die meisten einjährigen Programme starten im Sommer. Um einen der begehrten Plätze in einem geförderten Programm zu erhalten, durchlaufen angehende Freiwillige ein Auswahlverfahren mit ausführlicher Bewerbung bei einer Entsendeorganisation und persönlichem Kennenlerngespräch sowie manchmal auch Orientierungs- und Auswahlworkshops. Je nach Entsendeorganisation können sich Freiwillige entweder um einen konkreten Einsatzplatz bzw. für ein bestimmtes Projekt bewerben oder sie erhalten nach einem persönlichen Kennenlernen einen Projektvorschlag von der Entsendeorganisation, der ihre Fähigkeiten und Wünsche berücksichtigt.

Unabhängig von diesem formalen Unterschied gibt es Freiwilligendienste mit verschiedenen inhaltlichen Schwerpunkten. Die meisten Freiwilligen sind im sozialen Bereich tätig; sie arbeiten z.B. in Kindertagesstätten oder -heimen, assistieren in Schulen oder unterstützen Projekte für Straßenkinder und sozial benachteiligte Menschen. Andere Freiwillige bringen sich in ökologische Projekte ein, indem sie z.B. in der Pflege von Naturschutzgebieten mitarbeiten, ökologische Bildungskampagnen mitgestalten oder sich in Tierschutzprojekten engagieren. Für diese Art von Freiwilligendienst zieht es junge Menschen nicht nur in Entwicklungs- oder Schwellenländer, sondern auch nach Kanada, in die USA oder nach Down Under. Darüber hinaus wecken auch kulturelle

Projekte beispielsweise in Museen, Kulturzentren oder historischen Gedenkstätten das Interesse von Freiwilligen. Manchmal verschwimmen die Grenzen zwischen Freiwilligendiensten und unbezahlten Praktika. Was einige Programmanbieter als Freiwilligenarbeit bezeichnen, nennen andere Praktikum – und umgekehrt.

Voraussetzungen

Die Mehrheit der Freiwilligenprogramme richtet sich an junge Menschen ab 18 Jahren. Einige Organisationen bieten zum Teil auch Programme für unter 18-Jährige an. Bei den geförderten Freiwilligendiensten gilt zudem eine Altersbeschränkung bis 26 bzw. 28 oder 30 Jahre. Im Unterschied zu Fachdiensten in der Entwicklungszusammenarbeit wird bei internationalen Freiwilligendiensten meist keine berufliche Qualifikation vorausgesetzt. Wichtig in erster Linie ist die ernsthafte Motivation, sich freiwillig für ein gemeinnütziges Projekt zu engagieren, sowie die Bereitschaft, für mehrere Wochen oder Monate auf den gewohnten Komfort zu verzichten. Dies kann in manchen Ländern beispielsweise den Verzicht auf die tägliche warme Dusche, auf ein eigenes Zimmer oder auf abwechslungsreiches Essen bedeuten. Flexibilität, Sensibilität für die Kultur und Lebensart der Menschen im Gastland sind weitere wichtige Voraussetzungen, denn nicht immer ist der Alltag klar durchstrukturiert und kurzfristige Veränderungen lassen sich oft nicht vermeiden.

Je nach Projekt und Aufgaben der Freiwilligen sind auch verschiedene Fähigkeiten und Eigenschaften immer von Vorteil. Wäre beispielsweise das Unterrichten von Englisch eine der zentralen Aufgaben im Rahmen des Projekts, sollte der Freiwillige nicht nur (sehr) gute Englischkenntnisse mitbringen, sondern auch selbstsicher vor Klassen sprechen, geduldig anleiten und oftmals auch improvisieren können. Angehende Freiwillige sollten sich daher im Vorfeld die Frage stellen, welche Talente oder Fähigkeiten sie bieten, um die Mitarbeiter des Projekts sinnvoll unterstützen zu können. Für sehr spezielle Projekte, insbesondere für einzelne geförderte Einsatzplätze, werden abhängig vom Arbeitsbereich manchmal bestimmte fachliche Vorkenntnisse erwünscht.

Kosten und Finanzierung

Gerade bei den nicht geförderten Freiwilligendiensten, die verschiedene Organisationen anbieten, steht für viele Interessenten die Frage im Raum, warum sie für ein solches Programm zahlen müssen, wenn sie doch unentgeltlich ein Projekt unterstützen. Tatsächlich zahlen Freiwillige jedoch nicht für die ehrenamtliche Mitarbeit im Projekt, sondern für den organisatorischen Rahmen: Die Organisationen investieren Arbeit in den Aufbau und die Pflege der Kooperationen mit Partnern bzw. Projekten im Ausland, beraten und betreuen Freiwillige während ihrer Vorbereitung, stellen idealerweise eine 24-Stunden-Notfallnummer zur Verfügung und arrangieren die Aufenthalte für die Programmteilnehmer. In der Regel verursachen auch die Unterbringung und Verpflegung der Freiwilligen vor Ort zusätzliche Kosten. Daneben müssen natürlich auch die Flüge und Versicherungen gezahlt werden. Es ist in diesem Zusammenhang sicher nachvollziehbar, dass weder die deutschen Organisationen noch die gemeinnützigen Projektorganisationen, gerade in Entwicklungs- und Schwellenländern, dafür aufkommen können.

Die Kosten für einen nicht geförderten Freiwilligendienst lassen sich schwer pauschalisieren. Je nach Gastland sollte man mit mindestens 2.000 bis 3.500 Euro als Gesamtausgaben für einen zwei- bis dreimonatigen Dienst rechnen. Hinzu kommen meist weitere Kosten für das Visum sowie ggf. notwendige Impfungen, die unbedingt eingeplant werden sollten. Wie sich die Programmkosten genau zusammensetzen und welcher Teil des Programmpreises tatsächlich für die Unterbringung, Verpflegung und Betreuung an das Projekt vor Ort gezahlt wird, kann gezielt bei der Organisation nachgefragt werden.

Bei geförderten Freiwilligendiensten werden die Kosten für Unterkunft, Verpflegung, die pädagogische Begleitung und Betreuung, Versicherungen sowie die gesamten (oder zumindest anteiligen) Reisekosten größtenteils durch öffentliche Fördermittel finanziert. Meist erhalten Freiwillige sogar ein monatliches Taschengeld. In der Regel wird von den Teilnehmern lediglich eine kleine Eigenbeteiligung erwartet.

Kindergeld

Bei den staatlich geförderten Freiwilligendiensten besteht bis zur Vollendung des 25. Lebensjahres Anspruch auf Kindergeld. Im Fall von nicht geförderten, ungeregelten Freiwilligenprogrammen besteht in den meisten Fällen kein Kindergeldanspruch. Die für das Kindergeld zuständige Familienkasse entscheidet hier einzelfallabhängig. Unter der folgenden kostenfreien Servicenummer ist diese für allgemeine Fragen telefonisch erreichbar: 0800 / 455 55 30.

Geförderte Freiwilligendienste

Mit jeweils unterschiedlichen Schwerpunkten, Zielregionen und Rahmenbedingungen gibt es derzeit folgende geförderte Freiwilligendienstprogramme, die aus Mitteln des Bundes bzw. der EU finanziert werden:

* weltwärts, der entwicklungspolitische Freiwilligendienst,
* der Internationale Jugendfreiwilligendienst (IJFD),
* der Europäische Freiwilligendienst (EFD),
* und kulturweit, der internationale kulturelle Freiwilligendienst.

Mit 3.712 deutschen Freiwilligen, die 2017 ausreisten, ist weltwärts aktuell das zahlenmäßig größte geförderte Freiwilligendienstprogramm. Es wurde vom Bundesministerium für wirtschaftliche Zusammenarbeit und Entwicklung (BMZ) 2008 ins Leben gerufen und hat einen entwicklungspolitischen Fokus. Rund 160 deutsche Entsendeorganisationen sind für die Organisation und Durchführung von Freiwilligendiensten im Rahmen von weltwärts anerkannt und aktiv. Dafür erhalten sie Fördermittel vom BMZ und geben Freiwilligen zwischen 18 und 28 Jahren die Gelegenheit, sich für sechs bis 24 Monate (in der Regel zehn bis zwölf Monate) in gemeinnützigen Partnerprojekten in Entwicklungsländern zu engagieren. Da Entsendeorganisationen für das weltwärts-Programm mindestens 25 Prozent der Kosten aus eigenen Mitteln finanzieren müssen (durchschnittlich ca. 1.800 bis 2.800 Euro), wird von Freiwilligen in der Regel eine Beteiligung durch den Aufbau eines privaten Spender- bzw. Förderkreises erwartet.

Ähnlich funktioniert der 2011 eingeführte Internationale Jugendfreiwilligendienst (IJFD), der Auslandsdienst des Bundesministeriums für Familie, Senioren, Frauen und Jugend (BMFSF). Der IJFD bietet die Möglichkeit, für sechs bis 18 Monate in anerkannten sozialen oder ökologischen Projekten im Ausland mitzuarbeiten. Dabei sind Einsätze grundsätzlich weltweit und nicht nur in Entwicklungsländern möglich. Der IJFD ist – von der Gesetzgebung ausgehend – theoretisch ab Vollendung der Vollschulzeitpflicht (meist mit 16 Jahren erreicht) möglich. Die Entscheidung, ob 16- oder 17-jährige Freiwillige einen IJFD leisten können, liegt bei den Entsendeorganisationen (auch Träger genannt). Bislang ziehen die meisten Projekte jedoch aufgrund der Verantwortungsfrage volljährige Freiwillige vor. Im Jahr 2017 absolvierten insgesamt 2.770 Freiwillige einen IJFD. Mit der Förderung von 350 Euro je Dienstmonat können die Trägerorganisationen die Betreuung der Freiwilligen sowie verschiedene Leistungen wie Unterkunft, Verpflegung, Taschengeld und Reisekosten für die Freiwilligen finanzieren. Da diese Zuschüsse ebenfalls nicht die gesamten Kosten für den Dienst abdecken, wird auch für den IJFD eine angemessene Eigenbeteiligung (durchschnittlich ca. 1.800 bis 3.500 Euro für ein Jahr) von den Freiwilligen erwartet.

Das Bundesfamilienministerium fördert darüber hinaus auch weiterhin das allgemein bekannte „Freiwillige Soziale Jahr" (FSJ) und das „Freiwillige Ökologische Jahr" (FÖJ), welche nicht nur in Deutschland, sondern weltweit geleistet werden können. Die Teilnehmerzahlen sind jedoch vergleichsweise gering: Im Freiwilligenjahrgang 2015/16 gingen insgesamt 27 geförderte FSJ- und FÖJ-Teilnehmer ins Ausland; 18 davon über das FSJ und nur neun über das FÖJ.

Der Europäische Freiwilligendienst (EFD) wird von der Europäischen Union im Rahmen von Erasmus+ JUGEND IN AKTION gefördert. Dieses Programm richtet sich an junge Menschen zwischen 17 und 30 Jahren, wobei es auch hier bislang kaum Angebote für nicht volljährige Freiwillige gibt. Wie es der Name erahnen lässt, findet der Europäische Freiwilligendienst in ganz Europa statt, in einzelnen Fällen auch außerhalb. Die Dauer des Einsatzes kann zwischen zwei und zwölf Monaten liegen; vereinzelt sind auch kürzere Dienste möglich. Die Förderung für den EFD beinhaltet auch die Kosten für einen Basissprachkurs. Lediglich einen Teil der Reisekosten müssen Freiwillige ggf. selbst tragen.

Den kulturellen Freiwilligendienst kulturweit gibt es seit Anfang 2009. kulturweit ist ein Projekt der Deutschen UNESCO-Kommission und wird gefördert durch das Auswärtige Amt. Das Programm richtet sich an 18- bis 26-Jährige, die sich für sechs oder zwölf Monate als Freiwillige im Bereich der auswärtigen Kultur- und Bildungspolitik engagieren möchten. Typische Einsatzfelder in Regionen wie Afrika, Asien, Lateinamerika sowie Mittel- und Osteuropa sind z.b. deutsche Schulen oder Außenstellen des Deutschen Akademischen Austauschdienstes, des Goethe-Instituts oder des Deutschen Archäologischen Instituts. 2015 wurden 385 Freiwillige von kulturweit gefördert und entsandt.

Alle geförderten Freiwilligendienste beinhalten in der Regel jeweils ein pädagogisches Begleitprogramm mit Vorbereitungsseminar, Zwischenseminar im Einsatzland und einer Nachbereitung nach der Rückkehr.

Es ist nicht ungewöhnlich, dass Entsendeorganisationen für weltwärts oder den IJFD künftige Freiwillige bitten, einen privaten Förder- bzw. Unterstützerkreis aufzubauen, um die Finanzierung des Freiwilligendienstes zu sichern. Die Teilnehmer werden gebeten, in ihrer Verwandtschaft, Bekanntschaft, Gemeinde, bei Stiftungen und Unternehmen Spenden zu sammeln, die als Eigenbeteiligung der Freiwilligen für die Deckung der Programmkosten und die Unterstützung der Projekte eingesetzt werden. Bei diesen Aktivitäten spielt auch der Aspekt der Öffentlichkeitsarbeit für das Programm eine wichtige Rolle. Es steht Freiwilligen natürlich frei, auch eigene finanzielle Beiträge zu leisten. Praktische Tipps und Anregungen können Entsendeorganisationen geben.

Linktipps: www.weltwaerts.de – www.ijfd-info.de – www.go4europe.de – www.kulturweit.de

Bewerbung für einen geförderten Freiwilligendienst

Um an weltwärts, dem IJFD oder dem EFD teilnehmen zu können, müssen sich angehende Freiwillige bei anerkannten deutschen Entsendeorganisationen bewerben, die mit Projekten im Ausland zusammenarbeiten und mit den ihnen zur Verfügung gestellten Fördermitteln den Freiwilligendienst organisieren und durchführen. Bei den Entsendeorganisationen handelt es sich um gemeinnützige Organisationen und Vereine, die von den jeweiligen Bundesministerien bzw. der EU für die jeweiligen Programme anerkannt wurden. Dabei ist es wichtig zu wissen, dass nicht alle deutschen Entsende- und Austauschorganisationen für alle Freiwilligenprogramme anerkannt sind. Auf den jeweiligen Websites von weltwärts, dem IJFD und EFD können Listen der anerkannten Entsendeorganisationen und ihrer Projekte eingesehen werden. Interessenten bewerben sich direkt bei der ausgewählten Entsendeorganisation, die für die Vorbereitung und Betreuung der Freiwilligen sowie für alles Organisatorische rund um den Freiwilligendienst verantwortlich ist. Für den Freiwilligendienst des Auswärtigen Amts kulturweit bewerben sich Interessenten im Gegensatz dazu direkt online.

Für eine Bewerbung um einen geförderten Freiwilligendienst empfiehlt sich ein zeitlicher Vorlauf von ca. einem Jahr. Da die Zahl der Bewerbungen insgesamt wesentlich höher als die Zahl der Einsatzplätze ist, kann es durchaus sinnvoll sein, sich bei verschiedenen Entsendeorganisationen zu bewerben. Das Bewerbungsverfahren gestaltet jede Entsendeorganisation selbst. Bevor die Entscheidung für ein bestimmtes Land fällt, ist es wichtig, darüber nachzudenken, ob man mit den jeweiligen Lebensbedingungen und klimatischen Gegebenheiten zurechtkommt, ohne sich selbst zu überfordern.

Viele Entsendeorganisationen bieten neben den geförderten Projektplätzen nicht selten auch ungeregelte, kostenpflichtige Freiwilligendienste an. Hier sollte genau darauf geachtet werden, welche Einsatzplätze über die Programme der Bundesministerien bzw. der EU gefördert werden und welche nicht.

Freiwilligendienste mit christlichem Bezug

Die beiden großen christlichen Kirchen Deutschlands ermöglichen mehrmonatige internationale Freiwilligendienste, bei denen neben der ehrenamtlichen Tätigkeit der gemeinsame Glaube eine wichtige Rolle spielt. Das Diakonische Jahr im Ausland (DJiA) ist ein Programm der Jugendarbeit der Evangelischen Kirche. Junge Menschen im Alter zwischen 18 und 30 Jahren erhalten die Gelegenheit, im Rahmen dieses neun- bis zwölfmonatigen Programms im sozialen Bereich tätig zu werden und Kirche sowie Glauben im Ausland zu erleben.

Das von mehreren katholischen Ordensgemeinschaften geleitete Programm „MissionarIn auf Zeit" (MaZ) richtet sich an junge Menschen ab 18 Jahren und findet insbesondere in osteuropäischen, lateinamerikanischen und afrikanischen Ländern statt. Für in der Regel ein Jahr engagieren sich die jungen MaZ-Freiwilligen in sozialen Projekten den jeweiligen Ordensgemeinschaften im Ausland und arbeiten beispielsweise mit Kindern und Jugendlichen, Senioren oder in Einrichtungen für Menschen mit Behinderungen.

Linktipps: www.djia.de – www.maz-freiwilligendienst.de

Für alle Programme und Projekteinrichtungen, die religiöse Bezüge aufweisen, gilt sicherlich, kritisch zu hinterfragen, welche Intention hinter den jeweiligen Aktivitäten steht und ob der problematische Aspekt des Bekehrens Andersgläubiger eine Rolle spielt.

Wissenswertes und Tipps

Plant man einen Freiwilligendienst – ob gefördert oder nicht gefördert – sollte man sich im Vorfeld gut über verschiedene Aspekte informieren. Dabei ist nicht nur die generelle Sicherheitslage im Zielland sehr wichtig, sondern auch die Situation im Projekt sowie der Erfahrungsstand der deutschen Organisation. Wie lang arbeitet das Projekt bereits mit internationalen Freiwilligen zusammen? Wieviele Freiwillige sind gleichzeitig in dem Projekt tätig? Gibt es eine fachliche Unterstützung? Wieviel Erfahrung hat die Entsendeorganisation in Bezug auf das Gastland, die Region und das Freiwilligenprojekt vorzuweisen? Haben Mitarbeiter der deutschen Organisation das Projekt bereits persönlich besucht? Wie sehen die Betreuungsstrukturen während des Auslandsaufenthalts konkret aus? Gibt es für Notfälle Ansprechpartner in Deutschland und im Gastland, die jederzeit erreichbar sind?

Nach Möglichkeit sollte man auch Kontakt zu ehemaligen Freiwilligen aufnehmen, die über den Ablauf, den Alltag und die Gegebenheiten vor Ort informieren und sicherlich auch den ein oder anderen praktischen Tipp zur Vorbereitung mitgeben können. Orientierung bei der Auswahl geeigneter Freiwilligenorganisationen kann das (noch junge) Bewertungsportal MeinFreiwilligendienst.de bieten, das von ehemaligen Freiwilligen initiiert wurde. Auf diesem Portal können Freiwillige ihre Entsendeorganisation und das Projekt bewerten, in dem sie tätig waren, und zukünftigen Freiwilligen mit kurzen Erfahrungsberichten Informationen aus erster Hand geben.

Zum „Hineinschnuppern" in die Welt der Freiwilligenarbeit bieten sich auch kürzere Programme an, beispielsweise internationale Workcamps, bei denen eine Gruppe von Freiwilligen für wenige Wochen gemeinsam an einem Projekt im Ausland arbeitet. Vereinzelt können hier auch schon nicht volljährige Jugendliche teilnehmen. Nähere Informationen dazu finden sich in diesem Handbuch im Abschnitt *Jugendbegegnungen und Workcamps*.

active abroad – Inh. Maria Riedmaier	
Obere Hauptstraße 8	Telefon: 08161 / 40 288 0
85354 Freising/München	Telefax: 08161 / 40 288 20
contact@activeabroad.net	www.activeabroad.de

Selbstdarstellung

Be active abroad und entdecke mit uns den Globus: Von Au-Pair/Demi-Pair über Work & Travel, Auslandsjobs, Volunteerjobs bis hin zu Sprachreisen findest Du bei uns eine Vielzahl an Auslandsprogrammen auf allen fünf Kontinenten. Aufgrund unserer langjährigen Erfahrung können wir Dir das passende Programm empfehlen und nehmen es uns zum Ziel, Dir durch einen vielfältigen und flexiblen Produktkatalog deinen Auslandsaufenthalt so individuell wie möglich zu gestalten.

Zielländer – Programmbeispiele – Leistungen – Kosten

Zielländer:
Südafrika, Lateinamerika (Argentinien, Bolivien, Chile, Costa Rica, Ecuador, Guatemala, Honduras, Peru)
Projekte:
Projekte im Bildungs- und Sozialbereich, sowie im Tier- und Naturschutz
Unterkunft:
Unterkunft in einer Gastfamilie, im Hostel, Wohnheim oder im Volunteer-Haus (in Lateinamerika auch Studentenwohnheim möglich), Sprachkurs optional buchbar
Kosten auf Anfrage

Bewerbungsverlauf und Kriterien für die Annahme des Bewerbers

Bewerbungsfrist: ca. 3 Monate vor Programmstart
Mittlere Englischkenntnisse (Südafrika) bzw. Grundkenntnisse Spanisch (Lateinamerika)
Gute körperliche & geistige Verfassung, ausreichender Impfschutz für das jeweilige Gebiet
Anmeldefrist: ca. 3 Monate vor Programmstart
Abreisezeitpunkt: ganzjährig

Vorbereitung – Betreuung – Nachbereitung

Versand von ausführlichem Infomaterial, persönliche und individuelle Beratung, Hilfestellung und Tipps während des Bewerbungsprozesses, Betreuung vor, während und nach der Vermittlung, auf Wunsch Hilfe bei Flug, Visum, Versicherung, Betreuung im Gastland durch unsere zertifizierten Partneragenturen, Bestätigungen und Zertifikate nach deinem Aufenthalt

Wichtige Hinweise – Besondere Leistungen – Qualitätssicherung

Mitglied der IAPA (International Au-Pair Association), Mitglied der Au-Pair Society, RAL Gütezeichen „Outgoing".

Kurz und bündig

Gründungsjahr	1998	Anzahl der Freiwilligendienst-Teilnehmer in 2017	k.A.
Programm seit	2005	Anzahl der Teilnehmer aller Programme in 2017	k.A.
Mindestalter	18	Sicherungsschein nach § 651r BGB wird ausgestellt	ja
Höchstalter	-	Programmdauer	ab 2 Wochen
Weitere Angebote	Au-Pair, Demi-Pair, Work & Travel, Farmstay, Auslandspraktika, Work Experience, Sprachreisen		

AFS Interkulturelle Begegnungen e.V.

Friedensallee 48   Telefon: 040 / 399 222 0
22765 Hamburg   Telefax: 040 / 399 222 99
info@afs.de   www.afs.de/freiwilligendienst

Selbstdarstellung
AFS ist eine der erfahrensten und größten Austauschorganisationen in Deutschland. Als gemeinnütziger und ehrenamtlich basierter Verein bietet AFS Schüleraustausch, Gastfamilienprogramme, Global Prep Ferienprogramme und Freiwilligendienste in über 50 Ländern weltweit an. Mit seinen Freiwilligendiensten gibt AFS jungen Erwachsenen die Chance, neue Länder kennen zu lernen, eine andere Sprache und Kultur zu erleben und sich weltweit zu engagieren. Davon profitieren die Teilnehmerinnen und Teilnehmer und die Aufnahmeprojekte gleichermaßen. So fördert AFS persönliches und gesellschaftliches Engagement, Nachhaltigkeit und globales Denken und setzt sich für Kulturaustausch und Völkerverständigung ein.

Zielländer – Programmbeispiele – Leistungen – Kosten
AFS bietet Freiwilligendienste in Europa, Nord- und Lateinamerika, Afrika, Asien und Ozeanien an. Die Dauer beträgt je nach Programm zwischen 3 und 11 Monaten. Einsätze sind in den Bereichen Soziales, Bildung, Gesundheit, Umwelt, Politik & Gesellschaft, Kultur & Medien sowie in den AFS-Büros weltweit möglich. Im Gastland können die Teilnehmerinnen und Teilnehmer auch in einer Gastfamilie leben, in jedem Fall lernen sie eine neue Sprache und andere Kultur intensiv kennen. AFS ist Träger der staatlich geförderten Programme weltwärts und IJFD (Internationaler Jugendfreiwilligendienst). Mit dem Community Service Program (CSP) bietet AFS ein zeitlich flexibles Programm mit Chance auf ein Stipendium an. Die Höhe der Kosten bzw. Förderungen variieren je nach Programm. Weitere Infos auf www.afs.de/freiwilligendienste. Auf Social Media berichten Teilnehmerinnen und Teilnehmer unter dem Hashtag #AFSVoices.

Bewerbungsverlauf und Kriterien für die Annahme des Bewerbers
Bewerberinnen und Bewerber für die staatlich geförderten Programme sollten zwischen 18 und 27 Jahre alt sein. Das CSP ist ab 18 Jahre altersoffen. Engagement und Neugierde, Offenheit für neue Kulturen und Einsatzfreude sind wichtige Voraussetzungen für eine spannende Erfahrung im Ausland. Bewerbungen erfolgen ausschließlich online über die Website.

Vorbereitung – Betreuung – Nachbereitung
Auf eine intensive Vorbereitung, Betreuung vor Ort und Nachbereitung legen wir großen Wert. Bei Problemen stehen ehrenamtliche Mitarbeiterinnen und Mitarbeiter sowie eine hauptamtliche Geschäftsstelle im Partnerland mit Rat und Tat zur Seite. Außerdem gibt es eine 24h-Notfall-Hotline.

Wichtige Hinweise – Besondere Leistungen – Qualitätssicherung
AFS trägt das „Quifd"-Gütesiegel (Qualität in Freiwilligendiensten) und ist im Arbeitskreis gemeinnütziger Jungendaustauschorganisationen (AJA) organisiert. AFS ist außerdem Mitglied im „Arbeitskreis Lernen und Helfen in Übersee" e.V.

Kurz und bündig			
Gründungsjahr	1948	Anzahl der Freiwilligendienst-Teilnehmer in 2017	607
Programm seit	1980	Anzahl der Teilnehmer aller Programme in 2017	2.174
Mindestalter	18	Sicherungsschein nach § 651r BGB wird ausgestellt	ja
Höchstalter	30	Programmdauer	3-11 Monate
Weitere Angebote	Schüleraustausch, Gastfam. werden, Jugendbegegnungen & Workcamps		

ChileVentura – Lernen, Jobben und Reisen in Chile! – Inh. Manuel Hildenbrand	
Feigenweg 8	Telefon: 0711 / 50 62 75 35
70619 Stuttgart	Telefax: 0711 / 50 62 75 34
info@chileventura.org	www.chileventura.de

Selbstdarstellung

Unser Team wurde durch längere Arbeitsaufenthalte und zahlreiche Reisen selbst vom „Südamerikavirus" angesteckt, besonders aber vom „Chilevirus".
Unsere Motivation ist die Begeisterung und Faszination für das „schmale Land". Wir sind der Überzeugung, mit unserer Agentur einen positiven Beitrag zum kulturellen Austausch zwischen Chile und Europa leisten zu können.
Unser Ziel ist es, Euch als Chile-Interessierte, Südamerikafans und solche, die es werden wollen bzw. neugierig darauf sind, das wunderbare Land Chile und ebenso seine Leute näher zu bringen. Wir bieten Dir eine Möglichkeit, Land und Leute von einer anderen Seite als der normale Tourist hautnah zu erleben. Unser oberstes Ziel jedoch ist die Zufriedenheit unserer Kunden, also Deine Zufriedenheit. Um das zu erreichen, orientieren wir uns stets an unseren Grundsätzen Fairness, Transparenz und Nachhaltigkeit – in allem, was wir tun.

Zielländer – Programmbeispiele – Leistungen – Kosten

Zielländer: Chile, Peru, Argentinien
Projektbeispiele: Sozialarbeit mit Kindern, Umwelt- und Naturschutz, Tierschutz, Bildungsprojekte, Reittherapie, Aufenthalt auf einer Farm oder Ranch, Medizin, Psychologie u.v.m.
Leistungen: Persönliche Beratung und Unterstützung bei Fragen während Deines gesamten Aufenthaltes, Teilnahmebestätigung für Deine Freiwilligentätigkeit, Infobroschüre zu Chile, Unterkunftsvermittlung, Ansprechpartner vor Ort, Sprachkursvermittlung auf Wunsch
Kosten: 205-330 € (ohne Unterkunftsvermittlung), 285-460 € (mit Unterkunftsvermittlung)

Bewerbungsverlauf und Kriterien für die Annahme des Bewerbers

Mindestalter: keine Altersbeschränkung. Starttermine und Dauer: individuell nach Wunsch
Anmeldung: keine Bewerbungsfristen, idealerweise 2-3 Monate vor Reisebeginn.

Vorbereitung – Betreuung – Nachbereitung

Als Spezialist für die Vermittlung maßgeschneiderter Auslandsaufenthalte legen wir großen Wert auf eine individuelle Betreuung und Beratung. Bei uns gibt es keine Massenabfertigung! Unser Team hat selbst reichlich Auslandserfahrung und kennt das jeweilige Land sehr gut oder ist in diesem sogar aufgewachsen. Nach Rückkehr erhält jeder Teilnehmer ein Teilnahmezertifikat.

Wichtige Hinweise – Besondere Leistungen – Qualitätssicherung

Über uns gehst Du den direkten Weg ins Ausland über nur eine Agentur – es sind keine Partneragenturen im Ausland zwischengeschaltet. Daher sind wir in der Lage, absolut faire Preise, eine individuelle Beratung sowie eine flexible Programmgestaltung anzubieten.

Kurz und bündig			
Gründungsjahr	2007	Anzahl der Freiwilligendienst-Teilnehmer in 2017	>150
Programm seit	2007	Anzahl der Teilnehmer aller Programme in 2017	>350
Mindestalter	-	Sicherungsschein nach § 651r BGB wird ausgestellt	nein
Höchstalter	-	Programmdauer	frei wählbar
Weitere Angebote	Spanischkurse, Praktika, Work & Travel, Unterkünfte		

Deutsches Rotes Kreuz in Hessen Volunta gGmbH

Allerheiligentor 2-4	Telefon: 0611/ 95 24 90 00
60311 Frankfurt am Main	Telefax: 069 / 2 47 54 66 10
weltweit@volunta.de	www.volunta.de

Selbstdarstellung
Volunta ist der Träger für Freiwilligendienste des Deutschen Roten Kreuzes in Hessen. Wir helfen jungen Menschen bei der Berufsorientierung und eröffnen neue Perspektiven. Wir machen Mut, sich für andere einzusetzen und gesellschaftlichen Einfluss zu nehmen. Wir schaffen Aufmerksamkeit für Freiwilligendienste und die Menschen, die dahinter stecken.

Zielländer – Programmbeispiele – Leistungen – Kosten
weltwärts - der entwicklungspolitische Freiwilligendienst: Bolivien, Costa Rica, Nicaragua, Kolumbien, Peru, Südafrika, Namibia, Ruanda, Thailand, Indien.
Projekte im Bereich Bildung und Sport, in sozialen Einrichtungen Umweltprojekte u.v.m.
IJFD: Spanien, Rumänien, Lettland, Tschechien, Bolivien, Ghana, Ungarn, Australien, Neuseeland.
Projekte im Bereich Bildung und Sport, in sozialen Einrichtungen und Umweltprojekten.
Leistungen (beide Programme): Unterkunft, Verpflegung, Taschengeld, 25 Seminartage, Auslandsversicherungspaket, Flug (weltwärts). Freiwilliges Spenden sammeln erwünscht (unverbindliche Empfehlung 300 € pro Monat).
Volunteering: Bolivien, Südafrika. Mitarbeit in Sozial- und Tierschutzprojekten. Leistungen: Vermittlung und Betreuung. Salz-und-Silber-Reise in Bolivien inbegriffen, Sprachkurs optional buchbar.
Dauer: frei wählbar. Kosten: z.B. Südafrika ab 900 €.

Bewerbungsverlauf und Kriterien für die Annahme des Bewerbers / der Bewerberin
weltwärts und IJFD: Ausreise im Sommer, Bewerbung jederzeit. Erwartet wird die Bereitschaft, sich in einer anderen Kultur auf Fremdes und Ungewohntes einzulassen sowie – bei weltwärts – die Bereitschaft zu entwicklungspolitischemEngagement. Bei Volunteering ist die Ausreise jederzeit möglich.
Informieren und bewerben www.volunta.de.

Vorbereitung – Betreuung – Nachbereitung
Volunta sorgt für die individuelle Vermittlung des Bewerbers/der Bewerberin und bietet eine fachlich-pädagogische Begleitung, Vorbereitungs , Zwischen- und Rückkehrerseminar (weltwärts und IJFD). Vor Ort werden die Teilnehmenden von Mentoren/Mentorinnen unterstützt.

Wichtige Hinweise – Besondere Leistungen – Qualitätssicherung
Volunta ist für die Qualität in internationalen Freiwilligendiensten Quifd zertifiziert.
Gefördert vom:
Bundesministerium für Familie, Senioren, Frauen und Jugend (IJFD),
Bundesministerium für wirtschaftliche Zusammenarbeit und Entwicklung (weltwärts).

Kurz und bündig

Kurz und bündig				
Gründungsjahr	2005	Anzahl der Freiwilligendienst-Teilnehmer in 2017		k.A.
Programm seit	2008	Anzahl der Teilnehmer aller Programme in 2017		k.A.
Mindestalter	17/18	Sicherungsschein nach § 651r BGB wird ausgestellt		ja
Höchstalter	26/28	Programmdauer	i.d.R. 12 Monate (Volunteering frei wählbar)	
Weitere Angebote	Schüleraustausch, Freiwilligendienste im Inland, Au-Pair, Praktika			

Deutsches Youth For Understanding Komitee e.V.	
Oberaltenallee 6	Telefon: 040 / 22 70 02 0
22081 Hamburg	Telefax: 040 / 22 70 02 27
info@yfu.de	www.yfu.de

Selbstdarstellung

Das Deutsche Youth For Understanding Komitee e.V. (YFU) ist eine gemeinnützige Organisation für internationalen Jugendaustausch. Gemeinsam mit Partnerorganisationen auf der ganzen Welt setzt sich YFU für interkulturelle Bildung und Toleranz ein. Seit der Gründung im Jahr 1957 haben bereits über 60.000 Jugendliche an den YFU-Austauschprogrammen teilgenommen.

Zielländer – Programmbeispiele – Leistungen – Kosten

YFU bietet Projekte im Rahmen des Freiwilligendienstes weltwärts an, der vom Bundesministerium für wirtschaftliche Zusammenarbeit und Entwicklung (BMZ) gefördert wird. Alle Teilnehmenden werden von YFU umfassend auf den Freiwilligendienst vorbereitet und auch währenddessen persönlich begleitet. In den meisten Fällen leben die Teilnehmenden in einer Gastfamilie vor Ort. Es ist aber je nach Projekt auch möglich, dass sie direkt an der Einsatzstelle untergebracht sind.

Zielländer sind derzeit Argentinien, Mexiko, Paraguay und Thailand. Eine Erweiterung des Länderspektrums ist in Planung – aktuelle Infos gibt es laufend unter www.yfu.de/freiwilligendienste. Die Teilnehmenden erhalten Unterkunft und Taschengeld. Einen Teil der Programmkosten bringen sie selbst über das Einwerben von Spendengeldern auf.

Bewerbungsverlauf und Kriterien für die Annahme des Bewerbers

Bewerberinnen und Bewerber sollten zwischen 18 und 25 Jahre alt sein (bis 30 Jahre für Menschen mit einer Behinderung oder Beeinträchtigung). Sie sollten aufgeschlossen und interessiert an anderen Kulturen sein sowie Interesse an der Mitarbeit in einem Projekt haben. Die Bewerbung erfolgt zunächst schriftlich. Nach der Vorauswahl lädt YFU zu einem Auswahlwochenende ein.

Vorbereitung – Betreuung – Nachbereitung

Vor Abreise nehmen alle Teilnehmenden an einem achttägigen Vorbereitungstreffen teil. Während der Zeit im Ausland gibt es weitere begleitende Seminare. Außerdem haben alle Teilnehmenden einen persönlichen Betreuer in ihrer Region. Nach der Rückkehr lädt YFU zu einer mehrtägigen Nachbereitungstagung ein.

Wichtige Hinweise – Besondere Leistungen – Qualitätssicherung

Als Mitglied des Arbeitskreises gemeinnütziger Jugendaustauschorganisationen (AJA) unterliegt YFU dessen Qualitätskriterien. Die Qualität der Programme wird laufend durch ausführliche Teilnehmerbefragungen überprüft.

Kurz und bündig

Gründungsjahr	1957	Anzahl der Freiwilligendienst-Teilnehmer in 2017	10
Programm seit	2017	Anzahl der Teilnehmer aller Programme in 2017	1550
Mindestalter	18	Sicherungsschein nach § 651r BGB wird ausgestellt	ja
Höchstalter	25	Programmdauer	Zehn bis zwölf Monate
Weitere Angebote	Schüleraustausch, Gastfamilie werden		

Evangelische Freiwilligendienste gGmbH

Otto-Brenner-Str. 9	Telefon: 0511 / 45 000 83 40
30159 Hannover	Telefax: 0511 / 45 000 83 31
djia@ev-freiwilligendienste.de	www.djia.de

Selbstdarstellung
Die Ev. Freiwilligendienste sind eine gGmbH der Diakonie Deutschland und der Arbeitsgemeinschaft der Evangelischen Jugend in Deutschland e.V. Wir sind die Dachorganisation von derzeit 60 evangelischen Trägerorganisationen, die Freiwilligendienste regional, bundesweit und international anbieten, und führen mit dem Diakonischen Jahr im Ausland (DJiA) das gemeinsame Auslandsprogramm der Trägergruppe durch.
Das DJiA ist ein soziales Orientierungsjahr, in dem die Freiwilligen die Möglichkeit haben, sich sozial und gesellschaftlich zu engagieren, eigene Fähigkeiten zu entdecken und weiter zu entwickeln und andere Menschen, ihr Leben und ihre Kultur kennen zu lernen.

Zielländer – Programmbeispiele – Leistungen – Kosten
Programmländer: Argentinien, Belgien, Bolivien, Dänemark, Frankreich, Griechenland, Großbritannien, Italien, Korea, Kosovo, Lettland, Peru, Polen, Portugal, Rumänien, Slowakei, Spanien, Südafrika, Tschechien, Ukraine, Ungarn, USA. Einsatzbereiche sind z.b. Engagement mit Kindern und Jugendlichen, mit Menschen mit Behinderung, mit älteren Menschen, in Kirchengemeinden sowie in Projekten für Menschen in besonderen Lebenssituationen (z.b. Obdachlosigkeit, Migration) Kosten & Leistungen: Freiwillige zahlen i.d.R. einen einmaligen Programmbeitrag und erhalten Unterkunft, Verpflegung, Taschengeld, Versicherungen, Reisekosten sowie begleitende Seminare. Eine Förderung z.b. über den Europäischen Freiwilligendienst, den Internationalen Jugendfreiwilligendienst oder weltwärts ist möglich. In diesen Fällen entfällt der verpflichtende Programmbeitrag.

Bewerbungsverlauf und Kriterien für die Annahme des Bewerbers
Im Herbst des Vorjahres finden Informationsveranstaltungen in ganz Deutschland statt, deren Besuch empfohlen wird. Bewerbungsschluss ist im Dezember.

Vorbereitung – Betreuung – Nachbereitung
Im DJiA besuchen die Freiwilligen ein Vorbereitungs- und ein Auswertungsseminar in Deutschland sowie i.d.R. drei Zwischenseminare im Gastland. Hinzu kommt die durchgehende Betreuung der Freiwilligen durch eine*n Anleiter*in in der Einsatzstelle, die Partnerorganisation im Einsatzland und die Ev. Freiwilligendienste.

Wichtige Hinweise – Besondere Leistungen – Qualitätssicherung
Die Ev. Freiwilligendienste tragen das Gütesiegel „Qualität in Freiwilligendiensten" (Quifd), das für die Einhaltung von Qualitätsstandards im Freiwilligendienst vergeben wird. Wir arbeiten mit festen Partnerorganisationen im Ausland zusammen, über das Netzwerk „Ecumenical Diaconal Year Network" (EDYN) und die Evangelische Kirche in Deutschland (EKD).

Kurz und bündig

Gründungsjahr	2002	Anzahl der Freiwilligendienst-Teilnehmer in 2017	120
Programm seit	2002	Anzahl der Teilnehmer aller Programme in 2017	120
Mindestalter	18	Sicherungsschein nach § 651r BGB wird ausgestellt	nein
Höchstalter	-	Programmdauer	9 bis 12 Monate
Weitere Angebote	siehe www.ev-freiwilligendienste.de		

Experiment e.V. – The Experiment in International Living	
Gluckstraße 1	Telefon: 0228 / 95 72 20
53115 Bonn	Telefax: 0228 / 35 82 82
info@experiment-ev.de	www.experiment-ev.de

Selbstdarstellung
Das Ziel von Experiment e.V. ist seit über 85 Jahren der Austausch zwischen Menschen aller Kulturen, Religionen und Altersgruppen. Experiment e.V. ist gemeinnützig und das deutsche Mitglied der weltweit ältesten Austauschorganisation „The Experiment in International Living" (EIL). Kooperationspartner sind u.a. Auswärtiges Amt, Bundesministerium für wirtschaftliche Zusammenarbeit und Entwicklung, Deutscher Bundestag, Fulbright-Kommission, Goethe-Institut und die Stiftung Mercator.

Zielländer – Programmbeispiele – Leistungen – Kosten
Zielländer: Argentinien, Australien, Benin, Brasilien, Chile, Costa Rica, Ecuador, Ghana, Guatemala, Indien, Irland, Israel, Italien, Laos, Marokko, Mauritius, Mexiko, Nepal, Neuseeland, Nicaragua, Peru, Spanien, Singapur, Südafrika, Vietnam. Bereiche: u.a. Bildung, Kinderbetreuung, Sozialwesen, Gesundheit, Umwelt & Wildlife, Mikrofinanzen, Menschenrechte. Leistungen: meist Transfer vom Flughafen, Unterkunft bei einer Gastfamilie oder im Projekt, in der Regel Vollverpflegung, Vorbereitungs- u. Nachbereitungsseminar, Orientierung und Einführung im Gastland, Unterstützung bei Visa-Angelegenheiten, 24/7 Notrufdienst in Deutschland und im Partnerbüro vor Ort. Gebühren variieren je nach Projekt. Teilstipendien möglich! Zwei Programme in Ecuador und Mexiko ab 16 Jahren.

Bewerbungsverlauf und Kriterien für die Annahme des Bewerbers
Teilnahmevoraussetzungen unter www.experiment-ev.de. Bewerbung: www.experiment-ev.de/bewerbung

Vorbereitung – Betreuung – Nachbereitung
Mehrtägiges Vorbereitungsseminar, Nachbereitungsseminar, Orientierung und Einführung im Gastland, Unterstützung bei Visa-Angelegenheiten, 24/7 Notrufdienst in Deutschland und im Partnerbüro vor Ort.

Wichtige Hinweise – Besondere Leistungen – Qualitätssicherung
Geförderte Programme: weltwärts, Europäischer Freiwilligendienst, Internationaler Jugendfreiwilligendienst, Auszeichnungen/Qualitätssicherung: „Gütesiegel Freiwilligendienste Quifd", das „Volunteers for International Partnership"-Programm ist offizielles Dekadeprojekt der UNESCO-Dekade für „Bildung für Nachhaltige Entwicklung", Gründungsmitglied des AJA (Dachverband gemeinnütziger Jugendaustausch-Organisationen in Deutschland).

Kurz und bündig				
Gründungsjahr	1932	Anzahl der Freiwilligendienst-Teilnehmer in 2017		127
Programm seit	1996	Anzahl der Teilnehmer aller Programme in 2017		2.288
Mindestalter	18 (16)	Sicherungsschein nach § 651r BGB wird ausgestellt		ja
Höchstalter	k.A.	Programmdauer	ab 4 Wochen bis 52 Wochen	
Weitere Angebote	Schüleraustausch weltweit, geförderte Freiwilligendienste: Europäischer Freiwilligendienst, weltwärts, Internationaler Jugendfreiwilligendienst, Auslandspraktikum, Demi Pair, Gastfamilienprogramme in Deutschland (1 Woche bis ein Schuljahr) und weltweit, Ferienprogramme			

Freunde der Erziehungskunst Rudolf Steiners e.v.	
Parzivalstraße 2b	Telefon: 0721 / 20 111 0
76139 Karlsruhe	Telefax: 0721 / 20 111 160
freiwilligendienste@freunde-waldorf.de	www.freunde-waldorf.de

Selbstdarstellung
Die „Freunde" unterstützen waldorfpädagogische Einrichtungen weltweit. Im Rahmen dessen werden seit fast 30 Jahren internationale Freiwilligendienste in über 50 Ländern angeboten. Ein Einsatz ist in heilpädagogischen und sozialtherapeutischen Einrichtungen ebenso möglich wie in Waldorfschulen und -kindergärten, in Einrichtungen der Jugendhilfe und in der biologisch-dynamischen Landwirtschaft. Eine Entsendung erfolgt über die Förderprogramme Internationaler Jugendfreiwilligendienst (IJFD), „weltwärts" und den Europäischen Freiwilligendienst (EFD, EVS, ESC ESK).

Zielländer – Programmbeispiele – Leistungen – Kosten
Wir ermöglichen die Mitarbeit in über 300 Waldorf- und sozialtherapeutischen Einrichtungen in Europa, Asien, Afrika, Australien, Nord- und Südamerika und Ozeanien. Die Freiwilligendienste werden durch staatliche Förderung, Beiträge der Einsatzstellen und durch Spenden der Unterstützerkreise getragen. Leistungen sind u.a. einmalige internationale Reisekosten, Taschengeld, Kost, Logis, Auslandkranken-, Unfall- und Haftpflichtversicherung.

Bewerbungsverlauf und Kriterien für die Annahme des Bewerbers
Bewerbungen sind jederzeit über unser Online-Bewerbungsportal möglich. Egal ob nach der Schule, mit abgeschlossener Berufsausbildung oder nach dem Studium – bei den „Freunden" gibt es verschiedene Möglichkeiten für einen Freiwilligendienst im Ausland.

Vorbereitung – Betreuung – Nachbereitung
Seminare und pädagogische Veranstaltungen vor, während und nach dem Auslandsaufenthalt sind Bestandteile der Programme. Auch während der Zeit im Ausland steht den Freiwilligen ein erfahrenes Team unterstützend zur Seite.

Wichtige Hinweise – Besondere Leistungen – Qualitätssicherung
Wir orientieren uns an den Qualitätsgrundsätzen von Quifd (Qualität in Freiwilligendiensten). Die „Freunde" sind Träger von weltwärts, IJFD, EFD sowie ADiA und sind mit dem Quifd-Qualitätssiegel ausgezeichnet.

Kurz und bündig				
Gründungsjahr	1971	Anzahl der Freiwilligendienst-Teilnehmer in 2018		815
Programm seit	1993	Anzahl der Teilnehmer aller Programme in 2017		1.893
Mindestalter	18	Sicherungsschein nach § 651r BGB wird ausgestellt		nein
Höchstalter	28	Programmdauer	12 Monate	
Weitere Angebote	Freiwilliges Soziales Jahr (FSJ), Bundesfreiwilligendienst (BFD) und Freiwilliges Ökologisches Jahr (FÖJ) in Deutschland			

Global Youth Group e.V.	
Eststrasse 6	Telefon: +49 (0)201 61 24 529
45149 Essen	Telefax: +49 (0)201 47 61 98 24
info@global-youth-group.de	www.global-youth-group.de

Selbstdarstellung

Die Global Youth Group e.V. (kurz GYG) ist ein gemeinnütziger Verein mit Sitz in Essen. Unser Team besteht überwiegend aus pädagogisch geschulten Mitarbeitern, weshalb wir dich und deine Eltern fundiert beraten und betreuen können. Durch unseren guten Mix aus jungen und erfahrenen Kräften erreichen wir stets eine hohe Qualität und Sicherheit. Eine ausführliche und individuelle Betreuung, hohe Qualität und Sicherheit sind für uns selbstverständlich. Unser Ziel ist, dass du den höchstmöglichen Nutzen aus deinem Auslandsabenteuer ziehst!

Zielländer – Programmbeispiele – Leistungen – Kosten

Argentinien, Chile

Beim Freiwilligendienst arbeitest du immer im Sozialwesen, dabei kannst du dich für Menschen, Tiere oder die Umwelt einsetzten. Du bestimmst dabei immer selben an welchem Projekt du für deine gewünschte Länge teilnehmen willst. In beiden Ländern kannst du dich dabei auf verschiedene Projekte bewerben.

Wir unterstützen dich dabei bei der Organisation einer Projektstelle, bieten dir eine Betreuung, helfen dir dabei einen Flug zu organisieren und vieles weitere. Mehr Infos findest du auf unserer Website. Gerne senden wir dir auf Wunsch verfügbare Projekte vor deiner Bewerbung zu.

Kosten: Argentinien (ab 265 €), Chile (ab 400 €)

Bewerbungsverlauf und Kriterien für die Annahme des Bewerbers

Bewirb dich online, per Fax, per E-Mail, per Telefon oder mit unserem Bewerbungsformular per Post. Nach Eingang deiner Bewerbung kontaktieren wir dich für ein unverbindliches und kostenloses Bewerbungsinterview per Skype. Du solltest dich für die Kultur und die Sprache in deinem Gastland interessieren und mittlere Spanischkenntnisse haben. Die Teilnahme ist für jeden zwischen 18 und 27 Jahren möglich.

Vorbereitung – Betreuung – Nachbereitung

Wir bieten optional ein Vorbereitungs- und Nachbereitungsseminar an verschiedenen Standorten an. Für deine Betreuung stellen wir dir immer einen persönlichen Ansprechpartner zur Seite.

Wichtige Hinweise – Besondere Leistungen – Qualitätssicherung

Bei allen Freiwilligendiensten entscheidest du dich für deinen Einsatzort und in welchem sozialen Bereich du tätig sein willst. Du solltest dich spätestens 3 Monate vor deiner gewünschten Ausreise bewerben.

Kurz und bündig				
Gründungsjahr	2009	Anzahl der Freiwilligendienst-Teilnehmer in 2017	20
Programm seit	2009	Anzahl der Teilnehmer aller Programme in 2017	300
Mindestalter	18	Sicherungsschein nach § 651r BGB wird ausgestellt	Ja
Höchstalter	27	Programmdauer	Ab 1 Monat bis zu 1 Jahr
Weitere Angebote	Au-Pair, Schüleraustausch, Work & Travel, Sprach- & Adventure Camps			

into GmbH	
Ostlandstraße 14	Telefon: 02234 / 946 36 0
50858 Köln	Telefax: 02234 / 946 36 23
kontakt@into.de	www.into.de

Selbstdarstellung
into kann auf jahrzehntelange Erfahrung zurückblicken. Seit 1978 werden Sprachreisen, seit 1986 Schüleraustauschprogramme und seit über zehn Jahre Ü18-Programme (Work & Travel, Auslandspraktika und Freiwilligenarbeit) angeboten. into ist Mitglied im Deutschen Fachverband High School (DFH) sowie Mitglied bei der World Youth and Student Travel Conference (WYSTC). Wir sorgen mit viel Engagement und persönlichem Einsatz dafür, dass der Auslandsaufenthalt unserer Teilnehmer zu einem erfolgreichen und unvergesslichen Erlebnis wird. Neben dem Gefühl, etwas Sinnvolles getan zu haben, vermittelt die Freiwilligenarbeit wertvolle Erfahrungen, die den persönlichen, aber auch den beruflichen Weg bereichern.

Zielländer – Programmbeispiele – Leistungen – Kosten
Zielländer: Indien, Vietnam, Nepal, Frankreich, Schottland, Argentinien, Chile, Costa Rica, Benin, Ghana und Südafrika.
Einsatzgebiete: Projekte mit Kindern (Waisenhaus, Schule, Kindertagesstätte etc.), Projekte zur Stärkung von Frauenrechten, Projekte in Naturreservaten und Nationalparks (Schildkrötenprojekt etc.), Kulturprojekte, Projekte im medizinischen Bereich.
Kosten: Indien: ab 950 €, Vietnam ab: 850 €, Nepal ab: 790 €, Frankreich ab: 600 €, Schottland ab: 650 €, Argentinien ab: 650 €, Chile ab: 870 €, Costa Rica ab: 1.270 €, Benin: ab 730 €, Ghana ab: 910 €, Südafrika: ab 635 €.
Leistungen: Ausführliche Beratung und Programmkoordination, umfangreiches Informationspaket, into Flugsuchmaschine, Information zum Abschluss einer Kranken-, Unfall- und Haftpflichtversicherung, Vermittlung einer Arbeitsstelle und Unterkunft, Betreuung durch Partner vor Ort (meist Orientierungsveranstaltung, Service-E-Mailadresse und 24-Stunden-Notrufnummer), optional buchbare Sprachkurse und Ausflüge, Teilnahmezertifikat.

Bewerbungsverlauf und Kriterien für die Annahme des Bewerbers
Anmeldung mit dem Formular auf unserer Website www.into.de. Alternativ auch mit dem Formular aus unserer Broschüre möglich.

Vorbereitung – Betreuung – Nachbereitung
Vorbereitung durch into. Betreuung im Land durch Partnerorganisation, Zertifikat über die Absolvierung einer Freiwilligenarbeit.

Wichtige Hinweise – Besondere Leistungen – Qualitätssicherung
Bereitschaft zu teilweise sehr abweichendem Lebensstil, insbesondere bezüglich der Wohn- und Esskultur, den Sanitäranlagen und dem Klima. Fast alle Programme sind bereits ab 17 Jahren möglich und für jedes Alter, auch für über 50-Jährige, geeignet.

Kurz und bündig				
Gründungsjahr	1978	Anzahl der Freiwilligendienst-Teilnehmer in 2017		21
Programm seit	2012	Anzahl der Teilnehmer aller Programme in 2017		380
Mindestalter	17	Sicherungsschein nach § 651r BGB wird ausgestellt		nein
Höchstalter	offen	Programmdauer	bis 1 Jahr	
Weitere Angebote	Schüleraustausch, Work & Travel, Auslandspraktika, Sprachreisen und Gastfamilie werden			

live&learn	
22 Axminster Road	Telefon: 04331 / 43 99 708
Kapstadt 7945, Südafrika	WhatsApp: +27 83 29 49 495
info@liveandlearn.de	www.liveandlearn.de

Selbstdarstellung
live&learn vermittelt seit 2006 maßgeschneiderte Südafrikaaufenthalte für Abiturienten, Studierende, Absolventen und Berufstätige, um damit Menschen aus Europa eine Möglichkeit zum globalen Lernen zu geben und gleichzeitig südafrikanische, gemeinnützige Organisationen in ihrem Engagement für eine sozial und ökologisch gerechtere Gesellschaft zu unterstützen. Wir vermitteln neben Freiwilligendiensten, Praktika und Sabbaticals auch Sprachkurse und Reisen im südlichen Afrika.

Zielländer – Programmbeispiele – Leistungen – Kosten
live&learn ist auf Südafrika spezialisiert. Freiwilligendienste, Praktika, Sabbaticals und Sprachkurse vermitteln wir ausschließlich in Südafrika; Reisen können auch in andere Länder des südlichen Afrikas sowie Ostafrika gebucht werden.
Programme: Freiwilligendienste und Sabbaticals in den Arbeitsfeldern Soziales und Bildung, Sport und Kultur, Gesundheit und Pflege, Tier- und Artenschutz (inkl. Meerestierschutz), Naturschutz und Nachhaltige Entwicklung (inkl. ökologische Landwirtschaft); berufsvorbereitende und Fachpraktika in den obigen Arbeitsfeldern sowie in der Filmindustrie.
Kosten: je nach Programm 650 € oder 795 € für 4 bis 12 Wochen und 850 € oder 995 € ab 13 Wochen.

Bewerbungsverlauf und Kriterien für die Annahme des Bewerbers
Mindestalter 18 Jahre; Teilnahmevoraussetzungen wie Englischkenntnisse und Fachkenntnisse variieren mit den Projekten. Je nach Projekt und gewünschter Zeitraum der Mitarbeit empfehlen wir eine Bewerbung 2 bis 9 Monate vor geplanter Ausreise.

Vorbereitung – Betreuung – Nachbereitung
Wir gestalten Vorbereitung, Betreuung und Nachbereitung in einer Form, die Teilnehmern ein hohes Maß an Individualität und Eigenständigkeit sowie nachhaltiges globales Lernen und Handeln ermöglicht. In Kapstadt haben live&learn Teilnehmer die Möglichkeit, sich beim wöchentlichen „Stammtisch" mit dem live&learn Team sowie anderen Freiwilligen auszutauschen. Kontakte zu ehemaligen Teilnehmern werden vor Anmeldung ermöglicht.

Wichtige Hinweise – Besondere Leistungen – Qualitätssicherung
live&learn ermöglicht flexible Starttermine und eine sehr individuelle Gestaltung deines Auslandsaufenthaltes; Qualitätskontrolle: Mithilfe verschiedener Instrumente reflektieren wir zusammen mit unseren Teilnehmern und unseren Partnern über ihre Erfahrungen, und lassen diese kontinuierlich in die Auswahl und Vorbereitung von zukünftigen Freiwilligen und Praktikanten einfließen. Für live&learn haben sich die detaillierte Prüfung von Eignung, Erwartungen und Bedürfnissen von Teilnehmern und Projektpartnern als Schlüssel zum Erfolg für qualitativ hochwertige Freiwilligendienst- und Praktikumsstellen erwiesen.

Kurz und bündig			
Gründungsjahr	2006	Anzahl der Freiwilligendienst-Teilnehmer in 2017	30
Programm seit	2006	Anzahl der Teilnehmer aller Programme in 2017	60
Mindestalter	18	Sicherungsschein nach § 651r BGB wird ausgestellt	nein
Höchstalter	-	Programmdauer	ab 2 Wochen
Weitere Angebote	Praktika, Sabbaticals, Reisen, Sprachkurse		

Open Door International e.v.	
Thürmchenswall 69	Telefon: 0221 / 60 60 855 0
50668 Köln	Telefax: 0221 / 60 60 855 19
freiwilligenarbeit@opendoorinternational.de	www.opendoorinternational.de

Selbstdarstellung
Open Door International e.v. (ODI) ist ein gemeinnütziger Verein und Träger der freien Jugendhilfe. Wir möchten interkulturelle Verständigung, Toleranz und den Respekt für andere Lebensweisen fördern. Deshalb organisiert ODI Schüleraustausch- und Kurzzeitprogramme, Individuelle Freiwilligenprogramme, den Europäischen Freiwilligendienst (EFD) und den entwicklungspolitischen Freiwilligendienst weltwärts sowie den Aufenthalt internationaler Gäste in Deutschland. Zudem sind wir offizielle Partnerorganisation beim „Parlamentarischen Patenschafts-Programm" des Deutschen Bundestages und des Kongresses der USA.

Zielländer – Programmbeispiele – Leistungen – Kosten
Zielländer: Argentinien, Ecuador, Irland, Nepal, St. Lucia, Südafrika, Tansania und Vietnam bei den Individuellen Freiwilligenprogrammen; für den EFD alle europäischen sowie die angrenzenden Länder; Armenien, Ecuador, Südafrika und Tansania beim weltwärts-Programm.
Aufenthaltsdauer: Zwischen 3 und 12 Wochen bei den Individuellen Programmen; beim EFD zwischen 6 und 12 Monaten; bei weltwärts 10 Monate.
Projektschwerpunkte: Für die Individuellen Programme: Arbeit mit Kindern und Jugendlichen, Sport, Unterrichten, Arbeit mit Menschen mit Behinderung; beim EFD und weltwärts: Soziales, Sport, Medien, Umweltschutz etc.
Alle Informationen, Leistungen und Kosten: www.opendoorinternational.de/freiwilligenarbeit

Bewerbungsverlauf und Kriterien für die Annahme des Bewerbers
Bewerbungsverlauf: Die Bewerbung erfolgt über unsere Homepage. Im Anschluss erhalten Bewerber weitere Informationen durch die Programmkoordinatoren.
Die Voraussetzungen unterscheiden sich je nach Programmart:
www.opendoorinternational.de/freiwilligenarbeit

Vorbereitung – Betreuung – Nachbereitung
Alle Teilnehmer werden von ODI ausführlich vorbereitet und erhalten vorab umfangreiche Informationen. In den Zielländern stehen die Partnerbüros vor Ort zur Verfügung. Über ein 24-Stunden-Notfallhandy sind wir bei Problemen erreichbar. Die EFD-Freiwilligen nehmen zusätzlich an einem Vorbereitungstreffen teil und erhalten eine Nachbereitung. Teilnehmer am weltwärts-Programm erhalten 25 Vor- und Nachbereitungstage. ODI bietet im Anschluss Möglichkeiten des ehrenamtlichen Engagements in der interkulturellen Jugendarbeit.

Wichtige Hinweise – Besondere Leistungen – Qualitätssicherung
Förderprogramme: weltwärts und EFD
Wir sind im Arbeitskreis gemeinnütziger Jugendaustauschorganisationen in Deutschland (AJA) organisiert und arbeiten demnach nicht gewinnorientiert. Außerdem wurden wir 2018 mit dem Quifd-Zertifikat ausgezeichnet.

Kurz und bündig				
Gründungsjahr	1983	Anzahl der Freiwilligendienst-Teilnehmer in 2017		68
Programm seit	2011	Anzahl der Teilnehmer aller Programme in 2017		267
Mindestalter	17/18	Sicherungsschein nach § 651r BGB wird ausgestellt		ja
Höchstalter	99	Programmdauer	3 Wochen bis 3 Monate / ab 6 bis 24 Monate	
Weitere Angebote	Schüleraustausch, Gastfamilie werden, Kurzzeitprogramme			

Stepin GmbH – Student Travel and Education Programmes International	
Kaiserstr. 19	Telefon: 0228 / 71 005 200
53113 Bonn	Telefax: 0228 / 71 005 999
volunteer@stepin.de	www.stepin.de

Selbstdarstellung

Stepin gehört zu den führenden deutschen Austauschorganisationen und vermittelt seit 1997 erfolgreich Auslandsaufenthalte für Weltentdecker – darunter High School, Work & Travel, Auslandspraktikum, Freiwilligenarbeit und Au-Pair. Unsere Mission: Jungen Menschen die einmalige Chance geben, fremde Kulturen und Länder zu entdecken und einzigartige Erfahrungen fürs Leben zu sammeln. Ein passender Reiseversicherungsschutz fürs Ausland komplettiert das Portfolio und bietet unseren Reisenden einen Rundum-Service aus einer Hand. Wir wählen die Freiwilligenprojekte in den einzelnen Ländern sorgfältig aus und stellen hohe Qualitätsansprüche an unsere Partner vor Ort.

Zielländer – Programmbeispiele – Leistungen – Kosten

Zielländer: Australien, China, Costa Rica, Fidschi, Indien, Indonesien, Kambodscha, Kanada, Kenia, Laos, Madagaskar, Malaysia, Namibia, Nepal, Neuseeland, Peru, Philippinen, Sambia, Seychellen, Sri Lanka, Südafrika, Swasiland, Tansania, Thailand, USA, Vietnam
Programmbeispiele: Verletzte Gepardenjungen in Namibia pflegen, Huskys in der kanadischen Wildnis hautnah erleben oder in Thailand Kinder unterrichten – Stepin bietet eine Fülle von Möglichkeiten, andere Länder und Kulturen authentisch kennenzulernen und sich gezielt in den Gemeinden vor Ort zu engagieren.
Leistungen: (Bsp. Freiwilligenarbeit Thailand): Projektvermittlung (ab 2 Wochen), Abholung am Flughafen, Unterkunft am Einsatzort, Verpflegung, Einführungswoche & Betreuung vor Ort. Optional buchbar: Flug und Versicherung
Kosten: Freiwilligenarbeit Lateinamerika (2 Wo.) ab 570 €; Asien (2 Wo.) ab 510 €; Afrika (2 Wo.) ab 540 €; Nordamerika (4 Wo.) ab 1.315 €, Ozeanien (2 Wo.) ab 595 €

Bewerbungsverlauf und Kriterien für die Annahme des Bewerbers

Mindestalter: ab 18 Jahren (einzelne Projekte auch ab 17 Jahren) Englischkenntnisse, Flexibilität, Verantwortungsbewusstsein, Kontaktfreudigkeit und Aufgeschlossenheit werden vorausgesetzt.

Vorbereitung – Betreuung – Nachbereitung

Projektberatung, Unterkunft, teilweise Verpflegung, Betreuung vor Ort, optionaler Sprachkurs, Kultur- und Abenteuermöglichkeiten (Asien, Afrika).

Wichtige Hinweise – Besondere Leistungen – Qualitätssicherung

Mitgliedschaften: DFH, WYSE Travel Confederation, IAPA, IATA, FDSV

Kurz und bündig			
Gründungsjahr	1997	Anzahl der Freiwilligendienst-Teilnehmer in 2017	ca. 400
Programm seit	2003	Anzahl der Teilnehmer aller Programme in 2017	k.A.
Mindestalter	17	Sicherungsschein nach § 651r BGB wird ausgestellt	ja
Höchstalter	-	Programmdauer	2-12 Wochen, Verl. vor Ort teilweise mögl.
Weitere Angebote	High School, Work & Travel, Auslandspraktikum, Au-Pair, Gastfamilie werden, eigene Versicherungsabteilung		

TravelWorks - Travelplus Group GmbH

Münsterstraße 111	Telefon: 02506 / 83 03 700
48155 Münster	Telefax: 02506 / 83 03 230
info@travelworks.de	www.travelworks.de

Selbstdarstellung

Unser TravelWorks-Motto: Anpacken und die Welt erleben! Reisen heißt für uns mehr, als nur Tourist sein in einem anderen Land. Nicht nur auf der Oberfläche schwimmen, sondern ins Geschehen eintauchen, das macht das Abenteuer aus! Mit einer breit gefächerten Palette spannender Programme und einem weltweiten Netzwerk anerkannter und engagierter Partnerorganisationen verhelfen wir dir zu einem gelungenen Auslandsaufenthalt.

Zielländer – Programmbeispiele – Leistungen – Kosten

Wo: Freiwilligenarbeit in Lateinamerika, Afrika, Asien, Ozeanien und Nordamerika. Ab 1 Woche bis 12 Monate engagierst du dich als freiwilliger Helfer in den Bereichen Soziales, Bildung, Gesundheit, Tourismus, Tier-, Umwelt- und Naturschutz oder Bau und Infrastruktur. Praktische Vorkenntnisse sind i.d.R. nicht notwendig, aber von Vorteil. Das Programm beginnt je nach Zielgebiet mit einem Sprachkurs und/oder Orientierungstagen. Du lebst und arbeitest mit der lokalen Bevölkerung. Die Einsatzmöglichkeiten reichen von Kinderbetreuung in Peru, Nationalpark-Ranger in Costa Rica, Wildlifeschutz in Südafrika oder AIDS-Aufklärung in Ghana bis hin zu Englisch unterrichten in Thailand. Beispiel: 8 Wochen-Programm Guatemala: 1.490 € (enthaltene Leistungen: 4 Wochen Spanisch-Sprachkurs mit 20 Einzelstunden pro Woche, 8 Wochen Unterkunft in einer Gastfamilie inkl. Verpflegung, Platzierung in einem Freiwilligenprojekt, Transfer, Infohandbuch, 24-Stunden-Notrufnummer etc.)

Bewerbungsverlauf und Kriterien für die Annahme des Bewerbers

Anmeldung 2 bis 3 Monate vor Abreise, Mindestalter 18 Jahre. Ausgewählte Projekte ab 17 Jahren. Dauer des Aufenthalts: Lateinamerika, Afrika, Asien, Nordamerika, Ozeanien ab 2 Wochen, Europa ab 1 Woche.

Vorbereitung – Betreuung – Nachbereitung

Gemeinsam mit unseren anerkannten Partnern im Gastland legen wir großen Wert auf eine umfassende Betreuung, Servicequalität und die individuelle Beratung jedes Teilnehmers. Unsere Programmkoordinatoren haben umfangreiche Auslands- und Spracherfahrung und kennen die einzelnen Destinationen sowie unsere Partner i.d.R. persönlich. Wir sind im Notfall auch 24/7 mit Infos und Hilfe für dich da.

Wichtige Hinweise – Besondere Leistungen – Qualitätssicherung

TIPP: Lust auf eine Erlebnisreise? Erlebnisreise heißt Abenteuer. Du wohnst in einfachen Unterkünften, reist herum, bist ggf. zu Gast bei Einheimischen und lernst so Land und Leute aus nächster Nähe kennen. Bei einigen Erlebnisreisen hast du zudem die Möglichkeit, dich für eine gewisse Zeit ehrenamtlich in Hilfsprojekten zu engagieren.

Kurz und bündig

Gründungsjahr	1991	Anzahl der Freiwilligendienst-Teilnehmer in 2017	k.A.
Programm seit	2001	Anzahl der Teilnehmer aller Programme in 2017	k.A.
Mindestalter	17/18	Sicherungsschein nach § 651r BGB wird ausgestellt	ja
Höchstalter	-	Programmdauer	ab 1 Woche
Weitere Angebote	Work & Travel, Au-Pair, Auslandspraktika, Sprachreisen, High School, Summer School, Kurzstudium, English Adventure Camps		

Welt-Sicht GmbH - Mehr als reisen	
Schwetzinger Str. 8	Telefon: 06202 / 578 5548
68723 Plankstadt	Telefax: -
buero@welt-sicht.org	www.welt-sicht.org

Selbstdarstellung

Als unabhängige Organisation informieren wir rund um das Thema Freiwilligendienste im Ausland und vermitteln Einsatzplätze in Hilfsprojekte weltweit: staatlich geförderte (weltwärts, IJFD) und flexible Freiwilligendienste. Wir arbeiten mit gemeinnützigen Partnerorganisationen zusammen und wählen sie nach unseren hohen Qualitätsstandards sorgfältig aus. Wir verbinden Menschen, die helfen wollen, mit denen, die Hilfe brauchen. Der Gründer von Welt-Sicht, Thomas Albrecht, war selbst als Freiwilliger in Thailand tätig, gründete dort die „Hope for Life Stiftung" und drei Kinderheime, in die er bis heute Freiwillige entsendet. Bei uns zählt: Einsatz in sinnvollen Projekten, in denen deine Hilfe direkt ankommt.

Zielländer – Programmbeispiele – Leistungen – Kosten

Zielländer: Asien (u.a. Thailand, Kambodscha, Nepal, Indien, Malediven), Afrika (u.a. Ghana, Kamerun, Kenia, Südafrika, Tansania, Uganda, Togo), Lateinamerika (u.a. Argentinien, Bonaire/Karibik, Ecuador/Galapagos, Peru, Guatemala, Dominikanische Republik),
Tätigkeitsbereiche: Kinderbetreuung und -fürsorge, Bildung & Unterrichten, Sport, Landwirtschaft & Farming, Tierschutz und -pflege, Bau & Infrastruktur, Umweltschutz, Gesundheitswesen, Projektkoordination & Büro, Menschenrechte, Workcamps, Sonstiges
Leistungen: Vermittlung einer geeigneten Einsatzstelle; Beratung und Betreuung vor, während und nach der Reise; umfangreiche und individuelle Zusatzinfos im persönlichen Online Info-Center (u.a. mit To-Do-Liste, Infos & Downloads, Reporting Center, Dokumente); Flughafentransfer; Unterkunft, Verpflegung, Orientierungsprogramm und Betreuung vor Ort; 24/7-Notfalltelefon; Teilnahmebescheinigung
Kosten: je nach Projekt, Entsendungskosten ab 380 €.

Bewerbungsverlauf und Kriterien für die Annahme des Bewerbers

Online-Bewerbung, ab 18 Jahre, ohne Vorkenntnisse. Wichtig sind: Offenheit, Toleranz, Kreativität, Geduld, Zuverlässigkeit, die Bereitschaft, unter einfachen Lebensumständen zu leben; gute Gesundheit, psychische Belastbarkeit und gute Englischkenntnisse.

Vorbereitung – Betreuung – Nachbereitung

Wir bereiten all unsere Freiwilligen umfassend und individuell auf ihr Projekt vor, und sie werden vor Ort durch qualifizierte Mitarbeiter unserer Partnerorganisationen betreut.
Unser Seminarangebot ist je nach Programmart unterschiedlich (siehe Website).

Wichtige Hinweise – Besondere Leistungen – Qualitätssicherung

Welt-Sicht entsendet Freiwillige u.a. in Kooperation mit der Hope for Life Stiftung (anerkannte weltwärts-/IJFD-Entsendeorganisation, Hope for Life ist Quifd-zertifiziert / „Qualität in Freiwilligendiensten"); eigenes Qualitäts-Handbuch; fortlaufende Evaluation

Kurz und bündig			
Gründungsjahr	2004	Anzahl der Freiwilligendienst-Teilnehmer in 2017	350
Programm seit	2004	Anzahl der Teilnehmer aller Programme in 2017	350
Mindestalter	18	Sicherungsschein nach § 651r BGB wird ausgestellt	nein
Höchstalter	-	Programmdauer	2 Wochen bis 12 Monate
Weitere Angebote	-		

World Unite! Intercultural Experience Ltd. – Deutsche Kontaktstelle	
Meisenburgstraße 41	Telefon: 07825 / 43 23 32
45133 Essen	WhatsApp: +81 80 81 81 33 49
info@world-unite.de	www.world-unite.de

Selbstdarstellung
World Unite! ist ein weltweit tätiger Anbieter von interkulturellen Lernangeboten. Diese beinhalten Praktika, Freiwilligendienste, Work & Travel, Sprachkurse, kulturelle Reisen und Aktivitäten sowie Unterstützung mit Abschlussarbeiten im Ausland.

Zielländer – Programmbeispiele – Leistungen – Kosten
Wir bieten Freiwilligeneinsätze in Tansania, Sansibar, Südafrika, Namibia, Indien, Japan, Myanmar, Marokko, Bolivien, Ecuador, Galapagos und Nicaragua. Die Tätigkeitsbereiche umfassen den sozialen Bereich (z.b. Waisen- und Straßenkinder, Familien, Frauen, Minderheiten...), Bildung (Kindergärten, Schulen, Special Education), Medizin & Pflege, Umwelt- und Tierschutz, Management & Entwicklung, Recht (z.b. Menschenrechte, Frauenrechte), Kunst & Kultur, Sport, Technik, IT, Bauen etc. Unsere Leistungen beinhalten umfangreiche Vorbereitung, Organisation deines Einsatzes, Erledigung von Formalitäten (z.B. Aufenthaltsgenehmigung, Visum), Einführung und Betreuung vor Ort, Organisation der Unterkunft, Abholungen & Transfers, Notfallservice u.a. Unsere Preise gehören zu den fairsten, die du finden kannst bei sehr hohem Service- und Vorbereitungslevel (Details auf unserer Website). Die Tätigkeitsdauer für viele Einsätze beträgt 1 Woche bis 1 Jahr.

Bewerbungsverlauf und Kriterien für die Annahme des Bewerbers
Auf www.world-unite.de sind viele Projekte detailliert vorgestellt und du buchst online, was auch kurzfristig möglich ist. Wir können dich auch individuell beraten per Email, Telefon oder WhatsApp (siehe oben). Unsere Teilnehmer loben oft unsere persönliche Kommunikation und durchdachte Vorbereitung.

Vorbereitung – Betreuung – Nachbereitung
Vorbereitung: Umfangreiche und persönliche Kommunikation, Unterlagen spezifisch für Einsatztätigkeit und -ort, E-Learning-Bereich; Gruppenvorbereitung per Skype und vor Ort; Betreuung: Einführung und Betreuung vor Ort. Nachbereitung: Evaluierung des Freiwilligeneinsatzes.

Wichtige Hinweise – Besondere Leistungen – Qualitätssicherung
Wir sind keine Agentur, die fernab vom Geschehen vor Ort Einsätze vermittelt, sondern wir sind an fast allen Standorten direkt vor Ort mit unseren eigenen festen Mitarbeitern tätig. Wir legen großen Wert auf Nachhaltigkeit und wirklichen Nutzen unserer Aktivitäten zugunsten aller Beteiligten. Unser internationales Team ist akademisch hoch qualifiziert und hat viele Jahre Erfahrung in der Projektarbeit mit Freiwilligen.

Kurz und bündig			
Gründungsjahr	2006	Anzahl der Freiwilligendienst-Teilnehmer in 2017	400
Programm seit	2007	Anzahl der Teilnehmer aller Programme in 2017	2.000
Mindestalter	16	Sicherungsschein nach § 651r BGB wird ausgestellt	teilw.
Höchstalter	120	Programmdauer	1 Woche bis 1 Jahr	
Weitere Angebote	Praktika, Sprachkurse, Work & Travel, Community Tourism Reisen, Ausflüge, Abschlussarbeiten im Ausland, Auslandsstudium		

Gastfamilie werden

Familien können sich den interkulturellen Austausch in die eigenen vier Wände holen, indem sie zu Gastfamilien für ausländische Jugendliche, Au-Pairs, Sprachreisende oder Freiwillige werden. Durch das Zusammenleben mit dem Familienmitglied auf Zeit können sich völlig neue Sichtweisen auf die eigene Kultur und den Familienalltag eröffnen und Freundschaften fürs Leben entstehen.

Grundsätzlich kommt jede familiäre Konstellation als Gastfamilie für Jugendliche infrage: Ehepaare mit Kindern, ein junges unverheiratetes Paar, Patchworkfamilien, alleinerziehende Mütter oder Väter mit Kind, gleichgeschlechtliche Paare oder Rentner. Gastfamilien, die sich für ein Au-Pair entscheiden, haben logischerweise ein Kind oder mehrere Kinder. Die Grundmotivation, Gastfamilie werden zu wollen, ist sicherlich, dass alle Familienmitglieder – soweit sie natürlich alt genug sind, dies zu äußern – offen für Neues sind und Interesse an einem Familiengast aus einem anderen Land haben. Darüber hinaus gibt es die verschiedensten Beweggründe, ein ausländisches Familienmitglied auf Zeit aufzunehmen. Vielleicht reist man selbst gern und begeistert sich für ein bestimmtes Land, über das man aus erster Hand mehr erfahren möchte? Oder man kann aus finanziellen Gründen keine Reisen auf ferne Kontinente unternehmen und will über den persönlichen Kontakt dazulernen? Unter Umständen plant auch die eigene Tochter oder der eigene Sohn einen Aufenthalt im Ausland und würde vorab gern erleben, was es heißt, Gastschwester oder -bruder zu sein. Alternativ kann man sich möglicherweise vorstellen, einen Jugendlichen aufzunehmen, während sich das eigene Kind im Ausland befindet bzw. sobald es wieder heimgekehrt ist. Manches Ehepaar empfindet das Eigenheim als zu ruhig und leer, nachdem der eigene Nachwuchs ausgezogen ist, und entschließt sich deshalb, wieder einen jungen Menschen ins Haus zu holen. Für Familien mit jüngeren Kindern liegt die Entscheidung für ein Au-Pair auf der Hand: Die Kinderbetreuung muss geregelt werden und eine flexible und vergleichsweise kostengünstige Lösung scheint die Aufnahme eines Au-Pairs zu sein, dem man ein Zimmer im eigenen Heim zur Verfügung stellt.

Egal, welcher dieser Gründe eine Familie dazu veranlasst, über die Aufnahme eines ausländischen Jugendlichen oder jungen Erwachsenen nachzudenken: Man sollte frühzeitig eine Familienkonferenz einberufen und sich gründlich mit dem Thema und verschiedenen Fragen auseinandersetzen. Steht jedes Familienmitglied grundsätzlich hinter dieser Entscheidung? Können sich alle vorstellen, für mehrere Wochen oder Monate die Wohnung, den Garten, das Bad oder den Küchentisch mit einer zunächst fremden Person zu teilen? Wie geht man mit anfänglichen Sprachproblemen und kulturell bedingten Eigenheiten um? Kann die Familie dem Jugendlichen oder jungen Erwachsenen ein wenig Zeit widmen oder führen Berufsleben und Alltagstrubel schon jetzt dazu, dass man nur zum Schlafen nach Hause kommt? Ist ein Urlaub geplant und wenn ja, möchte man den Gast mitnehmen oder für den Zeitraum lieber für eine Ersatzfamilie sorgen? Welche Erwartungen werden an das neue Familienmitglied gestellt und welche stellt es wohl umgekehrt an die Gastfamilie? Diese und ähnliche Dinge sollten innerhalb der Familie in Ruhe besprochen werden – selbst wenn sich die Mehrheit der Fragen vorab sicherlich nur hypothetisch beantworten lässt.

Daneben können ausführliche Gespräche mit Mitarbeitern von Organisationen, die deutsche Gastfamilien suchen und betreuen, Klarheit schaffen und Unsicherheiten nehmen. So sollte beispielsweise geklärt werden, welcher finanzielle Rahmen zur Verfügung stehen muss. Au-Pairs erhalten Unterkunft, Verpflegung, ein Taschengeld und eventuell eine Reisekostenerstattung von den Gastfamilien. Zudem müssen sie versichert werden. Gastschüler kommen für An- und Abreise sowie Freizeitaktivitäten, Kleidung usw. selbst auf. Dennoch hat man einen Esser mehr am Tisch und wird, falls es die Haushaltskasse zulässt, hier und da vielleicht die Kosten für einen Wochenendausflug oder Kinobesuch übernehmen. Zudem gilt: Man sollte sich nicht überrumpeln lassen und ruhig mit zwei oder drei Organisationen sprechen. Wo fühlt man sich besser aufgehoben und verstanden? Wer geht auf offene Fragen und mögliche Befürchtungen ein? Als Familie hat man die Möglichkeit, sich aus einer Vorauswahl und anhand von Lebensläufen, Briefen und Fotos einen ausländischen Gastschüler, Sprachreisenden oder ein Au-Pair auszusuchen. Der Wunsch nach einem weiblichen Familienmitglied oder einem Teenager, der das Musizieren liebt, darf durchaus geäußert werden. Grundsätzlich ist es aber wichtig, dass die eigene Familie tolerant und ohne Vorurteile an die Auswahl herangeht. So sollte beispielsweise die Nationalität keine allzu große Rolle spielen.

Gastfamilie zu werden ist eigentlich nicht schwer, Gastfamilie zu sein womöglich erst einmal sehr. Es gilt, die eigenen Ansprüche an das Gastkind oder Au-Pair nicht zu hoch zu schrauben. Möglicherweise wird der Gastschüler anfänglich zurückhaltend sein, nur langsam Anschluss in der Schule finden und morgens nicht unbedingt redefreudig mit allen zusammen frühstücken. Das Au-Pair wird das Baby vielleicht eine halbe Stunde früher als gewohnt aus dem Mittagsschlaf holen, die Wäsche statt bei 40 nur bei 30 Grad waschen und ab und zu möglicherweise die eine oder andere Bitte missverstehen.

Es wird von Gastfamilien weder erwartet, dass man die Sprache des Gastes erlernt, noch dass man den gewohnten Tagesablauf umkrempelt oder langjährige Familienrituale streicht.

Als Familie sollte man dem Jugendlichen bzw. jungen Erwachsenen Zeit geben, sich in der fremden Sprache und Umgebung zurechtzufinden und sich einzuleben. Zugleich ist es sehr wichtig, sich nicht selbst unter Druck setzen. Eine Betreuung „rund um die Uhr" und tägliche Ausflüge oder – im Fall von Au-Pairs – ständige Ansprechbarkeit und Hilfestellungen sind nicht notwendig. Es ist absolut legitim, den normalen Alltag zu leben. Wenn es Zeit und Muße zulassen, freut sich der Familienzuwachs auf Zeit sicherlich über kleinere gemeinsame Aktivitäten wie einen Kochabend, einen Theaterbesuch oder einen Ausflug ins

Schwimmbad. Mit Unsicherheiten und Fragen alleingelassen werden weder die Gastfamilie noch das Gastkind bzw. Au-Pair. In der Regel gibt es lokale Betreuer seitens der deutschen Mittlerorganisationen, die jederzeit als Ansprechpartner dienen.

Falls wider Erwarten nach ein paar Wochen und nach gemeinsamen Aussprachen feststehen sollte, dass ein Zusammenleben einfach nicht möglich ist, kann man überlegen, ob das Gastfamiliendasein in diesem Fall beendet werden sollte. Letztlich darf das Aufgeben nicht als eigenes Versagen interpretiert werden. In manchen Fällen stimmt einfach die Chemie nicht. Zudem kann es passieren, dass die eigenen Kinder mit dem neuen Familienmitglied nicht zurechtkommen, während die Erwachsenen sich prima mit ihm verstehen. Es kommt vor, dass man den Abbruch bzw. einen Familienwechsel nicht selbst initiiert, sondern dass sich der Jugendliche oder das Au-Pair für einen Wechsel oder – wenn starkes Heimweh, ein unüberwindbarer Kulturschock, familiäre Notfälle oder eine Krankheit im Spiel sind – für eine Heimreise ausspricht. In eher seltenen Fällen werden seitens des Gastes Regeln gebrochen, die zu einer Situation führen, die nicht akzeptiert werden kann. Als Gastfamilien nicht geeignet sind Familien, die z.B. ihre Gastschülerin mit einem Au-Pair verwechseln, vom Jugendlichen vollkommene Anpassung einfordern, den Gast als Sprachlehrer für die Kinder betrachten oder ihrem Au-Pair eine 60-Stunden-Woche aufbürden.

Läuft wie erhofft alles rund und hat man sich aneinander gewöhnt, so ist das Zusammenleben mit dem Familienmitglied auf Zeit meist eine große Bereicherung für den Alltag. Es gilt, sich selbst treu zu bleiben und dem täglichen Leben nachzugehen, indem man den Familiengast ganz normal am Alltag teilhaben lässt, ihm notwendige Grenzen aufzeigt und Freiheiten einräumt. Oft verfliegt die gemeinsame Zeit dann schneller, als beiden Seiten lieb ist.

AFS Interkulturelle Begegnungen e.V.	
Friedensallee 48	Telefon: 040 / 399 222 90
22765 Hamburg	Telefax: 040 / 399 222 99
gastfamilie@afs.de	www.afs.de

Selbstdarstellung

AFS ist eine der erfahrensten und größten Austauschorganisationen in Deutschland. Als gemeinnütziger und ehrenamtlich basierter Verein bietet AFS Schüleraustausch, Gastfamilienprogramme, Global Prep Ferienprogramme und Freiwilligendienste in rund 50 Länder weltweit an. Im Gastfamilienprogramm lernen Familien und ihr Gastkind seit über 70 Jahren von- und miteinander. Damit fördert AFS Jugendliche in ihrer Persönlichkeitsentwicklung und begleitet sie dabei, aktive, globale Weltbürger zu werden und somit eine friedlichere und tolerantere Welt zu gestalten.

Herkunftsländer der Gastschüler – Programmbeispiele

Mit einem ausländischen Jugendlichen aus rund 50 Ländern macht die ganze Familie eine spannende Erfahrung, die das Familienleben nachhaltig bereichert und Einblicke in eine neue Kultur ermöglicht. Das Gastkind nimmt am normalen Alltagsleben teil, besucht eine weiterführende Schule und lernt so das Leben in Deutschland kennen. Jährlich geben knapp 600 Gastfamilien einem Jugendlichen für bis zu 11 Monate ein neues Zuhause, sei es als Willkommensfamilie für die ersten Wochen, ein Schulhalb- oder ein Schuljahr. Gastfamilien bei AFS erhalten kein Geld für ihre Gastfreundschaft – dieses ehrenamtliche Engagement ist Teil des AFS-Gedankens. Unter www.afs.de/gastfamilie gibt es weitere Informationen zum Gastfamilienprogramm. Aktuelle Gastfamilien berichten unter www.afs.de/gastfamilienberichte oder auf Social Media unter dem Hashtag (#AFSvoices) über ihre Erfahrungen.

Welche Voraussetzungen sind als Gastfamilie zu erfüllen?

Gastfamilie kann fast jeder werden – egal, ob mitten in der Stadt oder auf dem Land. Auch Alleinerziehende sowie gleichgeschlechtliche und kinderlose Paare sind herzlich willkommen. Eine Gastfamilie braucht weder ein großes Haus noch ein hohes Einkommen, ein großes Herz und ein zusätzliches Bett genügen. Wichtig sind Offenheit und Verständnis sowie ein aufrichtiges Interesse an einem jungen Menschen aus einer anderen Kultur.

Vorbereitung – Betreuung – Nachbereitung der Gastfamilie sowie des Gastes

Wir legen großen Wert darauf, dass Familie und Gastkind zueinander passen. Ein Team aus ehren- und hauptamtlichen Mitarbeiterinnen und Mitarbeitern bereitet die Familien sorgfältig auf den Austausch vor und steht ihnen während der gesamten Zeit unterstützend zur Seite. Über eine 24h-Notfall-Hotline gibt es zusätzlich telefonische Hilfe. Die Jugendlichen selbst werden in ihren Heimatländern ausgewählt und ebenfalls intensiv vorbereitet.

Wichtige Hinweise

AFS ist als gemeinnützig anerkannt und Träger der freien Jugendhilfe. Der Verein ist Mitglied im Arbeitskreis gemeinnütziger Jugendaustauschorganisationen in Deutschland (AJA) und hat sich zu den AJA-Qualitätskriterien verpflichtet.

Kurz und bündig			
Gründungsjahr	1948	Anzahl der Teilnehmer im Programm in 2017	551
Programm seit	1952	Anzahl der Teilnehmer aller Programme in 2017	2.174
Mindestalter Gast	15	Sicherungsschein nach § 651r BGB wird ausgestellt	nein
Höchstalter Gast	18	Programmdauer	6 oder 11 Monate, ggf. auch kürzer
Weitere Angebote	Schüleraustausch, FWD, Jugendbegegnungen & Workcamps		

aubiko e.v. – Verein für Austausch, Bildung und Kommunikation	
Stückenstraße 74	Telefon: +49 (0) 40 98 67 25 67
22081 Hamburg	Telefax: +49 (0) 40 35 67 54 704
info@aubiko.de	www.aubiko.de

Selbstdarstellung
Interkulturelle Begegnungen für Schüler/innen aus aller Welt zu ermöglichen ist eines der wichtigsten Anliegen von aubiko e.v. Seit der Vereinsgründung im November 2014 haben bereits ca. 2.100 Schüler/innen an unseren Programmen teilgenommen. Zu unseren Partnerländern, mit denen wir enge Kontakte pflegen, zählen u.a. Taiwan, Kolumbien, Mexiko und die Schweiz. Die intensive Betreuung der Gastfamilien und ihrer Austauschschüler/innen vor, während und nach dem Austausch ist für uns eine Herzensangelegenheit.

Herkunftsländer der Gastschüler – Programmbeispiele
Ein Gastkind bei sich zu Hause aufzunehmen ist etwas Großartiges und Einzigartiges. Nicht nur ermöglichen Sie es einem jungen, mutigen Menschen mehr über die deutsche Kultur zu erfahren, auch lernen Sie als Gastfamilie lernen viel bei diesem Austausch – über eine neue und Ihre eigene Kultur. Je nach Programm suchen wir für unsere Austauschschüler/innen für 3, 6 oder 10 Monate ein liebevolles Zuhause. Dabei sollen sie nicht bloß Gast sein, sondern Teil der Familie werden. Sie benötigen keine Rundumbetreuung: Am Vormittag besuchen die Schüler/innen wie gewohnt die Schule und nachmittags möchten sie Kontakte in Vereinen knüpfen und ihren Hobbys nachgehen.
All unsere Schüler/innen freuen sich darauf das Alltagsleben deutscher Schüler/innen hautnah kennenzulernen. Gastfamilien, denen 3 bis 10 Monate zu lang erscheinen, können auch gern einige Wochen in den Austausch „hineinschnuppern". Weitere Informationen finden Sie unter: http://aubiko.de/fuer-gastfamilien/

Welche Voraussetzungen sind als Gastfamilie zu erfüllen?
Jede Familie kann eine gute Gastfamilie sein. Egal ob klassisches Familienmodell, Patchwork, alleinerziehend, mit oder ohne Kinder, in Vollzeit berufstätig oder bereits pensioniert, das Interesse am Austausch ist das, was für uns zählt! In ganz Deutschland, vom Bodensee bis Nordfriesland, haben wir bereits Schüler/innen bei Familien in großen Städten und kleinen Dörfern platziert. Unsere Schüler/innen bestehen nicht auf ein eigenes Zimmer, sie teilen es sich auch gern mit ihren Gastgeschwistern.

Vorbereitung – Betreuung – Nachbereitung der Gastfamilie sowie des Gastes
Eine umfangreiche Vorbereitung und Betreuung wird neben mehrfacher persönlicher Besuche der Gastfamilie vor und während des Austauschs auch durch regelmäßigen telefonischen Kontakt gewährleistet. In dringenden Fällen sind wir auch abseits der Bürozeiten rund um die Uhr unter unserer Notfallnummer erreichbar. Die Austauschschüler/innen werden bereits in ihren Herkunftsländern sorgfältig ausgewählt und intensiv vorbereitet.

Wichtige Hinweise
aubiko e.V. ist als gemeinnützig anerkannt und Mitglied im Dachverband AJA.

Kurz und bündig				
Gründungsjahr	2014	Anzahl der Teilnehmer im Programm in 2017		620
Programm seit	2014	Anzahl der Teilnehmer aller Programme in 2017		1.200
Mindestalter Gast	15	Sicherungsschein nach § 651r BGB wird ausgestellt		ja
Höchstalter Gast	17	Programmdauer	3, 6 und 10 Monate, ggf. auch kürzer	
Weitere Angebote	Bildungsreisen, Sprachkursprogramme, interkulturelle Projekte			

Camps International	
Poolstraße 36	Telefon: 040 822 90 27 0
20355 Hamburg	Telefax: -
service@camps.de	www.camps.de

Selbstdarstellung
Vor 34 Jahren startete CAMPS International mit der Idee der Camp-Ferien. Heute bieten wir neben Sprachreisen und High-School-Programme in 12 verschiedenen Länder auch ein Inbound Programm an. In der Vergangenheit wurden wir oft von Familien darauf angesprochen, ob die Option besteht einen Gastschüler oder eine Gastschülcrin aufnehmen können, um etwas zurückzugeben.
Seit 2017 suchen wir Familien, die freiwillig einen Gastschüler oder eine Gastschülerin aus Spanien, Italien oder den USA aufnehmen möchten. Wir freuen uns Schülern aus anderen Ländern die Möglichkeit zu bieten, in unsere Kultur einzutauchen. Bei all unseren Programmen setzten wir auf persönliche und individuelle Betreuung von der ersten Beratung an.

Herkunftsländer der Gastschüler – Programmbeispiele
Die Gastschüler aus Spanien, Italien oder den USA sind zwischen 15 und 17 Jahre alt. Sie gehen hier in Deutschland auf eine weiterführende Schule und erleben euren Familienalltag hautnah mit.
Unsere Gastschüler bleiben entweder ein halbes oder ein ganzes Schuljahr. Teilweise wird die Aufenthaltsdauer auch individuell festgelegt und sie bleiben nur für wenige Monate.

Welche Voraussetzungen sind als Gastfamilie zu erfüllen?
Als Gastfamilie solltet ihr offen, freundlich und herzlich sein, den Gastschüler aktiv mit in das Familienleben einbeziehen und ihm oder ihr bei Fragen oder Problemen zur Seite stehen. Auch bei Problemen in der Schule sollten unsere Gastfamilien ihren Schülern immer zur Seite stehen. Die Familienkonstellation spiel hier eher eine Nebenrolle.

Vorbereitung – Betreuung – Nachbereitung der Gastfamilie sowie des Gastes
Unsere Gastfamilien werden vor der Aufnahme eines Gastschülers eingehend geprüft. Sobald dies durchlaufen ist, wird es ein Vorbereitungsseminar geben, in dem noch einmal alle wichtigen Punkte besprochen werden.
Auch der Gastschüler durchläuft im Heimatland eine Vorbereitungsphase. Während der Gastschüler in der Familie lebt, stehen wir von CAMPS natürlich auch jederzeit bei Fragen oder Problemen bereit und melden uns regelmäßig bei den Gastschülern.

Wichtige Hinweise
CAMPS hat einen engen Kontakt zu den Partnern im Ausland und pflegt einen persönlichen Kontakt zu diesen.
Außerdem sichern wir unsere Qualität durch die Standards des Dachverband High School (DFH) e.V.

Kurz und bündig			
Gründungsjahr	1984	Anzahl der Teilnehmer im Programm in 2017	1
Programm seit	2017	Anzahl der Teilnehmer aller Programme in 2017	192
Mindestalter Gast	15	Sicherungsschein nach § 651r BGB wird ausgestellt	nein
Höchstalter Gast	17	Programmdauer	2 bis 10 Monate
Weitere Angebote	Schüleraustausch, Sprachreisen/Feriencamps		

Deutsches Youth For Understanding Komitee e.v. (YFU)	
Oberaltenallee 6	Telefon: 040 / 22 70 02 0
22081 Hamburg	Telefax: 040 / 22 70 02 27
info@yfu.de	www.yfu.de

Selbstdarstellung

Das Deutsche Youth For Understanding Komitee e.v. (YFU) ist eine gemeinnützige Organisation für internationalen Jugendaustausch. Gemeinsam mit Partnerorganisationen auf der ganzen Welt setzt sich YFU für interkulturelle Bildung und Toleranz ein. Seit der Gründung im Jahr 1957 haben bereits rund 60.000 Jugendliche und 20.000 Gastfamilien an den YFU-Austauschprogrammen teilgenommen.

Herkunftsländer der Gastschüler – Programmbeispiele

Jährlich kommen etwa 550 Austauschschüler aus rund 50 Ländern mit YFU nach Deutschland. Sie gehen hier zur Schule, leben in Gastfamilien und lernen so die Kultur und den Alltag in Deutschland ganz persönlich kennen. Gastfamilien gewinnen ein internationales Familienmitglied hinzu und machen eine einzigartige interkulturelle Erfahrung, die sie ein Leben lang begleitet. Besonderen Luxus oder ein Besichtigungsprogramm erwarten die Jugendlichen nicht. Am meisten zählt die herzliche Aufnahme in die Familie.

Welche Voraussetzungen sind als Gastfamilie zu erfüllen?

Interessierte – auch Paare ohne Kinder, voll Berufstätige oder Alleinerziehende – können sich jederzeit bei YFU als Gastfamilie melden. Voraussetzungen sind ein liebevolles Zuhause sowie die Möglichkeit, ein weiteres Familienmitglied unterzubringen und zu verpflegen. Die Aufnahme eines Austauschschülers erfolgt unentgeltlich. Die Familie stellt Unterkunft und Verpflegung – alle anderen Kosten, inkl. Taschengeld, trägt der Schüler. Fremdsprachenkenntnisse sind nicht notwendig.

Vorbereitung – Betreuung – Nachbereitung der Gastfamilie sowie des Gastes

YFU legt Wert auf eine umfassende Begleitung des Austauscherlebnisses und auf persönliche Betreuung: Für Gastfamilien gibt es Treffen zur Vorbereitung, während des Aufenthalts und vor der Rückreise des Gastkindes. Auch die Schüler werden auf Seminaren vorbereitet und mit mehreren Treffen durch den Austausch begleitet. Jede Gastfamilie hat gemeinsam mit ihrem Austauschschüler einen persönlichen ehrenamtlichen Betreuer, der in der Nähe lebt. Darüber hinaus stehen auch die Mitarbeiter des YFU-Büros bei allen Fragen zur Verfügung.

Wichtige Hinweise

Als Mitglied des Arbeitskreises gemeinnütziger Jugendaustauschorganisationen (AJA) unterliegt YFU dessen Qualitätskriterien. YFU hat zusätzlich darüber hinausgehende Qualitätsziele, die auf der Webseite einsehbar sind. Die Qualität der Programme wird laufend durch ausführliche Teilnehmerbefragungen überprüft. Damit der Austausch nicht von der finanziellen Situation der Gastschüler abhängt, unterstützt YFU viele von ihnen mit Stipendien.

Kurz und bündig			
Gründungsjahr	1957	Anzahl der Teilnehmer im Programm in 2017	550
Programm seit	1957	Anzahl der Teilnehmer aller Programme in 2017	1.550
Mindestalter Gast	15	Sicherungsschein nach § 651r BGB wird ausgestellt	nein
Höchstalter Gast	18	Programmdauer	Ein ganzes oder halbes Schuljahr
Weitere Angebote	Schüleraustausch, Freiwilligendienste		

DFSR – Dr. Frank Sprachen & Reisen GmbH	
Industriestr. 35	Telefon: 0621 / 82 05 65 0
68169 Mannheim	Telefax: 0621 / 82 05 65 80
info@dfsr.de	www.dfsr.de

Selbstdarstellung

DFSR wurde 1978 gegründet und ist eine der ältesten und renommiertesten Schüleraustausch-Organisationen in Deutschland. DFSR bekommt von seinen Austauschschülern regelmäßig die Bestnote „eins" verliehen. Wir organisieren High School-, Privatschul- und College-Programme in 16 spannenden Ländern. Außerdem begrüßen wir jährlich um die 100 internationalen Schüler, die einen High School-Aufenthalt in Deutschland verbringen.

Herkunftsländer der Gastschüler – Programmbeispiele

Unsere Gastschüler kommen aus der ganzen Welt, unter anderem aus Australien, Mittel-und Südamerika, Asien und Europa. Sie freuen sich, vielleicht bei Ihrer Familie ein neues Zuhause zu finden.

Welche Voraussetzungen sind als Gastfamilie zu erfüllen?

Als Gastfamilie sollten Sie bereit sein, einen jungen Menschen wie ein eigenes Kind in die Familie zu integrieren. Es ist nicht wichtig, wie viele Personen im Haushalt leben, ob Sie eigene Kinder haben oder nicht. Jede Familie, die sich aus ideellen Gründen ein zusätzliches Familienmitglied wünscht und Interesse und Freude an einem Erfahrungsaustausch mit jungen Menschen aus fremden Ländern hat, ist bei uns als Gastfamilie willkommen. Die Gastfamilien stellen den Schülern ein Zuhause mit Zimmer und Verpflegung zur Verfügung. Für Taschengeld, Kleidung, Ausflüge etc. kommen die leiblichen Eltern auf.

Vorbereitung – Betreuung – Nachbereitung der Gastfamilie sowie des Gastes

Alle Gastfamilien bekommen einen Betreuer in ihrer Nähe zugewiesen. Der Betreuer besucht die Familie, bevor sie ihr erstes Gastkind aufnimmt und klärt alle Fragen in einem persönlichen Gespräch. Während des Aufenthalts steht der Betreuer der Familie und dem Gastkind jederzeit als Berater zu Seite. Auch unsere Mitarbeiter in Mannheim beantworten gerne Ihre Fragen und sind über eine Notfallnummer 24 h erreichbar.

Wichtige Hinweise

Die Gastfamilien werden nicht bezahlt.

Kurz und bündig

Kurz und bündig			
Gründungsjahr	1978	Anzahl der Teilnehmer im Programm in 2017	140
Programm seit	1978	Anzahl der Teilnehmer aller Programme in 2017	533
Mindestalter Gast	14	Sicherungsschein nach § 651r BGB wird ausgestellt	nein
Höchstalter Gast	18	Programmdauer 3, 5 oder 10 Monate	
Weitere Angebote	High School Aufenthalte, Privatschulen, Internate		

Experiment e.V. – The Experiment in international Living

Gluckstraße 1	Telefon: 0228 / 95 72 20
53115 Bonn	Telefax: 0228 / 35 82 82
info@experiment-ev.de	www.experiment-ev.de

Selbstdarstellung
Das Ziel von Experiment e.V. ist seit über 85 Jahren der Austausch zwischen Menschen aller Kulturen, Religionen und Altersgruppen. Experiment e.V. ist gemeinnützig und das deutsche Mitglied der weltweit ältesten Austauschorganisation „The Experiment in International Living" (EIL). Kooperationspartner sind u.a. Auswärtiges Amt, Bundesministerium für wirtschaftliche Zusammenarbeit und Entwicklung, Deutscher Akademischer Austauschdienst, Deutscher Bundestag, Fulbright-Kommission, Goethe-Institut und die Stiftung Mercator.

Herkunftsländer der Gastschüler – Programmbeispiele
Australien, Belgien, Brasilien, China, Ecuador, Frankreich, Irland, Italien, Japan, Kamerun, Kolumbien, Madagaskar, Mexiko, Neuseeland, Syrien, Thailand, Tunesien, USA, u.v.m. Experiment e.V. vermittelt Jugendliche und Erwachsene ab einer Woche bis zu einem Schuljahr in Gastfamilien.

Welche Voraussetzungen sind als Gastfamilie zu erfüllen?
Gastfamilie kann jeder werden – egal ob alleine oder als Großfamilie, egal ob Stadt oder Land. Wichtig sind Humor, Neugier und Toleranz sowie die Bereitschaft, den „Gast" als echtes Familienmitglied auf Zeit aufzunehmen – mit allen Rechten und Pflichten.

Vorbereitung – Betreuung – Nachbereitung der Gastfamilie sowie des Gastes
Mehr Informationen bekommen Sie auf unserer Homepage unter www.experiment-ev.de/gastfreundlich oder Sie schreiben eine E-Mail an gastfreundlich@experiment-ev.de. Wir schicken Ihnen dann Infomaterial und den Gastfamilienbogen zur Anmeldung zu. Nach Eingang Ihres ausgefüllten Familienbogens wird sich ein/e ehrenamtliche/r Mitarbeiter/in von Experiment e.V. mit Ihnen in Verbindung setzen, um einen Termin für ein persönliches Gespräch zu vereinbaren. Dort werden Sie Gelegenheit haben, Fragen zu unserer Organisation und den Programmen persönlich zu besprechen. Ansprechperson während des Aufenthaltes ist ein/e ehrenamtliche/r Mitarbeiter/in in der Nähe Ihres Wohnortes. Bei der Aufnahme eines Gastkindes im Schulprogramm, bieten wir Gastfamilienseminare und Austauschtreffen an.

Wichtige Hinweise
Auszeichnungen/Qualitätssicherung: Gründungsmitglied des AJA (Dachverband gemeinnütziger Jugendaustauschorganisationen in Deutschland), AJA-Gütesiegel für Qualität im Schüleraustausch.

Kurz und bündig

Gründungsjahr	1932	Anzahl der Teilnehmer im Programm in 2017	915
Programm seit	1932	Anzahl der Teilnehmer aller Programme in 2017	2.288
Mindestalter Gast	12	Sicherungsschein nach § 651r BGB wird ausgestellt	nein
Höchstalter Gast	99	Programmdauer	ab 1 Woche bis zu einem Schuljahr
Weitere Angebote	Schüleraustausch weltweit, Freiwilligendienste (auch: Europäischer Freiwilligendienst, weltwärts, Internationaler Jugendfreiwilligendienst), Auslandspraktikum, Demi-Pair, Ferienprogramme, Homestay und Ranchstay		

Freunde der Erziehungskunst Rudolf Steiners e.V.	
Parzivalstraße 2b	Telefon: 0721 / 20 111 142
76139 Karlsruhe	Telefax: 0721 / 20 111 181
gastfamilie@freunde-waldorf.de	www.freunde-waldorf.de

Selbstdarstellung

Die „Freunde" unterstützen waldorfpädagogische Einrichtungen weltweit. In diesem Zusammenhang werden seit fast 30 Jahren internationale Freiwilligendienste in mehr als 50 Ländern angeboten. Mit dem Incoming-Programm der „Freunde" auf Basis des Bundesfreiwilligendienstes (BFD) der Bundesministerien für Familie, Senioren, Frauen und Jugend (BMFSFJ) und für wirtschaftliche Zusammenarbeit und Entwicklung (BMZ) bieten wir Menschen aus der ganzen Welt die Möglichkeit des Engagements im Rahmen eines Freiwilligendienstes in Deutschland.

Herkunftsländer der Freiwilligen – Programmbeispiele

Unser Incoming-Programm steht Menschen aller Kontinente weltweit offen.

Welche Voraussetzungen sind als Gastfamilie zu erfüllen?

Da die Freiwilligen in einer Einsatzstelle mit voller Arbeitszeit ihren Dienst leisten, handelt es sich nicht wie bei einem „Au-Pair" um Hilfe für den Haushalt oder bei der Kinderbetreuung. Natürlich sollte der/die Freiwillige seine/ihre Gastfamilie im Rahmen des familiären Miteinanders in den Alltag eingebunden sein. Im Vordergrund steht jedoch der interkulturelle Austausch im eigenen Zuhause.

Vorbereitung – Betreuung – Nachbereitung der Gastfamilie sowie des Gastes

Da es sich bei dem Freiwilligendienst um ein Bildungsjahr handelt, werden die Freiwilligen von den „Freunden" intensiv begleitet. In den alltäglichen interkulturellen Begegnungen erhält die Gastfamilie selbstverständlich jede mögliche und notwendige Unterstützung von Seiten unserer erfahrenen Pädagoginnen und Pädagogen.

Wichtige Hinweise

Der Freiwilligendienst dauert in der Regel ein Jahr. Es ist jedoch auch möglich, in Absprache mit der Einsatzstelle Freiwillige nur einen Teil dieser Zeit aufzunehmen. Je nach Einsatzstelle können Gastfamilien für Unterkunft und/oder Verpflegung eine Aufwandsentschädigung erhalten. Vertragssicherheit über die Termine haben wir 3 bis 6 Monate vor Vertragsbeginn, sodass ausreichend Zeit für die nötigen Vorbereitungen bleibt.

Kurz und bündig

Gründungsjahr	1971	Anzahl der Teilnehmer im Programm in 2017	815
Programm seit	2004	Anzahl der Teilnehmer aller Programme in 2017	1.893
Mindestalter Gast	18	Sicherungsschein nach § 651r BGB wird ausgestellt	nein
Höchstalter Gast	-	Programmdauer	12 Monate
Weitere Angebote	Internationale (IJFD + weltwärts + EFD) und nationale Freiwilligendienste (FSJ, BFD, ÖBFD und FÖJ)		

GLS Sprachenzentrum – Inh. Barbara Jaeschke
Kastanienallee 82　　　　　　　　　　Telefon: 030 / 78 00 89 12
10435 Berlin　　　　　　　　　　　　Telefax: 030 / 78 74 192
german@gls-berlin.de　　　　　　　　www.gls-berlin.de

Selbstdarstellung
Das GLS Sprachenzentrum bietet Sprachkurse an, vermittelt Sprachreisen inkl. Zertifikatskurse, High School- und College-Programme, Studienaufenthalte und Auslandspraktika
weltweit – und das seit über 30 Jahren. GLS wurde bereits 5 Mal mit dem *Star School Germany* Preis als beste Sprachschule ausgezeichnet. Wir suchen Gastfamilien für folgende Städte: Berlin, Hamburg, Lübeck, Bremen, Bayreuth, Nürnberg, Koblenz, Minden.

Herkunftsländer der Gastschüler – Programmbeispiele
Unsere Gastschüler sind zwischen 14 und 18 Jahren alt und kommen u.a. aus Italien, Spanien,
Frankreich, der Schweiz, Slowakei, Mexiko, Kolumbien, Brasilien, Korea, Russland, China.
Unsere Schüler besuchen für die Dauer von 2-11 Monaten eine weiterführende private oder
öffentliche Schule. Alle Gastschüler sind während ihres Aufenthalts kranken- und haftpflicht-
versichert. Wir legen großen Wert darauf, dass die Jugendlichen liebevoll in den jeweiligen
Gastfamilien aufgenommen und in den Familienalltag integriert werden. Der Gastschüler soll
als ein vollwertiges Familienmitglied auf Zeit mit allen Rechten und Pflichten betrachtet werden.

Welche Voraussetzungen sind als Gastfamilie zu erfüllen?
Das Einzelzimmer der Schüler sollte über folgende Grundausstattung verfügen: Bett, Kleider-
schrank, Regal, Schreibtisch und Stuhl.
Während des Programms werden die Schüler von ihrer Gastfamilie mit Frühstück, Mittag-
und Abendessen verpflegt. Unter der Woche essen viele Schüler in der Schulkantine oder
erhalten ein Lunchpaket der Gastfamilie. Die Gastfamilie erhält monatlich einen angemesse-
nen finanziellen Zuschuss.

Vorbereitung – Betreuung – Nachbereitung der Gastfamilie sowie des Gastes
Sollten die Sprachkenntnisse der Schüler nicht ausreichend sein, können sie einen mehrwö-
chigen Vorbereitungskurs auf dem GLS Campus nutzen (in kleinen Gruppen mit max. 6 High
School Schülern). Zu Beginn des neuen Schuljahres bieten wir ein „Starter Weekend" mit
Barbecue zur Begrüßung und als Orientierungshilfe für den Aufenthalt in Deutschland an.
Zweimal im Jahr finden Gastfamilientreffen und Workshops für unsere Gastfamilien statt.

Wichtige Hinweise
Die Schüler besitzen bereits Kenntnisse der deutschen Sprache auf mind. Niveau A2 (Voraussetzung zur Annahme an einer deutschen Schule). In der Gastfamilie soll vorwiegend Deutsch
gesprochen werden.

Kurz und bündig			
Gründungsjahr	1983	Anzahl der Teilnehmer im Programm in 2017	130
Programm seit	2009	Anzahl der Teilnehmer aller Programme in 2017	k.A.
Mindestalter Gast	14	Sicherungsschein nach § 651r BGB wird ausgestellt	ja
Höchstalter Gast	18	Programmdauer	2-11 Monate
Weitere Angebote		Sprachkurse auf dem GLS Campus in Berlin; Programme im Ausland	

ICXchange-Deutschland e.V.
Bahnhofstr. 16–18
26123 Oldenburg
info@icxchange.de

Telefon: 0441 / 92 398 0
Telefax: 0441 / 92 398 99
www. icxchange.de

Selbstdarstellung
ICXchange-Deutschland e.v. – kurz ICX – ist eine gemeinnützige Organisation, die seit 1974 unterschiedliche Programme im Bereich des internationalen Schüleraustausches und der interkulturellen Begegnung durchführt. Unser Ziel ist es, die Völkerverständigung, den internationalen Gedankenaustausch und die Toleranz auf allen Gebieten der Kultur zu pflegen und dadurch ein friedliches Miteinander aller Menschen zu fördern.

Herkunftsländer der Gastschüler – Programmbeispiele
Unsere Austauschschüler kommen aus aller Welt, z.B. aus Brasilien, Ecuador, Italien, Mexiko, Schweiz, Slowakei, Taiwan, Tschechien, Ungarn oder USA. Die Schüler sind zwischen 15 und 18 Jahre alt und verfügen mind. über Grundkenntnisse der deutschen Sprache. Für ein halbes oder ein ganzes Schuljahr leben sie in einer deutschen Gastfamilie und besuchen eine öffentliche Schule. Die Kosten für Schulmaterialien und ggf. den Schultransport tragen die Austauschschüler selbst. Von ihren leiblichen Eltern erhalten sie ein Taschengeld für persönliche Ausgaben. Für Unterkunft u. Verpflegung des Gastkindes kommen die Gastfamilien auf.

Welche Voraussetzungen sind als Gastfamilie zu erfüllen?
Voraussetzung für die Aufnahme eines Gastschülers sind Offenheit und das Interesse, einen jungen Menschen aus einer anderen Kulturkreis bei sich zu Hause aufzunehmen. Gastfamilie werden können nicht nur Familien mit Kindern, sondern auch kinderlose und ältere Paare. Entscheidend ist die Bereitschaft, den Schüler wie ein gleichberechtigtes Familienmitglied in den Familienalltag zu integrieren und ihm neben Unterkunft und Verpflegung auch emotionalen Rückhalt zu geben. Interessierte Familien können sich bei ICX bewerben. (Näheres hierzu auf www.icxchange.de.) Die Gastfamilien suchen sich ihr Gastkind selbst aus.

Vorbereitung – Betreuung – Nachbereitung der Gastfamilie sowie des Gastes
Die Gastfamilien werden von ICX und den örtlichen Betreuern auf die Aufnahme ihres Gastschülers vorbereitet. Der Betreuer bleibt auch während des gesamten Schul(halb)jahres direkter Ansprechpartner für die Gastfamilien und die Schüler. Zu Beginn ihres Aufenthalts in Deutschland nehmen die Schüler an einem 3-tägigen Einführungsseminar teil. Am Ende des Schuljahres lädt ICX alle Gastfamilien mit ihren Gastschülern zu einem Sommerfest ein, um die gemeinsam verbrachte Zeit noch einmal Revue passieren zu lassen.

Wichtige Hinweise
ICX organisiert alle formellen Belange, die mit der Einreise, Schulanmeldung usw. verbunden sind und steht den Gastfamilien jederzeit für Fragen und zur Beratung zur Verfügung.

Kurz und bündig

Gründungsjahr	1974	Anzahl der Teilnehmer im Programm in 2017	16
Programm seit	1974	Anzahl der Teilnehmer aller Programme in 2017	207
Mindestalter Gast	15	Sicherungsschein nach § 651r BGB wird ausgestellt	nein
Höchstalter Gast	18	Programmdauer	Schuljahr oder Schulhalbjahr
Weitere Angebote	Schüleraustausch weltweit, School Guest (4 bis 8 Wochen High School), Sprachferien USA, Kanada, England, Irland, Spanien, Frankreich (1 Woche bis 4 Wochen)		

Gastfamilie werden

into GmbH Ostlandstraße 14 50858 Köln kontakt@into.de	Telefon: 02234 / 946 36 0 Telefax: 02234 / 946 36 23 www.into.de

Selbstdarstellung
into kann auf jahrzehntelange Erfahrung zurückblicken. Seit 1978 werden Sprachreisen, seit 1986 Schüleraustauschprogramme und seit über zehn Jahre Ü18-Programme (Work & Travel, Auslandspraktika und Freiwilligenarbeit) angeboten. into ist Mitglied im Deutschen Fachverband High School (DFH) sowie Mitglied bei der World Youth and Student Travel Conference (WYSTC). Wir sorgen mit viel Engagement und persönlichem Einsatz dafür, dass der Auslandsaufenthalt unserer Teilnehmer zu einem erfolgreichen und unvergesslichen Erlebnis wird.

Herkunftsländer der Gastschüler – Programmbeispiele
Brasilien, Ecuador, USA, Kanada, Australien, Thailand, Italien, Ungarn, Norwegen, Finnland u.v.m. Die Schüler kommen jedes Jahr aus unterschiedlichen Ländern, leben bei einer deutschen Gastfamilie und besuchen eine deutsche Schule. Die Dauer variiert zwischen drei und zehn Monaten.

Welche Voraussetzungen sind als Gastfamilie zu erfüllen?
Unsere Gastfamilien sollten warmherzig, offen und verständnisvoll sein. Neben dem Willen aller Familienmitglieder, einen Gastschüler aufzunehmen, sollten Sie dem Jugendlichen ein Zimmer zur Verfügung stellen können, in der Lage sein, ein weiteres Familienmitglied zu verpflegen und die Bereitschaft haben, sich um Ihr Gastkind zu kümmern. Des Weiteren benötigen wir von den Gastfamilien ein polizeiliches Führungszeugnis.

Vorbereitung – Betreuung – Nachbereitung der Gastfamilie sowie des Gastes
into gewährleistet eine persönliche und zuverlässige Betreuung der Gastfamilien und Schüler. Dies geschieht in Zusammenarbeit mit einem Ansprechpartner in der Nähe des Wohnortes der Gastfamilie und dem into-Büro in Köln. Einmal im Jahr treffen sich alle Gastschüler für ein Wochenende in Köln. Die Gastfamilien erhalten ein Handbuch mit Tipps und Hinweisen.

Wichtige Hinweise
Die Gastschüler haben alle ein Auswahlverfahren durchlaufen, bei dem ihre Eignung für den Austausch festgestellt wurde. Sie stellen sich selbst in Wort und Bild vor, so dass die Gastfamilien einen Eindruck von ihrem zukünftigen neuen Familienmitglied bekommen können. Die Deutschkenntnisse der Jugendlichen sind sehr unterschiedlich. Teilweise können sie schon sehr gut Deutsch, teilweise überhaupt nicht. Sie sprechen jedoch meist alle Englisch. Erfahrungsgemäß ist ein Austauschschüler nach etwa drei Monaten in der Lage, ein Gespräch auf Deutsch zu führen.

Kurz und bündig

Gründungsjahr	1978	Anzahl der Teilnehmer im Programm in 2017		12
Programm seit	2002	Anzahl der Teilnehmer aller Programme in 2017		308
Mindestalter Gast	15	Sicherungsschein nach § 651r BGB wird ausgestellt		nein
Höchstalter Gast	18	Programmdauer	3 bis 10 Monate	
Weitere Angebote		Schüleraustausch, Work & Travel, Auslandspraktika, Freiwilligenarbeit, Sprachreisen und Sommer Camps		

Open Door International e.V.

Thürmchenswall 69
50668 Köln
gastfamilie@opendoorinternational.de

Telefon: 0221 / 60 60 855 0
Telefax: 0221 / 60 60 855 19
www.opendoorinternational.de

Selbstdarstellung

Open Door International e.v. (ODI) ist ein gemeinnütziger Verein und Träger der freien Jugendhilfe. Wir möchten interkulturelle Verständigung, Toleranz und den Respekt für andere Lebensweisen fördern. Deshalb organisiert ODI Schüleraustausch- und Kurzzeitprogramme, Individuelle Freiwilligenprogramme, den Europäischen Freiwilligendienst (EFD), den entwicklungspolitischen Freiwilligendienst weltwärts sowie den Aufenthalt internationaler Gäste in Deutschland. Zudem sind wir offizielle Partnerorganisation beim „Parlamentarischen Patenschafts-Programm" (PPP) des Deutschen Bundestages und des Kongresses der USA.

Herkunftsländer der Gastschüler – Programmbeispiele

Herkunftsländer: z.B. Japan, China, Mexiko, verschiedene Länder Südamerikas und Osteuropas, USA, Australien u.v.m. Programmzeiträume: Die Gastkinder kommen für drei, fünf oder zehn Monate sowie teilweise auch für ein paar Wochen nach Deutschland. Gastaufnahme: Gastfamilien laden die Austauschschüler ein und stellen Unterkunft und Verpflegung. Die Gastkinder und ihre leiblichen Eltern übernehmen Reisekosten, Versicherungen, Kleidung, Taschengeld und die Kosten für öffentliche Verkehrsmittel.

Welche Voraussetzungen sind als Gastfamilie zu erfüllen?

Wer Gastgeber für unsere Austauschschüler werden möchte, sollte die Bereitschaft und Motivation mitbringen, einen Gast liebevoll und herzlich als ein neues Familienmitglied aufzunehmen. Familien mit Kindern, aber auch Alleinerziehende oder kinderlose Paare sind willkommen. Ein eigenes Bett – bei einem längeren Zeitraum auch ein eigenes Zimmer – sind außerdem Voraussetzung für die Aufnahme eines Gastkindes.

Vorbereitung – Betreuung – Nachbereitung der Gastfamilie sowie des Gastes

Bevor die Langzeit-Schüler z.B. im September in die Gastfamilien kommen, nehmen sie an einem Vorbereitungsseminar in Köln teil. Außerdem engagieren sich ehrenamtliche Betreuer, ehemalige Austauschschüler und hauptamtliche Mitarbeiter für unsere Austauschprogramme. Sie bilden ein deutschlandweites Netzwerk, in dem unsere Gastfamilien und -kinder jederzeit gut aufgehoben und vor Ort betreut sind.

Wichtige Hinweise

Über ein 24-Stunden-Notfallhandy sind wir bei Problemen erreichbar. Wir sind zudem Mitglied im Arbeitskreis gemeinnütziger Jugendaustauschorganisationen (AJA). Bei Aufnahme eines Gastes wird ein Rabatt für unsere entsendenden Langzeitprogramme gewährt.

Kurz und bündig

Gründungsjahr	1983	Anzahl der Teilnehmer im Programm in 2017	92
Programm seit	1983	Anzahl der Teilnehmer aller Programme in 2017	267
Mindestalter Gast	14	Sicherungsschein nach § 651r BGB wird ausgestellt	nein
Höchstalter Gast	18	Programmdauer	4 Wochen bis 10 Monate
Weitere Angebote	Schüleraustausch, Kurzzeitprogramme, Individuelle Freiwilligenprogramme, EFD, weltwärts		

Gastfamilie werden

Stepin GmbH – Student Travel and Education Programmes International
Beethovenallee 21   Telefon: 0228 / 95 695 41
53173 Bonn   Telefax: 0228 / 95 695 99
incoming@stepin.de   www.stepin.de

Selbstdarstellung
Stepin gehört zu den führenden deutschen Austauschorganisationen und vermittelt seit 1997 erfolgreich Auslandsaufenthalte für Weltentdecker – darunter High School, Work & Travel, Auslandspraktikum, Freiwilligenarbeit und Au-Pair. Ein passender Reiseversicherungsschutz fürs Ausland komplettiert das Portfolio und bietet unseren Reisenden einen Rundum-Service aus einer Hand. Kulturaustausch liegt uns am Herzen. Ebenso wie wir seit vielen Jahren deutschen Schülern ihren Traum vom Auslandsaufenthalt verwirklichen, organisieren wir auch ausländischen Gastschülern eine unvergessliche Zeit in Deutschland. Unser Gastfamilienprogramm beweist, dass Kulturaustausch auch in den eigenen vier Wänden richtig Spaß machen kann.

Herkunftsländer der Gastschüler – Programmbeispiele
Unsere Austauschschüler sind zwischen 15 und 18 Jahre alt und so vielseitig, wie die Kultur, aus der sie stammen: Ob sportbegeistert, musikalisch oder kulturell interessiert, Leseratte, Kinofan oder Hobbykoch. Sie kommen u.a. aus Brasilien, den USA, Australien, Italien, Thailand, China, Mexiko, Belgien, Neuseeland, Irland, Frankreich oder der Slowakei.

Welche Voraussetzungen sind als Gastfamilie zu erfüllen?
»Gastfamilie« heißt auch: alleinerziehende Mütter und Väter, kinderlose Paare, ältere Paare, deren Kinder bereits aus dem Haus sind oder Großfamilie. Der Gastschüler sollte idealerweise ein eigenes Zimmer bekommen oder es sich mit gleichgeschlechtlichen Gastgeschwistern in etwa dem gleichen Alter teilen. Die Gastfamilie sollte ein Interesse an interkulturellen Begegnungen haben, ein liebevolles Zuhause bieten und für regelmäßige Verpflegung sorgen. Eine Kurzbewerbung unter www.stepin.de/gastfamilie-werden ist jederzeit unverbindlich möglich.

Vorbereitung – Betreuung – Nachbereitung der Gastfamilie sowie des Gastes
Stepin ist für die Familien und Schüler da – vor und während des Aufenthaltes in Deutschland. Zu den Serviceleistungen zählen ein persönliches Kennenlerngespräch mit der Gastfamilie, Jugendberater als direkter Ansprechpartner in der Region, eine Rundum-Betreuung mit Notfallnummer, ein Infopaket mit wertvollen Tipps, ein 3-tägiges Einführungsseminar für die Gastschüler, ein Willkommensgespräch zwischen Berater, Familie und Schüler, Unterstützung bei allen Behördengängen, ein Feedbackgespräch und die Organisation von Schülerreisen.

Wichtige Hinweise
Stepin sucht das ganze Jahr über bundesweit weltoffene Familien, die internationale Gastschüler bei sich aufnehmen und am gemeinsamen Familienleben teilhaben lassen. Für die Gastfamilie entstehen außer Kost und Logis keine weiteren Kosten.

Kurz und bündig

Gründungsjahr	1997	Anzahl der Teilnehmer im Programm in 2017	ca. 60.
Programm seit	1997	Anzahl der Teilnehmer aller Programme in 2017	k.A.
Mindestalter Gast	15	Sicherungsschein nach § 651r BGB wird ausgestellt	nein
Höchstalter Gast	18	Programmdauer	2 bis 10 Monate	
Weitere Angebote	High School, Work & Travel, Auslandspraktikum, Freiwilligenarbeit, Au-Pair, eigene Versicherungsabteilung		

Homestay

Familienanschluss im Ausland und erste Einblicke in die Kultur und das Alltagsleben im Gastland bieten sogenannte Homestays. Was beim ersten Hören vielleicht nach „zu Hause bleiben" klingen mag, steht für einen Aufenthalt bei einer einheimischen Gastfamilie im Ausland und die Gelegenheit, für ein paar Wochen das Leben und den Alltag einer Familie im Gastland kennenzulernen und mitzuerleben.

Gastfamilien können klassische Familien mit Kindern sein, aber auch junge Paare ohne eigene Kinder, Alleinerziehende, ältere Ehepaare, deren Kinder bereits außer Haus leben, oder Rentner, die sich eine andere Kultur in die eigenen vier Wände holen möchten. Je nach Programm können die Familien sowohl in einer ländlichen als auch einer städtischen Umgebung wohnen. Die Kurzaufenthalte dauern in der Regel zwischen zwei und vier Wochen. Vereinzelt werden jedoch auch kürzere oder längere Gastfamilienaufenthalte angeboten.

Die Mehrzahl der Homestay-Angebote richtet sich an 14- bis 18-Jährige, wobei manche Programme auch bereits 12- oder 13-jährigen Schülern offenstehen. Besonders beliebt sind Homestay-Programme vor allem bei Mittelstufen- und angehenden Oberstufenschülern, die sich entweder bereits gegen die Teilnahme an einem Schüleraustausch entschieden haben oder die austesten möchten, ob ein mehrmonatiger Aufenthalt in einer Gastfamilie für sie infrage kommt. Ebenso können Homestays eine Alternative zu klassischen Sprachreisen darstellen, um die eigenen Sprachkenntnisse im „wirklichen Leben" anzuwenden und mit der Alltagssprache vertraut zu werden.

Übrigens werden Homestay-Programme nicht nur für Jugendliche, sondern auch für Erwachsene angeboten – ohne Altersgrenze nach oben.

Mögliche Zielländer und Programmvarianten

Beliebte Zielländer für Homestay-Programme sind die USA, Großbritannien, Irland, Frankreich und Spanien. Aber auch in anderen fernen Ländern wie Chile, Ecuador oder Indien öffnen Familien ihre Türen für einen Feriengast aus dem Ausland. Bei individuellen Familienaufenthalten wird eher selten landesweit platziert, sodass die Zielregionen, in denen die Gastfamilien leben, meist bereits vor der Buchung bekannt sind.

Je nach Land und Organisation variieren die Programme. Bei einem klassischen Homestay handelt es sich um einen „reinen" Gastfamilienaufenthalt. Das bedeutet, die Gastfamilien leben ihren normalen Alltag, haben möglicherweise Urlaub oder arbeiten und lassen den Gast an ihrem Familienleben teilnehmen. Highlights des Tages können dabei z.B. ein Einkauf im Supermarkt, gemeinsames Kochen und Abendessen oder ein ausgiebiger Spaziergang mit dem Familienhund sein. Ab und an beschäftigen sich die Gäste auf Zeit auch mal selbst und helfen wie alle anderen Familienmitglieder ggf. auch bei kleineren Aufgaben im Haushalt mit. Alternativ werden Homestay-Programme angeboten, die einen Schulbesuch im Ausland mit einschließen – sozusagen ein kurzes Schüleraustauschprogramm. Dies ist für deutsche Schüler während ihrer Sommerferien auf der Südhalbkugel möglich, beispielsweise in Australien oder Chile, wo sie in den Schulalltag hineinschnuppern und Kontakte zu Gleichaltrigen knüpfen können.

Einige wenige Organisationen bieten Freizeitaktivitäten vor Ort an. In diesen Fällen reisen die deutschen Programmteilnehmer als Gruppe ins Gastland und wohnen in der gleichen Stadt oder Region. Sie erleben zum einen den Familienalltag und unternehmen zum anderen Gruppenausflüge in die Umgebung oder betätigen sich sportlich. Bei den Gruppenprogrammen steht die Zielregion bei der Buchung bereits fest.

Homestay-Programme finden hauptsächlich während der Schulferien und meist im Sommer statt. Der Programmstart kann oft individuell bestimmt werden. Beinhaltet das Programm einen Schulbesuch, müssen sich Programmteilnehmer natürlich nach den Ferienzeiten im Gastland richten. Vereinzelt werden Homestays in einem Atemzug mit Sprachkursen oder Praktika genannt. Hierbei handelt es sich im Prinzip oft um Sprachreisen oder Auslandspraktika mit der Unterkunftsform Gastfamilie.

Voraussetzungen

Neben den für die Programme jeweils geltenden Altersgrenzen gibt es für Homestays kaum Teilnahmevoraussetzungen. Offenheit für andere Lebensweisen und Gewohnheiten, Aufgeschlossenheit, ein gewisses Maß an Selbstständigkeit und das Interesse am Alltagsleben im Gastland sollten jugendliche ebenso wie erwachsene Homestay-Teilnehmer mitbringen. Fällt der Auslandsaufenthalt nur teilweise oder gar nicht in die deutsche Ferienzeit, ist für Schüler eine Beurlaubung seitens der deutschen Heimatschule notwendig. Daneben erfordern Homestay-Aufenthalte mit Schulbesuch in der Regel solide Grundkenntnisse der Landessprache.

Kosten und Finanzierung

Je nach Gastland, Programmvariante und Dauer des Aufenthalts beginnen die Preise inklusive An- und Abreise und Versicherungen bei etwa 1.000 Euro. Ein Großteil der vierwöchigen Programme kostet unabhängig vom Zielland zwischen 2.000 und 3.000 Euro. Stipendien werden in der Regel nicht vergeben und auch die staatliche Förderung Auslands-BAföG kann nur für Gastschulaufenthalte von mindestens sechs Monaten Dauer beantragt werden.

Die Rotarier (Rotary Club) ebenso wie der Lions-Club bieten finanziell gesponserte mehrwöchige Familienaufenthalte an, sodass sich die eigenen Kosten deutlich reduzieren. Um sich für eines dieser Programme zu qualifizieren, muss man kein Mitglied bzw. nicht verwandt mit einem Mitglied sein. Ansprechpartner sind die Vertreter der lokalen Clubs im Wohnort oder der näheren Umgebung, die ihre Teilnehmer selbst auswählen. Eine frühzeitige Planung ist meist erforderlich, da die

Programmplätze relativ begrenzt sind. Im Fall des Rotarier-Programms beruht der Austausch auf Gegenseitigkeit. Die Jugendlichen sind dann nicht nur selbst Gast, sondern werden auch zu Gastgebern. Weitere Informationen zu den Lions und dem Rotary Club finden sich in Teil 3 dieses Handbuchs unter *Finanzierung und geförderte Programme*.

Hat man im gewünschten Gastland Freunde oder Bekannte, kann ein Gastfamilienaufenthalt gerade innerhalb Europas auch auf privatem Weg geplant werden. Zudem lassen sich Kurzaufenthalte manchmal eigeninitiativ und vergleichsweise kostengünstig über Städte- oder Schulpartnerschaften, über Sportvereine oder Gemeinden organisieren.

Tipps – Homestays mit Organisation

Verschiedene Austauschorganisationen bieten Programme für Homestays und Gastfamilienaufenthalte im Ausland an. Eine frühzeitige Bewerbung ist aufgrund der relativ hohen Nachfrage empfehlenswert. Dies gilt vor allem für Programme, die während der Sommerferien stattfinden. Falls das Wunschland im Katalog oder auf der Homepage nicht offiziell angeboten wird und man sich für einen individuellen Familienaufenthalt – also gegen eine Gruppenreise – entschieden hat, kann die konkrete Nachfrage bei einem Homestay-Anbieter in Einzelfällen zum Erfolg führen.

Experiment e.V. – The Experiment in International Living	
Gluckstraße 1	Telefon: 0228 / 95 72 20
53115 Bonn	Telefax: 0228 / 35 82 82
info@experiment-ev.de	www.experiment-ev.de

Selbstdarstellung
Das Ziel von Experiment e.V. ist seit über 85 Jahren der Austausch zwischen Menschen aller Kulturen, Religionen und Altersgruppen. Experiment e.V. ist gemeinnützig und das deutsche Mitglied der weltweit ältesten Austauschorganisation „The Experiment in International Living" (EIL).
Kooperationspartner sind u.a. Auswärtiges Amt, Bundesministerium für wirtschaftliche Zusammenarbeit und Entwicklung, Deutscher Bundestag, Fulbright-Kommission, Goethe-Institut und die Stiftung Mercator.

Zielländer – Programmbeispiele – Leistungen – Kosten
Mit einem Homestay erlebt man ein Land nicht als Tourist, sondern wird Teil einer einheimischen Familie. Derzeit kann man unter anderem folgende Gastgeber-Länder auf diese Art bereisen: Ecuador, Frankreich, Großbritannien, Irland, Japan, Spanien, USA.
Auch Ranchstays sind möglich in den USA (Pferde, Rinder, Landwirtschaft), Kanada (Pferde, Rinder, Schlittenhunde, Landwirtschaft) und Frankreich (Weinberg, Pferde, Landwirtschaft). Außerdem: Ferienprogramme, Kultur- und Sprachprogramme. Ab 490 € pro Woche.
Leistungen: Unterkunft, Verpflegung in Gastfamilien, Platzierungsgebühren, Betreuung vor Ort, z.T. Sprachkurs, Sightseeing, Kurzzeit-Schulbesuch.

Bewerbungsverlauf und Kriterien für die Annahme des Bewerbers
Für Teilnehmende ab einem Alter von 15, die ein Land auf eine ganz besondere Weise kennenlernen wollen.

Vorbereitung – Betreuung – Nachbereitung
Betreuung durch Partnerorganisation vor Ort, 24h-Notrufservice.

Wichtige Hinweise – Besondere Leistungen – Qualitätssicherung
Auszeichnungen/Qualitätssicherung: Auszeichnung des „Bündnis für Demokratie und Toleranz" für das „Kulturentdecker"-Stipendium für Haupt-, und Förderschüler, „Gütesiegel Freiwilligendienste Quifd",, Gründungsmitglied des AJA (Dachverband gemeinnütziger Jugendaustauschorganisationen in Deutschland).

Kurz und bündig			
Gründungsjahr	1932	Anzahl der Homestay-Teilnehmer in 2017	42
Programm seit	1952	Anzahl der Teilnehmer aller Programme in 2017	2.288
Mindestalter	15	Sicherungsschein nach § 651r BGB wird ausgestellt	nein
Höchstalter	-	Programmdauer	1 bis 6 Wochen
Weitere Angebote	Demi-Pair-Programm, Europäischer Freiwilligendienst, geförderte Freiwilligendienste (weltwärts, EFD, IJFD), Schüleraustausch weltweit, Auslandspraktika, Gastfamilienprogramme in Deutschland ab 1 Woche bis zu einem Schuljahr, Ferienprogramme.		

Open Door International e.V.	
Thürmchenswall 69	Telefon: 0221 / 60 60 855 0
50668 Köln	Telefax: 0221 / 60 60 855 19
info@opendoorinternational.de	www.opendoorinternational.de

Selbstdarstellung
Open Door International e.V. (ODI) ist ein gemeinnütziger Verein und Träger der freien Jugendhilfe. Wir möchten interkulturelle Verständigung, Toleranz und den Respekt für andere Lebensweisen fördern. Deshalb organisiert ODI Schüleraustausch- und Kurzzeitprogramme, Individuelle Freiwilligenprogramme, den Europäischen Freiwilligendienst (EFD), den entwicklungspolitischen Freiwilligendienst weltwärts sowie den Aufenthalt internationaler Gäste in Deutschland. Zudem sind wir offizielle Partnerorganisation beim „Parlamentarischen Patenschafts-Programm" (PPP) des Deutschen Bundestages und des Kongresses der USA.

Zielländer – Programmbeispiele – Leistungen – Kosten
Australien - Gastfamilienaufenthalt: mit Schulbesuch auf Tasmanien – z.B. 4 Wochen 2.590 €
Chile - Gastfamilienaufenthalt: mit Schulbesuch – z.B. 3 Wochen 1.290 €
Frankreich - Gastfamilienaufenthalt: mit Sprachkurs und Segeln – z.B. 2 Wochen 1.690 €
Kanada - Victoria Summer Camp: mit Sprachkurs und Aktivitäten – z. B. 4 Wochen 3.090 €
Neuseeland - Gastfamilienaufenthalt: mit Schulbesuch – z.B. 4 Wochen ab 2.490 €
USA - Gastfamilienaufenthalt: ohne Sprachkurs/Aktivitäten – 3 Wochen 1.890 €
Weitere Länder und Programme auf unserer Homepage.

Bewerbungsverlauf und Kriterien für die Annahme des Bewerbers
Bewerben können sich 14- bis 18-jährige Jugendliche, für die aus persönlichen oder schulischen Gründen ein längerer Schulauslandsaufenthalt nicht in Frage kommt oder die zunächst nur „schnuppern" möchten, um einen ersten Einblick in eine fremde Kultur zu bekommen.

Vorbereitung – Betreuung – Nachbereitung
Die Teilnehmer erhalten umfangreiche Informationen zur Vorbereitung. Die Betreuung während des Aufenthaltes erfolgt durch unsere jeweiligen Partner vor Ort. Eltern sowie Teilnehmern steht zudem unsere 24-Stunden-Notfallnummer zur Verfügung.

Wichtige Hinweise – Besondere Leistungen – Qualitätssicherung
Es handelt sich um individuelle Einzelprogramme, nicht um Gruppenprogramme. Alle Preise sind ohne Flug und Versicherung. Ein Visum ist in der Regel nicht erforderlich. Wir helfen gerne bei der Flugplanung und -buchung und vermitteln eine günstige Auslandsversicherung. Verlängerungen bzw. kürzere Aufenthalte sind in der Regel wochenweise möglich. ODI ist Mitglied im AJA (Dachverband gemeinnütziger Jugendaustauschorganisationen).

Kurz und bündig

Gründungsjahr	1983	Anzahl der Homestay-Teilnehmer in 2017	15
Programm seit	2009	Anzahl der Teilnehmer aller Programme in 2017	267
Mindestalter	14	Sicherungsschein nach § 651r BGB wird ausgestellt	ja
Höchstalter	18	Programmdauer	2 bis 8 Wochen
Weitere Angebote		Schüleraustausch, Gastfamilie werden, Europäischer Freiwilligendienst, EFD, weltwärts	

Terre des Langues - Inh. Petra Schmidt	
Pflanzenmayerstr. 16	Telefon: 0941 / 56 56 02
93049 Regensburg	Telefax: 0941 / 56 56 04
Terre-des-Langues@t-online.de	www.terre-des-langues.de

Selbstdarstellung „

„Wir sind eine Terre des Langues-Familie". Das ist das Motto von Terre des Langues International, deren Mitglieder sich seit vielen Jahren persönlich kennen und die sich regelmäßig treffen. Die Familienauswahl ist die wichtigste Aufgabe der Mitarbeiter. Sie kennen die Gastfamilien persönlich und verfügen über entsprechende Empfehlungen. Der gute Geist der Terre des Langues-Familie lebt weit über die Zeit eines Aufenthaltes hinaus.

Zielländer – Programmbeispiele – Leistungen – Kosten

USA, England, Frankreich, Spanien, Russland, Neuseeland, Ecuador
USA: Familienaufenthalt 2 Wochen 2.850 €, England: Familienaufenthalt 2 Wochen 2.300 €,
Frankreich: Familienaufenthalt 2 Wochen mit / ohne Schulbesuch 1.790 €,
Russland: Familienaufenthalt 2 Wochen 2.100 €
Im Preis inbegriffen ist: Hin- und Rückflug, Transfers zwischen Gastfamilie und Flughafen, Platzierungsgebühren, Betreuung vor Ort und Betreuung durch Terre des Langues Deutschland, Unterkunft und Verpflegung, außerhalb Europas auch Versicherungen

Bewerbungsverlauf und Kriterien für die Annahme des Bewerbers

Die ausführlichen Anmeldeunterlagen helfen dabei, die Jugendlichen bei einer zu ihnen passenden Familie zu platzieren. Die Teilnehmer sollten freiwillig den Entschluss gefasst haben, eine zeitlang bei einer ausländischen Familie zu leben, sich dort als Mitglied der Familie zu fühlen und alles mitzumachen, was von den Gasteltern angeboten wird.

Vorbereitung – Betreuung – Nachbereitung

Terre des Langues bietet eine ausführliche telefonische und/oder persönliche Beratung an. Während des Aufenthaltes werden die Teilnehmer durch die ausländischen Partner sowie durch Terre des Langues Deutschland betreut.

Wichtige Hinweise – Besondere Leistungen – Qualitätssicherung

Terre des Langues hat keine Altersvoraussetzungen. Wir nehmen auch ganz junge Teilnehmer mit, wenn sie dafür geeignet sind. Jeder Teilnehmer kann sich seinen Termin selbst aussuchen. Wir sprechen diesen mit unseren Partnern ab. Wenn jemand seinen Flug selbst bucht, ziehen wir die kalkulierten Flugkosten ab. Terre des Langues bietet auch kurze Familienaufenthalte mit Schulbesuch. Die Teilnehmer besuchen zusammen mit dem Kind der Gasteltern die Schule.

Kurz und bündig

Gründungsjahr	1995	Anzahl der Homestay-Teilnehmer in 2017		20
Programm seit	1995	Anzahl der Teilnehmer aller Programme in 2017		120
Mindestalter	-	Sicherungsschein nach § 651r BGB wird ausgestellt		ja
Höchstalter	-	Programmdauer	ab 1 Woche	
Weitere Angebote	High School-Aufenthalte, Praktika, Sprachreisen			

Jobs & Arbeitspraxis

Um fernab der Heimat praktische Erfahrungen zu sammeln, Land und Leute kennenzulernen und ein wenig Geld zu verdienen, kann man für ein paar Wochen oder mehrere Monate im Ausland jobben bzw. arbeiten. Hinter dem Begriff „Jobs" stehen vielfältige Möglichkeiten, von denen einige sicherlich Auslandspraktika recht nahe kommen, dem Bereich der Freiwilligendienste zugeordnet oder in einen Work & Travel-Aufenthalt integriert werden könnten. Manche Tätigkeiten richten sich an eine ganz bestimmte Zielgruppe. So sprechen einige Programme vornehmlich kinderliebe oder besonders sportliche junge Erwachsene an. Andere Programme stehen Interessenten offen, die eine bestimmte Fachausbildung anstreben oder bereits berufliche Erfahrungen z.b. als Referendar oder in der Gastronomie mitbringen. Grundvoraussetzung ist zumeist ein Mindestalter von 18 Jahren. Ob ein Visum benötigt wird bzw. welche Kosten entstehen, hängt vom jeweiligen Programm, dem Gastland sowie der Dauer des Aufenthalts ab.

Die im Folgenden vorgestellten Optionen können nur als Beispiele dienen und Anregungen geben. Eine allumfassende Auflistung ist aufgrund der Vielfalt leider nicht möglich.

Animateur in Ferienclubs oder Freizeitparks

Die großen Touristikunternehmen suchen gerade für die Hochsaison Animateure für die Bereiche Sport, Kinderanimation und abendliche Shows in Hotelanlagen oder auf Kreuzfahrtschiffen. Künftige Animateure werden für ihren Einsatz geschult bzw. eingearbeitet, erhalten oft freie Unterkunft und Verpflegung im Einsatzgebiet sowie ein Gehalt. Große Freizeitparks wie beispielsweise Disney World stellen gern Saisonkräfte ein, die im Servicebereich arbeiten oder als Comicfigur durch den Park wandeln. Land und Leute lernt man dabei selten kennen, da man – egal ob in Hotelanlagen, Freizeitparks oder auf Clubschiffen – primär auf ausländische Touristen und eigene Landsleute trifft. Initiative ist gefragt, sofern es die Zeit erlaubt, um im wahrsten Sinne des Wortes über den Zaun der Parkanlagen oder den Schiffsbug hinaus zu schauen.

Jobs im Hotel- und Gastronomiebereich

Wer Interesse daran hat, in der Hotellerie oder Gastronomie zu arbeiten, kann über diverse Programme in das internationale Gastgewerbe hineinschnuppern. Arbeitsfelder können sein: Rezeption, Gästebetreuung, Restaurant und Bar, Küche, Housekeeping oder Zimmerservice. Die Art des Jobs hängt immer von den Vorkenntnissen und Qualifikationen ab. Hier haben insbesondere ausgebildete Fachkräfte im Ausland gute Jobchancen.

Jobs über die Bundesagentur für Arbeit

Die Zentrale Auslands- und Fachvermittlung (ZAV) der Bundesagentur für Arbeit vermittelt verschiedene Jobs und Praktika im Ausland. Die Angebote richten sich vor allem an junge Menschen. Gesucht werden u.a. Mitarbeiter für das Disneyland Resort Paris. Die Dauer der Beschäftigung ist in der Regel zeitlich begrenzt. www.zav.de

Jugendcamp-Betreuer und -mitarbeiter

Für die Sommermonate zwischen Mai und August suchen US-amerikanische Freizeitcamps sogenannte Camp Counselor, die für ca. acht bis zwölf Wochen Kinder und Jugendliche betreuen, ihr Freizeitprogramm mitgestalten oder Aufgaben z.B. in der Küche oder in der Verwaltung übernehmen. Verschiedene Austauschorganisationen bieten Camp Counselor-Programme für die USA an. Unterkunft und Verpflegung sind frei und für die gesamte Campzeit erhalten Counselor Lohn. Eine frühzeitige Bewerbung ist aufgrund der hohen Nachfrage ratsam. Nach Jobs als Jugenbetreuer in europäischen Feriencamps kann man selbstständig recherchieren, indem man bei Organisatoren von Feriencamps direkt anfragt. Manche Veranstalter bieten spezielle Schulungen an, durch die man sich als Betreuer von Jugendfreizeiten qualifizieren kann.

Farmarbeit und WWOOF

Es gibt deutsche Anbieter, die mehrwöchige Aufenthalte auf Bauernhöfen im Ausland vermitteln, z.b. in Großbritannien, Irland oder Norwegen. Alternativ bringt das weltweite Netzwerk „World Wide Opportunities on Organic Farms" (WWOOF) freiwillige Helfer und Betreiber ökologischer Farmen zusammen, die Unterstützung bei der Arbeit auf dem Hof benötigen. Der Aufenthalt wird eigenständig geplant und die zu verrichtenden Arbeiten und Bedingungen mit den Besitzern der Farm oder des Gartenbetriebs individuell abgestimmt wird. Als Lohn für die tägliche ca. sechsstündige Mitarbeit erhält der „WWOOFer" freie Unterkunft und Verpflegung auf der Farm. wwoofinternational.org

Workaway

Junge Menschen erhalten die Möglichkeit, mit einem kleinen Reisebudget Erfahrungen in fremden Ländern zu sammeln und in Kontakt mit Einheimischen zu kommen. Das Prinzip ist einfach: Ein paar Stunden am Tag arbeitet man im Haushalt, Garten oder in anderen Projekten seines Gastgebers und erhält im Gegenzug freie Unterkunft und Verpflegung. Workaway bietet eine Datenbank potenzieller Gastgeber weltweit. www.workaway.info

Bei Portalen wie z.B. WWOOF und workaway sollten sich Teilnehmer darüber bewusst sein, dass es sich hierbei um offene Datenbanken handelt, die zum Großteil auf zwischenmenschlichem Vertrauen basieren. Eine Kontrolle der Gastgeber wird, wenn überhaupt, von den Portalbetreibern oft nur eingeschränkt durchgeführt. Potenzielle Risiken tragen die Teilnehmer selbst. Im Gegensatz dazu können Organisationen und Agenturen sowohl Freiwilligen als auch Gastgebern einen sicheren Rahmen bieten, indem sie ausführlich beraten, die Gastgeber (und Freiwilligen) prüfen und Ansprechpartner vor Ort stellen, die bei Problemen persönlich vermitteln können.

Lehrer im Ausland

Für ausgebildete Lehrer, die sich für einen Auslandsaufenthalt interessieren, ist die Zentralstelle für das Auslandsschulwesen (ZfA) des
Bundesverwaltungsamts die richtige Anlaufstelle. Um von der Bundesrepublik Deutschland geförderte Schulen weltweit mit qualifiziertem
Lehrpersonal ausstatten zu können, ist die ZfA immer auf der Suche
nach engagierten Pädagogen, die den Blick über den Tellerrand wagen und ihren Horizont an einer deutschen Auslandsschule erweitern
möchten. Eine Lehrtätigkeit an Schulen im Ausland ist als „Ortslehr-
kraft" (teilweise ohne 2. Staatsexamen) oder „Bundesprogrammlehr-
kraft" (nach dem 2. Staatsexamen) auch ohne praktische Erfahrungen
möglich. Um sich als „Auslandsdienstlehrkraft" bewerben zu können,
müssen zwei Jahre Unterrichtserfahrung im Anschluss an die Verbeam-
tung bzw. an die unbefristete Einstellung als Angestellter des Landes
nachgewiesen werden. Für den Zeitraum des Aufenthalts muss man
sich offiziell vom Schuldienst in Deutschland beurlauben lassen.
www.auslandsschulwesen.de

Fremdsprachenassistenzkräfte im Ausland

Lehramtsstudenten können ihr Studium in Deutschland unterbrechen,
um für sechs bis elf Monate als Fremdsprachenassistenten (FSA) an
einer ausländischen Schule im Deutschunterricht zu assistieren. Das
Programm wird vom Pädagogischen Austauschdienst (PAD) der Kultusministerkonferenz (KMK) angeboten und richtet sich vor allem an
künftige Fremdsprachenlehrer. Für manche Länder können sich jedoch
auch Studierende anderer Fächer oder Studiengänge bewerben. Je
nach Wunschland muss bereits eine gewisse Anzahl an Fachsemestern
oder sogar das erste Staatsexamen erfolgreich abgeschlossen worden
sein. www.kmk-pad.org

Fachbezogene Programme für Ausbildung und Studium

Ob für Studenten, Azubis oder Absolventen und Ausgelernte – es gibt
eine Reihe von Programmen und Projekten, die sich gezielt an junge
Menschen eines bestimmten Fachs wenden. Dabei muss es sich nicht

notwendigerweise um klassische Praktika oder Jobs handeln. Auch andere fach- und praxisbezogene Programme sind im Ausland möglich.

Für Azubis gibt es spezielle Austauschprogramme, die mit diversen Ländern stattfinden – beispielsweise mit Frankreich, gefördert durch das Deutsch-Fränzösische Jugendwerk. Dabei können u.a. Begegnungen mit Auszubildenden von ausländischen Partnerschulen organisiert werden, bei denen Azubis an einem gemeinsamen fachbezogenen Projekt arbeiten. Diese Programme werden oft in Gruppen, z.b. Berufsschulklassen, durchgeführt. Detaillierte Informationen dazu finden sich in Teil 2 dieses Handbuchs im Abschnitt *Auslandsaufenthalte für Azubis.*

Ausgebildete Erzieher, Grundschullehrer, Kinderpfleger, Kinderkrankenschwestern und -pfleger und andere junge Menschen mit pädagogischer oder pflegerischer Ausbildung haben die Chance, z.b. in Kanada oder den USA als sogenannte Au-Pair-Professionals (auch Au-Pair Plus oder Live-in Caregiver genannt) tätig zu werden, praktische Erfahrungen zu sammeln und damit Geld zu verdienen.

Angehende Mediziner können im Ausland eine Famulatur, PJ-Tertiale, ein Forschungspraktikum oder Praktika in der Entwicklungszusammenarbeit absolvieren. Zukünftige Juristen haben die Möglichkeit, ihre Wahlstation während des Referendariats im Ausland verbringen.
www.bvmd.de
www.jurawelt.com/referendare/wahlstation/

Auswanderer und Auslandstätige

Wer beabsichtigt, auf Zeit oder dauerhaft ins Ausland zu ziehen, kann sich über das Verzeichnis der Beratungsstellen für Auswanderer und Auslandstätige des Bundesverwaltungsamts (BVA) einen Überblick über Ansprechpartner in seiner Nähe verschaffen. Das BVA hat die Aufgabe, alle für die Auswanderung bedeutsamen Unterlagen zu sammeln und auszuwerten sowie die Auskunfts- und Beratungsstellen in allen Angelegenheiten des Auswanderungswesens zu unterstützen.

Diese Stellen bieten individuelle Beratungsgespräche für Menschen an, die ins Ausland ziehen möchten. Träger dieser Beratungsstellen sind u.a. das Raphaels-Werk oder das Diakonische Werk. Auch der Verein „Deutsche im Ausland" (DIA e.V.) bietet umfangreiches Informationsmaterial für deutschsprachige Reisende, die sich vorübergehend oder für längere Zeit aus privaten oder beruflichen Gründen im Ausland aufhalten.
www.auswandern.bund.de – www.deutsche-im-ausland.org – www.arbeitsagentur.de

Jugendbegegnungen & Workcamps

Gelebte Völkerverständigung, internationale Freundschaften und die Arbeit an gemeinsamen Themen und Projekten stehen bei internationalen Jugendbegegnungen und Workcamps im Fokus.

Internationale Jugendbegegnungen

Bei einer internationalen Jugendbegegnung, vereinzelt auch Jugendaustausch genannt, treffen sich junge Menschen aus zwei oder mehreren Ländern, um sich kennenzulernen, Verständnis für die jeweils andere Kultur zu entwickeln und neue Freundschaften zu knüpfen. Die meist ein- bis dreiwöchigen Begegnungen richten sich an junge Menschen zwischen 12 und 30 Jahren. Im Vordergrund steht der kulturelle und gedankliche Austausch – mögliche Vorurteile sollen abgebaut und gegenseitige Anerkennung gefördert werden. Da dies auf den verschiedensten Ebenen erfolgen kann, gibt es eine große Vielfalt internationaler Jugendbegegnungen zu ganz unterschiedlichen Themen: z.B. Theater- und Fotografie-Projekte, Austausch im Bereich Akrobatik, Begegnungen von Musikgruppen, Besuche von historischen Stätten, Projekte zu Themen wie Medien, Demokratie, Klimawandel, Menschenrechte, Ernährung, Religion oder Globalisierung. Manche Begegnungen legen den Schwerpunkt auf gemeinsames Kochen, Tanz, Musik oder Sport. Die Programme sind meist ein Mix aus Workshops, Diskussionen, Rollenspielen und gemeinsamen Aktivitäten und werden von den Teilnehmern in der Regel selbst entworfen und vorbereitet. Internationale Jugendbegegnungen können sowohl in Deutschland als auch im Ausland stattfinden. Oftmals erfolgt später auch ein Gegenbesuch von oder bei den Austauschpartnern, damit beide Gruppen jeweils die Rolle des Gastes im Ausland und des Gastgebers im eigenen Land übernehmen können. Die gemeinsame Arbeitssprache ist häufig Englisch.

Da internationale Jugendbegegnungen einen kleinen Beitrag zur Völkerverständigung leisten, werden sie häufig finanziell gefördert, z.B. durch den Bund, die EU oder Jugendwerke, sodass je nach Zielland meist nur eine geringe Teilnahmegebühr entsteht. Durchgeführt werden Jugendbegegnungen u.a. von lokalen Jugendbildungseinrichtungen, Gemeinden, Vereinen oder Stiftungen. Die Recherche nach passenden Programmen kann aufwendig sein, da die Anzahl der Organisatoren groß ist. Vielleicht liegt die Lösung jedoch vor der Haustür – bei lokalen Jugendbildungsstätten, in der Gemeinde oder im Bistum, in der Jugendherberge oder im Sportverein. Zudem können Internetseiten des eigenen Wohnorts Informationen über Jugendbegegnungen liefern, die in Zusammenhang mit Städtepartnerschaften durchgeführt werden. Eine Vielzahl verschiedener Förderprogramme für internationale Jugendbegegnungen werden in Teil 3 dieses Handbuchs unter *Finanzierung und geförderte Programme* vorgestellt.

Workcamps

Workcamps sind Begegnungsprogramme, die gemeinnützige Arbeit und interkulturelles Miteinander verbinden. Bei Workcamps handelt es sich um Kurzzeitfreiwilligeneinsätze, die jungen Menschen zwischen 18 und 30 Jahren offenstehen. In einer Gruppe Gleichgesinnter engagieren sich Workcamp-Teilnehmer für ein bis drei Wochen gemeinsam mit den Menschen im Gastland für ein soziales, handwerkliches, kulturelles oder ökologisches Projekt und teilen den Alltag miteinander.

Es gibt inzwischen Workcamp-Angebote für (fast) alle Altersgruppen: Teenagercamps für Jugendliche unter 18, Workcamps für Erwachsene ab 30, Seniorcamps für Menschen ab 50 Jahren oder Family-Camps für Eltern mit Kindern.

Mögliche Einsatzbereiche können z.B. Renovierungsarbeiten an Gemeindezentren, historischen Gebäuden oder Spielplätzen, soziale Arbeit mit Kindern, Senioren oder Menschen mit Behinderung oder Umweltschutzprojekte in Nationalparks sein. Die Deutsche Sportjugend, Sportjugendvereinigungen der Bundesländer oder der Deutsche Olympische Sportbund bieten darüber hinaus Workcamps an, bei denen der Arbeitsbereich Sport im Vordergrund steht.

Ob im europäischen Ausland, Asien, Afrika, Nord- oder Südamerika – Workcamps werden in zahlreichen Ländern weltweit in Kooperation mit Partnerorganisationen durchgeführt. Mögliche Ziele können Länder wie Frankreich, Spanien, Polen, Moldawien oder Island, aber auch Kenia, Russland, Indien, USA, Mexiko und viele weitere Länder sein. Die meisten Workcamps finden zwischen Juni und Oktober statt. Auch in Deutschland kann man an internationalen Workcamps teilnehmen und so in der eigenen Heimat zu jungen Menschen verschiedenster Nationen Kontakte knüpfen. Die Unterbringung erfolgt in der Regel in einfachen Gemeinschaftsunterkünften – dies können Gemeindezentren oder Schulen, aber auch Jugendherbergen oder Zeltlager sein. Geschulte Projektleiter begleiten die Gruppen.

Workcamp-Gruppen bestehen meist aus zehn bis 20 motivierten Freiwilligen, die sich entweder aus Teilnehmern aus Deutschland oder aber aus Freiwilligen aus unterschiedlichen Ländern zusammensetzen. Verständigungssprache in internationalen Camps – auch in Deutschland – ist meist Englisch, wobei solide Grundkenntnisse in der Regel ausreichen. Angehende Workcampteilnehmer sollten Spaß an Teamarbeit und körperlicher Betätigung haben, offen sein für die Kultur und Lebensweise im Gastland und nicht zuletzt neugierig auf den Austausch mit den Teamkollegen. Spezielle Kenntnisse sind in der Regel nicht notwendig. Eine interkulturelle und landeskundliche Vorbereitung ist meist wichtiger Teil des Programms.

Pro Woche stehen ca. 25 bis 30 Stunden tatkräftiger Arbeit auf dem Plan. Nach der Arbeit folgt das Vergnügen mit Ausflügen, gemeinsamem Kochen, Aktivitäten mit den Gastgebern oder internationalen Abenden. Im Mittelpunkt eines Workcamps stehen das gemeinnützige Projekt, das Gemeinschaftserlebnis ebenso wie die interkulturelle Erfahrung durch Begegnungen mit den Gastgebern und das Zusammenleben und -arbeiten im Workcamp. Grenzübergreifende Freundschaften entstehen und gemeinsamer Erfolg für das Projekt verbindet.

Je nach Dauer und Zielland liegen die Programmgebühren für einen mehrwöchigen Aufenthalt zwischen 500 Euro und 2.500 Euro. Oftmals sind Unterkunft und Verpflegung vor Ort in diesen Kosten bereits enthalten bzw. frei. Wie bei Freiwilligendiensten gibt es im Bereich der Workcamps (teil-)geförderte und somit vergleichsweise kostengünstige Programme.

> Wer gern Verantwortung für eine Gruppe übernehmen möchte, kann sich für die Leitung von Workcamps ausbilden lassen und Camps im In- oder Ausland als Teamer bzw. Projektleitung unterstützen. Viele Workcamp-Organisationen fördern weiterführendes Engagement und bieten dafür spezielle Seminare an.

Anbieter von Workcamps sind verschiedene Vereine und Organisationen, zumeist gemeinnützige Freiwilligenorganisationen. Eine Auflistung verschiedener Veranstalter internationaler Workcamps findet sich z.B. unter www.workcamps.org.

AFS Interkulturelle Begegnungen e.V.	
Friedensallee 48	Telefon: 040 / 399 222 0
22765 Hamburg	Telefax: 040 / 399 222 99
info@afs.de	www.afs.de

Selbstdarstellung

AFS ist eine der erfahrensten und größten Austauschorganisationen in Deutschland. Als gemeinnütziger und ehrenamtlich basierter Verein bietet AFS Schüleraustausch, Gastfamilienprogramme, Global Prep Ferienprogramme und Freiwilligendienste in rund 50 Länder weltweit an. Damit fördert AFS Jugendliche in ihrer Persönlichkeitsentwicklung und begleitet sie dabei aktive, globale Weltbürger zu werden und somit eine friedlichere und tolerantere Welt zu gestalten. In den vergangenen 70 Jahren haben weltweit mehr als 450.000 Jugendliche und Gastfamilien an den AFS-Programmen teilgenommen. Seit 2015 bietet AFS mit den Global Prep Ferienprogrammen auch die Teilnahme an internationalen Sommercamps an. „Prep" kommt vom englischen prepare (vorbereiten), denn die Programme bieten Jugendlichen die Chance, erfolgreich und verantwortungsvoll in eine globalisierte Zukunft zu starten: international vernetzt, global denkend, lokal handelnd.

Zielländer – Programmbeispiele – Leistungen – Kosten

AFS bietet Ferienprogramme für Jugendliche aus aller Welt in Deutschland, Europa, Asien, Afrika und Amerika an. Gemeinsam machen die Teilnehmerinnen und Teilnehmer intensive interkulturelle Erfahrungen und lernen verschiedene Perspektiven auf globale Fragestellungen kennen. Jedes Global Prep Programm findet zu einem inhaltlichen Thema statt, wie z.B. Medien, Nachhaltigkeit, Naturwissenschaft und Technik oder Geschichte und Zivilgesellschaft. Die Preise variieren je nach Zielland und Programmlänge. Programme in Deutschland starten bei 300 €, Programme im Ausland bei 2.690 €. Ausführliche Informationen zu Programmen, Preisen und Ländern gibt es unter www.globalprep.de.

Bewerbungsverlauf und Kriterien für die Annahme des Bewerbers

Anmelden können sich Jugendliche zwischen 13 und 18 Jahren. Je nach Land liegen die Anmeldefristen im Frühjahr des Ausreisejahres, freie Plätze werden ab Herbst des Vorjahres vergeben. Voraussetzung ist vor allem das Interesse an internationalen Begegnungen.

Vorbereitung – Betreuung – Nachbereitung

Zur Vorbereitung der Reise werden ausführliche Unterlagen sowie eine umfassende Beratung angeboten. Auf eine intensive Betreuung während der Programme legen wir großen Wert. Bei Fragen und Problemen während der gesamten Programmdauer sorgt unsere 24h-Notfall-Hotline für zusätzliche Sicherheit. Außerdem gehört für alle Teilnehmerinnen und Teilnehmer aus Deutschland eine Nachbereitung zum Programm.

Wichtige Hinweise – Besondere Leistungen – Qualitätssicherung

AFS ist als gemeinnützig anerkannt und Träger der freien Jugendhilfe. Der Verein ist Mitglied im Arbeitskreis gemeinnütziger Jugendaustauschorganisationen (AJA) und hat sich zu den AJA-Qualitätskriterien verpflichtet.

Kurz und bündig			
Gründungsjahr	1948	Anzahl der Teilnehmer an diesem Programm in 2017	148
Programm seit	2015	Anzahl der Teilnehmer aller Programme in 2017	2.174
Mindestalter	13	Sicherungsschein nach § 651r BGB wird ausgestellt	ja
Höchstalter	18	Programmdauer	2 bis 4 Wochen
Weitere Angebote	Schüleraustausch, Freiwilligendienste, Gastfamilie werden, Sprachreisen		

aubiko e.v. - Verein für Austausch, Bildung und Kommunikation	
Stückenstraße 74	Telefon: +49 (0) 40 98 672 567
22081 Hamburg	Telefax: +49 (0) 40 35 675 47 04
info@aubiko.de	www.aubiko.de

Selbstdarstellung
Interkulturelle Begegnungen für Schüler/innen aus aller Welt zu ermöglichen ist eines der wichtigsten Anliegen von aubiko e.v. Seit der Vereinsgründung im November 2014 sind wir in den Bereichen Jugendbegegnungen und -reisen, Sprachkurs- und Austauschprogramme aktiv. Seitdem haben bereits ca. 2.100 Schüler/innen an unseren Programmen teilgenommen. Der Austausch zwischen Jugendlichen verschiedenster Herkunft an interessanten Orten bietet die einmalige Gelegenheit internationale Freundschaften zu schließen. Zeitgleich erkunden wir gemeinsam spannende Städte und erfahren mehr über Land und Leute.

Zielländer – Programmbeispiele – Leistungen – Kosten
Deutschland, Europa oder sogar ein anderer Kontinent? Mit uns kannst du diese spannenden Orte erkunden und Jugendliche aus aller Welt treffen. Bei allen Begegnungen legen wir Wert auf einen hohen Bildungsanteil und eine Rundumbetreuung durch qualifizierte Reiseleiter/innen.
- Kuba: Schwerpunkt Nachhaltigkeit, 2 Wochen, ab 16 Jahren, ab 1.790 €
- Warschau: Schwerpunkt deutsch-polnische Beziehungen, 1 Woche, ab 16 Jahren, 980 €
- Kolumbien: Schwerpunkt Sprache, 4 Wochen, ab 14 Jahren, 2.950 €
- Europatour: München, Budapest, Paris, Brüssel u.v.m., ab 15 Jahren, 2 Wochen, 2.290 €
- Deutschlandtour: München, Dresden, Berlin, 1 Woche, ab 15 Jahren, 750 €
- Berlin / Frankfurt: Weihnachtswochenende, 3 Tage, ab 15 Jahren, 190 €
- Garmisch-Partenkirchen: 3 Tage, ab 15 Jahren, 190 €
- Prag: Schwerpunkt Geschichte und Bevölkerung, 7 Tage, ab 15 Jahren, 490 €
Bei einzelnen Reisen hat aubiko e.V. die Möglichkeit Teilstipendien zu vergeben.
http://aubiko.de/austauschschueler/reisen-fuer-austauschschueler/unsere-naechsten-reisen/

Bewerbungsverlauf und Kriterien für die Annahme des Bewerbers
Die Anmeldung erfolgt telefonisch oder per E-Mail an info@aubiko.de. Im Anschluss senden wir den Interessent/innen ein Anmeldeformular und die Teilnahmebedingungen zu. Einige Wochen vor Programmbeginn erhalten die Teilnehmer/innen zur Vorbereitung ein Informationspaket mit wichtigen Reisedokumenten.

Vorbereitung – Betreuung – Nachbereitung
Ausführliche Informationen über unsere Jugendbegegnungen gibt es auf www.aubiko.de, per Telefon oder E-Mail. Vor Ort sorgt ein Team aus engagierten Reisebegleiter/-innen für eine intensive Betreuung. aubiko e.V. ist rund um die Uhr erreichbar.

Wichtige Hinweise – Besondere Leistungen – Qualitätssicherung
aubiko e.V. ist als gemeinnützig anerkannt und Mitglied im Dachverband AJA.

Kurz und bündig			
Gründungsjahr	2014	Anzahl der Teilnehmer an diesem Programm in 2017	400
Programm seit	2014	Anzahl der Teilnehmer aller Programme in 2017	1.200
Mindestalter	14-16	Sicherungsschein nach § 651r BGB wird ausgestellt	ja
Höchstalter	-	Programmdauer	Drei Tage bis vier Wochen
Weitere Angebote	Austauschprogramme, Sprachreisen, interkulturelle Projekte		

Experiment e.v. – The Experiment in international Living

Gluckstraße 1	Telefon: 0228 / 95 72 20
53115 Bonn	Telefax: 0228 / 35 82 82
info@experiment-ev.de	www.experiment-ev.de

Selbstdarstellung

Das Ziel von Experiment e.v. ist seit über 85 Jahren der Austausch zwischen Menschen aller Kulturen, Religionen und Altersgruppen. Experiment e.v. ist gemeinnützig und das deutsche Mitglied der weltweit ältesten Austauschorganisation „The Experiment in International Living" (EIL). Kooperationspartner sind u.a. Auswärtiges Amt, Bundesministerium für wirtschaftliche Zusammenarbeit und Entwicklung, Deutscher Bundestag, Fulbright-Kommission, Goethe-Institut und die Stiftung Mercator.

Zielländer – Programmbeispiele – Leistungen – Kosten

NEU: „Experiment Academy" für Jugendliche ab 14 Jahren in den Schulferien, Kurzzeit-Schüleraustausch, Sprachkurse, Gastfamilienaufenthalte, Summer Camps, Ranchstays. 1 bis 4 Wochen.

Leistungen: Zweitägiges Vor- und Nachbereitungsseminar, Anmeldegebühren, Unterkunft und Verpflegung in Gastfamilien oder am Veranstaltungsort gemeinsam mit anderen Teilnehmenden, Freizeitprogramm, Flughafentransfers, Betreuung vor Ort durch Partnerorganisation, 24-Stunden-Notfalltelefon, Teilnahmezertifikat.

Kosten: ab 930 €, alle Preise stehen auf der Webseite.

Bewerbungsverlauf und Kriterien für die Annahme des Bewerbers

Bewerbungsfrist für Osterferien: 1. Februar, Sommerferien: 2. Mai, Herbstferien: 1. August. Danach Plätze nur noch nach Verfügbarkeit.

Vorbereitung – Betreuung – Nachbereitung

Zweitägiges, überregionales Vorbereitungsseminar in Deutschland. Zweitägiges, überregionales Nachbereitungsseminar in Deutschland. Betreuung in Deutschland durch die Geschäftsstelle von Experiment e.v. Betreuung im Gastland durch langjährige Partnerorganisationen. 24-Stunden-Notfalltelefon von Experiment e.v. sowie Partnerorganisation.

Wichtige Hinweise – Besondere Leistungen – Qualitätssicherung

Teilstipendien bis 2.000 € möglich, Gründungsmitglied des AJA (Dachverband gemeinnütziger Jugendaustausch-Organisationen in Deutschland). Auszeichnungen/Qualitätssicherung: „Gütesiegel Freiwilligendienste Quifd".

Kurz und bündig

Kurz und bündig			
Gründungsjahr	1932	Anzahl der Teilnehmer an diesem Programm in 2017	35
Programm seit	2016	Anzahl der Teilnehmer aller Programme in 2017	2.288
Mindestalter	13	Sicherungsschein nach § 651r BGB wird ausgestellt	ja
Höchstalter	-	Programmdauer	1 bis 4 Wochen
Weitere Angebote	Schüleraustausch weltweit, Freiwilligendienste weltweit, geförderte Freiwilligendienste: Europäischer Freiwilligendienst, weltwärts, Internationaler Jugendfreiwilligendienst, Auslandspraktikum, Demi-Pair, Gastfamilienprogramme in Deutschland		

Jugendbegegnungen & Workcamps

Kolping Jugendgemeinschaftsdienste	
St.-Apern-Str. 32	Telefon: 0221 / 20 701 121
50667 Köln	Telefax: 0221 / 20 701 129
jgd@kolping.de	www.kolping-jgd.de

Selbstdarstellung
Die Kolping Jugendgemeinschaftsdienste (JGD) der Kolpingwerk Deutschland gGmbH haben sich aus der 1953 gestarteten Aktion „Versöhnung über den Gräbern" mit dem Ziel der Wiederannäherung deutscher und französischer Jugendlicher in der Nachkriegszeit entwickelt. Die JGD bieten Freiwilligendienste und Workcamps in ca. 26 Ländern an, mit dem Ziel, bei Jugendlichen und jungen Erwachsenen ein Bewusstsein für soziale und gesellschaftliche Probleme zu schaffen und sie zur Übernahme sozialer Verantwortung in der Gesellschaft anzuregen.

Zielländer – Programmbeispiele – Leistungen – Kosten
-Zielländer für Workcamps in: Europa, Afrika, Asien, Ozeanien, Amerika
-Dauer: 2 bis 4 Wochen
-Projekte: sozial, ökologisch, handwerklich
-Kosten: ab 300 € (Europa)
    ab 1.400 € (Asien, Afrika, Ozeanien, Amerika) für unter 26-Jährige
    ab 2.200 € (Asien, Afrika, Ozeanien, Amerika) für über 27-Jährige
-Leistungen: Hin- und Rücktransport von einem gemeinsamen Startpunkt, der Transfer zum Projekt, die Unterkunft und Verpflegung im Projekt, Kranken-, Unfall-und Haftpflichtversicherung, ein dreitägiger Workshop in Köln/Bonn

Bewerbungsverlauf und Kriterien für die Annahme des Bewerbers
-Anmeldung: ca. 4 Monate vorher (i.d.R. sind auch kurzfristige Anmeldungen möglich)
-Mindestalter: 16 Jahre (Europa), 17/18 (Übersee)
-Kenntnisse der jeweils geforderten Sprache

Vorbereitung – Betreuung – Nachbereitung
Im Vorfeld findet ein Vorbereitungsworkshop statt, bei dem sich alle Teilnehmenden und die ehrenamtliche Projektleitung untereinander kennenlernen. Diese geschulte Leitung begleitet die Teilnehmenden während der ganzen Reise. Zum Ende des Jahres wird ein Nachbereitungsseminar angeboten, bei dem die Teilnehmenden erfahren, wie sie sich weiter engagieren können. Während der ganzen Zeit steht das Team der JGD unterstützend zur Seite.

Wichtige Hinweise – Besondere Leistungen – Qualitätssicherung
Die JGD sind ein gemeinnütziger Träger und Mitglied in mehreren Vereinen und Dachverbänden zur Qualitätssicherung der internationalen Jugendarbeit. Der individuelle Aufenthalt kann bis zu 4 Wochen verlängert werden und nach der Teilnahme wird Dir ein Teilnahmenachweis International ausgestellt. Es besteht die Möglichkeit, Dein Workcamp als Praktikum anrechnen zu lassen.

Kurz und bündig
Gründungsjahr	1953	Anzahl der Teilnehmer an diesem Programm in 2017	k.A.
Programm seit	1953	Anzahl der Teilnehmer aller Programme in 2017	k.A.
Mindestalter	16	Sicherungsschein nach § 651r BGB wird ausgestellt	ja
Höchstalter	-	Programmdauer	2 bis 4 Wochen
Weitere Angebote	Freiwilligendienst, weltwärts-Begegnung, internationale Jugendwoche		

Praktika

„Weder Praktika noch Auslandsaufenthalte dürfen im Lebenslauf fehlen", ist eine weit verbreitete Meinung, die viele junge Menschen dazu bewegt, das eine mit dem anderen zu verbinden und ein Praktikum im Ausland zu absolvieren. Als Praktikant sammelt man für mehrere Wochen oder Monate erste praktische Erfahrungen in der Berufswelt und lernt den Arbeitsalltag kennen. Praktikanten werden in den Arbeitsablauf des Unternehmens eingebunden und mit verschiedenen Aufgaben vertraut gemacht. Je nach Kenntnis- und Erfahrungsstand können Praktikanten zum Teil auch kleinere eigene Projekte übernehmen.

Mögliche Zielländer und Programmvarianten

Prinzipiell stehen Praktikanten in den verschiedensten Ländern nahezu alle Branchen offen. Es ist möglich, das Praktikum eigeninitiativ zu organisieren. Alternativ kann man über Praktikumsbörsen im Internet nach freien Stellen suchen oder sich direkt an eine Organisation wenden, die Auslandspraktika vermittelt. Angeboten werden Praktika vor allem in englischsprachigen Industrienationen wie Großbritannien, den USA, Kanada, Australien und Neuseeland. Mittlerweile gibt es aber auch Stellen in asiatischen Ländern wie China, Japan, Singapur oder Indien. Der Vorteil einer Planung über eine Praktikumsagentur liegt darin, dass nicht nur ein passender Praktikumsplatz vermittelt, sondern meist weitere Unterstützung geleistet wird. Ansprechpartner beantworten offene Fragen und helfen bei der Visumsbeantragung, der Flugbuchung, dem Abschluss von Versicherungen oder der Suche nach einer geeigneten Unterkunft. Vielfach kann oder muss ein Praktikum mit einem Sprachkurs im Ausland kombiniert werden.

Manchmal verschwimmen die Grenzen zwischen Praktika und internationalen Freiwilligendiensten. Was einige Programmanbieter als Praktikum bezeichnen, nennen andere Freiwilligenarbeit – und umgekehrt.

Voraussetzungen

Für die meisten Programme müssen Praktikanten mindestens volljährig sein. Mittlerweile gibt es aber auch einige Angebote für 17-Jährige. Praktika für noch jüngere Jugendliche hingegen werden bisher nur von wenigen Austauschorganisationen vermittelt. Dabei handelt es sich zumeist um kurze Schülerpraktika, die beispielsweise während der Sommerferien absolviert werden können.

Doch nicht allein das Alter entscheidet, ob sich das Wunschpraktikum realisieren lässt. Letztlich sind die Bewerbungsunterlagen ausschlaggebend dafür, ob eine Praktikumsbewerbung Erfolg hat. Da nicht wenige potenzielle Arbeitgeber gute Kenntnisse der Landessprache voraussetzen, sollte man sich frühzeitig erkundigen, ob vielleicht sogar Ergebnisse eines offiziellen Sprachtests erforderlich sind. Oft wird auch die fachliche Qualifikation eines Bewerbers berücksichtigt. Erste fachspezifische Kenntnisse aus dem bisherigen Studium oder der Ausbildung sind für angehende Praktikanten oft von Vorteil. Dies bedeutet im Umkehrschluss, dass Abiturienten und andere Schulabgänger nicht immer in der Wunschbranche untergebracht werden können, da die fachlichen Voraussetzungen noch fehlen. Bei einigen Anbietern ist das Abitur Mindestvoraussetzung für die Vermittlung eines Praktikums.

Visum – Beispiel USA

Für ein Praktikum außerhalb der EU darf die Beantragung eines Visums und einer Arbeitserlaubnis nicht vergessen werden. Für die USA, das beliebteste Zielland deutscher Praktikanten, ist die Beantragung dieser Papiere vergleichsweise aufwendig. Erforderlich ist ein J-1-Visum (exchange visitor visa). Nachdem ein Praktikumsplan erstellt (Formular DS-7002) und geprüft worden ist, wird das zur Beantragung des J-1-Visums benötigte Visumvordokument DS-2019 von dazu speziell lizenzierten Austauschorganisationen bzw. Praktikumsagenturen ausgestellt. Auch einige wenige große US-amerikanische Firmen und Organisationen sind berechtigt, das DS-2019 auszufüllen. Sie werden als „legal sponsors" bezeichnet.

In den USA wird generell zwischen „Interns" und „Trainees" unterschieden. Als „Interns" können Studenten und Studienabsolventen maximal einjährige fachbezogene Praktika in den USA absolvieren. Absolventen können ein solches „Internship" letztmalig innerhalb von zwölf Monaten nach ihrem Studienabschluss beginnen. Als „Trainees" können junge Berufstätige für bis zu 12 bzw. 18 Monate ein Praktikum absolvieren, wenn sie entweder mindestens fünf Jahre einschlägige Berufspraxis vorweisen können oder nach Abschluss ihres Studiums oder der Ausbildung mindestens ein Jahr Arbeitserfahrungen gesammelt haben. Beide Praktikantenvisa stehen in unbegrenzter Zahl Staatsangehörigen aller Nationen offen. Dem Visumsantrag muss ein formelles Arbeitsangebot beiliegen.

Einige deutsche Organisationen bieten kurze, unbezahlte Praktika in den USA In Kombination mit einem Sprachkurs an, wobei der Sprachunterricht eine hohe Gewichtung hat, damit die Programmteilnehmer – in diesem Fall z.b. auch Abiturienten – ihren Aufenthalt über das sogenannte F-1-Visum (Studentenvisum) bestreiten können. Tiefe fachliche Einblicke in bestimmte Branchen ergeben sich bei dieser Programmart selten. Die Praxis ist zudem visatechnisch bedenklich und kann zu Problemen mit der Immigrationsbehörde führen.

Kosten und Finanzierung

Praktika im Ausland sind, wie in Deutschland auch, meist unbezahlt. Im Idealfall leisten die ausländischen Arbeitgeber eine kleine Aufwandsentschädigung. Den Praktikanten selbst entstehen Kosten für An- und Abreise, Unterbringung und Lebenshaltung, Versicherungen und je nach Zielland für medizinische Vorsorge (z.B. Impfungen) und ein Visum. Entscheidet man sich für eine Agentur, muss man zudem mit teils hohen Vermittlungsgebühren bzw. Programmpreisen rechnen. Die zu erwartenden Ausgaben für ein Auslandspraktikum variieren von Land zu Land und sind letztlich natürlich auch von der Dauer der Tätigkeit abhängig. Für eine durchaus übliche Kombination aus einem vierwöchigen Sprachkurs und einem anschließenden Praktikum von einem

Monat Dauer in Übersee fallen Kosten von mehreren Tausend Euro an. Mit einplanen sollte man auch hier neben den Programmkosten die Reisekosten, Ausgaben für Unterkunft und Verpflegung, den Versicherungsschutz sowie das Visum. Kann man ein Programm ohne Sprachkurs wählen oder gelingt es tatsächlich, eigenständig ein Praktikum zu organisieren, können möglicherweise Kosten eingespart werden. In letzterem Fall hat man jedoch in der Vorbereitungsphase und vor Ort keinen Ansprechpartner und ist bei Fragen auf sich allein gestellt.

Fördermöglichkeiten

Um die Kosten für ein Auslandspraktikum stemmen zu können, haben Studenten, Absolventen, Auszubildende und junge Berufstätige die Möglichkeit, sich um verschiedene Fördermöglichkeiten zu bemühen. An Studenten vergibt der Deutsche Akademische Austauschdienst (DAAD) Stipendien für Auslandspraktika. Darunter fallen beispielsweise die DAAD-Kurzstipendien, das Carlo-Schmid-Programm oder Stipendien über das EU-Programm Erasmus+. Unabhängig von der Vergabe der genannten Stipendien zahlt der DAAD unter bestimmten Voraussetzungen Fahrtkostenzuschüsse. Studierende der Natur- und Ingenieurwissenschaften sowie Land- und Forstwirtschaft sollten sich bei der weltweit größten Praktikanten-Austauschorganisation IAESTE nach freien vergüteten Plätzen erkundigen. Die internationale Studentenorganisation AIESEC bietet ebenfalls weltweit Praktikaprogramme in den Bereichen Wirtschaft, IT und Entwicklungshilfe an. Diese Praktika sind vergütet, sodass die Lebenshaltungskosten gedeckt sind. Studierende können ein Praktikum im Ausland unter bestimmten Voraussetzungen auch über Auslands-BAföG oder einen Bildungskredit finanzieren.

Berufsschüler, Auszubildende und Absolventen einer beruflichen Ausbildung, deren Abschluss weniger als 12 Monate zurückliegt, können für ein Praktikum im Rahmen von Erasmus+ gefördert werden. Die Praktika finden im europäischen Ausland statt und dauern zwischen zwei Wochen und zwei Monaten. Die Förderung kann von den Ausbildungsbetrieben oder der Berufsschule beantragt werden (mehr dazu im Abschnitt *Auslandsaufenthalte für Azubis*). Für einen einjährigen Aufenthalt mit Praktikum in den USA können sich junge Berufstätige und Auszubildende im letzten Lehrjahr für ein Stipendium des Parlamentarischen Patenschafts-Programms (PPP) bewerben, einem Austauschprogramm zwischen dem Kongress der Vereinigten Staaten und dem Deutschen Bundestag. Die Berufsausbildung muss zum Zeitpunkt der Ausreise erfolgreich abgeschlossen sein.

Nähere Informationen und Links zu diesen und weiteren Fördermöglichkeiten für Auslandspraktika während des Studiums oder der Berufsausbildung finden sich in Teil 3 dieses Handbuchs im Abschnitt *Finanzierung und geförderte Programme*.

Kindergeld

Bis zur Vollendung des 25. Lebensjahres besteht Kindergeldanspruch, wenn sich das Kind in einer Berufsausbildung (zum Beispiel in der Lehre oder im Studium) befindet. Ist das Praktikum ein durch die Ausbildungs- oder Studienordnung vorgeschriebenes oder empfohlenes Praktikum, hat es einen fachlichen Bezug zur Berufsausbildung bzw. zum Studium oder kann ein Bezug zum Berufsziel glaubhaft gemacht werden, kann in der Regel von einer Fortzahlung des Kindergeldes ausgegangen werden. Die für das Kindergeld zuständige Familienkasse prüft jeden Fall einzeln und ist unter folgender kostenfreier Servicenummer erreichbar: 0800 / 455 55 30.

Tipps – Planung und Anerkennung des Praktikums

In der Planungsphase sollte man seine Vorstellungen und Erwartungen an das Praktikum mit der Vermittlungsagentur bzw. dem potenziellen Arbeitgeber besprechen. Ist der Arbeitgeber tatsächlich bereit, einen Praktikanten zu betreuen, oder wird nur jemand für einen Sommerjob oder ein befristetes Arbeitsverhältnis gesucht? Entspricht das angebotene Arbeitsfeld den eigenen Vorstellungen? Insbesondere für Abiturienten und Schulabgänger ohne berufliche Ausbildung gilt es, die eigenen Erwartungen an die Tätigkeiten während des Praktikums realistisch einzuordnen. Oft ist es ohne Vorerfahrung und Fachkenntnisse nicht möglich, im Rahmen des Praktikums eigene Projekte oder qualifizierte Aufgaben zu übernehmen, so dass der Alltag oftmals aus einfacherem Zuarbeiten und einem groben Einblick in einzelne Tätigkeiten besteht. Unabhängig vom eigenen Erfahrungsstand ist es grundsätzlich ratsam, einen Praktikumsvertrag abzuschließen.

> In vielen Ländern ist die Idee des (Fach-)Praktikums nicht so verbreitet wie in Deutschland. Dies kann die Suche nach einer qualifizierten Praktikumsstelle manchmal erschweren.

Nach Beendigung des Praktikums sollte man sich nach Möglichkeit vom Arbeitgeber ein qualifiziertes Zeugnis ausstellen lassen. Wurde das Praktikum im europäischen Ausland absolviert, kann es in den sogenannten „europass Mobilität" eingetragen werden. Dieser erfasst den Inhalt, das Ziel und die Dauer von Auslandsaufenthalten und kann später bei Bewerbungen angeführt werden. Weitere Informationen dazu finden sich unter www.europass-info.de.

Über die Anerkennung eines Auslandspraktikums für ein Studium oder für eine Ausbildung entscheidet allein die Universität oder Ausbildungsstätte. Aus diesem Grund ist es sehr wichtig, die genauen Bestimmungen und Voraussetzungen für eine Anerkennung im Vorfeld zu erfragen.

Detaillierte Informationen, Tipps und Hinweise rund um das Thema Auslandspraktika bietet der DAAD in seiner Publikation „Wege ins Auslandspraktikum. planen – realisieren – finanzieren". Diese ist unter www.daad.de zu finden.

active abroad – Inh. Maria Riedmaier	
Obere Hauptstraße 8	Telefon: 08161 / 402 88 0
85354 Freising/München	Telefax: 08161 / 402 88 20
contact@activeabroad.net	www.activeabroad.de

Selbstdarstellung

Be active abroad und entdecke mit uns den Globus: Von Au-Pair/Demi-Pair über Work & Travel, Auslandsjobs, Volunteerjobs bis hin zu Sprachreisen findest Du bei uns eine Vielzahl an Auslandsprogrammen auf allen fünf Kontinenten. Aufgrund unserer langjährigen Erfahrung können wir Dir das passende Programm empfehlen und nehmen es uns zum Ziel, Dir durch einen vielfältigen und flexiblen Produktkatalog deinen Auslandsaufenthalt so individuell wie möglich zu gestalten.

Zielländer – Programmbeispiele – Leistungen – Kosten

Zielländer: England, Irland, Australien, Neuseeland, Südafrika
Programmarten: Unbezahlte Fachpraktika in den verschiedensten Bereichen (Marketing, Sport, Eventmanagement, Mode, Architektur, Non-Profit-Organisationen, Medien, PR, Journalismus, Personalwesen, Finanzwesen, Maschinenbau u.v.m.), bezahlte Praktika v.a. im Hotel- und Gastronomiebereich. Kombinierbar mit Sprachkursen vor Ort.
Leistungen: Beratung, Betreuung, Hilfe bei der Erstellung der Bewerbungsunterlagen, Vermittlung von Praktikumsstelle, Sprachkurs, Unterkunft
Kosten: unterschiedlich je nach Zielland und Programm

Bewerbungsverlauf und Kriterien für die Annahme des Bewerbers

Nachdem wir alle Bewerbungsunterlagen erhalten und geprüft haben, klären wir mit unserem Partner im gewünschten Gastland Deinen gewünschten Praktikumsbereich und -zeitraum ab. Bewerbungsfrist je nach Zielland 2-8 Monate vor Abreisetermin

Vorbereitung – Betreuung – Nachbereitung

Versand von ausführlichem Infomaterial, persönliche und individuelle Beratung, Hilfestellung und Tipps während des Bewerbungsprozesses, Betreuung vor, während und nach der Vermittlung, auf Wunsch Hilfe bei Flug, Visum, Versicherung, Betreuung im Gastland durch unsere zertifizierten Partneragenturen, Bestätigungen und Zertifikate nach deinem Aufenthalt

Wichtige Hinweise – Besondere Leistungen – Qualitätssicherung

Mitglied der IAPA (International Au Pair Association), Mitglied der Au-Pair Society, RAL Gütezeichen „Outgoing"

Kurz und bündig

Gründungsjahr	1998	Anzahl der Praktika-Teilnehmer in 2017	k.A.
Programm seit	2001	Anzahl der Teilnehmer aller Programme in 2017	k.A.
Mindestalter	18	Sicherungsschein nach § 651r BGB wird ausgestellt	ja
Höchstalter	30-35	Programmdauer	4 Wochen bis 12 Monate
Weitere Angebote	Au-Pair, Demi-Pair, Work & Travel, Farmstay, Volunteering, Work Experience, Sprachreisen		

Carl Duisberg Centren gemeinnützige GmbH	
Hansaring 49-51	Telefon: 0221 / 16 26 289
50670 Köln	Telefax: 0221 / 16 26 225
praktika@cdc.de	www.carl-duisberg-auslandspraktikum.de

Selbstdarstellung
Die Carl Duisberg Centren sind ein führender Dienstleister im Bereich der internationalen Aus- und Weiterbildung. Wir organisieren weltweit Sprachreisen, Work & Travel, Freiwilligenprojekte und Auslandspraktika für junge Erwachsene.

Zielländer – Programmbeispiele – Leistungen – Kosten
Zielländer:
Europa, USA, Kanada, Südafrika, Australien, Neuseeland, Thailand, Argentinien, Chile
Programmarten:
* Praktika (mit und ohne Sprachkurs)
* Freiwilligenarbeit (mit und ohne Sprachkurs)
* Work & Travel; Kurzstudium in Kanada
Leistungen:
* Beratung, Betreuung, Vermittlung von Sprachkurs, Praktikum/Projekt, Unterkunft
* Auf Wunsch auch Buchung von Flug und Reiseversicherungen
Kosten:
Variieren je nach Programm und Dauer. Beispiel 4 Wo. Freiwilligenarbeit in Südafrika 1.170€ inkl. Unterkunft, Verpflegung.

Bewerbungsverlauf und Kriterien für die Annahme des Bewerbers
Beratung im Vorfeld telefonisch, per E-Mail oder persönlich
Mindestalter: in der Regel 18 Jahre, Ausnahmen ab 17 J. sind in manchen Ländern möglich
Teilnehmer: Abiturienten, junge Berufstätige (z. B. zwischen zwei Arbeitsstellen), Studenten, Hochschulabsolventen
Vorerfahrungen zum angefragten Praktikumsbereich sind nicht zwingend, aber hilfreich.

Vorbereitung – Betreuung – Nachbereitung
Wir informieren auf Bildungsmessen in ganz Deutschland zu unseren Programmen. Betreuung der Teilnehmer erfolgt vor Ort durch Fachkräfte der Schule/der Vermittlungsagentur. Teilnahmebestätigung, Abschlussberichte zur Evaluierung des Lernerfolges.

Wichtige Hinweise – Besondere Leistungen – Qualitätssicherung
Wir sind Mitglied im Fachverband Deutscher Sprachreise-Veranstalter. Die Sprachreisen sind zertifiziert gemäß ISO 9001 – damit dokumentieren und sichern wir den hohen Qualitätsstandard unserer Angebote.

Kurz und bündig				
Gründungsjahr	1962	Anzahl der Praktika-Teilnehmer in 2017		k.A.
Programm seit	1998	Anzahl der Teilnehmer aller Programme in 2017		ca. 1400
Mindestalter	17	Sicherungsschein nach § 651r BGB wird ausgestellt		ja
Höchstalter	-	Programmdauer	2 Wochen bis 1 Jahr, plus ggf. Sprachkurs	
Weitere Angebote	Kurzstudium Business English, GAP Year Angebote, Sprachreisen, Prüfungsvorbereitungskurse, Schülersprachreisen			

ChileVentura – Lernen, Jobben und Reisen in Chile! – Inh. Manuel Hildenbrand
Feigenweg 8　　　　　　　　　　Telefon: 0711 / 50 62 75 35
70619 Stuttgart　　　　　　　　Telefax: 0711 / 50 62 75 34
info@chileventura.org　　　　　www.chileventura.de

Selbstdarstellung
Unser Team wurde durch längere Arbeitsaufenthalte und zahlreiche Reisen selbst vom „Südamerikavirus" angesteckt, besonders aber vom „Chilevirus".
Unsere Motivation ist die Begeisterung und Faszination für das „schmale Land". Wir sind der Überzeugung, mit unserer Agentur einen positiven Beitrag zum kulturellen Austausch zwischen Chile und Europa leisten zu können.
Unser Ziel ist es, Euch als Chile-Interessierte, Südamerikafans und solche, die es werden wollen bzw. neugierig darauf sind, das wunderbare Land Chile und ebenso seine Leute näher zu bringen. Wir bieten Dir eine Möglichkeit, Land und Leute von einer anderen Seite als der normale Tourist hautnah zu erleben. Unser oberstes Ziel jedoch ist die Zufriedenheit unserer Kunden, also Deine Zufriedenheit. Um das zu erreichen, orientieren wir uns stets an unseren Grundsätzen Fairness, Transparenz und Nachhaltigkeit – in allem, was wir tun.

Zielländer – Programmbeispiele – Leistungen – Kosten
Zielländer: Chile, Peru, Argentinien
Praktikumsbeispiele: Individuelle Vermittlung nach Wunsch in fast allen Bereichen, z.B. Tourismus, Marketing, Journalismus, Medien, Umwelt, BWL, Ingenieurwesen, Medizin u.v.m.
Leistungen: Persönliche Beratung und Unterstützung bei allgemeinen Fragen während Deines gesamten Aufenthaltes, Teilnahmebestätigung für Dein Praktikum, Infobroschüre zu Chile, Unterkunftsvermittlung, Ansprechpartner vor Ort, Vermittl. eines Sprachkurses auf Wunsch
Kosten: 345-445 € (ohne Unterkunftsvermittlung), 440-580 € (mit Unterkunftsvermittlung)

Bewerbungsverlauf und Kriterien für die Annahme des Bewerbers
Mindestalter: keine Altersbeschränkung.
Starttermine und Dauer: individuell nach Wunsch Anmeldung: keine Bewerbungsfristen, idealerweise 3-4 Monate vor Reisebeginn.

Vorbereitung – Betreuung – Nachbereitung
Als Spezialist für die Vermittlung maßgeschneiderter Auslandsaufenthalte legen wir großen Wert auf eine individuelle Betreuung und Beratung. Bei uns gibt es keine Massenabfertigung! Unser Team hat selbst reichlich Auslandserfahrung und kennt das jeweilige Land sehr gut oder ist in diesem sogar aufgewachsen. Nach Rückkehr erhält jeder Teilnehmer ein Teilnahmezertifikat.

Wichtige Hinweise – Besondere Leistungen – Qualitätssicherung
Über uns gehst Du den direkten Weg ins Ausland über nur eine Agentur – es sind keine Partneragenturen im Ausland zwischengeschaltet. Daher können wir absolut faire Preise, eine individuelle und kompetente Beratung sowie eine flexible Programmgestaltung bieten.

Kurz und bündig			
Gründungsjahr	2007	Anzahl der Praktika-Teilnehmer in 2017	>100
Programm seit	2007	Anzahl der Teilnehmer aller Programme in 2017	>350
Mindestalter	-	Sicherungsschein nach § 651r BGB wird ausgestellt	nein
Höchstalter	-	Programmdauer	frei wählbar
Weitere Angebote	Spanischkurse, Freiwilligenarbeiten, Work & Travel, Unterkünfte		

Experiment e.V.	
Gluckstr. 1	Telefon: 0228 / 957 2210
53115 Bonn	Telefax: 0228 / 358 282
info@experiment-ev.de	www.experiment-ev.de

Selbstdarstellung
Das Ziel von Experiment e.V. ist seit über 85 Jahren der Austausch zwischen Menschen aller Kulturen, Religionen und Altersgruppen. Experiment e.V. ist gemeinnützig und das deutsche Mitglied der weltweit ältesten Austauschorganisation „The Experiment in International Living" (EIL). Kooperationspartner sind u.a. Auswärtiges Amt, Bundesministerium für wirtschaftliche Zusammenarbeit und Entwicklung, Deutscher Bundestag, Fulbright-Kommission, Goethe-Institut und die Stiftung Mercator.

Zielländer – Programmbeispiele – Leistungen – Kosten
Experiment e.V. vermittelt individuell zugeschnittene Praktikumsplätze in vielen Ländern (z.B. Australien, England, Südafrika). Jedes Praktikum wird nach Wunsch des Teilnehmenden zusammengestellt. Ab vier Wochen bis zu einem Jahr.
Mögliche Bereiche (Auswahl):
Architektur, Bauingenieurwesen, Bildung, Eventmanagement, Gesundheit, Hotellerie, IT, Kultur, Marketing, Medien, Politik, Soziales, Sport und Wirtschaft.
Leistungen:
Die Vermittlung eines Praktikumsplatzes, durchgehende Betreuung, meist Abholung am Flughafen, z.T. Unterkunft und Verpflegung – je nach Land und Praktikumsdauer fallen unterschiedliche Gebühren an.
Preisbeispiele:
Marketingpraktikum in Singapur für 8 Wochen inklusive Unterkunft: 1.940 €; Bildungspraktikum in England für 12 Wochen inklusive Unterkunft: 3.570 €, Media Design-Praktikum in Australien für 6 Monate: 1.000 € ohne Unterkunft und Verpflegung

Bewerbungsverlauf und Kriterien für die Annahme des Bewerbers
Mind. 12 Wochen vor Ausreise: Anmeldebogen, Lebenslauf, Motivationsbrief, Referenzen, medizinisches Attest, polizeiliches Führungszeugnis. Anhand dieser Unterlagen wird ein passender Praktikumsplatz gesucht. Vor der Vermittlung findet ein Interview statt. Teilnehmende müssen mindestens 18 Jahre alt sein, gute Englischkenntnisse bzw. länderspezifische Sprachkenntnisse haben. (Teil-)Stipendium möglich.

Betreuung
Betreuung vor Ort durchgehend, 24/7 Notfallnummer

Wichtige Hinweise – Besondere Leistungen – Qualitätssicherung
Persönliche Betreuung vor und während des Auslandsaufenthalts. Experiment e.V. ist Quifd-zertifiziert, Mitglied in mehreren Gremien und Dachverbänden zur Qualitätssicherung sämtlicher Kulturaustauschprogramme.

Kurz und bündig			
Gründungsjahr	1932	Anzahl der Praktika-Teilnehmer in 2017	34
Programm seit	2012	Anzahl der Teilnehmer aller Programme in 2017	2.288
Mindestalter	18	Sicherungsschein nach § 651r BGB wird ausgestellt	ja
Höchstalter	-	Programmdauer	4 bis 52 Wochen
Weitere Angebote	Freiwilligendienste – Demi-Pair – Schüleraustausch weltweit – Homestay – Ranchstay – Ferienprogramm		

GLS Sprachenzentrum – Inh. Barbara Jaeschke	
Kastanienallee 82	Telefon: 030 / 78 00 89 30
10435 Berlin	Telefax: 030 / 78 00 89 894
praktikum@gls-sprachenzentrum.de	www.gls-sprachenzentrum.de

Selbstdarstellung

Das GLS Sprachenzentrum vermittelt Sprachkurse für Schüler und Erwachsene, Highschool-Programme, Studienprogramme und Auslandspraktika weltweit – und das seit 35 Jahren. Wir arrangieren Schnupper-, Fach- und Pflichtpraktika für Schulabgänger, Studenten und Berufstätige in einer Vielzahl von Branchen, auf Wunsch mit Sprachkurs und/oder Unterkunft. Bei einer Vorlaufzeit von mind. 8 Wochen garantieren wir die Vermittlung in den Wunschbereich zu einem festen Termin. Unsere Teilnehmer haben die Möglichkeit, ihre Fachkenntnisse im Praktikum zu erweitern, andere Kulturen und Lebensweisen kennenzulernen und gleichzeitig die Sprachkenntnisse zu verbessern bzw. eine offizielle Prüfung wie das Cambridge Certificate zu absolvieren. Gerne beraten wir Sie, welche Option am besten Ihre Vorstellungen erfüllt.

Zielländer – Programmbeispiele – Leistungen – Kosten

Zielländer: Argentinien, Australien, Brasilien, China, Costa Rica, Frankreich, GB, , Irland, Japan, Kanada, Malta, Neuseeland, Russland, Lettland, Südafrika, Spanien, USA
Preisbsp.: Praktikum in London: 880 €; mit 2 Wochen Sprachkurs 1.580 €; Unterkunft in der Gastfamilie für 6 Wochen ab 1530 €. Praktikum in Sydney 850 €; Unterkunft in der Gastfamilie mit HP für 6 Wochen: 1.240 €. Praktikum in Russland 700 €, Praktikum in Japan 950 €, inkl. Sprachkurs in Tokyo für 4 Wochen 1965 €, Unterkunft auf Wunsch buchbar.

Bewerbungsverlauf und Kriterien für die Annahme des Bewerbers

I.d.R. liegt das Mindestalter bei 18 Jahren; bei Programmen in England, Irland und Frankreich bei 17 Jahren; vorausgesetzt werden Sprachkenntnisse auf Niveau B1/B2 (obere Mittelstufe). Nach Eingang der Anmeldung und Klärung der Voraussetzungen und Wünsche des Praktikanten erteilt GLS innerhalb von zwei Tagen die Programmzusage. Die Auswahl des Unternehmens erfolgt durch unsere Partner auf Grundlage der Bewerbungsunterlagen (Bewerbungsmappe, Lebenslauf, Bewerbungsschreiben, ggf. Zeugnisse) und Telefoninterview(s). Auflagen für Pflichtpraktika können erfüllt werden.

Vorbereitung – Betreuung – Nachbereitung

GLS unterstützt umfassend bei der Programmwahl, Anfertigung der Bewerbungsunterlagen und Vorbereitung des Aufenthalts, auf Wunsch ebenso bei Flugbuchung, Visumsbeantragung und Versicherungsfragen. Im Gastland steht ein Mitarbeiter unserer Partner für Fragen zur Verfügung. Zur Orientierung und Vorbereitung auf den Aufenthalt empfehlen wir die Erfahrungsberichte ehemaliger Praktikanten auf der GLS Website sowie die Kontaktaufnahme zu anderen Teilnehmern über die GLS Community (traveller.gls-community.de/de).

Wichtige Hinweise – Besondere Leistungen – Qualitätssicherung

GLS ist DIN-zertifiziert und Mitglied im FDSV, ALTO, WYSE, DFH, CSIET. GLS erfüllt die DAAD-Richtlinien für Praktikumsvermittler.und hat im Verbrauchermagazin vergleich.org als bester Praktikumsvermittler abgeschlossen.

Kurz und bündig				
Gründungsjahr	1983	Anzahl der Praktika-Teilnehmer in 2017		500
Programm seit	1996	Anzahl der Teilnehmer aller Programme in 2017		500
Mindestalter	17	Sicherungsschein nach § 651r BGB wird ausgestellt		ja
Höchstalter	-	Programmdauer	4 Wochen bis 6 Monate	
Weitere Angebote	Sprachreisen, Studium, Schüleraustausch			

into GmbH	
Ostlandstraße 14	Telefon: 02234 / 946 36 0
50858 Köln	Telefax: 02234 / 946 36 23
kontakt@into.de	www.into.de

Selbstdarstellung
into kann auf jahrzehntelange Erfahrung zurückblicken. Seit 1978 werden Sprachreisen, seit 1986 Schüleraustauschprogramme und seit über zehn Jahre Ü18-Programme (Work & Travel, Auslandspraktika und Freiwilligenarbeit) angeboten. into ist Mitglied im Deutschen Fachverband High School (DFH) sowie Mitglied bei der World Youth and Student Travel Conference (WYSTC). Wir sorgen mit viel Engagement und persönlichem Einsatz dafür, dass der Auslandsaufenthalt unserer Teilnehmer zu einem erfolgreichen und unvergesslichen Erlebnis wird. into vermittelt für unterschiedliche Berufsfelder Auslandspraktika in diverse europäischen Länder, wie z. B. England, Irland oder Spanien. Durch ein Auslandspraktikum können Sie Ihren Lebenslauf bereichern und Ihre Persönlichkeit stärken. Nebenbei verbessern Sie eine Fremdsprache und lernen tolle Leute im Ausland kennen.

Zielländer – Programmbeispiele – Leistungen – Kosten
Zielländer: England, Irland, Spanien, Italien, Niederlande, Österreich, Schweiz und Ungarn.
Einsatzgebiete: Finanzwesen, Administration, Marketing, Eventmanagement, Museen, Theater, Bibliotheken, Einzelhandel, Hotels, Gastronomie, Schulen, Reitställe etc.
Kosten: Vermittlung ab 600 €, Gastfamilie pro Woche ab 180 €.
Leistungen: Ausführliche Beratung und Programmkoordination, umfangreiches Informations- und Servicepaket, into Flugsuchmaschine im Internet, Information und Hilfe beim Abschluss einer Kranken-, Unfall- und Haftpflichtversicherung, Vermittlung eines Praktikumsplatzes, Vermittlung einer Unterkunft (meist Gastfamilie), Betreuung durch Partner vor Ort (Service-E-Mailadresse und 24-Stunden-Notrufnummer), optional buchbare Sprachkurse und Ausflüge, Teilnahmezertifikat.

Bewerbungsverlauf und Kriterien für die Annahme des Bewerbers
Anmeldung mit dem Formular auf unserer Website www.into.de. Alternativ auch mit dem Formular aus unserer Broschüre möglich.

Vorbereitung – Betreuung – Nachbereitung
Vorbereitung durch into, Betreuung im Land durch Partnerorganisation, Zertifikat über die Absolvierung eines Praktikums.

Wichtige Hinweise – Besondere Leistungen – Qualitätssicherung
Sie sollten Anpassungsvermögen, Toleranz und Selbstständigkeit mitbringen. Alle Programme (außer London und Italien) sind bereits ab 17 Jahren möglich. Unsere Programme sind geprüft und entsprechen strengen Sicherheitsstandards. into hat fast 40 Jahre Erfahrung mit Auslandsaufenthalten und pflegt eine langjährige und intensive Zusammenarbeit mit seinen Partnern.

Kurz und bündig				
Gründungsjahr	1978	Anzahl der Praktika-Teilnehmer in 2017		14
Programm seit	2012	Anzahl der Teilnehmer aller Programme in 2017		308
Mindestalter	17	Sicherungsschein nach § 651r BGB wird ausgestellt		nein
Höchstalter	-	Programmdauer	1 bis 12 Monate	
Weitere Angebote	Schüleraustausch, Work & Travel, Freiwilligenarbeit, Sprachreisen und Gastfamilie werden			

PractiGo GmbH – Sprachen erleben	
Neidenburger Straße 9	Telefon: 0421 / 40 89 77 0
28207 Bremen	Telefax: 0421 / 40 89 77 60
info@practigo.com	www.practigo.com

Selbstdarstellung

PractiGo ist Spezialist für Auslandspraktika und Sprachreisen weltweit. Seit 2001 organisieren wir maßgeschneiderte Fachpraktika, Work & Travel, Hotelarbeit und Sprachreisen. In unserem Team arbeiten viele Muttersprachler, die wertvolle Tipps zu Sprache und Kultur geben können. Auch unsere deutschen Mitarbeiter haben selbst längere Zeit im Ausland gelebt und wissen, worauf es bei der Organisation von Auslandsaufenthalten ankommt.

Zielländer – Programmbeispiele – Leistungen – Kosten

Zielländer: Argentinien, Australien, Chile, China, Deutschland, England, Frankreich, Irland, Italien, Japan, Kanada, Malta, Neuseeland, Peru, Schottland, Südafrika, Spanien und die USA.

Leistungen: Vermittlung eines maßgeschneiderten Praktikumsplatzes, Hilfe und Beratung bei Bewerbungsunterlagen (ggf. Übersetzung) und Visabeantragung, Fördermöglichkeiten, Ansprechpartner in Deutschland und vor Ort, Praktikumsbescheinigung. Unterkunft und Sprachkurs sind optional buchbar.

Kosten: z.B. Praktikum (4-52 Wochen) in Spanien ab 675 €, Irland ab 845 €, Japan ab 795 €. Kosten werden nur bei erfolgreicher Vermittlung fällig! Fachpraktika sind i.d.R. unbezahlt, alternativ gibt es bezahlte Programme in Form von Work & Travel oder Hotelarbeit. Alle Preise sind online einsehbar und individuell kalkulierbar.

Spare jetzt 50 € – einfach den Gutscheincode „Weltweiser PractiGo" angeben! Der Rabatt wird sofort bei Deiner Anmeldung abgezogen!

Bewerbungsverlauf und Kriterien für die Annahme des Bewerbers

Mindestalter: 18 Jahre (in England, Irland, Kanada, Spanien und Frankreich 17 Jahre). Wir organisieren Praktika für jede(n) Teilnehmer(in) individuell – ob mit oder ohne Vorerfahrung, ob als freiwilliges oder obligatorisches Praktikum (z.B. auch Praxissemester). Bei der Anmeldung geben die Teilnehmer Startdatum, Dauer und Bereich ihres Praktikums vor.

Bewerbungsfrist: 2-3 Monate vor Beginn. Auf Anfrage auch kurzfristiger.

Vorbereitung – Betreuung – Nachbereitung

Ausführliche Beratung vorab und während des gesamten Programms, deutsche 24-Std.-Notrufnummer, Teilnahmezertifikat und Praktikumszeugnis.

Wichtige Hinweise – Besondere Leistungen – Qualitätssicherung

Unsere Programme sind kombinierbar mit Fördermaßnahmen (z.B. Erasmus). PractiGo ist Mitglied der Qualitätsverbände WYSETC und WYSE und erfüllt die Richtlinien der Arbeitsgruppe „Qualitätsentwicklung für Auslandspraktika" (DAAD).

Kurz und bündig

Kurz und bündig			
Gründungsjahr	2001	Anzahl der Praktika-Teilnehmer in 2017	k.A.
Programm seit	2001	Anzahl der Teilnehmer aller Programme in 2017	k.A.
Mindestalter	17 / 18	Sicherungsschein nach § 651r BGB wird ausgestellt	ja
Höchstalter	35	Programmdauer	4 bis 52 Wochen
Weitere Angebote	Sprachreisen, Work & Travel, Hotelarbeit		

Stepin GmbH – Student Travel and Education Programmes International
Kaiserstr. 19   Telefon: 0228 / 71 005 200
53113 Bonn   Telefax: 0228 / 71 005 999
praktikum@stepin.de   www.stepin.de

Selbstdarstellung
Stepin gehört zu den führenden deutschen Austauschorganisationen und vermittelt seit 1997 erfolgreich Auslandsaufenthalte für Weltentdecker – darunter High School, Work & Travel, Auslandspraktikum, Freiwilligenarbeit und Au-Pair. Unsere Mission: Jungen Menschen die einmalige Chance geben, fremde Kulturen und Länder zu entdecken und einzigartige Erfahrungen fürs Leben zu sammeln. Wer beruflich weiterkommen will, verschafft sich mit einem Auslandspraktikum entscheidende Pluspunkte. Stepin vermittelt maßgeschneiderte Praktika, die speziell auf die Bedürfnisse des Bewerbers ausgerichtet sind und in dessen Karriereplanung passen.

Zielländer – Programmbeispiele – Leistungen – Kosten
Zielländer: Australien, Neuseeland, Kanada, England, Irland und Malta
Programmbeispiele: Praktikum ist nicht gleich Praktikum. In den jeweiligen Zielländern findet Stepin gemeinsam mit seinem Partnernetzwerk vor Ort für jeden Bewerber den optimalen Praktikumsplatz in der gewünschten Branche. Die Praktika sind unvergütet.
Leistungen: u.a. Unterstützung bei der Zusammenstellung der Bewerbungsunterlagen und eingehende Prüfung, Hilfe bei der Visumbeantragung, Vermittlung eines Praktikumsplatzes und einer Unterkunft, Ansprechpartner am Arbeitsplatz, Betreuung durch unsere Partnerorganisation vor Ort, regelmäßige Evaluation, Arbeitsreferenz des Arbeitgebers.
Kosten: Kanada (8-26 Wo.) ab 1.290 €; England (6-52 Wo.) ab 790 €; Irland (6-26 Wo.) 870 €; Malta (6-26 Wo.) 690 €

Bewerbungsverlauf und Kriterien für die Annahme des Bewerbers
Nach Prüfung der Bewerbungsunterlagen erstellt Stepin gemeinsam mit dem Bewerber ein persönliches Praktikumsprofil, das auf dessen Qualifikationen und Wünsche abgestimmt ist. Im nächsten Schritt wird eine Bestätigung über die nun beginnende Praktikumsvermittlung erteilt und der Bewerber damit verbindlich ins Programm aufgenommen. Ein schriftlicher Arbeitsvertrag vor Ausreise skizziert die genauen Aufgaben beim zukünftigen Arbeitgeber.

Vorbereitung – Betreuung – Nachbereitung
Prüfung der Bewerbungsunterlagen, Unterstützung bei der Visumbeantragung (wenn erforderlich), Unterstützung bei der Organisation von Unterkunft und Flug, Beratung zu Versicherung, Betreuung vor Ort, Evaluation, Teilnahmezertifikat

Wichtige Hinweise – Besondere Leistungen – Qualitätssicherung
Mitgliedschaften: DFH, WYSE Travel Confederation, IAPA, IATA, FDSV

Kurz und bündig

Gründungsjahr	1997	Anzahl der Praktika-Teilnehmer in 2017		ca. 100
Programm seit	2002	Anzahl der Teilnehmer aller Programme in 2017		k.A.
Mindestalter	18	Sicherungsschein nach § 651r BGB wird ausgestellt		ja
Höchstalter	35	Programmdauer	6 bis 52 Wochen	
Weitere Angebote		High School, Work & Travel, Freiwilligenarbeit, Au-Pair, Gastfamilie werden, eigene Versicherungsabteilung		

Terre des Langues - Inh. Petra Schmidt	
Pflanzenmayerstr. 16	Telefon: 0941 / 56 56 02
93049 Regensburg	Telefax: 0941 / 56 56 04
terre-des-langues@t-online.de	www.terre-des-langues.de

Selbstdarstellung
Terre des Langues bietet seit vielen Jahren Schülerpraktika in England an.
Mindestalter 15 Jahre.
Viele Schulen verlangen während der Schulzeit ein Praktikum. Besonders beliebt sind die
Praktikumsstellen in Kindergärten oder Läden (z.b. Fahrradladen, Musikladen) und Freizeit-
zentren und die Arbeit mit behinderten Kindern und Jugendlichen, also Praktikumsstellen, die
das Sprechen der englischen Sprache fördern. Es ist möglich, vorweg eine Woche (oder mehr)
Sprachunterricht zu bekommen, aber keine Voraussetzung. Die Schülerinnen und Schüler
haben hier die Möglichkeit die englische Sprache zu vertiefen. Sie wohnen bei einer Gastfamilie und bekommen dort volle Verpflegung.
Wir bieten auch Praktika für Erwachsene in allen Bereichen an.

Zielländer – Programmbeispiele – Leistungen – Kosten
England: 2 Wochen 1.240 €, 3 Wochen 1.480 €, 4 Wochen 1.720 €
Im Preis inbegriffen: Buchungsgebühr, Gastfamilie mit Halbpension, am Wochenende Vollpension, Lunchpaket an Wochentagen, Betreuung während des Aufenthaltes, Transfers zwischen Flughafen und Gastfamilie

Bewerbungsverlauf und Kriterien für die Annahme des Bewerbers
Das Programm richtet sich vorwiegend an Schüler, aber auch an Studenten und Erwachsene.
Das Mindestalter ist 15 Jahre.
Die Teilnehmer füllen ausführliche Bewerbungsunterlagen aus. Gerne beraten wir telefonisch
und / oder persönlich.

Vorbereitung – Betreuung – Nachbereitung
Terre des Langues bietet eine umfangreiche Beratung zur Auswahl des Praktikums, steht für
alle Fragen immer zur Verfügung und berät gerne bei der Vorbereitung auf den Aufenthalt
(Dresscodes, Verhalten, Fettnäpfchen…) Die Teilnehmer werden von Terre des Langues England und von Terre des Langues Deutschland betreut.

Wichtige Hinweise – Besondere Leistungen – Qualitätssicherung
Terre des Langues ist eine kleine Organisation. Wir kennen unsere meisten Teilnehmer persönlich oder / und haben gute Kontakte zu den Schülern und deren Eltern und auch zu vielen
Schulen, die uns empfehlen. Zu unseren Partnern im Ausland haben wir über die vielen Jahre
der Zusammenarbeit ein freundschaftliches Verhältnis aufgebaut. Dieses Vertrauen ist auch
die Voraussetzung um eine hohe Qualität zusichern zu können.

Kurz und bündig				
Gründungsjahr	1995	Anzahl der Praktika-Teilnehmer in 2017		40
Programm seit	2005	Anzahl der Teilnehmer aller Programme in 2017		120
Mindestalter	15	Sicherungsschein nach § 651r BGB wird ausgestellt		ja
Höchstalter	-	Programmdauer	ab zwei Wochen und so lange man möchte	
Weitere Angebote	High School-Aufenthalte, Sprachreisen, Homestays, Praktika			

TravelWorks – Travelplus Group GmbH	
Münsterstraße 111	Telefon: 02506 / 83 03 500
48155 Münster	Telefax: 02506 / 83 03 230
praktikum@travelworks.de	www.travelworks.de

Selbstdarstellung
Unser TravelWorks-Motto: Anpacken und die Welt erleben! Reisen heißt für uns mehr, als nur Tourist sein in einem anderen Land. Nicht nur auf der Oberfläche schwimmen, sondern ins Geschehen eintauchen, das macht das Abenteuer aus! Mit einer breit gefächerten Palette spannender Programme und einem weltweiten Netzwerk anerkannter und engagierter Partnerorganisationen verhelfen wir dir zu einem gelungenen Auslandsaufenthalt.

Zielländer – Programmbeispiele – Leistungen – Kosten
TravelWorks vermittelt dir Praktikumsstellen – z.B. in den Bereichen Architektur, Medien, Rechtswissenschaften, Mode, Psychologie, Grafikdesign oder Ingenieurwesen – in Großbritannien, Irland, Kanada, Australien und Neuseeland. Bei Interesse oder Bedarf kann das Praktikum mit einem Sprachkurs kombiniert werden. Das Spezialprogramm Fachpraktikum in den USA ermöglicht es dir, dein theoretisches Fachwissen in den USA in der Praxis auszubauen. Wir helfen dir mit der Vermittlung des Visumvordokuments DS-2019, um das für ein Praktikum in den USA notwendige J1-Visum zu erlangen. Kosten je nach gewähltem Gastland und Programm. Beispiel: Praktikum in Neuseeland: Praktikumsvermittlung, Orientierungsveranstaltung, Hilfe bei der Visumsbeantragung, Möglichkeit zur Zubuchung eines Englisch-Sprachkurses, Betreuung und 24-Stunden-Notfallnummer: 840 €

Bewerbungsverlauf und Kriterien für die Annahme des Bewerbers
Bewerbung über www.travelworks.de.
Voraussetzungen je nach Programm: Alter 18-40 Jahre, gute bis sehr gute Englischkenntnisse, Abschluss einer weiterführenden Schule, ggf. Ausbildung/Studium oder erste Berufserfahrung sehr gerne gesehen. Bewerbung mind. 3 Monate vor Abreise (USA 6-8 Wochen) vor gewünschtem Praktikumsstart. Dauer je nach Programm ab 4 Wochen bis max. 20 Monate.

Vorbereitung – Betreuung – Nachbereitung
Gemeinsam mit unseren anerkannten Partnern im Gastland legen wir großen Wert auf eine umfassende Betreuung, Servicequalität und die individuelle Beratung jedes Teilnehmers. Je nach Programm geht der Bewerbungsprozess mit einem Spracheinstufungstest/Telefoninterview/Motivationscheck einher. Unsere Programmkoordinatoren/innen haben selbst umfangreiche Auslandserfahrung und kennen die einzelnen Destinationen sowie unsere Partner i.d.R. persönlich. Wir sind – im Notfall auch 24/7 – mit Infos und Hilfe für dich da.

Wichtige Hinweise – Besondere Leistungen – Qualitätssicherung
TravelWorks ist Mitglied der Qualitätsverbände DFH, FDSV, IAPA, IALC, Reisenetz, Partner des BundesForum Kinder- und Jugendreisen e.V.

Kurz und bündig			
Gründungsjahr	1991	Anzahl der Praktika-Teilnehmer in 2017	k.A.
Programm seit	2004	Anzahl der Teilnehmer aller Programme in 2017	k.A.
Mindestalter	18	Sicherungsschein nach § 651r BGB wird ausgestellt	ja
Höchstalter	40	Programmdauer	mind. 4 Wochen
Weitere Angebote	Work & Travel, Freiwilligenarbeit, Au-Pair, Summer School, Sprachreisen, High School, Kurzstudium, English Adventure Camps		

World Unite! Intercultural Experience Ltd. – Deutsche Kontaktstelle	
Meisenburgstraße 41	Telefon: 07825 / 432332
45133 Essen	WhatsApp: +81 80 81813349
info@world-unite.de	www.world-unite.de

Selbstdarstellung
World Unite! ist ein weltweit tätiger Anbieter von Lernangeboten. Diese beinhalten Praktika, Freiwilligendienste, Sprachkurse, Work & Travel, kulturelle Reisen und Aktivitäten, interkulturelles Training sowie Unterstützung mit Abschlussarbeiten im Ausland.

Zielländer – Programmbeispiele – Leistungen – Kosten
Wir bieten eine sehr breite Auswahl von Praktika in Tansania, Sansibar, Südafrika, Marokko, Indien, China, Japan, Myanmar, Nicaragua, Ecuador, Galapagos und Bolivien aus vielen Fachbereichen wie Medizin & Pflege (Vorpraktika, Famulaturen, PJ), Psychologie, soziale Arbeit, Erziehung und Unterrichten, Tourismus & Hotelpraktika, Biologie, Ökologie, Medien, Journalismus, Recht, Architektur, Kunst & Gestaltung, Marketing, Wirtschaft, Management, Landwirtschaft, Ingenieurswesen, IT, Tiermedizin, Technik u. a.
Dabei arbeiten wir mit führenden und namhaften Praktikumsstellen. Die Praktika lassen sich für fachlich passende Studiengänge anrechnen, denn es gibt fachlich qualifiziertes Personal, das dich betreuen kann. Wenn du noch nicht weißt, was dich genau interessiert, kannst du auch ein Berufsorientierungspraktikum machen und in verschiedene Berufsbereiche in deinem Gastland reinschnuppern. Unsere Leistungen beinhalten Vorbereitung (inkl. interkulturelles Training), Organisation deines Praktikums, Erledigung von Formalitäten (z.B. Aufenthaltsgenehmigung, Praktikumsverträge), Einführung und Betreuung vor Ort, Organisation der Unterkunft, Abholungen & Transfers, Notfallservice u. a. Manche Praktika sind vergütet, andere nicht. Unsere Preise gehören zu den fairsten, die du finden kannst. Wir haben auch eine große Sammlung von Themen für Abschlussarbeiten im Ausland, für die du akademisch fundierte Unterstützung bei der Feldforschung erhältst.

Bewerbungsverlauf und Kriterien für die Annahme des Bewerbers
Auf www.world-unite.de sind viele Praktika vorgestellt. Praktika sind möglich für Schüler, Abiturienten, Auszubildende, Studierende, Absolventen und Berufstätige. Du schickst uns deinen Lebenslauf und teilst uns die Anforderungen an das Praktikum sowie deinen Wunschzeitraum mit. In der Regel können wir dir innerhalb weniger Tage eine oder mehrere Praktikumsstelle(n) vorschlagen. Dies ist völlig unverbindlich.

Vorbereitung – Betreuung – Nachbereitung
Vorbereitung: Umfangreiche und persönliche Kommunikation, Unterlagen spezifisch für Einsatztätigkeit und -ort, E-Learning-Online-Bereich; Skype-Gruppenvorbereitung; Betreuung: Einführung und Betreuung vor Ort. Nachbereitung: Evaluierung des Praktikums.

Wichtige Hinweise – Besondere Leistungen – Qualitätssicherung
Zusammenarbeit mit führenden Organisationen und Partnern. Eigenes, von uns geschultes Personal an den meisten Einsatzorten.

Kurz und bündig			
Gründungsjahr	2006	Anzahl der Praktika-Teilnehmer in 2017	600
Programm seit	2007	Anzahl der Teilnehmer aller Programme in 2017	2.000
Mindestalter	16	Sicherungsschein nach § 651r BGB wird ausgestellt	teilw.
Höchstalter	120	Programmdauer	1 Woche bis 1 Jahr
Weitere Angebote	Volunteering, Sprachkurse, Work & Travel, Reisen, Studienreisen, Auslandsstudium		

Schüleraustausch

Vom Fernweh gepackt zog es im letzten Schuljahr rund 12.500 deutsche Jugendliche als Austauschschüler ins Ausland, um für mehrere Monate das Familien- und Schulleben fernab der Heimat kennenzulernen. Einige Schüler entscheiden sich alternativ für das Internatsleben im Ausland und somit für das Zusammenleben mit Gleichaltrigen. Sie erleben damit schon in jungen Jahren eine intensive Austauscherfahrung mit tiefen Einblicken in eine neue Kultur, einem neuen Zuhause auf Zeit, einem anderen Schulalltag, neuen Freundschaften sowie großen und kleinen Herausforderungen.

Das Wort Schüleraustausch impliziert die Gegenseitigkeit. Bei der großen Mehrheit der angebotenen Programme ist aber die Aufnahme eines Austauschschülers keine Voraussetzung für die Teilnahme am Programm. Daher verwenden die Austauschorganisationen auch alternative Begriffe wie Gastschulaufenthalt, Schuljahr im Ausland, Auslandsjahr oder High-School-Programm.

Mögliche Zielländer

Ob in Nordamerika, Down Under, Lateinamerika, Südafrika, Asien oder aber in Europa – Gastschulaufenthalte sind in vielen Ländern auf der ganzen Welt möglich. Das seit jeher beliebteste Gastland bei deutschen Austauschschülern sind die USA. Fast die Hälfte aller deutschen Gastschüler entschließt sich jedes Jahr für einen mehrmonatigen Aufenthalt bei einer US-amerikanischen Gastfamilie und den Besuch der örtlichen High School. Daneben rangieren auch Kanada, Neuseeland, Großbritannien und Australien weit oben auf der Beliebtheitsskala. Die große Mehrheit der deutschen Schüler entscheidet sich für das englischsprachige Ausland. Bei den spanischsprachigen Gastländern sind zudem Costa Rica, Argentinien und Spanien sehr gefragt. Schüler, die sich für „exotischere" Ziele interessieren, zieht es besonders nach Japan, Brasilien, China oder Südafrika.

Programmvarianten

Grundsätzlich wird beim Schüleraustausch zwischen Länderwahl-, Regionen- und Schulwahlprogrammen unterschieden, wobei nicht jede Option in jedem Gastland verwirklicht werden kann und man sich je nach Land oder Variante früh bewerben muss.

Beim Länderwahlprogramm entscheidet man sich für ein Gastland und bewirbt sich für die Aufnahme in das Programm einer Austauschorganisation. Die Partnerorganisation des deutschen Anbieters sucht dann im gesamten Wunschland bzw. in den Teilen des Landes, in denen sie platziert, nach einer Gastfamilie und Schule. Dies ist die „klassische" und in der Regel preiswerteste Variante eines individuellen Schüleraustauschs, die seit vielen Jahrzehnten z.b. in den USA praktiziert wird. Bei einigen Austauschorganisationen besteht bei frühzeitiger Bewerbung und gegen Aufpreis die Option, die Gastfamiliensuche auf geografische Gebiete wie z.B. Bundesstaaten einzugrenzen.

Bei einem Regionenwahlprogramm hat man die Möglichkeit, sich gezielt für eine bestimmte Stadt (Großraum), Region oder einen Schulbezirk zu entscheiden. Durch die Aufnahme in das Programm der Austauschorganisation ist die Platzierung dort garantiert. Somit steht bereits zum Zeitpunkt der Bewerbung fest, wo man seinen Aufenthalt verbringen wird. Wünsche in Bezug auf das Schulprofil oder Fächerangebot der zukünftigen Gastschule können ggf. berücksichtigt werden.

Die größte Wahlmöglichkeit bietet ein Schulwahlprogramm. Wenn man während des Auslandsaufenthaltes definitiv bestimmte Fächer belegen möchte oder muss, seine gewohnten Hobbys auf jeden Fall ausüben will bzw. sich in besonderem Maße musikalisch, künstlerisch, sportlich oder wissenschaftlich betätigen möchte, so ist dies im Rahmen eines Schulwahlprogramms möglich. Von einer Austauschorganisation, deren Mitarbeiter idealerweise die angebotenen Schulen persönlich besucht haben, lässt man sich passende Schulen vorstellen und wählt dann diejenige aus, deren Fächerangebote und Einrichtungen sich mit den eigenen Interessen und Fähigkeiten decken. In der Nähe der Schule wird anschließend eine Gastfamilie gesucht. Der Besuch einer Privatschule oder eines Internats ist eine mögliche Alternative zum Besuch einer öffentlichen Schule. Privatschulprogramme sind bei den meisten Gastländern jedoch mit deutlich höheren Kosten verbunden. Da viele Privatschulen einen eigenen Internatsbetrieb haben, ist eine Unterbringung bei einer Gastfamilie nicht immer möglich. Alternativ kann man auch gezielt für eine private Tagesschule auswählen und bei einer Gastfamilie leben.

Gerade beim Schulwahl- und Regionenwahlprogramm kann es vorkommen, dass die Austauschorganisation mehrere Deutsche an der gleichen Schule platziert und andere deutsche Agenturen die Schule ebenfalls im Programm haben. Vor allem an Schulen, die in sehr populären Städten oder Regionen liegen, ist die Anzahl an deutschen und internationalen Austauschschülern häufig vergleichsweise hoch.

Dauer

Die Dauer eines Gastschulaufenthaltes kann grundsätzlich selbst bestimmt werden. Üblich ist ein ganzes Schuljahr, ein halbes Jahr oder drei bis vier Monate. In Ländern, deren Schuljahr in Trimester oder Quartale eingeteilt ist, sind auch Aufenthalte von einem dreiviertel Jahr möglich. Einige Schüler bleiben sogar für bis zu zwei Jahre im Ausland. Hierbei handelt es sich meist um Jugendliche, die ihren Schulabschluss statt in Deutschland im Gastland machen (z.B. das „Weltabitur", International Baccalaureate Diploma, kurz IB). Die meisten Programme beginnen im Spätsommer. Das deutsche Schuljahr ist abgeschlossen und in den Gastländern auf der Nordhalbkugel fängt das neue Schuljahr im August oder September an. Geht man nicht für ein ganzes Jahr oder hat man sich für ein Land auf der Südhalbkugel entschieden, wo das Schuljahr im Januar oder Februar beginnt, bietet sich womöglich auch ein Programmstart zum Jahresbeginn an. Eine frühzeitige Abstimmung mit der deutschen Heimatschule ist in jedem Fall ratsam.

Voraussetzungen

Motivation, Offenheit, eine gewisse persönliche Reife und Selbstständigkeit sind grundlegende Voraussetzungen für die Teilnahme an einem Schüleraustauschprogramm. Daneben gibt es formale Kriterien, z.B. ein Mindestalter und ein maximales Alter zum Zeitpunkt der Ausreise, körperliche und psychische Gesundheit sowie gute bis durchschnittliche schulische Leistungen. Je nach Gastland, Schulart und Agentur können die Voraussetzungen variieren. Gute Kenntnisse der Landessprache werden meist nur bei der Wahl eines englisch- oder französischsprachigen Ziels vorausgesetzt. Welche Schulform man in Deutschland besucht, spielt übrigens keine Rolle. Die große Mehrheit der Gastschüler besucht zwar vor und nach dem Auslandsaufenthalt ein Gymnasium, doch auch Schüler anderer Schulformen können Austauschschüler werden. Auch wenn die gymnasiale Schullaufbahn nur zwölf Schuljahre bis zum Abitur vorsieht, sind High School-Aufenthalte im Ausland zu verschiedenen Zeitpunkten möglich: Ganzjahresprogramme können z.B. nach der 10. Klasse eingeplant und als zusätzliches Jahr „eingeschoben" werden. Nach der Rückkehr müssen dann die beiden abiturrelevanten Stufen 11 und 12 besucht werden, sodass der Schüler inklusive des Austauschjahres insgesamt 13 Jahre zur Schule geht. Alternativ kann man bei ganzjährigen, aber auch bei kürzeren Aufenthalten darüber nachdenken, bereits während der Jahrgangsstufe 9, nach Abschluss der 9. Klasse oder zum zweiten Halbjahr der 10. Klasse ins Ausland zu gehen, um im Anschluss an den Schüleraustausch im Idealfall wieder in die alte Stufe zurückzukehren. Alternativ kann auch ein nur eineinhalb- bis dreimonatiger Gastschulaufenthalt in Erwägung gezogen werden. In Ländern der Südhalbkugel ist es meist möglich, diesen so zu legen, dass ein Teil in die deutschen Sommerferien nach Abschluss der Klasse 10 fällt. So würde man lediglich die ersten Wochen der 11. Klasse verpassen, was von den Schulen in Deutschland häufig toleriert wird. Letztlich sollten sich interessierte Schüler bzw. deren Eltern frühzeitig an die Schulleitung wenden und in Erfahrung bringen, ob es vielleicht auch schulinterne Modelle oder Vorschriften gibt. Im Übrigen sind High School-Aufenthalte auch noch nach dem Schulabschluss möglich.

Kosten und Finanzierung

Die Programmkosten variieren je nach Gastland, Programmvariante und Schulform. Für einen Schuljahresaufenthalt müssen Kosten in Höhe von mindestens 6.000 bis 10.000 Euro (inkl. Betreuung, Vorbereitung, Flug und Versicherung) einkalkuliert werden. Hinzu kommt ein monatliches Taschengeld von 150 bis 250 Euro. Am kostengünstigsten ist ein reines Länderwahlprogramm z.b. in einem europäischen Gastland oder in den USA. Regions- und Schulwahlprogramme sind generell teurer. Für den Besuch einer Privatschule und die Unterbringung in einem Internat muss man vergleichsweise tief in die Tasche greifen – diese Programme können bis zu 40.000 Euro oder sogar mehr pro Schuljahr kosten. Zumeist finanzieren Familien den Gastschulaufenthalt des Kindes selbst. Viele Eltern sind jedoch auf finanzielle Unterstützung angewiesen, die man beantragen oder um die sich der Schüler bewerben kann. Eine mögliche Finanzspritze ist das sogenannte Auslands-BAföG. Hierbei handelt es sich um einen staatlichen Zuschuss, der später nicht zurückgezahlt werden muss. Ob ein Schüler Auslands-BAföG erhält, hängt davon ab, inwieweit eine finanzielle Bedürftigkeit nachgewiesen werden kann. Berücksichtigt werden z.b. Faktoren wie das Einkommen der Eltern oder die Anzahl weiterer sich in der Ausbildung befindlicher Geschwister. Der Antrag sollte frühzeitig gestellt werden. Optimal ist eine Vorlaufzeit von mindestens einem halben Jahr. Bei einem Schüleraustausch nach dem Abitur besteht in der Regel jedoch kein Anspruch auf Auslands-BAföG.

Zukünftige Gastschüler können sich zudem für Teil- oder Vollstipendien bewerben, z.b. für WELTBÜRGER-Stipendien, die von verschiedenen Austauschorganisationen vergeben werden. Ausschlaggebend für eine Berücksichtigung im Auswahlverfahren kann die finanzielle Situation der Familie sein oder aber die eigenen schulischen Leistungen. Manchmal werden auch soziales Engagement und ehrenamtliche Tätigkeiten bei der Auswahl von Stipendiaten positiv berücksichtigt. Andere – vielfach länderspezifische – Stipendien werden unabhängig ausgeschrieben; so z.b. die USA-Stipendien des Parlamentarischen

Patenschafts-Programms (PPP) des Deutschen Bundestags. Darüber hinaus gibt es Institutionen wie den Rotary Club oder das Deutsch-Französische Jugendwerk (DFJW), die ihre eigenen Jugendaustauschprogramme vergleichsweise kostengünstig anbieten können. Zudem fördern einige der deutschen Bundesländer Schulaufenthalte im Ausland und bieten teilweise eigene finanziell bezuschusste Programme an. Vielfach handelt es sich hierbei sogar um einen auf Gegenseitigkeit beruhenden Austausch. Entsprechende Informationen erhält man über die zuständigen Bildungsministerien der Länder, über die Schulämter oder Bezirksregierungen. Eine Vielzahl möglicher Stipendien oder Fördermöglichkeiten sowohl für kürzere als auch längere Schüleraustauschprogramme werden in Teil 3 dieses Handbuchs unter *Finanzierung und geförderte Programme* vorgestellt.

Entgegen vieler Erwartungen ist ein privat organisierter Gastschulaufenthalt meist nicht günstiger als ein über eine deutsche Austauschorganisation durchgeführter. So müssen z.b. öffentliche Schulen in den USA für die Aufnahme von Gastschülern ohne Austauschorganisation zum Teil hohe Schulgebühren verlangen. Nicht nur deshalb ist es ratsam, den Gastschulaufenthalt professionell organisieren zu lassen, denn auf diese Weise können Schüler und Eltern auch die Vorbereitung auf die Auslandserfahrung sowie die Betreuung im Gastland während des gesamten Aufenthalts in Anspruch nehmen. Darüber hinaus sind sie in Notfällen auf der sicheren Seite, sollte sich beispielsweise ein Gastfamilienwechsel als notwendig erweisen.

Kindergeld

Während eines Gastschulaufenthaltes wird das Kindergeld regulär weitergezahlt. Die für das Kindergeld zuständige Familienkasse ist unter folgender kostenfreier Servicenummer erreichbar: 0800 / 455 55 30.

Fachverbände für Schüleraustausch

In Deutschland gibt es im Bereich des Schüleraustausches aktuell zwei Fachverbände: den Arbeitskreis gemeinnütziger Austauschorganisationen (AJA) und den Deutschen Fachverband High School e.V. (DFH). In den beiden Fachverbänden sind insgesamt 19 der über 100 deutschen Programmanbieter organisiert. Der 1993 gegründete AJA bezeichnet sich selbst als Dachverband gemeinnütziger Jugendaustauschorganisationen in Deutschland und hat derzeit sechs Mitglieder, die sich auf der Basis gemeinsamer Qualitätskriterien zusammengeschlossen haben. Der DFH ist ein Zusammenschluss deutscher Schüleraustauschorganisationen zum Zweck der Qualitätssicherung. Nähere Informationen zu Fachverbänden finden sich in Teil 3 dieses Handbuchs unter *Fachverbände*.

Ist die favorisierte Austauschorganisation in einem der beiden Verbände Mitglied, ist dies sicherlich nicht von Nachteil. Umgekehrt muss aber eine Agentur, die keinem Fachverband angehört, keine schlechtere Agentur sein, da auch sie sich – allein schon, um auf dem Markt zu bestehen – ebenfalls an Qualitätskriterien halten wird.

Wissenswertes und Tipps

Viele Austauschschüler haben den Wunsch, in einer Familie mit Gasteltern und gleichaltrigen Gastgeschwistern untergebracht zu werden. Doch Gastfamilien können ganz unterschiedlich aussehen: Ein Rentnerehepaar, dessen eigene Kinder bereits aus dem Haus sind, kann sich genauso dazu entschließen, einen Jugendlichen aufzunehmen, wie eine Patchworkfamilie oder eine alleinerziehende Mutter mit einem kleinen Kind. Der soziale Status sowie der ethnische oder religiöse Hintergrund der Familie kann ebenfalls ganz verschieden sein und sich grundlegend von dem der eigenen Familie unterscheiden. Wünsche, z.B. dass man sich über die Aufnahme in eine sportliche Gastfamilie freuen würde, dürfen vorab geäußert werden. Andere Vorstellungen, z.B. bei einer gut situierten Familie leben zu wollen, werden keine Berücksichtigung finden – denn die Offenheit Neuem gegenüber ist für einen Schüleraustausch das A und O. Funktioniert das Zusammenleben nicht, kann mit dem Betreuer vor Ort nach Problemlösungen gesucht bzw. über einen Gastfamilienwechsel nachgedacht werden.

Bestehen Kontakte zu einer Familie im Wunschgastland, gibt es die Option, sich regulär bei einem deutschen Programmanbieter anzumelden, die Gastfamilie jedoch schon „mitzubringen". Diese Variante wird häufig als Self-, Pre- oder Direct-Placement (Selbstplatzierung) bezeichnet. Sie kommt in der Regel allerdings nur infrage, wenn die Familie nicht Deutsch als Muttersprache spricht und es sich nicht um Verwandte handelt (dies gilt insbesondere für das Länderwahlprogramm USA). Zudem muss die Austauschorganisation in der entsprechenden Region Betreuungsstrukturen haben und eine Schule vor Ort finden, die bereit ist, einen Gastschüler aufzunehmen. Sind all diese Voraussetzungen erfüllt, steht einer Selbstplatzierung nichts im Weg und man bekommt eventuell sogar einen kleinen Preisnachlass auf den Programmpreis.

Vielen potenziellen Gastschülern hilft ein Erfahrungsaustausch mit ehemaligen Austauschschülern bei ihrer Entscheidung für oder gegen einen Schüleraustausch oder für oder gegen eine bestimmte Programmvariante oder ein Gastland. Kontakt zu Ehemaligen kann z.B. über die Austauschagenturen hergestellt werden.

Vor der Ausreise ist eine fundierte Vorbereitung auf den Auslandsaufenthalt durch intensive Vorbereitungstreffen oder -seminare sehr wichtig. Viele Organisationen beziehen auch die Eltern in ihr Vorbereitungsseminar ein. Das Angebot eines Einführungsseminars nach der Ankunft im Gastland sowie ein Nachbereitungsseminar nach der Rückkehr sind ebenfalls sehr sinnvoll.

AFS Interkulturelle Begegnungen e.V.	
Friedensallee 48	Telefon: 040 / 399 222 0
22765 Hamburg	Telefax: 040 / 399 222 99
info@afs.de	www.afs.de

Selbstdarstellung
AFS ist eine der erfahrensten und größten Austauschorganisationen in Deutschland. Als gemeinnütziger und ehrenamtlich basierter Verein bietet AFS Schüleraustausch, Gastfamilienprogramme, Global Prep Ferienprogramme und Freiwilligendienste in rund 50 Länder weltweit an. Damit fördert AFS Jugendliche in ihrer Persönlichkeitsentwicklung und begleitet sie dabei aktive, globale Weltbürger zu werden und somit eine friedlichere und tolerantere Welt zu gestalten.

Zielländer – Programmbeispiele – Leistungen – Kosten
Mit Programmen in rund 50 Ländern weltweit bietet AFS die größte Ländervielfalt aller deutschen Austauschorganisationen. Im Gastland leben die Teilnehmerinnen und Teilnehmer größtenteils in unbezahlten Gastfamilien und lernen eine neue Sprache und Kultur intensiv kennen. Der Preis für ein Schuljahr im Ausland variiert je nach Land und beginnt bei 5.890 €. Neben einem ganzjährigen Schulaustausch bietet AFS auch Halbjahresprogramme sowie Kurzzeitprogramme an. AFS vergibt Stipendien an über 35% seiner Teilnehmerinnen und Teilnehmer, um allen Jugendlichen einen Auslandsaufenthalt zu ermöglichen. Ausführliche Informationen zu Programmen, Preisen und Ländern gibt es unter www.afs.de.

Bewerbungsverlauf und Kriterien für die Annahme des Bewerbers
Bewerberinnen und Bewerber müssen bei Abreise zwischen 15 und 18 Jahre alt sein. Sprachkenntnisse werden in der Regel nicht vorausgesetzt. Wer sich von Mai bis Oktober für die Sommerabreise im kommenden Jahr bewirbt, hat beste Chancen auf alle Länder und Stipendien. Danach ist die Bewerbung bis April auf freie Plätze möglich. Für die Winterabreise bewirbt man sich von Januar bis Mai mit besten Chancen auf das Wunschland und ein Stipendium. Danach bewirbt man sich bis November des Vorjahres auf freie Plätze.

Vorbereitung – Betreuung – Nachbereitung
Auf eine intensive Vorbereitung, Betreuung und Nachbereitung legen wir ebenso großen Wert wie auf die sorgfältige Auswahl der Gastfamilien. Bei Fragen und Problemen steht während des gesamten Austauschjahres eine ehrenamtliche Betreuungsperson vor Ort zur Seite. Darüber hinaus gibt es in jedem AFS-Land eine hauptamtliche Geschäftsstelle. Eine 24h-Notfall-Hotline sorgt für zusätzliche Sicherheit. Nach der Rückkehr bietet AFS Nachbereitungsseminare an, um das Zurückkommen nach Deutschland zu erleichtern.

Wichtige Hinweise – Besondere Leistungen – Qualitätssicherung
AFS ist als gemeinnützig anerkannt und Träger der freien Jugendhilfe. Der Verein ist Mitglied im Arbeitskreis gemeinnütziger Jugendaustauschorganisationen (AJA) und hat sich zu den AJA-Qualitätskriterien verpflichtet.

Kurz und bündig			
Gründungsjahr	1948	Anzahl der Schüleraustausch-Teilnehmer in 2017	868
Programm seit	1948	Anzahl der Teilnehmer aller Programme in 2017	2.174
Mindestalter	15	Sicherungsschein nach § 651r BGB wird ausgestellt	ja
Höchstalter	18	Programmdauer	2-3 Monate, Schuljahr, Schulhalbjahr
Weitere Angebote	FWD, Gastfamilie werden, Jugendbegegnungen & Workcamps		

ADOLESCO e.V.	
Moorheide 10	Telefon: 04255 92043
27327 Martfeld	Telefax: -
sabine@adolesco.org	www.adolesco.org/de

Selbstdarstellung

Gegenseitige Austausche zwischen zwei interessierten und begeisterungsfähigen Jugendlichen aus verschiedenen Ländern organisiert ADOLESCO seit nunmehr 5 Jahren aus Überzeugung. Unsere Austauschschüler besuchen sich nacheinander in ihren Familien, integrieren sich gegenseitig in ihr Alltagsleben und lernen so nicht nur Sprache und Kultur des Austauschlandes kennen, sondern übernehmen beim Gegenbesuch ihres Austauschpartners Verantwortung und vertiefen die Freundschaft. Auch die Familie wird eingebunden durch den Besuch des Austauschschülers und profitiert von dieser Erfahrung und neuen Bekanntschaften im Ausland.

Zielländer – Programmbeispiele – Leistungen – Kosten

Unsere Austausche sind ganz persönlich und individuell. Reisezeit und -dauer der beiden Austauschpartner sprechen Sie mit Ihrer Partnerfamilie ab. Aufenthalte können zwischen 3 Wochen und 3 Monaten dauern und in den Ferien oder während der Schulzeit stattfinden. Unser Team arbeitet in Italien, Frankreich, Spanien, USA oder Argentinien und sucht dort nach passenden Austauschpartnern für unsere deutschen Bewerber.

Neben den Austauschgebühren zwischen 1.100 € und 1.900 € müssen die Reisekosten und die Kosten für den Aufenthalt des Gastschülers in Deutschland getragen werden.

Bewerbungsverlauf und Kriterien für die Annahme des Bewerbers

Du bist zwischen 9 und 17 Jahren alt, anpassungsfähig, neugierig und freundlich? Deine Familie ist auch damit einverstanden, deinen Austauschpartner für ein paar Wochen aufzunehmen? Dann schicke uns eine Voranmeldung auf unserer Webseite. Du erhältst unsere Bewerbungsunterlagen umgehend mit weiteren Erläuterungen. Unsere individuellen Austausche beginnen laufend während des ganzen Jahres.

Vorbereitung – Betreuung – Nachbereitung

Persönliche Kontakte mit unseren Austauschschülern sind für unser Team sehr wichtig. Eine Teilnahme an einem unserer Informationstreffen oder ein Einzeltreffen mit einem unserer Koordinatoren in Deutschland ist notwendig für die Suche nach einer passenden Austauschfamilie und die effektive Begleitung des Austauschs. Deine Ansprechpartnerin in Deutschland ist immer für Dich da und steht im engen Kontakt mit der Ansprechpartnerin in deinem Austauschland.

Wichtige Hinweise – Besondere Leistungen – Qualitätssicherung

Jährliche Teamtreffen des internationalen Teams dienen der Evaluation aber auch dem persönlichen Kontakt zwischen den Teammitgliedern. So arbeitet das Adolesco-Team gut zusammen und wir können Ihren Austausch optimal organisieren und gemeinsam begleiten.

Kurz und bündig			
Gründungsjahr	2012	Anzahl der Schüleraustausch-Teilnehmer in 2017	23
Programm seit	2013	Anzahl der Teilnehmer aller Programme in 2017	23
Mindestalter	9	Sicherungsschein nach § 651r BGB wird ausgestellt	nein
Höchstalter	17	Programmdauer	3 Monate, Schulhalbjahr, Schuljahr
Weitere Angebote			

ASSE Germany GmbH	
Gürzenichstr. 21 a-c	Telefon: 0221 / 548 145 00
50667 Köln	Telefax: 0221 / 548 144 99
info@assegermany.de	www.assegermany.de

Selbstdarstellung

ASSE International Student Exchange Programs ist weltweit einer der größten High School-Programmanbieter und ermöglicht jährlich tausenden Schülern einen internationalen Austausch. Bisher haben ca. 25.000 deutsche Schüler mit ASSE ein „High School"-Jahr in Amerika oder Kanada verbracht. Seit über 30 Jahren wird von ASSE auch das bilaterale Parlamentarische Patenschaftsprogramm (‚PPP') zwischen Deutschland und den USA ausgeführt. ASSE arbeitet mit Partnerbüros in über 30 Ländern auf 5 Kontinenten zusammen.

Zielländer – Programmbeispiele – Leistungen – Kosten

ASSE bietet Schulaufenthalte in über 30 Ländern an, z.b.:
USA: Classic Programm mit 3 Tagen New York City Experience inkl., Private High School mit Orts- und Schulwahl, Choice Plus Programm mit Regionenwahl, ab 9.580 €
Kanada: Classic Programm in Englisch- und Französisch-Kanada, Choice Plus Programm in Vancouver oder den Canadian Rockies, ab 10.180 €
Zahlreiche andere Gastländer in Europa (z.b. Frankreich, Italien, Portugal, Schweden), Asien (z.b. Mongolei, Südkorea, China, Thailand), Ozeanien (Australien, Neuseeland), Südafrika. Die Programmpreise variieren je nach Programm, Land und Programmdauer. Ausführliche Informationen finden Sie unter www.assegermany.de/high-school-weltweit/.

Bewerbungsverlauf und Kriterien für die Annahme des Bewerbers

Nach Eingang der Kurzbewerbung vereinbaren wir ein unverbindliches Auswahl- und Beratungsgespräch mit dir und deinen Eltern. Wenn wir dich für geeignet halten, erhältst du deine Bewerbungszulassung und erstellst deine ausführlichen Bewerbungsunterlagen, wobei wir dich tatkräftig unterstützen. Deine Unterlagen senden wir danach an eines unserer sieben regionalen Büros in den USA/Kanada bzw. an unsere Partnerbüros in deinem Gastland.

Vorbereitung – Betreuung – Nachbereitung

Zur Vorbereitung auf den Auslandsaufenthalt erhalten unsere Teilnehmer regelmäßige Infobriefe und nehmen an einem Vorbereitungsseminar teil. In allen nicht-englischsprachigen Gastländern wird zu Beginn des Aufenthaltes ein mehrtägiges Sprach- und Kulturtraining oder unterstützender Sprachunterricht angeboten, der im Programmpreis bereits enthalten ist.

Wichtige Hinweise – Besondere Leistungen – Qualitätssicherung

ASSE arbeitet seit mehr als 40 Jahren stets nur mit renommierten Partnern in den jeweiligen Gastländern zusammen. In den meisten unserer Programme und Gastländer erhalten die Gastfamilien keinen finanziellen Zuschuss, sondern nehmen den Schüler vollkommen unentgeltlich in ihrer Familie auf.

Kurz und bündig

Kurz und bündig				
Gründungsjahr	1976	Anzahl der Schüleraustausch-Teilnehmer in 2017		k.A.
Programm seit	1976	Anzahl der Teilnehmer aller Programme in 2017		k.A.
Mindestalter	14	Sicherungsschein nach § 651r BGB wird ausgestellt		ja
Höchstalter	18	Programmdauer	3 Monate, Schulhalbjahr, Schuljahr	
Weitere Angebote	Au-Pair USA, USA-Studium, Praktika, Schülersprachreisen			

aubiko e.v. - Verein für Austausch, Bildung und Kommunikation	
Stückenstraße 74	Telefon: +49 (0) 40 986 725 67
22081 Hamburg	Telefax: +49 (0) 40 356 754 704
info@aubiko.de	www.aubiko.de

Selbstdarstellung
Interkulturelle Begegnungen für Schüler/innen aus aller Welt zu ermöglichen ist eines der wichtigsten Anliegen von aubiko e.v. Seit der Vereinsgründung im November 2014 haben bereits ca. 2.100 Schüler/innen an unseren Programmen teilgenommen. Zu unseren Partnerländern, mit denen wir enge Kontakte pflegen, zählen u.a. Kolumbien und England. Die intensive Betreuung der Austauschschüler/innen vor, während und nach dem Austausch ist für uns eine Herzensangelegenheit.

Zielländer – Programmbeispiele – Leistungen – Kosten
Englisch oder Spanisch? Diese Entscheidung können wir dir nicht abnehmen, aber wir bieten dir die Möglichkeit eine dieser Sprachen intensiv in Großbritannien oder Kolumbien zu erlernen und mehr über die heimische Kultur zu erfahren. Du hast die Möglichkeit ein Trimester für 6.450 € oder ein ganzes Schuljahr für 9.800 € in einer britischen Gastfamilie zu leben und eine örtliche Schule zu besuchen. aubiko e.v. betreut dich dabei rund um die Uhr und übernimmt die umfangreiche Organisation. Weitere Informationen gibt es unter http://aubiko.de/austauschschueler/high-school-year-in-grossbritannien/.
In Kolumbien bieten wir Interessent/-innen ein Austauschprogramm mit Unterbringung in Gastfamilien für drei Monate à 2.500 €, ein Schulhalbjahr à 4.000 € und ein Schuljahr für 6.000 € an. Der Besuch einer örtlichen Schule sowie die Organisation und Betreuung sind selbstverständlich Teil dieses Programmes. Weitere Informationen findest du unter http://aubiko.de/dein-austauschjahr-in-kolumbien/.

Bewerbungsverlauf und Kriterien für die Annahme des Bewerbers
Die Anmeldeformulare findest du unter den angegebenen Links, natürlich helfen wir dir aber auch gern telefonisch und per Mail mit der Anmeldung. Anschließend erhältst du eine Bewerbungsmappe, die von dir ausgefüllt an uns zurückgesendet wird.
Das Mindestalter für Bewerber/innen beträgt bei Programmbeginn 15 Jahre.

Vorbereitung – Betreuung – Nachbereitung
Eine gute Vorbereitung ist das A&O: Deshalb findet sie gleich zweimal statt - in Hamburg und im Zielland. Während des Austauschs sind aubiko e.v. und auch Betreuer/-innen vor Ort rund um die Uhr für dich erreichbar. Die Gastfamilien in Großbritannien und Kolumbien sind bestens ausgewählt und geprüft und werden ebenfalls intensiv auf den Austausch vorbereitet.

Wichtige Hinweise – Besondere Leistungen – Qualitätssicherung
aubiko e.V. ist als gemeinnützig anerkannt und Mitglied im Dachverband AJA.

Kurz und bündig			
Gründungsjahr	2014	Anzahl der Schüleraustausch-Teilnehmer in 2017	k.A.
Programm seit	2014	Anzahl der Teilnehmer aller Programme in 2017	1.200
Mindestalter	15	Sicherungsschein nach § 651r BGB wird ausgestellt	ja
Höchstalter	17	Programmdauer	Trimester, Schulhalbjahr, Schuljahr
Weitere Angebote	Sprach- und Bildungsreisen, interkulturelle Projekte		

Breidenbach Educational Consulting GmbH	
Mozartstraße 20a	Telefon: 0711 219 560 0
70180 Stuttgart	Telefax: 0711 219 560 40
info@breidenbach-education.com	www.breidenbach-education.com

Selbstdarstellung
Breidenbach Education ist seit 15 Jahren Spezialist für Schulaufenthalte in Kanada. Unsere Büros in Stuttgart und Hamburg betreuen individuell und sehr persönlich Schüler, die für mindestens 5 Monate in Kanada zur Schule gehen möchten. Die Spezialisierung auf nur ein Land bietet uns unzählige Vorteile: Wir arbeiten ausschließlich direkt mit Schulen bzw. Schulbehörden, wir kennen alle Schulen persönlich und unser eigenes Betreuungsnetzwerk ermöglicht es uns, in Notfällen schnell vor Ort zu sein.

Zielländer – Programmbeispiele – Leistungen – Kosten
Als echter Kanada-Spezialist bietet Breidenbach Education ausschließlich Schulprogramme in Kanada an. Im Programm finden sich öffentliche Schulen, aber auch Privatschulen mit Gastfamilienunterkunft und auch eine Vielzahl an Internaten.
Öffentliche High Schools: 5 Monate ab ca. 8.500 € // 10 Monate ab ca. 15.000 €
Privatschulen: 10 Monate ca. 22.000 € bis ca. 40.000 €
Internate: 10 Monate ca. 25.000 € bis ca. 60.000 €
Preise sind Richtwerte jeweils inkl. Flug, Versicherung, Vorbereitung, Betreuung etc.

Bewerbungsverlauf und Kriterien für die Annahme des Bewerbers
Grundsätzlich dürfen sich alle Schüler im Alter von 13 bis 18 Jahren bewerben. Jedoch erwarten wir von allen Bewerbern persönliche Reife, Motivation, Ernsthaftigkeit, Verantwortungsbewusstsein, Offenheit und Toleranz.
Bewerbungsverlauf:
1. Unverbindliches, persönliches Beratungsgespräch
2. Erarbeitung von individuellen Schulempfehlungen
3. Schriftliche Bewerbung
4. Verbindliche Zusage mit Schulplatz in der Regel innerhalb von 14 Tagen

Vorbereitung – Betreuung – Nachbereitung
Persönliche und individuelle Hilfestellung beim gesamten Bewerbungsprozess, inkl. Flugbuchungen (auch für die Eltern), Beantragung vom Visum etc. Teilnehmer erhalten u.a. ein Handbuch, Checklisten, Hilfevideos, eine Notfallkarte, eine kanadische SIM-Karte, eine Prepaid-Kreditkarte und Zugang zu moderierten WhatsApp-Gruppen. In Deutschland finden intensive Vorbereitungsworkshops und Nachbereitungstreffen statt und in Kanada gibt es eine Orientation (je nach Programm 1 Tag bis 2 Wochen). Die Betreuung erfolgt durch die Schule und die lokalen Gastfamilienkoordinatoren, zusätzlich aber auch durch unsere deutschsprachigen Mitarbeiter vor Ort. Darüber gibt es eine eigene 24-Stunden Hotline.

Wichtige Hinweise – Besondere Leistungen – Qualitätssicherung

Kurz und bündig			
Gründungsjahr	2003	Anzahl der Schüleraustausch-Teilnehmer in 2017	85
Programm seit	2003	Anzahl der Teilnehmer aller Programme in 2017	85
Mindestalter	13	Sicherungsschein nach § 651r BGB wird ausgestellt	ja
Höchstalter	18	Programmdauer	5 Monate und länger
Weitere Angebote	-		

CAMPS International GmbH
Poolstraße 36   Telefon: 040 / 822 9027 0
20355 Hamburg   Telefax: -
service@camps.de   www.camps.de

Selbstdarstellung
Vor 34 Jahren startete CAMPS International mit der Idee der Camp-Ferien. Heute bieten wir neben Sprachreisen auch High-School-Programme in 12 verschiedenen Ländern an. Jedes Jahr beraten und begleiten wir Austauschschüler mit den unterschiedlichsten Zielen. Diese sind USA, Kanada, Neuseeland, Australien, Irland, England, Frankreich, Spanien, Italien, Costa Rica, Argentinien und Südafrika. Dabei setzen wir neben guter Planung und Organisation vor, während und nach der Reise insbesondere auf eine persönliche und individuelle Betreuung von der ersten Beratung bis hin zur Rückkehr nach Deutschland.

Zielländer – Programmbeispiele – Leistungen – Kosten
Zielländer: USA, Kanada, Neuseeland, Australien, Irland, England, Frankreich, Spanien, Italien, Costa Rica, Argentinien und Südafrika. Die Aufenthaltsdauer kann zwischen 4 Wochen und 2 Jahren gewählt werden. CAMPS International vermittelt Schüler an staatliche, halbstaatliche und private Schulen, sowie Internate. Auch IB-Programme sind möglich. Weitere Leistungen sind: individuelles Bewerbungsgespräch, Vorbereitungsworkshop, umfassende Betreuung vor Ort, Hilfestellungen für den Visumsantrag, Orientierungsseminare im Gastland, ggfs. Schulgeld, Unterkunft und Verpflegung in einer ausgesuchten Gastfamilie bzw. im Internat, Teilnahmezertifikat, mehrtägiges Nachtreffen in Deutschland. Die Kosten variieren je nach Programmland und Aufenthaltsdauer. Schuljahr ab 5.100 €.

Bewerbungsverlauf und Kriterien für die Annahme des Bewerbers
Die Bewerbung erfolgt online unter camps.de. Danach findet ein persönliches Auswahlgespräch statt. Dieses Interview wird bei uns immer als Einzel-, und nie als Gruppengespräch geführt. Wir wollen jeden Bewerber und seine Familie bestmöglich kennenlernen und individuell beraten. Noch während des Gespräches teilen wir dem Schüler mit, ob wir ihn in das Programm aufnehmen werden.

Vorbereitung – Betreuung – Nachbereitung
CAMPS International bereitet die Schüler und deren Eltern während des persönlichen Gespräches sowie im intensiven Vorbereitungsworkshop umfangreich auf den Auslandsaufenthalt vor. Für alle unsere Zielländer bieten CAMPS und seine Partner eigene mehrtägige Einführungs- und Orientierungsseminare im Gastland an. CAMPS und die Betreuer im High-School-Land sind immer für Dich erreichbar. Nach der Rückkehr aus dem Gastland, organisiert CAMPS für die Teilnehmer ein Returnee-Wochenende.

Wichtige Hinweise – Besondere Leistungen – Qualitätssicherung
CAMPS hat engen Kontakt zu den Partnern im Ausland und besucht regelmäßig Schulen, Betreuer und Organisationen vor Ort. Außerdem sichern wir unsere Qualität durch die Standards des Dachverbands High School (DFH) e.V.

Kurz und bündig			
Gründungsjahr	1984	Anzahl der Schüleraustausch-Teilnehmer in 2017	111
Programm seit	1990	Anzahl der Teilnehmer aller Programme in 2017	192
Mindestalter	13	Sicherungsschein nach § 651r BGB wird ausgestellt	ja
Höchstalter	18	Programmdauer	4 Wochen bis 2 Jahre
Weitere Angebote	Sprachreisen/Feriencamps, Gastfamilie werden		

Carl Duisberg Centren gemeinnützige GmbH	
Hansaring 49-51	Telefon: 0221 / 1626 207
50670 Köln	Telefax: 0221 / 1626 217
highschool@cdc.de	www.carl-duisberg-schueleraustausch.de

Selbstdarstellung
Die 1962 gegründeten Carl Duisberg Centren sind ein führender Dienstleister im Bereich der internationalen Aus- und Weiterbildung. Unter dem Motto „Bildung ohne Grenzen" richten wir unsere vielfältigen Programme zur sprachlichen, fachlichen und interkulturellen Bildung an deutsche und ausländische Kunden. Unser verlässlich hoher Produktstandard garantiert nachhaltige Bildungserfolge.

Zielländer – Programmbeispiele – Leistungen – Kosten
Im Bereich der Internationalen Schulprogramme bieten wir Schulaufenthalte in den USA, in Kanada, Australien, Neuseeland, Großbritannien und Irland. Dabei können Sie zwischen öffentlichen oder privaten Schulen wählen sowie zwischen der Unterbringung in einer Gastfamilie oder in einem renommierten Internat. In allen Programmen, außer dem öffentlichen Schulprogramm USA, kann man seine Schulwahl an einem persönlichen Anforderungs- und Interessenprofil im akademischen und außerschulischen Bereich orientieren. Hierzu beraten wir im Vorfeld ausführlich und unverbindlich. Die Programmgebühren für ein Schuljahr liegen zwischen etwa 9.000 € in den USA und ab etwa 35.000 € für einen Internatsaufenthalt in den USA, Kanada oder Großbritannien.

Bewerbungsverlauf und Kriterien für die Annahme des Bewerbers
Das wichtigste Annahmekriterium ist die hohe Motivation der Bewerber; denn der Erfolg des Auslandsaufenthaltes hängt maßgeblich von dessen Initiative und Offenheit ab. Auf Basis einer schriftl. Kurzbewerbung laden wir die Schüler mit ihren Eltern zu einem kostenfreien, ausführlichen, individuell geführten Bewerbungsgespräch in der Nähe ihres Wohnortes ein.

Vorbereitung – Betreuung – Nachbereitung
Unsere intensive Vorbereitung trägt wesentlich zum Erfolg des Aufenthaltes bei. Hierzu führen wir für alle Teilnehmer ein zweitägiges Vorbereitungsseminar in verschiedenen Städten Deutschlands durch. Im Ausland wird jeder Teilnehmer von einem persönlichen Ansprechpartner betreut. Wir bieten zudem Elternabende an. Das Programm endet mit einem Nachbereitungstreffen.

Wichtige Hinweise – Besondere Leistungen – Qualitätssicherung
Wir unterziehen uns im Rahmen der Zertifizierung nach ISO 9001 einer ständigen Qualitätskontrolle. Besonderen Wert legen wir auf die sorgfältige Auswahl unserer renommierten und erfahrenen Programmpartner im Ausland. Wir vergeben ein Vollstipendium und mehrere Teilstipendien für die USA (öffentliche Schulen) sowie Teilstipendien für Australien und Neuseeland.

Kurz und bündig			
Gründungsjahr	1962	Anzahl der Schüleraustausch-Teilnehmer in 2017	480
Programm seit	1998	Anzahl der Teilnehmer aller Programme in 2017	ca. 1.400
Mindestalter	14	Sicherungsschein nach § 651r BGB wird ausgestellt	ja
Höchstalter	19	Programmdauer	6 Wochen, 3, 4, 5, 6, 9, 10 oder 12 Monate
Weitere Angebote	Sprachreisen, Work & Travel, Jobs und Praktika sowie Freiwilligenarbeit im Ausland		

Deutsches Rotes Kreuz in Hessen Volunta gGmbH
Allerheiligentor 2-4 Telefon: 0611 / 95 24 90 00
60311 Frankfurt am Main Telefax: 069 / 2 47 54 66 10
weltweit@volunta.de www.volunta.de

Selbstdarstellung
Volunta ist der Träger für Freiwilligendienste des Deutschen Roten Kreuzes in Hessen. Wir helfen jungen Menschen bei der Berufsorientierung und eröffnen neue Perspektiven. Wir machen Mut, sich für andere einzusetzen und gesellschaftlichen Einfluss zu nehmen. Wir schaffen Aufmerksamkeit für Freiwilligendienste und die Menschen, die dahinter stecken.

Zielländer – Programmbeispiele – Leistungen – Kosten
Irland, Spanien, Frankreich, Malta, Kanada, Bolivien, Südafrika, Neuseeland.
Leben in einer Gastfamilie, Schulbesuch mit einem freiwilligen Einsatz, z. B. bei der lokalen Rotkreuz-Organisation.
Leistungen: Hin- und Rückflug, Unterbringung in einer Gastfamilie, ggf. Auslandskranken-, Unfall- und Haftpflichtversicherung, Schulgebühr, Insolvenzversicherungsschein nach § 651 BGB, Vor- und Nachbereitungsseminar in Deutschland, Elternnachmittag, Betreuung durch einen Mentor / eine Mentorin.
Kosten, z.b. Frankreich ab 5.180 €, zzgl. Taschengeld (60 € bis 100 € pro Monat), Schuluniform, Schulausflüge, Schulmaterial, evtl. Impfungen, Visum.
Anspruch auf Kindergeld bleibt erhalten; Anspruch auf Auslands-BAföG kann bestehen.

Bewerbungsverlauf und Kriterien für die Annahme der Bewerberin / des Bewerbers
Es können sich Schülerinnen und Schüler aller Schulzweige bewerben, die Neugier und Anpassungsbereitschaft mitbringen. Mindestalter abhängig vom Land (z.b. Kanada ab 13 Jahren). Sprachkenntnisse des Gastlandes sind von Vorteil. Ausreise abhängig von Land und Dauer, Bewerbung jederzeit. Alle Unterlagen stehen auf volunta.de zum Download bereit.

Vorbereitung – Betreuung – Nachbereitung
Intensive Vor- und Nachbereitung, Elternnachmittag, ausgesuchte Schulen und Gastfamilien, Vermittlung und Betreuung durch Volunta und Partner vor Ort.

Wichtige Hinweise – Besondere Leistungen – Qualitätssicherung
Die Qualität der Angebote wird evaluiert und ständig verbessert, auch durch das Feedback Ehemaliger. Wir arbeiten mit sorgfältig ausgewählten Partnern vor Ort zusammen.

Kurz und bündig			
Gründungsjahr	2005	Anzahl der Schüleraustausch-Teilnehmer in 2017	k.A.
Programm seit	2009	Anzahl der Teilnehmer aller Programme in 2017	k.A.
Mindestalter	13	Sicherungsschein nach § 651r BGB wird ausgestellt	ja
Höchstalter	19	Programmdauer	3 bis 12 Monate
Weitere Angebote		Freiwilligendienste im In- und Ausland, Volunteering, Au-Pair, Praktika	

Deutsches Youth For Understanding Komitee e.V. (YFU)	
Oberaltenallee 6	Telefon: 040 / 227 002 0
22081 Hamburg	Telefax: 040 / 227 002 27
info@yfu.de	www.yfu.de

Selbstdarstellung
Das Deutsche Youth For Understanding Komitee e.V. (YFU) ist eine gemeinnützige Organisation für internationalen Jugendaustausch. Gemeinsam mit Partnerorganisationen auf der ganzen Welt setzt sich YFU für interkulturelle Bildung und Toleranz ein. Seit 1957 haben bereits über 60.000 Jugendliche an den YFU-Austauschprogrammen teilgenommen.

Zielländer – Programmbeispiele – Leistungen – Kosten
YFU bietet Jahres- und Halbjahresprogramme in über 40 Ländern weltweit an. Die Teilnehmer gehen vor Ort zur Schule und leben in Gastfamilien. Im Programmpreis sind umfassende Leistungen inbegriffen, unter anderem die Auswahl, Hin- und Rückreise, Seminare, Versicherung, Vermittlung von Gastfamilie und Gastschule sowie die intensive Betreuung im In- und Ausland. Mehr Infos zum Programmpreis gibt es unter www.yfu.de/kosten

Bewerbungsverlauf und Kriterien für die Annahme des Bewerbers
Bewerben können sich Jugendliche aller Schularten, die aufgeschlossen, interessiert und anpassungsfähig sind. Sie sollten psychisch stabil und belastbar sein und mindestens durchschnittliche Schulleistungen vorweisen. Bei Abreise müssen sie in der Regel zwischen 15 und 18 Jahre alt sein – bei einigen Ländern ist eine Teilnahme bereits mit 14 Jahren möglich. Nach einer Vorauswahl anhand von schriftlichen Bewerbungsunterlagen lädt YFU zu einem Auswahlgespräch ein, das aus einem Gruppeninterview und einem Einzelgespräch besteht.

Vorbereitung – Betreuung – Nachbereitung
Auf einem einwöchigen Vorbereitungsseminar geben ehemalige YFU-Austauschschüler ihre Erfahrungen an zukünftige Teilnehmer weiter und arbeiten mit ihnen an interkulturellen Themen. Darüber hinaus profitieren sie von umfangreichen E-Learning-Angeboten. Im Ausland hat jeder Austauschschüler einen persönlichen Betreuer, außerdem gibt es eine jederzeit erreichbare Notrufnummer. Auf Begleitseminaren im Ausland wird das bisher Erlebte reflektiert. Nach der Rückkehr treffen sich die Jugendlichen zu einem mehrtägigen Nachbereitungsseminar. Später haben sie die Möglichkeit, sich ehrenamtlich für YFU zu engagieren. Auch für die Eltern der Teilnehmer gibt es vorbereitende und begleitende Treffen.

Wichtige Hinweise – Besondere Leistungen – Qualitätssicherung
Damit die Teilnahme am Austauschprogramm nicht von der finanziellen Situation der Familie abhängt, unterstützt YFU jährlich etwa ein Drittel der Teilnehmer mit Voll- oder Teilstipendien. Als Mitglied des Arbeitskreises gemeinnütziger Jugendaustauschorganisationen (AJA) unterliegt YFU dessen Qualitätskriterien. YFU hat zusätzlich darüberhinausgehende Qualitätsziele, die auf der Webseite einsehbar sind. Die Qualität der Programme wird laufend durch ausführliche Teilnehmerbefragungen überprüft.

Kurz und bündig				
Gründungsjahr	1957	Anzahl der Schüleraustausch-Teilnehmer in 2017		1.000
Programm seit	1957	Anzahl der Teilnehmer aller Programme in 2017		1.550
Mindestalter	14-15	Sicherungsschein nach § 651r BGB wird ausgestellt		ja
Höchstalter	18	Programmdauer	Ein ganzes oder halbes Schuljahr	
Weitere Angebote	Gastfamilie werden, Freiwilligendienste			

DFSR – Dr. Frank Sprachen & Reisen GmbH	
Industriestr. 35	Telefon: 0621 / 820 565 0
68169 Mannheim	Telefax: 0621 / 820 565 80
info@dfsr.de	www.dfsr.de

Selbstdarstellung

DFSR wurde 1978 gegründet und ist eine der ältesten und renommiertesten Schüleraustausch-Organisationen in Deutschland. DFSR bekommt von seinen Austauschschülern regelmäßig die Bestnote „eins" verliehen. Wir organisieren High School-, Privatschul- und Internats-Aufenthalte in 16 spannenden Ländern. Außerdem begrüßen wir jährlich über 100 internationale Schüler, die einen Schulaufenthalt in Deutschland verbringen.

Zielländer – Programmbeispiele – Leistungen – Kosten

Zielländer:

USA, Kanada, Neuseeland, Australien, Großbritannien, Irland, Frankreich, La Réunion, Spanien, Italien, Dänemark, Norwegen, Schweden, Finnland, Japan, Südafrika, Argentinien.

Programmbeispiele:

Öffentliche High School in den USA: 10 Monate mit Platzierungsgarantie für 9.990 €.

Inkludierte Leistungen:

Hin-und Rückflug zum Zielflughafen, Schulbesuch wie gebucht, Gastfamilie oder Internat wie gebucht, Beratungsgespräch 1:1, 2-tägiges Vorbereitungsseminar mit Elternteil, Betreuung vor und während des Aufenthalts, Handbuch, Transfer vom Flughafen zur Gastfamilie, Unterstützung bei der Visabeantragung, Betreuung durch Partner vor Ort, 24-Stunden Notfalldienst durch Partner vor Ort, Welcome Back Seminar, Teilnahmezertifikat, Reise-Sicherungsschein gem. §651 Abs. 3 BGB bei Pauschalreise

Bewerbungsverlauf und Kriterien für die Annahme des Bewerbers

Bewerbungen werden online unter www.dfsr.de eingesandt. Die Bewerber sind je nach Programm zwischen 14 und 19 Jahre alt und müssen ggf. über länderspezifische Sprachkenntnisse verfügen. Nach Eingang der Bewerbung laden wir den Schüler mit seinen Eltern zu einem kostenfreien und unverbindlichen persönlichen Beratungsgespräch ein. Wenn alles in Ordnung ist und die Familie und DFSR zugesagt haben, kommt ein Vertrag zustande.

Vorbereitung – Betreuung – Nachbereitung

Persönliches Beratungsgespräch, intensive Betreuung durch regionale Betreuer und unsere Mitarbeiterinnen in Mannheim, 2-tägiges Vorbereitungsseminar für Schüler und ihre Eltern, Betreuung im Gastland, Welcome Back Seminar, Teilnahmezertifikat.

Wichtige Hinweise – Besondere Leistungen – Qualitätssicherung

DFSR ist Mitglied des DFH (Deutscher Fachverband High School e.V.), welcher die Qualität der angebotenen Programme garantiert. DFSR bietet über den DFH jährlich ein Vollstipendium für ein Schuljahr in den USA an.

Kurz und bündig			
Gründungsjahr	1978	Anzahl der Schüleraustausch-Teilnehmer in 2017	393
Programm seit	1978	Anzahl der Teilnehmer aller Programme in 2017	533
Mindestalter	14	Sicherungsschein nach § 651r BGB wird ausgestellt	ja
Höchstalter	19	Programmdauer	1 Term bis mehrere Schuljahre
Weitere Angebote	Gastfamilie werden in Deutschland		

EF High School Year - EF Education (Deutschland) GmbH	
Königsallee 92a	Telefon: 0211 / 688 57 300
40212 Düsseldorf	Telefax: 0211 / 688 57 301
highschoolyear.de@EF.com	www.ef.de/highschool

Selbstdarstellung
EF gehört seit mehr als 50 Jahren zu den führenden Organisationen im internationalen Schüleraustausch. Die Stärke und Qualität unserer Arbeit liegt in der professionellen und persönlichen Betreuung unserer Teilnehmer vom ersten Schritt der Bewerbung bis zur Rückkehr nach Deutschland. EF arbeitet ohne Partner und verfügt in allen Gastländern über eigene Büros und ein großes Netzwerk eigener Betreuer. Mehr Informationen auf www.exchangestories.com

Zielländer – Programmbeispiele – Leistungen – Kosten
USA, Irland, Großbritannien

Bewerbungsverlauf und Kriterien für die Annahme des Bewerbers
Nach erfolgreichem Auswahlgespräch (unverbindlich und kostenfrei) mit EF-Interviewern und ehemaligen Austauschschülern (Elternberatung findet im Anschluss/parallel statt) unterbreitet EF ein Vertragsangebot. Auswahlkriterien: Persönlichkeit, Reife, Anpassungsfähigkeit, Toleranz, Flexibilität, hohe Motivation, schulische Leistungen und Fremdsprachkenntnisse.

Vorbereitung – Betreuung – Nachbereitung
Vorbereitung: Informationsveranstaltungen in ca. 40 Städten in Deutschland / ausführliches Informationsmaterial / eintägiges Vorbereitungsseminar in verschiedenen Städten Deutschlands / EF Welcome Days in New York (nur bei Start im Sommer; im Programmpreis inklusive) oder EF International High School Camp in New York (optionale 10-tägige Vorbereitung) / Vorbereitungtreffen im Gastland mit dem lokalen EF-Betreuer.
Betreuung: Regelmäßiger Kontakt mit dem lokalen EF-Betreuer / Besuch des EF-Betreuers / zusätzlich regelmäßiger telefonischer Kontakt mit einem Ansprechpartner aus dem EF-Büro in den USA / Ausflüge bzw. Reiseangebote durch EF vor Ort (optional) / telefonische Unterstützung für Schüler und Eltern während des Austauschjahres durch die EF-Büros in Deutschland und den USA. Den Schülern steht in den USA eine 24h-Notrufnummer zur Verfügung.
Nachbereitung: Homecoming Events / Ambassadors Club für Ehemalige / Global Ambassador Summit in der Schweiz / Mitwirkung an EF-Informationsveranstaltungen sowie Auswahlgesprächen.

Wichtige Hinweise – Besondere Leistungen – Qualitätssicherung
Stipendien: EF bietet mehrere Teilstipendien an (www.ef.com/stipendien).
Sonstiges: Optionale Staaten-/ Regionenwahl in den USA möglich. Angebot von EF Discovery Tours (www.efdiscoverytours.com) während des Aufenthalts.

Kurz und bündig			
Gründungsjahr	1965	Anzahl der Schüleraustausch-Teilnehmer in 2017	780
Programm seit	1979	Anzahl der Teilnehmer aller Programme in 2017	k.A.
Mindestalter	14	Sicherungsschein nach § 651r BGB wird ausgestellt	ja
Höchstalter	18	Programmdauer	Ein halbes Schuljahr (USA) und ein ganzes Schuljahr (USA, IRE, UK)
Weitere Angebote			

Experiment e.V. – The Experiment in International Living	
Gluckstraße 1	Telefon: 0228 / 95 72 20
53115 Bonn	Telefax: 0228 / 35 82 82
info@experiment-ev.de	www.experiment-ev.de

Selbstdarstellung
Das Ziel von Experiment e.V. ist seit über 85 Jahren der Austausch zwischen Menschen aller Kulturen, Religionen und Altersgruppen. Experiment e.V. ist gemeinnützig und das deutsche Mitglied der weltweit ältesten Austauschorganisation „The Experiment in International Living" (EIL). Kooperationspartner sind u.a. Auswärtiges Amt, Bundesministerium für wirtschaftliche Zusammenarbeit und Entwicklung, Deutscher Bundestag, Fulbright-Kommission, Goethe-Institut und die Stiftung Mercator.

Zielländer – Programmbeispiele – Leistungen – Kosten
Nordamerika: USA, Kanada, Costa Rica. Europa: Dänemark, England, Estland, Finnland, Frankreich, Irland, Italien, Norwegen, Schweden, Spanien. Südamerika: Argentinien, Chile, Ecuador. Asien: China, Japan, Indien, Thailand. Ozeanien: Australien, Neuseeland. Afrika: Südafrika. Ausführliche Informationen zu Leistungen und Gebühren unter www.experiment-ev.de. Vergabe von Voll-, Teil- und Sonderstipendien, Geschwisterrabatt, Gastfamilienrabatt.

Bewerbungsverlauf und Kriterien für die Annahme des Bewerbers
Alter: 14-18 Jahre. Durchschnittlich gute schulische Leistungen. Aufgeschlossenheit und Anpassungsfähigkeit. Online-Bewerbung: www.experiment-ev.de/bewerbung. Anschließend persönliches Kennenlerngespräch mit einem Ehrenamtlichen vor Ort. Zusage erfolgt immer für das Wunschland.

Vorbereitung – Betreuung – Nachbereitung
Im Preis eingeschlossen sind: 4-tägiges Vorbereitungsseminar in Deutschland mit anderen Jugendlichen mehrere Wochen vor der Ausreise, (teilweise begleitete) Gruppenflüge, Orientierungsveranstaltung im Gastland durch Partnerorganisation, Auswahl der Gastfamilie sowie persönliche Betreuung vor Ort durch geschulte Mitarbeiter der Partnerorganisation, Elterninformationstag vor der Ausreise, Elternhandbuch, 24h-Notfall-Service, 3-tägiges Nachbereitungsseminar in Deutschland, bei Überseeländern Hin- und Rückflug bis zur Gastfamilie sowie Kranken-, Unfall- und Haftpflichtversicherung

Wichtige Hinweise – Besondere Leistungen – Qualitätssicherung
Eigener Stipendienfonds in Höhe von 85.000 €, Durchführung des Parlamentarischen Patenschaft-Programms für den Deutschen Bundestag (Vollstipendien für die Aus- und Einreise mit den USA), Sonderstipendien für Real- und Mittelschüler sowie Sonderstipendien für das Land China durch Stiftungskooperationen, Schul- oder Regionenwahl in vielen Ländern möglich, Gründungsmitglied des AJA (Dachverband gemeinnütziger Jugendaustauschorganisationen) und aktive Mitwirkung an dessen Qualitätsstandards.

Kurz und bündig			
Gründungsjahr	1932	Anzahl der Schüleraustausch-Teilnehmer in 2017	496
Programm seit	1952	Anzahl der Teilnehmer aller Programme in 2017	2.288
Mindestalter	14	Sicherungsschein nach § 651r BGB wird ausgestellt	ja
Höchstalter	18	Programmdauer	ab 12 Wochen bis zu einem Schuljahr
Weitere Angebote	Demi-Pair, Freiwilligendienste (auch gefördert: Europäischer Freiwilligendienst, weltwärts, Internationaler Jugendfreiwilligendienst), Auslandspraktika, Ferienprogramme, Gastfamilie in Deutschland werden		

FernZiele – Inh. Andrea Lüddeke

Schönwasserstraße 117   Telefon: 0160 / 53 700 57
47800 Krefeld   Telefax: -
info@fern-ziele.de   www.fern-ziele.de

Selbstdarstellung
Seit 2012 vermitteln wir High School Aufenthalte in Neuseeland. Wir kennen alle unsere Partnerschulen vor Ort und deren Mitarbeiter persönlich und besuchen diese regelmäßig. Wir bringen eigene High School-Erfahrung mit – aus Schüler- und Elternsicht - und möchten diese gerne an unsere Teilnehmer weitergeben. Für uns steht der persönliche Kontakt zu unseren Teilnehmern und deren Eltern an erster Stelle. Daher ist uns die persönliche Beratung immens wichtig. Jeder Bewerbung geht ein unverbindliches kostenloses Beratungsgespräch voraus. Nur so können wir gemeinsam mit dem Teilnehmer die Schule aussuchen, die wirklich zu seinen Neigungen und Interessen passt.

Zielländer – Programmbeispiele – Leistungen – Kosten
Neuseeland zum Kennenlernen: 6 Wochen ab 5.150 €*; 8 Wochen (inkl. Südinseltour) ab 6.880 €* - ideal in den Sommerferien!
High School Programm Neuseeland: 1 Term ab 7.200 €*; 2 Terms ab 12.000 €*; 1 Jahr ab 18.500 €*
*oben genannte Preise verstehen sich inkl. Schulgebühren + Gebühren für Gastfamilie, Flug, Versicherung, Visum, Beratung und Vermittlung

---

Bewerbungsverlauf und Kriterien für die Annahme des Bewerbers
Beratungsgespräch (s.o.) mit anschließender Schulwahl. Voraussetzungen: Motivation und Aufgeschlossenheit anderen Kulturen gegenüber; Schulnoten zweitrangig
Bewerbungszeitraum: ca. 1 Jahr vor Abflug – Platzierung an Wunschschule i.d.R. möglich
Kurzfristige Bewerbung: jederzeit möglich, jedoch wird Schulplatz bei kurzfristiger Bewerbung zugeteilt (Aufpreis 300 € bei Bewerbung weniger als 30 Tage vor Abflug)

Vorbereitung – Betreuung – Nachbereitung
Vorbereitungs- und Nachbereitungstreffen: auf Wunsch möglich
Betreuung vor Ort wird durch die Betreuer der Schulen garantiert. FernZiele hält Kontakt zu Teilnehmern und deren Eltern sowie zu den Betreuern an den Schulen regelmäßig von Deutschland aus.

Wichtige Hinweise – Besondere Leistungen – Qualitätssicherung
FernZiele ist Vermittler von High School Aufenthalten, kein Reiseveranstalter! Der Teilnehmer erhält die Originalrechnungen der Schule und des Flugvermittlers sowie die Rechnung über die Vermittlungsdienste von FernZiele. Sicherungsschein nicht notwendig.

Kurz und bündig

Gründungsjahr (2012)	2017	Anzahl der Schüleraustausch-Teilnehmer in 2017	10
Programm seit	2012	Anzahl der Teilnehmer aller Programme in 2017	10
Mindestalter	14	Sicherungsschein nach § 651r BGB wird ausgestellt	nein
Höchstalter	18	Programmdauer	Ab 6 Wochen; flexible Programmdauer
Weitere Angebote	Auf Wunsch Flugbegleitung; 2 Tage Stop Over Sydney		

Global Youth Group e.V.

Eststr. 6	Telefon: +49 (0)201 6124529
45149 Essen	Telefax: +49 (0)201 47619824
info@global-youth-group.de	www.global-youth-group.de

Selbstdarstellung
Die Global Youth Group e.V. (kurz GYG) ist ein gemeinnütziger Verein mit Sitz in Essen. Unser Team besteht überwiegend aus pädagogisch geschulten Mitarbeitern, weshalb wir dich und deine Eltern fundiert beraten und betreuen können. Durch unseren guten Mix aus jungen und erfahrenen Kräften erreichen wir stets eine hohe Qualität und Sicherheit. Eine ausführliche und individuelle Betreuung, hohe Qualität und Sicherheit sind für uns selbstverständlich. Unser Ziel ist, dass du den höchstmöglichen Nutzen aus deinem Auslandsabenteuer ziehst!

Zielländer – Programmbeispiele – Leistungen – Kosten
Wir bieten einen Schüleraustausch mit folgenden Ländern an: USA, Argentinien, Australien, Brasilien, Chile, Costa Rica, Dänemark, England, Finnland, Frankreich, Irland, Italien, Kanada, Mexiko, Neuseeland, Niederlande, Norwegen, Schottland, Schweden und Spanien. Die Unterkunft ist dabei in einer Gastfamilie oder in einem Internat oder in einer Hall of Residence. Du besuchst dabei eine öffentliche oder private Schule in deinem Wunschland. Der Aufenthalt ist zwischen 4 Wochen und mehreren Jahren möglich. Die Kosten für ein Schuljahr starten bei 6.500 €.

Bewerbungsverlauf und Kriterien für die Annahme des Bewerbers
Bewirb dich online, per Fax, per Telefon, per E-Mail oder auf dem Postweg mit unserem Bewerbungsformular. Du hast die Möglichkeit, dich für dein Wunschland zu bewerben oder für mehrere Länder. Nach dem Eingang deiner Bewerbung laden wir dich zum Bewerbungsinterview ein. Dieses kann bei dir, in deiner Nähe, in Essen oder per Skype stattfinden. Wichtig ist: Auch deine Eltern sind zu diesem Gespräch eingeladen. Kurze Zeit nach dem Gespräch teilen wir dir mit, ob du für das Programm geeignet bist und senden dir unser Vertragsangebot zu. Du solltest mindestens 11 Jahre oder älter sein, dich für neue Kulturen, Sprachen und Menschen interessieren. Wichtige Charaktereigenschaften sind Flexibilität, Toleranz und Anpassungsfähigkeit.

Vorbereitung – Betreuung – Nachbereitung
Im Schüleraustausch Programm bereiten wir dich immer mit einem mehrtägigen Vorbereitungsseminar vor und organisieren auch eine mehrtägige Nachbereitung. Auf Wunsch kannst du beides auf einen Tag verkürzen. Ebenso bieten wir dies für deine Eltern an. Du hast immer deinen persönlichen Betreuer im Gastland und in Deutschland.

Wichtige Hinweise – Besondere Leistungen – Qualitätssicherung
Wir bieten 4 Teilstipendien von bis zu 4.000 € und verschiedene Preisnachlässe an.
In manchen Ländern bieten wir zusätzlich eine mehrtägige Orientierung vor Ort an.

Kurz und bündig				
Gründungsjahr	2009	Anzahl der Schüleraustausch-Teilnehmer in 2017		190
Programm seit	2009	Anzahl der Teilnehmer aller Programme in 2017		300
Mindestalter	11	Sicherungsschein nach § 651r BGB wird ausgestellt		Ja
Höchstalter	19	Programmdauer	1 Jahr und länger	
Weitere Angebote	Au-Pair, Freiwilligendienst, Work & Travel, Sprach- & Adventure Camps, Gastfamilie werden			

GLS Sprachenzentrum – Inh. Barbara Jaeschke	
Kastanienallee 82	Telefon: 030 / 78 00 89 80
10435 Berlin	Telefax: 030 / 787 41 91
highschool@gls-sprachenzentrum.de	www.gls-sprachenzentrum.de

Selbstdarstellung

Seit über 30 Jahren Erfahrung im Schüleraustausch, 17 Destinationen weltweit, eine große Auswahl an staatlichen und privaten Schulen, Colleges und Internaten, Aufenthalte von 4 Wochen bis 24 Monaten – bei GLS findet sich für jeden ein passendes Programm. Regelmäßige Besuche bei den Partnern im Ausland, individuelle Betreuung vor und nach Abreise, motivierte Mitarbeiter sowie spannende Workshops zur Vor- und Nachbereitung garantieren wir gern.

Zielländer – Programmbeispiele – Leistungen – Kosten

Argentinien, Australien, Belgien, Brasilien, China, Costa Rica, Frankreich, Großbritannien, Irland, Italien, Japan, Kanada, Mexiko, Neuseeland, Spanien, Südafrika, USA. Je nach Programm Gebietsgarantie (Region/Stadt) bzw. Vermittlung an Wunschschule; Kurztrips/ Sprachkurse können vor Ort zusätzlich gebucht werden, eine Buchung mit/ohne Flug ist mögl. Programmpreise liegen vorwiegend zwischen 7.000 € und 15.000 €, 11 Monate Brasilien ohne Flug sind mit 4.740 € am günstigsten. Nicht im Preis enthalten sind Taschengeld, Schulbus, -bücher, -uniform sowie ggf. Mittagessen an der Schule, Versicherung, Visum.

Bewerbungsverlauf und Kriterien für die Annahme des Bewerbers

Nach Erhalt der Anmeldung laden wir den Schüler zu einem Interview auf Englisch (ggf. Spanisch/Französisch) ein, gern bieten wir zudem eine kostenlose Beratung mit den Eltern an. Interviewbericht und Notendurchschnitt bilden die Grundlage für die Aufnahme ins Programm. Motivation, Interesse und Anpassungsbereitschaft sind weitere wichtige Voraussetzungen sowie je nach Programm ein Notendurchschnitt von mind. 3,5 (teilw. 2,5).

Vorbereitung – Betreuung – Nachbereitung

GLS bietet eine umfassende Beratung zur Programmwahl, Visumsbeantragung, Versicherung, Flug, Anfertigung der Bewerbungsmappe und Vorbereitung des Aufenthalts an. Deutschlandweit sowie in Wien und Zürich finden unsere Orientierungsveranstaltungen vor Abreise statt. In Berlin werden zudem Workshops und Sprachkurse angeboten. Im Gastland wird je nach Programm eine ein- bis mehrtägige Orientierung durch unsere Partner organisiert. Neben GLS steht den Teilnehmern für die Dauer des Aufenthaltes ein Betreuer der Partnerorganisation zur Seite. Nach Rückkehr findet in Berlin ein Welcome Back-Wochenende statt. In der GLS Community können Interessenten Kontakt zu anderen GLSlern aufnehmen sowie Schüler, die auf dem GLS Campus Deutsch lernen, kontaktieren.

Wichtige Hinweise – Besondere Leistungen – Qualitätssicherung

DFH, CSIET; DFH-Stipendium (Zielland Neuseeland); weitere Stipendien in Wert von 20.000 € (teilweise freie Wahl des Ziellandes)

Kurz und bündig

Gründungsjahr	1983	Anzahl der Schüleraustausch-Teilnehmer in 2017		k.A.
Programm seit	1984	Anzahl der Teilnehmer aller Programmen 2017		k.A.
Mindestalter	11	Sicherungsschein nach § 651r BGB wird ausgestellt		ja
Höchstalter	19	Programmdauer	2 bis 24 Monate	
Weitere Angebote	Sprachreisen (Schüler/Erwachsene), Praktika, Work & Travel, Studium			

Highschool Australia - Deutsche Kontaktstelle	
Schwanengasse 2	Telefon: 0152 / 229 306 32
D-61449 Steinbach (Taunus)	Telefax: -
info@highschool-australia.de	www.highschool-australia.de

Selbstdarstellung
Highschool Australia ist eine in Brisbane ansässige Agentur, die vom australischen Staat anerkannt und zertifiziert ist. Kerngeschäft ist die Vermittlung und Organisation von High School-Aufenthalten in Australien und Neuseeland. Geleitet wird die Agentur von Anne Stewart und Heike Andryk, die ursprünglich aus Deutschland stammen und seit Jahrzehnten in Australien leben. Beide kennen alle High Schools und deren Personal gut. Ziel ist die kompetente und persönliche Beratung, insbesondere was die Schul- und Fächerwahl in Kombination mit persönlichen Interessen und gewünschtem Standort angeht. Dafür stehen weit über 100 Schulen in ganz Australien und über 30 in Neuseeland zur Auswahl.

Zielländer – Programmbeispiele – Leistungen – Kosten
Australien und Neuseeland: 3, 6, 9 oder 12 Monate bzw. bis zu mehrjährigen Aufenthalten inkl. Abitur-äquivalentem Abschluss; Preise: Schulpreise werden in Landeswährung direkt an die staatl. Behörden (Australien) bzw. direkt an die Schulen (Neuseeland) bezahlt. Highschool Australia berechnet darüber hinaus eine Beratungs- und Betreuungspauschale von 990 €. Alle Details stehen auf den entsprechenden Webseiten.
AUS: www.highschool-australia.de; NZL: www.high-school-in-neuseeland.de

Bewerbungsverlauf und Kriterien für die Annahme des Bewerbers
Alle Schüler (auch Real- und Gesamtschüler) im Alter von 11 bis 18 Jahren können für einen High School Aufenthalt in Australien oder Neuseeland vermittelt werden. Kontaktaufnahme jederzeit über das Formular auf der Webseite, alles Weitere in persönlichen (Telefon-) Gesprächen. Wir rufen zum Wunschtermin an. Programmstart immer zum Beginn des Terms; ggf. auch kurzfristige Anmeldungen möglich.

Vorbereitung – Betreuung – Nachbereitung
Vorbereitungsgespräche vor der Abreise; Hilfe bei der Koordination von gemeinsamen Flügen; Hilfe beim Ausfüllen aller Formulare; Betreuung vor Ort durch qualifiziertes Team, inklusive Homestay-Koordinator und Studienberater, 24 Stunden Telefonnotfallnummer.

Wichtige Hinweise – Besondere Leistungen – Qualitätssicherung
Vertragspartner für Unterricht und Unterbringung ist die staatliche Aufsichtsbehörde in Australien oder die (staatliche) Schule in Neuseeland. Insofern besteht kein Ausfallrisiko hinsichtlich der Grundleistung.

Kurz und bündig			
Gründungsjahr	2000	Anzahl der Schüleraustausch-Teilnehmer in 2017	60
Programm seit	2000	Anzahl der Teilnehmer aller Programme in 2017	160
Mindestalter	11	Sicherungsschein nach § 651r BGB wird ausgestellt	nein
Höchstalter	18	Programmdauer	ab 3 Monaten (1 Term) bis unbeschränkt
Weitere Angebote	Au-Pair in Australien; Work and Travel in Australien;		

ICXchange-Deutschland e.V.	
Bahnhofstr. 16–18	Telefon: 0441 / 92 398 0
26123 Oldenburg	Telefax: 0441 / 92 398 99
info@icxchange.de	www.icxchange.de

Selbstdarstellung

ICXchange-Deutschland e.V. – kurz ICX – ist eine gemeinnützige Organisation, die seit 1974 unterschiedliche Programme im Bereich des internationalen Schüleraustausches und der interkulturellen Begegnung durchführt. Unser Ziel ist es, die Völkerverständigung, den internationalen Gedankenaustausch und die Toleranz auf allen Gebieten der Kultur zu pflegen und dadurch ein friedliches Miteinander aller Menschen zu fördern.

Zielländer – Programmbeispiele – Leistungen – Kosten

Zielländer: USA, Kanada, Australien, Neuseeland, England, Irland, Frankreich, Spanien, Argentinien, Costa Rica und Ecuador. Die Schüler wohnen bei einer einheimischen Gastfamilie und besuchen eine allgemeinbildende Schule. Kostenbeispiele: Schuljahr USA 2019/20: 9.850 €; Schuljahr Australien-NSW: 2019/20: 25.600 €. Die aktuellen Preise für alle Programme sind auf www.icxchange.de zu finden. Im Preis enthaltene Leistungen: Unterkunft und Verpflegung in der Gastfamilie, Schulplatzgarantie, ggf. Schulgebühren, Betreuung, Vorbereitungs- und Nachbereitungsseminar, Einführungsseminar bzw. -treffen im Gastland, Flugticket, Unfall- und Krankenversicherung.

Bewerbungsverlauf und Kriterien für die Annahme des Bewerbers

Bewerben können sich aufgeschlossene und anpassungsfähige Schüler zwischen 14 und 18 Jahren, die eine allgemeinbildende Schule besuchen und bei guter Gesundheit sind. Je nach Zielland sind zwei bis drei Jahre Fremdsprachenunterricht in der jeweiligen Landessprache und ein bestimmter Notendurchschnitt nachzuweisen. Nach einem erfolgreichen persönlichen Gespräch erhalten die Bewerber und ihre Eltern ein schriftliches Vertragsangebot.

Vorbereitung – Betreuung – Nachbereitung

Vor der Ausreise laden wir alle Teilnehmer und ihre Eltern zu einem Vorbereitungsseminar ein. Zusätzlich erhält jeder Teilnehmer eine ausführliche Informationsmappe. Wir stehen bei allen Fragen zur Seite und bleiben auch während des Auslandsaufenthalts Ansprechpartner für die Eltern. Für die Teilnehmer werden im Gastland unsere Partnerorganisation und ein persönlicher Betreuer Ansprechpartner sein. Nach der Rückkehr laden wir alle Teilnehmer eines Austauschjahrgangs noch einmal zu einem gemeinsamen Nachbereitungsseminar ein.

Wichtige Hinweise – Besondere Leistungen – Qualitätssicherung

- Ab einer Teilnehmerzahl von 15 Personen werden die Flüge begleitet.
- Wir vergeben einkommensabhängige Teilstipendien in einer Höhe von bis zu 1.000 €.
- Unsere Programme werden jährlich evaluiert.

Kurz und bündig

Gründungsjahr	1974	Anzahl der Schüleraustausch-Teilnehmer in 2017	162
Programm seit	1974	Anzahl der Teilnehmer aller Programme in 2017	207
Mindestalter	14	Sicherungsschein nach § 651r BGB wird ausgestellt	ja
Höchstalter	18	Programmdauer	ein Trimester bis ein Schuljahr
Weitere Angebote	Sprachferien USA, Kanada, England, Irland, Spanien, Frankreich (1 Woche bis 4 Wochen), School Guest (4 bis 8 Wochen High School), Gastfamilie werden		

international Experience e.v.	
Amselweg 20	Telefon: 02246 / 915 49 0
53797 Lohmar	Telefax: 02246 / 915 49 12
info@international-experience.net	www.international-experience.net

Selbstdarstellung

iE ist ein als gemeinnützig anerkannter Verein mit einem internationalen Netzwerk in über 10 Ländern. Wir begleiten Eltern und Schüler persönlich und individuell in allen Phasen des Projektes „schulischer Auslandssaufenthalt". Alle iE Mitarbeiter/Innen haben persönliche Auslandserfahrungen. Wir kennen die Problematik und die kulturellen Unterschiede aus eigenem Erleben und beraten daher umfassend und individuell.

Zielländer – Programmbeispiele – Leistungen – Kosten

USA: Public High School, 5 oder 10 Monate, Basispreis: 7.995 € bis 8.895 €, Private Day School 7.995 € bis 8.895 € zzgl. Schulgebühren ab 5.500 €, Internate ab 19.500 € pro Jahr. Australien: 3, 6, 9 oder 12 Monate, 6.700 € bis 19.250 €, inkl. Gebühren. der Behörden, Gastfamiliengeld und Versicherung, Privatschulen ab 27.400 €, Internate ab 16.500 € pro Jahr. Neuseeland: 3, 6, 9 oder 12 Monate, 8.340 € bis 19.550 €, inkl. Gebühren der Behörden, Gastfamiliengeld und Versicherung, Privatschulen ab 23.000 € Internate ab 15.500 € pro Jahr. Südafrika: 3, 6, 9 oder 12 Monate, 4.540 € bis 9.360 € inkl. Schulgeb. und Gastfamiliengeld, Privatschulen ab 11. € pro Jahr auf Anfrage, Internate auf Anfrage. Argentinien: 3, 5 oder 10 Monate, 4.695 € bis 6.965 €, Privatschulen: 6.245 € bis 8.495 €, inkl. Schulgebühr, Gastfamiliengeld und Versicherung. Kanada: 3, 5 oder 10 Monate, 6.660 € bis 15.800 €, inkl. Gebühren der Behörden, Gastfamiliengeld und Vers., Privatschulen ab 22.695 € pro Jahr, Internate ab 15.600 €. England: 1, 2 oder 3 Terms: 7.695 € bis 11.495 €, staatl. Internate ab 14.490 € pro Jahr. Irland: 3 bis 9 Monate möglich: Öffentliche Schule: 6.995 € bis 11.595 €. Spanien: 3, 5 oder 10 Monate, 4.995 € bis 7.995 €. Costa Rica: 3, 5 oder 10 Monate, 4.995 € bis 8.195 €, Privatschulen 7.245 € bis 11.495 €, bilinguale Schule7.995 € bis 14.195 €. Kosten für Flüge, Versicherungen teilweise, Taschengeld und Visumsgeb. sind in den Programmpreisen nicht enthalten. Beratungsgebühr für alle Internatsprogramme ab 390 €.

Bewerbungsverlauf und Kriterien für die Annahme des Bewerbers

Auswahl der Bewerber nach einem Einzelgespräch im Beisein der Eltern. Aufnahmekriterien sind neben Schulnoten Eigenschaften wie Flexibilität, Motivation und Anpassungsfähigkeit.

Vorbereitung – Betreuung – Nachbereitung

Mehrtägiges Vorbereitungsseminar vor Abreise mit Abschlussveranstaltung für die Eltern. Betreuung vor Ort durch erfahrene Koordinatoren von iE oder der jeweiligen Partnerorganisationen. 24-Stunden-Hotline für Notfälle für alle Programme. Nachtreffen nach Rückkehr.

Wichtige Hinweise – Besondere Leistungen – Qualitätssicherung

iE USA ist Mitglied der CSIET, iE e.V. ist anerkannt als Aussie Specialist, Canadian Specialist, New Zealand Education - Recognised Agency, ICEF Agency. iE e.V. wurde 2017 vom deutschen Institut für Service-Qualität als beste gemeinnützige Organisation ausgezeichnet.

Kurz und bündig

Kurz und bündig			
Gründungsjahr	2000	Anzahl der Schüleraustausch-Teilnehmer in 2017	366
Programm seit	2000	Anzahl der Teilnehmer aller Programme in 2017	k.A.
Mindestalter	14	Sicherungsschein nach § 651r BGB wird ausgestellt	ja
Höchstalter	18	Programmdauer	3 Monate bis 2 Jahre
Weitere Angebote	Summer Camps, Sprachreisen, Weltreise und Schule auf dem Segelschiff		

into GmbH
Ostlandstraße 14
50858 Köln
kontakt@into.de

Telefon: 02234 / 946 36 0
Telefax: 02234 / 946 36 23
www.into.de

Selbstdarstellung
into kann auf jahrzehntelange Erfahrung zurückblicken. Seit 1978 werden Sprachreisen, seit 1986 Schüleraustauschprogramme und seit über zehn Jahre Ü18-Programme (Work & Travel, Auslandspraktika und Freiwilligenarbeit) angeboten. into ist Mitglied im Deutschen Fachverband High School (DFH) sowie Mitglied bei der World Youth and Student Travel Conference (WYSTC). Wir sorgen mit viel Engagement und persönlichem Einsatz dafür, dass der Auslandsaufenthalt zu einem erfolgreichen und unvergesslichen Erlebnis wird.

Zielländer – Programmbeispiele – Leistungen – Kosten
USA, Kanada, Argentinien, Australien, Brasilien, England, Frankreich, Irland, Italien, Neuseeland, Niederlande, Polen, Schottland, Spanien und Ungarn. Der Aufenthalt kann unterschiedlich lang je nach Austauschland gewählt werden (ein bis zwölf Monate). Leistungen: Vorbereitung, Hin- und Rückflug (inkl. Binnenflüge), Versicherung, Orientation Camps und Einführungstage, Unterbringung in einer Gastfamilie und an einer landesüblichen Schule, Teilnahmezertifikat. Neben Classic Programmen bieten wir auch Stadt- und Schulwahlprogramme an. Die Preise finden Sie auf unserer Website www.into.de.

Bewerbungsverlauf und Kriterien für die Annahme des Bewerbers
Die Bewerbung erfolgt online oder über die Broschüre. Wir laden den Bewerber zusammen mit mindestens einem Elternteil zum unverbindl. und persönl. Kennenlerngespräch ein. Nach einem positiven Gesprächsverlauf erhalten Bewerber ein Vertragsangebot und einen passwortgeschützten Zugang zu Online-Bewerbungsunterlagen. Briefe, Hobbies, Fotos und Gutachten werden durch uns geprüft und weitergeleitet. Der Notendurchschnitt sollte befriedigend sein und das Zeugnis keine mangelhafte Note in einem Hauptfach enthalten. Das Wichtigste sind jedoch Motivation, Flexibilität und Anpassungsbereitschaft. Auch Realschüler können mit into ins Ausland, wenn sie den Schülerstatus haben.

Vorbereitung – Betreuung – Nachbereitung
Vorbereitungswochenende für Teilnehmer, Vorbereitungsnachmittag für Eltern, vorbereitende Handbücher für Teilnehmer und Eltern, Orientation Camps und Einführungstage, Betreuung vor Ort durch Partnerorganisation, Nachbereitungstreffen und Returnee BBQ Wochenende.

Wichtige Hinweise – Besondere Leistungen – Qualitätssicherung
Unsere Programme sind geprüft und unterliegen einer jährlichen Qualitätskontrolle. into hat fast 40 Jahre Erfahrung mit Auslandsaufenthalten und pflegt eine langjährige und intensive Zusammenarbeit mit seinen Partnern. In den USA arbeiten wir ausschließlich mit Partnern zusammen, die dem CSIET angehören. into ist Mitglied beim DFH und WYSTC und außerdem eine New Zealand Education Recognised Agency.

Kurz und bündig

Gründungsjahr	1978	Anzahl der Schüleraustausch-Teilnehmer in 2017	251
Programm seit	1986	Anzahl der Teilnehmer aller Programme in 2017	308
Mindestalter	14	Sicherungsschein nach § 651r BGB wird ausgestellt	ja
Höchstalter	18	Programmdauer	1 bis 12 Monate
Weitere Angebote	Work & Travel, Auslandspraktika, Freiwilligenarbeit, Sprachreisen und Gastfamilie werden		

OneWorld Education GmbH	
Kuseler Weg 41	Telefon: 0211 / 280 11 80
40229 Düsseldorf	Telefax: 0211 / 21 98 66
info@oneworld-education.de	www.oneworld-education.de

Selbstdarstellung
OneWorld Education wurde 1996 in den USA gegründet und hat sich im Laufe des letzten Jahrzehnts zu einem Experten in dem am stärksten nachgefragten Bundesstaat Kalifornien etabliert. Mithin lassen sich die meisten Veranstalter eine Platzierung in Kalifornien teuer bezahlen. Jedoch falls wir Sie in eine Gastfamilie im Bundesstaat Kalifornien vermitteln können, bekommen Sie diese Staatenwahl gratis hinzu, ganz ohne Aufpreis! Schließlich ist es unser Ziel, den akademischen Gedanken mit Spaß und Erlebnissen in den schönsten und aufregendsten Bundesstaaten der USA zu kombinieren und trotzdem einen bezahlbaren akademisch-kulturellen Aufenthalt zu ermöglichen. Langweilen sollen sich doch die Anderen!

Zielländer – Programmbeispiele – Leistungen – Kosten
Die USA sind immer noch Spitzenreiter, wenn es Jugendliche ins Ausland zieht. Daher bietet OneWorld Education vorwiegend Gastschulaufenthalte in die USA (ab 8.400 €) an. Das Programm „High School California" beinhaltet bei frühzeitiger Anmeldung sogar eine kostenlose Staatengarantie für Kalifornien. Selbstverständlich platzieren wir auch in allen anderen Bundesstaaten, bspw. in Florida oder Hawaii und auch bei Gastfamilien, die Sie uns vorschlagen.

Bewerbungsverlauf und Kriterien für die Annahme des Bewerbers
Nach Erhalt der unverbindlichen Kurzbewerbung und der Prüfung formaler Kriterien, senden wir Ihnen die vollständigen Bewerbungs- und Vertragsunterlagen zu. Erst mit deren Eingang bei uns ist die Anmeldung für Sie verbindlich. Nach dem erfolgreich verlaufenen Auswahlgespräch teilen wir Ihnen die Aufnahme mit. Umfassende Kenntnisse der englischen Sprache sowie eine charakterliche und schulische Eignung sind generelle Teilnahmevoraussetzungen. Die Schulnoten und Schulform allein sind kein primäres Auswahlkriterium.

Vorbereitung – Betreuung – Nachbereitung
Die Vorbereitung findet in Form eines Blockseminars in der Heinrich-Heine-Universität Düsseldorf statt. Durch das möglichst flächendeckende Mitarbeiternetz in den USA gewährleisten wir eine optimale Betreuung, um bei eventuellen Problemen besonders schnell vor Ort sein zu können. Eltern werden durch Statusberichte über die Entwicklung des Schülers regelmäßig informiert.

Wichtige Hinweise – Besondere Leistungen – Qualitätssicherung
Wir empfehlen unbedingt eine frühzeitige Bewerbung, da die Erfüllung von Staatenwünschen meist einer längeren Vorlaufzeit bedürfen. Ein umfangreiches Versicherungspaket (Kranken-, Unfall-, Haftpflicht- & Reisegepäckversicherung) ist im Programmpreis enthalten! Die Leistungen der OneWorld Education wurden von der Stiftung Warentest mit 40 weiteren Organisationen verglichen (Stiftung Warentest: Schüleraustausch – Gut gerüstet für den Trip, in: test, Heft 9/2005, Berlin, S. 74-79).

Kurz und bündig

Gründungsjahr	1996	Anzahl der Schüleraustausch-Teilnehmer in 2017	168
Programm seit	1996	Anzahl der Teilnehmer aller Programme in 2017	194
Mindestalter	14 ½	Sicherungsschein nach § 651r BGB wird ausgestellt	ja
Höchstalter	18 ½	Programmdauer	1 Semester (ca. 5 M), 1 Schuljahr (ca. 10 M)
Weitere Angebote	Sprachreisen, Work & Travel, College/University, Flight Training		

Open Door International e.v.

Thürmchenswall 69	Telefon: 0221 / 60 60 855 0
50668 Köln	Telefax: 0221 / 60 60 855 19
info@opendoorinternational.de	www.opendoorinternational.de

Selbstdarstellung
Open Door International e.v. (ODI) ist ein gemeinnütziger Verein und Träger der freien Jugendhilfe. Wir möchten interkulturelle Verständigung, Toleranz und den Respekt für andere Lebensweisen fördern. Deshalb organisiert ODI Schüleraustausch- und Kurzzeitprogramme, Individuelle Freiwilligenprogramme, den Europäischen Freiwilligendienst (EFD), den entwicklungspolitischen Freiwilligendienst weltwärts sowie den Aufenthalt internationaler Gäste in Deutschland. Zudem sind wir offizielle Partnerorganisation beim „Parlamentarischen Patenschafts-Programm" (PPP) des Deutschen Bundestages und des Kongresses der USA.

Zielländer – Programmbeispiele – Leistungen – Kosten
Argentinien (ab 7.490 €), Australien (ab 6.590 €), Chile (ab 5.990 €), Costa Rica (ab 6.990 €), Frankreich (ab 4.490 €), Großbritannien (ab 9.290 €), Irland (ab 8.790 €), Italien (ab .990 €), Kanada (ab 6.290 €), Neuseeland (ab 6.590 €), Spanien (ab 5.590 €), Südafrika (ab 6.990 €), USA (ab 8.990 €). Je nach Land sind 3-, 5- oder 10-monatige Programme mit Start im Januar/Februar oder Juli/August/September möglich (die Preisbeispiele beziehen sich auf den jeweils kürzesten Zeitraum). Alle Preise sind inkl. Flug, außer Australien, Kanada, Neuseeland und die europäischen Länder. Obligatorisches Vorbereitungsseminar sowie Nachbereitungsseminar und Elterntreffen sind inkl.. Weitere Informationen, Leistungen und Kosten: zu unseren Programmen und Preisen sind in unserer Broschüre und auf unserer Website zu finden.

Bewerbungsverlauf und Kriterien für die Annahme des Bewerbers
Der Bewerber erhält nach der Anmeldung Bewerbungsunterlagen, anhand derer, vorbehaltlich eines persönlichen Auswahlgesprächs, das beim Bewerber zu Hause stattfindet, über die Annahme entschieden wird. Auswahlkriterien sind gute schulische Leistungen, gute physische und psychische Gesundheit, Motivation, Persönlichkeit und generelle Eignung.

Vorbereitung – Betreuung – Nachbereitung
Im Frühjahr und Herbst finden obligatorische, 4-tägige Vorbereitungsseminare statt. Themen sind u.a. allgemeine, organisatorische Informationen, die gezielte Vorbereitung auf das Leben im Gastland, das Verhalten in der Gastfamilie, Strategien zur Vermeidung/Lösung von Problemen. Ehem. Teiln. erzählen von ihren Erfahrungen. Für die Eltern findet ein Workshop mit anschließender Informations- und Fragerunde statt. Vor Ort kümmern sich regionale Betreuer um die Teilnehmer. Im Frühjahr findet ein kleines Nachtreffen für Semesterteilnehmer statt, im Herbst ein dreitägiges Nachbereitungsseminar für alle Rückkehrer.

Wichtige Hinweise – Besondere Leistungen – Qualitätssicherung
Mehrere Teilstipendien (für die USA, Kölner Schüler und länderungebunden). ODI ist Mitglied im AJA (Arbeitskreis gemeinnütziger Jugendaustauschorganisationen).

Kurz und bündig

Gründungsjahr	1983	Anzahl der Schüleraustausch-Teilnehmer in 2017	106
Programm seit	1984	Anzahl der Teilnehmer aller Programme in 2017	267
Mindestalter	14	Sicherungsschein nach § 651r BGB wird ausgestellt	ja
Höchstalter	18	Programmdauer	3, 5 oder 10 Monate	
Weitere Angebote	Gastfamilie werden, Kurzzeitprogramme, Individuelle Freiwilligenprogramme, EFD, weltwärts		

Southern Cross – Eine Marke der DFSR GmbH
Industriestr. 35   Telefon: 0621 / 391 879 09
68169 Mannheim   Telefax: 0621/391 851 94
info@southerncross.eu   www.southerncross.eu

Selbstdarstellung
Southern Cross ist dein High School Spezialist für Down Under und Nordamerika! Es wird großen Wert auf Fachkenntnis, kompetente und individuelle Beratung gelegt. Die Beratungsgespräche werden wahlweise zu Hause oder in unserem Büro in Mannheim durchgeführt und sind kostenfrei und unverbindlich. Eine feste Anmeldung kommt erst nach einem konkreten Schulplatzangebot unsererseits zustande. Es werden individuelle Angebote erstellt (z.b. bei eigener Gastfamilie, eigener Anreise etc.)

Zielländer – Programmbeispiele – Leistungen – Kosten
Programmbeispiele Australien und Neuseeland:
- Aufenthalt für 3 Monate im South Australia Regional Program ab 8.160 €
- Aufenthalt für 12 Monate in Neuseeland ab 17.990 €
Stelle dir ein individuelles Programm zusammen oder lasse dir ein Angebot erstellen
Programmbeispiele USA und Kanada:
- Aufenthalt für 3 Monate in der Rocky Mountain School Division ab 8.500 €
- Aufenthalt für 1 Semester im Nova Scotia School District ab 9.900 €
Alle Programme beinhalten mindestens: Hin- und Rückflug, Anschlussflüge, freie Schul- und Regionenwahl, Schulgebühren, Unterkunft und Verpflegung in der Gastfamilie, englischsprachige Betreuung vor Ort, Krankenversicherung, Vorbereitungsseminar in Deutschland, Unterstützung bei der Visumsbeantragung, persönliche Beratung, Vertrag nach deutschem Reiserecht, Teilnehmerzertifikat, Sicherungsschein.

Bewerbungsverlauf und Kriterien für die Annahme des Bewerbers
Kurzbewerbung online oder schriftlich. Unverbindliches persönliches Beratungsgespräch auf Wunsch zu Hause oder im Büro, verbindliches Vertragsangebot mit Schulnennung und Abreisegarantie. Schüler müssen bei Abreise zwischen 13 und 18 Jahre alt sein. Nach Rücksprache ist ein Aufenthalt auch ab 19 Jahren möglich.

Vorbereitung – Betreuung – Nachbereitung
Persönliches Beratungsgespräch, Vorbereitungsseminar, begleiteter Gruppenflug, deutschsprachige Betreuung durch eigene Mitarbeiter in AUS/NZ und in den USA/CAN, Betreuung durch die Schule vor Ort, Betreuung durch Southern Cross für Eltern in Deutschland, Welcome Back Seminar.

Wichtige Hinweise – Besondere Leistungen – Qualitätssicherung
Persönliche Beratung zu Hause, Auswahl aus mehreren hundert Schulen, komplette Organisation aus einer Hand, Visumsbeantragung (NZ/AUS), Unterstützung bei Visumsbeantragung (CAN/USA), Flüge, Reisen vor Ort für die Schüler

Kurz und bündig

Gründungsjahr	1998	Anzahl der Schüleraustausch-Teilnehmer in 2017	200
Programm seit	1998	Anzahl der Teilnehmer aller Programme in 2017	200
Mindestalter	13	Sicherungsschein nach § 651r BGB wird ausgestellt	ja
Höchstalter	19	Programmdauer	1 bis 30 Monate
Weitere Angebote			

Stepin GmbH – Student Travel and Education Programmes International	
Kaiserstr. 19	Telefon: 0228 / 71 005 300
53113 Bonn	Telefax: 0228 / 71 005 999
school@stepin.de	www.stepin.de

Selbstdarstellung

Stepin gehört zu den führenden deutschen Austauschorganisationen und vermittelt seit 1997 erfolgreich Auslandsaufenthalte für Weltentdecker – darunter High School, Work & Travel, Auslandspraktikum, Freiwilligenarbeit und Au-Pair. Unsere Mission: Jungen Menschen die einmalige Chance geben, fremde Kulturen und Länder zu entdecken und einzigartige Erfahrungen fürs Leben zu sammeln. Eigene Jugendberater in Deutschland und Österreich sind die direkten Ansprechpartner für High School-Interessenten vor Ort. Stepin bietet Schülern und Eltern eine individuelle Beratung und Betreuung.

Zielländer – Programmbeispiele – Leistungen – Kosten

Zielländer: USA, Kanada, Australien, Neuseeland, Großbritannien, Irland, Spanien
Programmbeispiele: Ein Austauschjahr an einer ausländischen High School ist immer ein Gewinn – ob für 3 Monate oder ein ganzes Jahr. Man lernt eine neue Fremdsprache, entwickelt früh interkulturelle Kompetenzen und knüpft internationale Freundschaften fürs Leben.
Leistungen: u.a. Hin- und Rückflug (programmabhängig; auf Wunsch mit Flug möglich), Vorbereitungsseminar für Schüler und Eltern, Handbücher für Schüler und Eltern, Vermittlung in eine Gastfamilie und eine örtliche High School/private Tagesschule, Betreuung vor Ort, Versicherungsschutz (programmabhängig; wir erstellen gern ein individuelles Angebot).
Kosten: USA ab 8.940 €; Kanada ab 5.570 €; Australien ab 6.320 €; Neuseeland ab 6.055 €; Großbritannien ab 6.140 €; Irland ab 7.990 €; Spanien ab 6.300 €

Bewerbungsverlauf und Kriterien für die Annahme des Bewerbers

Persönliches und individuelles Auswahlgespräch sowie schriftliche Bewerbung. Teilnahmevoraussetzungen: kulturelle Aufgeschlossenheit, Reife, Toleranz und befriedigende schulische Leistungen. Mindestalter: 13 Jahre; Höchstalter: 18 Jahre.

Vorbereitung – Betreuung – Nachbereitung

Vorbereitungsseminar für Eltern und Schüler in Deutschland, Fun-Wochenende (geringe Kostenbeteiligung), begleitete Gruppenausreisen (je nach Programm), Betreuung durch lokalen Betreuer, Betreuung durch Partnerorganisation, Orientation vor Ort (je nach Programm; ggf. gegen Aufpreis), Teilnahme am Returnee-Treffen (geringe Kostenbeteiligung).

Wichtige Hinweise – Besondere Leistungen – Qualitätssicherung

Stepin vergibt Stipendien für unterschiedliche High School-Programme.
Mitgliedschaften: DFH, WYSE Travel Confederation, IAPA, IATA, FDSV

Kurz und bündig				
Gründungsjahr	1997	Anzahl der Schüleraustausch-Teilnehmer in 2017		ca. 600
Programm seit	1997	Anzahl der Teilnehmer aller Programme in 2017		k.A.
Mindestalter	13	Sicherungsschein nach § 651r BGB wird ausgestellt		ja
Höchstalter	18	Programmdauer	3 bis 12 Monate	
Weitere Angebote	Work & Travel, Auslandspraktikum, Freiwilligenarbeit, Au-Pair, Gastfamilie werden, eigene Versicherungsabteilung			

Schüleraustausch

STS Sprachreisen GmbH
Mönckebergstraße 5 (ab Dez 2018 An der Alster 62)   Telefon: 040 / 303 999 23
20095 Hamburg   (ab Dez. 2018 20099 Hamburg)   Telefax: 040 / 303 999 08
highschool@sts-education.de   www.sts-education.de

Selbstdarstellung
Wir von STS sind schon seit 1958 in der internationalen Austauschbranche tätig und verfügen daher über ein sehr gutes Netzwerk in allen Gastländern. Davon profitierst du bei der Auswahl deiner Gastfamilie und Schule. STS bietet dir während der gesamten Reise eine persönliche Betreuung. Unser kompetentes Team hat eigene Erfahrungen im Ausland gesammelt und wird vor, während und nach deinem Austauschjahr für dich da sein. Ganz egal, wo du auf der Welt gerade bist, es gibt immer eine Kontaktperson an die du dich wenden kannst.

Zielländer – Programmbeispiele – Leistungen – Kosten
Zielländer: USA, Kanada, Australien, Neuseeland, UK, Irland, Frankreich, Spanien, Italien, Niederlande, Schweden, Norwegen, Dänemark, Japan, Brasilien, Ecuador, Argentinien
Programmart: Kurzprogramme (1-3 Monate), Öffentliche High Schools (Semester, Schuljahr), Programme mit Städte-u. Regionenwahl, STS Select: Private High School Programme
Kosten: ab ca. 3.790 € (inkl. Hin- und Rückflug)
Ein Welcome Camp ist bei Abreise im Sommer immer enthalten.

Bewerbungsverlauf und Kriterien für die Annahme des Bewerbers
Das kostenlose Bewerbungsgespräch findet bei uns im Büro in Hamburg oder per Skype bzw. Facetime statt. Zusätzlich bieten wir in 60 Städten persönliche Gespräche an. In dem Gespräch lernen wir uns kennen und wir geben dir und deiner Familie alle wichtigen Informationen zu deinem Austauschjahr. Im Anschluss an unser Gespräch und der Prüfung der Unterlagen erfährst du, ob du in das Programm aufgenommen bist. Wichtig für die Aufnahme ist dein Interesse an anderen Kulturen, eine hohe Motivation, Offenheit und Anpassungsfähigkeit.

Vorbereitung – Betreuung – Nachbereitung
Vor der Abreise führen wir ein Vorbereitungstreffen für alle Teilnehmer und deren Eltern durch. Ehemalige STS-Schüler informieren und stehen als Kontaktschüler zur Verfügung. Die Betreuung erfolgt durch STS Deutschland sowie durch das STS Büro bzw. unsere Partnerorganisationen vor Ort. Oft gibt es für STS Austauschschüler die Möglichkeit, Reiseangebote vor Ort wahrzunehmen, wie z.B. unsere Coast to Coast Reise von L.A. nach New York. Auch für die Eltern steht STS während der gesamten Zeit zur Verfügung.

Wichtige Hinweise – Besondere Leistungen – Qualitätssicherung
STS ist Mitglied im Deutschen Fachverband für Jugendreisen, Reisenetz e.V., STS Foundation und andere Partner in der USA sind beim CSIET gelistet.

Kurz und bündig

Gründungsjahr	1987	Anzahl der Schüleraustausch-Teilnehmer in 2017	90
Programm seit	1987	Anzahl der Teilnehmer aller Programme in 2017	114
Mindestalter	14	Sicherungsschein nach § 651r BGB wird ausgestellt	ja
Höchstalter	18	Programmdauer	Kürzeste: ein Monat, Längste: ein Schuljahr
Weitere Angebote	USA 3 Tage NY, „Coast 2 Coast" Abschlussreise, Schul-/Regionswahlprogramm, STS Select: Priv. High School, Boarding, Gastfamilie werden

Study Nelson Ltd. – Deutsches Kontaktbüro
Kurfürstendamm 132 – c/o Blue Sky
10711 Berlin
info@studynelson.com

Telefon: 030 / 89 00 95 94
Telefax: 030 / 89 00 95 24
www.studynelson.com

Selbstdarstellung
Study Nelson ist eine deutschsprachige Organisation mit Hauptsitz in Neuseeland. Seit 1999 bieten wir Jugendlichen die Möglichkeit, unbesorgt einen Schulaufenthalt in Neuseeland zu verbringen. Dabei geben wir die Verantwortung für unsere Schüler nicht an Partner ab – wir betreuen sie persönlich vor Ort. Unsere langjährige Erfahrung und Fachkenntnisse garantieren eine sorgfältige Beratung u. Vorbereitung. Unsere Programme werden individuell auf jeden Teilnehmer zugeschnitten. Im HighSchool Select Plus Programm leisten wir intensive schulische Unterstützung und Betreuung, bei der wir u.a. die Gastfamilie individuell auswählen.

Zielländer – Programmbeispiele – Leistungen – Kosten
Wir sind mit Standort vor Ort auf Neuseeland spezialisiert und bieten folgende Programme:
- High School NeuseelandSelect Plus: persönl. u. schulische Betreuung vor Ort, intensive Vorbereitung, betreuter Hinflug (Januar u. Juli), Einführungskurs, persönl. Aussuchen der Gastfamilie, freie Schulwahl, 3-18 Monate (1-6Terms), 1 Term ab 8.450 €.
- High School Neuseeland Basis: Programm mit ausgesuchten Schulen neuseelandweit, ausführliche Beratung und Vorbereitung, Notfallbetreuung, 3-12 Monate, 1 Term ab 5.950 €.
- Schulabschluss Neuseeland: mit intensiver schulischer Betreuung, NCEA Schulabschluss, in Deutschland,Österreich u. Schweiz anerkannt, 12-18 Monate z.B. 4 Terms ab 19.250 €.
- Gap Year Neuseeland: Für Schulabgänger, z.B. High School mit berufsvorbereitenden Kursen oder Sprachkurs, anschließend Praktikum oder Au-Pair, 3-12 Monate, ab 6.440 €.
- Familien-Auszeit: Neuseelandaufenthalte für die ganze Familie, Preis je nach Programm
Leistungen bei allen Programmen: ausführliche Beratung durch Neuseelandspezialisten, komplette Organisation des Aufenthaltes, Unterstützung bei Visumsbeantragung, sorgfältige Vorbereitung, Handbuch, Einführung vor Ort, umfassende Versicherung, Flugbuchung, Reise-Service, persönliche Ansprechpartner in Neuseeland, Rund-um-die-Uhr-Erreichbarkeit.

Bewerbungsverlauf und Kriterien für die Annahme des Bewerbers
Unverbindliche Beratung im Heimatland, Bewerbung per E-Mail/Post nach Neuseeland. Teilnehmer sollten 13-18 Jahre (jünger/älter nach Absprache), tolerant u. offen für Neues sein.

Vorbereitung – Betreuung – Nachbereitung
Beratungsgespräch, Vorbereitungsseminar, Online-Kurs vor Ausreise. In Neuseeland: Einführungskurs, persönliche u. schulische Betreuung, Auswahl der Gastfamilie durch unser deutschsprachiges Team, Berichte an Eltern, Nachbereitung u. Ehemaligentreffen.

Wichtige Hinweise – Besondere Leistungen – Qualitätssicherung
Seit fast 20 Jahren vor Ort in Neuseeland; ENZ anerkannte Agentur; professionelle Beratung u. Betreuung in einer Hand; Stipendien u. Fördermöglichkeiten; individuelle Programme.

Kurz und bündig

Gründungsjahr	1999	Anzahl der Schüleraustausch-Teilnehmer in 2017	165
Programm seit	1999	Anzahl der Teilnehmer aller Programme in 2017	545
Mindestalter	13	Sicherungsschein nach § 651r BGB wird ausgestellt	nein
Höchstalter	-	Programmdauer	3 bis 12 bzw. 18 Monate
Weitere Angebote	Familien-Auszeit, Sprachkurs, FWD, Praktika, Au-Pair, Neuseeland-Reisen für Schüler u. Eltern		

Terre des Langues - Inh. Petra Schmidt	
Pflanzenmayerstr. 16	Telefon: 0941 / 56 56 02
93049 Regensburg	Telefax: 0941 / 56 56 04
terre-des-langues@t-online.de	www.terre-des-langues.de

Selbstdarstellung

„Wir sind eine Terre des Langues-Familie". Das ist das Motto von Terre des Langues International, deren Mitglieder sich seit vielen Jahren persönlich kennen. Die Familienauswahl ist die wichtigste Aufgabe der Mitarbeiter. Sie kennen die Gastfamilien persönlich und verfügen über entsprechende Empfehlungen. Wir legen großen Wert darauf, mit Schülern und Eltern persönliche Gespräche zu führen, „Take wing!" ist unser Motto. Losfliegen und verzaubert werden von einer anderen Welt, einer anderen Schule, einer Gastfamilie.

Zielländer – Programmbeispiele – Leistungen – Kosten

USA: 5 Monate für 8.100 €, 10 Monate für 9.300 €. Für das Schuljahr 2018/19 und für das Schuljahr 2019/2020 gibt es Stipendien.
Kanada: ab 4 Wochen bis 10 Monate mit Orts- und Schulwahl, ab 3.900 €
England: ab 4 Wochen, 1 Term ab 5.590 €
Neuseeland: ab 4 Wochen bis zu 18 Monaten mit Orts- und Schulwahl, 1 Term ab 6.200 €
Australien: ab 4 Wochen bis zu 12 Monaten mit Orts- und Schulwahl, 1 Term ab 7.990 €
Frankreich: ab 4 Wochen bis zu 2 Schuljahren, 2 Monate 3.440 €
Ecuador: ab 4 Wochen bis zu einem Schuljahr, auch Galapagos Inseln, 3 Monate ab 6.150 €

Bewerbungsverlauf und Kriterien für die Annahme des Bewerbers

Wir haben keine Altersvoraussetzungen (außer USA). Unser jüngster Teilnehmer war neun Jahre alt. Wichtig ist, dass die SchülerInnen mit Begeisterung dabei sind und genauso viel mitbringen, wie sie erwarten. Wir vermitteln gerne auch SchülerInnen an Montessori-Schulen und Waldorf-Schulen, sofern es im jeweiligen Land in der Altersstufe möglich ist. Wir beraten und vermitteln gerne Schülerinnen und Schüler aus allen Schularten (Grund- und Hauptschulen, Realschulen, Gymnasien, Gesamtschulen, reformpädagogischen Schulen u.a.)

Vorbereitung – Betreuung – Nachbereitung

Die Vorbereitungen finden in verschiedenen deutschen Städten statt. Hier erklären wir den Ablauf der Reise, Versicherung, Schulsystem und geben Ratschläge für das tägliche Leben. Ehemalige Teilnehmer stehen für Fragen zur Verfügung. Die Teilnehmer erhalten nach der Rückkehr einen Fragebogen. Im Herbst nach der Rückkehr findet ein Treffen statt.

Wichtige Hinweise – Besondere Leistungen – Qualitätssicherung

Terre des Langues ist eine kleine Organisation. Wir kennen die meisten unserer Teilnehmer persönlich oder/und haben gute Kontakte zu den Schülern und deren Eltern und auch zu vielen Schulen, die uns empfehlen. Zu unseren Partnern im Ausland haben wir über die vielen Jahre der Zusammenarbeit ein freundschaftliches Verhältnis aufgebaut. Dieses Vertrauen ist auch die Voraussetzung um eine hohe Qualität zusichern zu können.

Kurz und bündig				
Gründungsjahr	1995	Anzahl der Schüleraustausch-Teilnehmer in 2017		40
Programm seit	2005	Anzahl der Teilnehmer aller Programme in 2017		120
Mindestalter	15	Sicherungsschein nach § 651r BGB wird ausgestellt		ja
Höchstalter		Programmdauer	ab zwei Wochen und so lange man möchte	
Weitere Angebote		High School-Aufenthalte, Sprachreisen, Homestays, Praktika		

TravelWorks - Travelplus Group GmbH	
Münsterstraße 111	Telefon: 02506 / 83 03 600
48155 Münster	Telefax: 02506 / 83 03 230
highschool@travelworks.de	www.travelworks.de

Selbstdarstellung
Unser TravelWorks-Motto: Anpacken und die Welt erleben! Reisen heißt für uns mehr, als nur Tourist sein in einem anderen Land. Nicht nur auf der Oberfläche schwimmen, sondern ins Geschehen eintauchen, das macht das Abenteuer aus! Mit einer breit gefächerten Palette spannender Programme und einem weltweiten Netzwerk anerkannter und engagierter Partnerorganisationen verhelfen wir dir zu einem gelungenen Auslandsaufenthalt.

Zielländer – Programmbeispiele – Leistungen – Kosten
Zielländer: USA, Kanada, Australien, Neuseeland, England, Irland, Südafrika und Costa Rica. Wir bieten dir sowohl öffentliche als auch private Schulen an. Je nach Programm kannst du deine Platzierungsregion oder Schule direkt wählen. Untergebracht bist du in einer Gastfamilie oder im Internat. Kosten, Programmleistungen, Aufenthaltsdauer und Schuldetails variieren je nach Land – Details dazu und zu Stipendien findest du auf www.travelworks.de.

Bewerbungsverlauf und Kriterien für die Annahme des Bewerbers
Voraussetzungen: i.d.R. Notendurchschnitt und Englischnote mind. 3,0. Alter 12-19 Jahre. Bewerber müssen flexibel, motiviert, weltoffen, kompromissbereit und anpassungsfähig sein. Nach unverbindlicher Bewerbung laden wir Schüler und Eltern zum persönlichen Auswahl- und Informationsgespräch in eine Stadt in ihrer Nähe ein (Deutschland, Österreich und Schweiz). Anschließend erhält der Bewerber eine Buchungsgrundlage von uns, die bei Interesse binnen 2 Wochen unterschrieben an TravelWorks zurückgeschickt werden sollte.

Vorbereitung – Betreuung – Nachbereitung
Alle Schüler und Eltern werden zu einem 2-tägigen Vorbereitungsseminar in Deutschland eingeladen. TravelWorks-Mitarbeiter begleiten die Gruppenausreise nach Australien, Neuseeland und in die USA. Unser Programm in den USA startet, wenn entsprechend gebucht, mit einem 3-tägigen Orientierungsseminar in New York City. Auch in allen anderen Programmländern organisieren unsere Partner Seminare und Einführungsveranstaltungen vor Ort. Während des Aufenthalts werden unsere Schüler v.a. von unseren Partnern im Gastland betreut. Auch unser High School-Team in Münster steht dir und deinen Eltern jederzeit mit Rat und Tat zur Seite. Zurück in Deutschland organisieren wir für alle High School-Teilnehmer ein Welcome Back-Event. Ehemalige Teilnehmer können sich in der TravelWorks-Community einbringen, Punkte sammeln und je nach Engagement z.B. ihre ehemalige Gastfamilie erneut besuchen.

Wichtige Hinweise – Besondere Leistungen – Qualitätssicherung
TravelWorks ist Mitglied der Qualitätsverbände DFH, FDSV, IAPA, IALC, Reisenetz, Partner des BundesForum Kinder- und Jugendreisen e.V.

Kurz und bündig			
Gründungsjahr	1991	Anzahl der Schüleraustausch-Teilnehmer in 2017	k.A.
Programm seit	2004	Anzahl der Teilnehmer aller Programme in 2017	k.A.
Mindestalter	12	Sicherungsschein nach § 651r BGB wird ausgestellt	ja
Höchstalter	18/19	Programmdauer	max. 12 Monate
Weitere Angebote	Work & Travel, Freiwilligenarbeit, Au Pair, Auslandspraktika, Sprachreisen, Summer School, Kurzstudium, English Adventure Camps		

TREFF-Sprachreisen GmbH	
Wörthstr. 155	Telefon: 07121 / 696 696 0
72793 Pfullingen	Telefax: 07121 / 696 696 9
info@treff-sprachreisen.de	www.treff-sprachreisen.de

Selbstdarstellung
Wir möchten es jungen Menschen ermöglichen, andere Länder, Kulturen und Lebensweisen kennen zu lernen, um so Toleranz und internationale Freundschaften zu fördern. Als relativ kleiner Veranstalter legen wir größten Wert auf ehrliche, umfassende Beratung, auf sorgfältig ausgesuchte Gastfamilien, eine intensive Vorbereitung auf den Auslandsaufenthalt sowie auf eine individuelle Betreuung während des gesamten Programms.

Zielländer – Programmbeispiele – Leistungen – Kosten
Zielländer: USA, Kanada, Australien, Neuseeland
USA: 1 Semester 9.180 €; 1 Schuljahr 9.980 €
Kanada: 3 Monate ab 6.980 €; 1 Semester ab 9.980 €; 1 Schuljahr ab 15.680 €
Australien: 1 Term ab 8.790 €; 2 Terms ab 12690 €; 3 Terms ab 16690 €; 4 Terms ab 19.990 €
Neuseeland: 1 Term ab 8.690 €; 2 Terms ab 12.460 €; 3 Terms ab 15.990 €; 4 Terms ab 18.990 €
Unsere Preise sind Komplettpreise, alle Leistungen (außer Taschengeld, Visum, Schuluniform) enthalten: Schulgebühren – Gastfamilienaufenthalt – Hin- und Rückflug – i.d.R. Reisebegleitung auf der internationalen Strecke – Abholservice am Zielflughafen – Orientierungsseminar nach Ankunft – Kranken-, Unfall-, Haftpflichtversicherung – Vorbereitungsseminar für Eltern u. Teilnehmer vor Abreise – Handbücher für Teilnehmer und Eltern – Organisation und Betreuung vor Ort – Reisevertrag nach deutschem Reiserecht –Teilnahmezertifikat – Returnee Nachtreffen – Sicherungsschein zur Insolvenzversicherung

Bewerbungsverlauf und Kriterien für die Annahme des Bewerbers
Unverbindliche, persönliche Beratung der Bewerber und Eltern, Interview mit dem Bewerber und schriftliche Bewerbungsunterlagen. Kriterien zur Aufnahme: freundliches, aufgeschlossenes Wesen, Anpassungsbereitschaft, Neugier, Kontaktfreudigkeit, passable Englischkenntnisse und Schulnoten (Durchschnitt möglichst nicht schlechter als Note 3)

Vorbereitung – Betreuung – Nachbereitung
Vorbereitungstreffen für Teilnehmer und Eltern vor Abreise.
Betreuung vor Ort durch die Schulen und Mitarbeiter unserer Partnerorganisationen.
Einladung zum Nachbereitungstreffen nach Rückkehr.

Wichtige Hinweise – Besondere Leistungen – Qualitätssicherung
Wir vergeben Teilstipendien an geeignete Bewerber – formlose Bewerbung.

Kurz und bündig				
Gründungsjahr	1984	Anzahl der Schüleraustausch-Teilnehmer in 2017	230
Programm seit	1994	Anzahl der Teilnehmer aller Programme in 2017	250
Mindestalter	14/15	Sicherungsschein nach § 651r BGB wird ausgestellt	ja
Höchstalter	18,5	Programmdauer	ab 3 Monate bis 2 Jahre
Weitere Angebote	Sprachreisen für Schüler und Erwachsene		

Sprachreisen

Sprachenlernen im Ausland, Sightseeing, Kultur und Freizeitaktivitäten – Sprachreisen sind ein beliebter Weg, Lernen mit Urlaub zu kombinieren. Dabei können Sprachreisen ganz unterschiedlichen Zwecken dienen: ob als Vertiefung der eigenen Fremdsprachenkenntnisse, Motivationsschub für den Schulunterricht, zur gezielten Vorbereitung auf das Abitur oder das Studium, als Weiterbildung für den Beruf oder schlicht als sinnvolle Urlaubsgestaltung. Der Sprachreisemarkt ist groß und die Angebote entsprechend vielfältig. So gibt es weltweite Sprachreisen für Kinder, Schüler, Jugendliche, Abiturienten, Studenten, Berufstätige, aber auch für Familien oder Senioren.

Vor der Planung einer Sprachreise steht die Frage, welche Ziele mit dem Aufenthalt verbunden sind: Steht der Fremdsprachenerwerb an erster Stelle oder sollen der Urlaubsaspekt und das Kennenlernen von Land und Leuten im Vordergrund stehen? Möchte man Teil einer Reisegruppe sein oder individuell reisen? Soll eine neue Sprache erlernt oder vorhandene Fremdsprachenkenntnisse aufgefrischt oder erweitert werden? Wird ein Sprachzertifikat angestrebt? Soll der Sprachkurs gezielt auf eine Prüfung, das Studium, einen Sprachtest oder einen längeren Auslandsaufenthalt vorbereiten?

Programmvarianten und mögliche Zielländer

Sprachreisen sind grundsätzlich weltweit möglich. Da die Anreise kurz ist und die Reisekosten vergleichsweise gering sind, zieht ein Großteil der deutschen Sprachreisenden das europäische Ausland Zielen in Übersee vor. Die mit Abstand beliebtesten Zielländer bei deutschen Jugendlichen sind Großbritannien (vorrangig England) und Malta. Bereits die Wahl des Ortes kann dabei helfen, eine Sprachreise auszuwählen, bei der entweder das Lernen oder das Freizeiterlebnis im Vordergrund steht. So entscheidet man sich entweder für Orte, die weniger touristisch sind oder durch ihre Internate und Hochschulen ein akademisches Flair haben. Oder man wählt Sprachreisen, die in touristischen

Gebieten stattfinden, bei denen ein gewisses Urlaubsgefühl aufkommt. In ihrer Ausrichtung und ihrem Rahmenprogramm unterscheiden sich die einzelnen Angebote zum Teil sehr voneinander. Für jede Zielgruppe und (fast) jedes Bedürfnis gibt es ein passendes Sprachkurs-Programm. Die Mehrheit der angebotenen Sprachreisen dauert zwei bis vier Wochen und verfolgt das Ziel, die bereits vorhandenen Sprachkenntnisse der Teilnehmer aufzufrischen bzw. zu verbessern. Im Bereich der Erwachsenensprachreisen gibt es jedoch auch Kursangebote von mehreren Monaten Dauer, die auch mehrere Länder und Sprachen kombinieren können (Sprachenjahr oder Multisprachenjahr), sowie Angebote für Anfänger, die eine neue Sprache erlernen möchten.

Untergebracht werden Sprachschüler je nach Alter und Programm bei einer Gastfamilie (oft auch zusammen mit einem anderen Gast), in einem Wohnheim, einem Internat, in einer Wohngemeinschaft oder einem Apartment. Seltener wird die Unterkunft in Hotels oder Pensionen angeboten.

Wichtig ist, dass die Teilnehmeranzahl des Sprachkurses überschaubar bleibt: Je weniger Sprachschüler in einer Lerngruppe, desto effektiver der Unterricht.

Sprachreisen können sich in Bezug auf folgende Aspekte unterscheiden: Unterrichtsform, Zusammensetzung des Kurses und Kursniveau, Anzahl der Wochenstunden, Kursinhalte und Rahmenprogramm. Die „klassische" Sprachreise beinhaltet drei oder vier Unterrichtsstunden pro Tag plus Hausaufgaben und ein Freizeitprogramm, das sportliche oder kulturelle Aktivitäten und Ausflüge in die Umgebung umfasst.

Der Sprachkurs kann entweder als Einzel- oder als Gruppenunterricht stattfinden. Einige Sprachreiseveranstalter bzw. Sprachinstitute bieten Privatstunden an – entweder anstelle von oder in Ergänzung zum Unterricht in der Gruppe. Einzelunterricht ist preisintensiver, da der Sprachlehrer nur einen Schüler betreut und somit individuell auf die Bedürfnisse und Schwächen des Lernenden eingehen kann. Beim Gruppenunterricht sollte darauf geachtet werden, dass die Zusammensetzung des Kurses im Hinblick auf den Leistungsstand der Kursteilnehmer homogen ist. Dafür muss vor Beginn ein schriftlicher Einstufungstest vorgenommen werden. Nur so kann gewährleistet werden, dass das Niveau des besuchten Sprachkurses angemessen ist und man sich weder über- noch unterfordert fühlt.*

Ein „Nationalitätenmix" der Kursteilnehmer motiviert Sprachschüler darüber hinaus, die Fremdsprache auch außerhalb des Unterrichts in den Pausen und in der Freizeit anzuwenden. In der Planungsphase sollte man deshalb erfragen, aus welchen Ländern die Sprachschüler anreisen bzw. wie viele der Teilnehmer ebenfalls aus Deutschland kommen. Die Sprachlehrer vor Ort sollten für das Unterrichten einer Fremdsprache qualifiziert und idealerweise Muttersprachler sein. Damit es nicht zu Missverständnissen kommt und offene Fragen geklärt werden können, mag es oft hilfreich sein, wenn Lehrer und Schüler sich hin und wieder auf Deutsch austauschen können.

Sowohl im Jugend- als auch im Erwachsenenbereich ist neben den Standard- und Intensivkursen, die sich durch die Anzahl der Wochenstunden voneinander unterscheiden, eine Vielfalt an Sprachkursen mit spezifischer inhaltlicher Ausrichtung entstanden. Häufig können Schwerpunkte gesetzt und Kurse entsprechend gebucht werden – manchmal auch in Ergänzung zu einem Standardkurs. So gibt es Kurse, die auf das Abitur oder auf einen Englischsprachtest vorbereiten, wie beispielsweise auf den Trinity Test, den IELTS, den TOEFL, das Cambridge-Examen oder auf das Spanischzertifikat DELE.
Andere Kurse vermitteln den Teilnehmern die Geschäftssprache eines

---

*Es gibt die Möglichkeit, seine Fremdsprachenkenntnisse unabhängig von einem Sprachkurs jederzeit selbst einzustufen. Hierfür wurde der „Gemeinsame europäische Referenzrahmen für Sprachen" (GER) entwickelt. Mithilfe des GER lässt sich ablesen, ob man über das Sprachniveau verfügt, das z.B. für ein Praktikum oder andere Bildungsaufenthalte im Ausland vorausgesetzt wird.

Landes (z.B. Business English) oder bereiten auf Fachpraktika und die Arbeitswelt vor. Manchmal kann man sich entscheiden, welcher Bereich des Spracherwerbs im Vordergrund stehen soll: z.b. das Hör- und Leseverständnis, die Grammatik, das Schreiben von Texten oder das Sprechen. Vor der Buchung einer Sprachreise sollte man sich erkundigen, welche Lernziele verfolgt werden und ob die Kursangebote den eigenen Vorstellungen entsprechen. Am Ende des Kurses wird ein Teilnahmezertifikat ausgestellt.

Im Bereich der Kinder- und Jugendsprachreisen wächst die Vielfalt der angebotenen Freizeitaktivitäten. Das Rahmenprogramm beinhaltet betreute und altersgerechte Events sowie Ausflüge in nahe gelegene Städte oder zu touristischen Sehenswürdigkeiten. Jugendliche können ihre Freizeit sogar gezielt dazu nutzen, einem bestehenden Interesse nachzugehen oder ein ganz bestimmtes Hobby auszuprobieren. Angeboten werden z.b. verschiedene Wassersportarten, Reiten, Tennis, Golf, Theater- oder Kunst-Workshops. Eltern können im Vorfeld erfragen, wie viele Betreuer ihren Kindern in der Freizeit vor Ort zur Verfügung stehen und welche Erfahrung sie mitbringen.

Die Teilnahme an einem Sommercamp, z.B. in den USA oder Kanada, ist ebenfalls mit einem breiten Freizeitangebot verknüpft. Bei einem solchen Programm handelt es sich nicht um eine klassische Sprachreise, sondern um einen meist mehrwöchigen Aufenthalt in einem Feriencamp zusammen mit einheimischen und internationalen Kindern und Jugendlichen.

Das Freizeitangebot bei Erwachsenensprachreisen ist ebenfalls meist groß. Oft werden verschiedene Ausflüge, kulturelle Aktivitäten und Besichtigungstouren angeboten. Erwachsene haben alternativ natürlich auch jegliche Freiheiten, das Gastland eigenständig zu erkunden. Es ist immer ratsam, vorab in Erfahrung zu bringen, welche Freizeitaktivitäten im Programmpreis enthalten sind und wofür zusätzliche Gebühren entstehen.

Voraussetzungen

Um an einer Sprachreise oder einem Sprachkurs teilnehmen zu können, muss man – abgesehen von dem für die jeweilige Sprachreise erforderlichen Sprachlevel und dem Mindest- und Höchstalter – keine Voraussetzungen erfüllen. Sprachreisen werden schon für Kinder im Grundschulalter angeboten. Nach oben gibt es ebenfalls keine Altersgrenze und der Sprachreisemarkt für Erwachsene wird immer vielfältiger. So oder so gilt natürlich, dass man je nach Unterkunftsform offen und anpassungsfähig sein sollte, besonders bei Schülersprachreisen, wenn man für die Zeit des Aufenthalts in einer Gastfamilie oder im Wohnheim lebt und ggf. auf ein eigenes Zimmer verzichten muss. Motivation für das Sprachenlernen und den Unterricht ist für den Erfolg einer Sprachreise unerlässlich.

Kosten und Finanzierung

Eine Sprachreise kostet je nach Dauer, Zielland, Programmvariante und Unterbringungsart meist mehrere Tausend Euro. Für eine „klassische" Schülersprachreise nach England liegen die Programmkosten (inkl. An- und Abreise, Unterkunft und Verpflegung) bei etwa 1.000 bis 1.800 Euro für zwei Wochen. Sprachreisen werden in der Regel privat finanziert. Insbesondere im Bereich der Kinder- und Jugendsprachreisen gibt es nur sehr wenige Stipendien, z.B. WELTBÜRGER-Stipendien, die von deutschen Veranstaltern vergeben werden.

Für Studierende gibt es einige finanziell geförderte bzw. kostengünstige Alternativen zu einer klassischen Sprachreise. So kann man z.B. an einem Sommersprachkurs des Deutschen Akademischen Austausch-Dienstes (DAAD) oder an der AEGEE Summer University teilnehmen.

Unter bestimmten Voraussetzungen und je nachdem, in welchem Bundesland sie arbeiten, können berufstätige Erwachsene ihre Sprachreise als sogenannten Bildungsurlaub anerkennen lassen. Bildungsurlaub bedeutet, zum Zweck der Weiterbildung für einen bestimmten Zeitraum von der Arbeit freigestellt zu werden, während die Vergütung weitergezahlt wird. Erster Ansprechpartner ist der eigene Arbeitgeber. Eine Sprachreise, die in einem EU-Mitgliedsstaat stattgefunden und die nachweisbar der beruflichen Weiterbildung gedient hat, kann steuerlich abgesetzt werden.

Fachverband für Sprachreisen

Als Zusammenschluss deutscher Sprachreiseveranstalter wurde der Fachverband Deutscher Sprachreise-Veranstalter e.V. (FDSV) gegründet. Dieser hat überprüfbare Qualitätsstandards geschaffen, zu deren Einhaltung sich die FDSV-Mitglieder verpflichten und die Verbrauchern bei der Wahl eines Sprachreiseanbieters als Orientierung dienen können. Die vom FDSV formulierten allgemeinen Qualitätsrichtlinien sind als Ratgeber zusammen mit weiteren Informationen rund um Sprachreisen sowie einer Checkliste unter www.fdsv.de abrufbar.

Ist der favorisierte Veranstalter Mitglied im FDSV, ist dies sicherlich nicht von Nachteil. Umgekehrt muss ein Sprachreiseveranstalter, der nicht Mitglied im Fachverband ist, aber nicht schlechter sein.

Wissenswertes und Tipps

Prinzipiell müssen eine Sprachreise oder ein Sprachkurs nicht zwangsläufig über einen deutschen Veranstalter gebucht werden. Gerade im Bereich der Erwachsenensprachreisen gibt es die Option, sich direkt bei einer Sprachschule im Ausland anzumelden oder sich für einen Kurs an einer ausländischen Hochschule einzuschreiben. Dieser Weg ist allerdings meist mit deutlich mehr organisatorischem Aufwand verbunden. Man verzichtet auf Beratung und die ein oder andere nützliche Zusatzleistung. Zudem kann man sich nur dann auf das deutsche Reiserecht berufen, wenn das Programm über einen deutschen Veranstalter (nicht Vermittler) gebucht wurde.

Es ist ratsam, sich zu erkundigen, ob die Sprachschule, die man im Ausland besuchen möchte, gleich von mehreren deutschen Sprachreiseveranstaltern angeboten wird oder ob diese die Schule exklusiv im

Programm haben. Zum einen kann so in Erfahrung gebracht werden, ob weitere Deutsche vor Ort sein werden. Zum anderen kann man auf diese Weise einen Preis-Leistungs-Vergleich anstellen.

Insbesondere Jugendliche sollten sich während einer Sprachreise mit Freizeitangeboten nicht „überladen". Womöglich bleibt am Ende sonst gar keine Zeit dazu, eigene Eindrücke zu sammeln, sich in Ruhe mit den Gasteltern oder neuen Freunden zu unterhalten oder die landestypischen Zeitungen, TV- oder Radiosendungen zu erkunden.

Eine mögliche Alternative zu Sprachreisen können sogenannte Homestay-Programme sein. Die Mehrheit der Angebote richtet sich an Schüler, aber auch Erwachsenen steht die Möglichkeit offen, das Leben und den Alltag in einer Gastfamilie kennenzulernen, ohne notwendigerweise einen Sprachkurs zu besuchen oder zur Schule zu gehen. Im Abschnitt *Homestay* dieses Handbuchs finden sich dazu weitere Informationen.

Häufig werden Sprachkurse für junge Erwachsene in Kombination mit anderen Programmen angeboten, z.B. Auslandspraktika, Work & Travel, Au-Pair, Freiwilligendiensten oder in Vorbereitung auf einen Studienaufenthalt im Ausland.

active abroad – Inh. Maria Riedmaier
Obere Hauptstraße 8   Telefon: 08161 / 40 288 0
85354 Freising/München   Telefax: 08161 / 40 288 20
contact@activeabroad.net   www.activeabroad.de

Selbstdarstellung
Be active abroad und entdecke mit uns den Globus: Von Au-Pair/Demi-Pair über Work &
Travel, Auslandsjobs, Voluneerjobs bis hin zu Sprachreisen findest Du bei uns eine Vielzahl
an Auslandsprogrammen auf allen fünf Kontinenten. Aufgrund unserer langjährigen Erfahrung können wir Dir das passende Programm empfehlen und nehmen es uns zum Ziel, Dir
durch einen vielfältigen und flexiblen Produktkatalog deinen Auslandsaufenthalt so individuell wie möglich zu gestalten.

Zielländer – Programmbeispiele – Leistungen – Kosten
Zielländer: Argentinien, Australien, Chile, China, Costa Rica, England, Frankreich, Guatema-
la, Irland, Italien, Kanada, Malta, Martinique, Neuseeland, Schottland, Spanien, Südafrika,
Südkorea, USA

Junior Sommer Programme: in Spanien, Frankreich, England, Malta, Irland, Kanada und den
USA

Weitere Länder auf Anfrage.

Kosten: abhängig von Land, Unterkunft und Kursart, Preise auf Anfrage

Bewerbungsverlauf und Kriterien für die Annahme des Bewerbers
Abreisezeitpunkt: ganzjährig
Alter: ab 12 Jahren
Keine speziellen Voraussetzungen erforderlich
Anmeldefrist: 2-3 Monate vor geplanter Anreise; meist auch kurzfristig möglich

Vorbereitung – Betreuung – Nachbereitung
Versand von ausführlichem Infomaterial, persönliche und individuelle Beratung, Hilfestellung
und Tipps während des Bewerbungsprozesses, Betreuung vor, während und nach der Vermittlung, auf Wunsch Hilfe bei Flug, Visum, Versicherung, Betreuung im Gastland durch unsere
zertifizierten Partneragenturen, Bestätigungen und Zertifikate nach deinem Aufenthalt

Wichtige Hinweise – Besondere Leistungen – Qualitätssicherung
Mitglied der IAPA (International Au Pair Association), Mitglied der Au-Pair Society, RAL
Gütezeichen „Outgoing"

Kurz und bündig			
Gründungsjahr	1998	Anzahl der Sprachreisen-Teilnehmer in 2017	k.A.
Programm seit	2005	Anzahl der Teilnehmer aller Programme in 2017	k.A.
Mindestalter	12	Sicherungsschein nach § 651r BGB wird ausgestellt	ja
Höchstalter	-	Programmdauer	ab 1 Woche
Weitere Angebote	Au-Pair, Demi-Pair, Work and Travel, Farmstay, Volunteering, Auslandspraktika, Work Experience		

AFS Interkulturelle Begegnungen e.V.	
Friedensallee 48	Telefon: 040 / 399 222 0
22765 Hamburg	Telefax: 040 / 399 222 99
info@afs.de	www.afs.de

Selbstdarstellung
AFS ist eine der erfahrensten und größten Austauschorganisationen in Deutschland. Als gemeinnütziger und ehrenamtlich basierter Verein bietet AFS Schüleraustausch, Gastfamilienprogramme, Global Prep Ferienprogramme und Freiwilligendienste in rund 50 Länder weltweit an. Damit fördert AFS Jugendliche in ihrer Persönlichkeitsentwicklung und begleitet sie dabei aktive, globale Weltbürger zu werden und somit eine friedlichere und tolerantere Welt zu gestalten. In den vergangenen 70 Jahren haben weltweit mehr als 450.000 Jugendliche und Gastfamilien an den AFS-Programmen teilgenommen. Mit den Global Prep Ferienprogrammen bietet AFS auch die Teilnahme an internationalen Sommercamps an. „Prep" kommt vom englischen prepare (vorbereiten), denn die Programme bieten Jugendlichen die Chance, erfolgreich und verantwortungsvoll in eine globalisierte Zukunft zu starten: international vernetzt, global denkend, lokal handelnd.

Zielländer – Programmbeispiele – Leistungen – Kosten
AFS bietet für Jugendliche aus Deutschland Sprachreisen in Europa, Asien, Afrika sowie Süd- und Nordamerika an. Neben Englisch kann Spanisch, Französisch, Dänisch, Chinesisch oder Arabisch gelernt werden. Beim Camp machen die Teilnehmerinnen und Teilnehmer aus aller Welt intensive interkulturelle Erfahrungen, verbessern ihre Sprachfertigkeiten und lernen verschiedene Perspektiven auf globale Fragestellungen kennen. Teil des Programms sind ein Sprach- oder Konversationskurs, verschiedene Ausflüge sowie ein abwechslungsreiches Sport- und Freizeitprogramm. Die Preise starten bei 2.690 € und variieren je nach Zielland und Programmlänge. Ausführliche Informationen gibt es unter: www.globalprep.de.

Bewerbungsverlauf und Kriterien für die Annahme des Bewerbers
Anmelden können sich Jugendliche zwischen 13 und 18 Jahren ab Herbst des Vorjahres, je nach Land liegt die Anmeldefrist im Frühjahr des Ausreisejahres.

Vorbereitung – Betreuung – Nachbereitung
Zur Vorbereitung der Reise werden ausführliche Unterlagen sowie eine umfassende Beratung angeboten. Auf eine intensive Betreuung während der Programme legen wir großen Wert. Bei Fragen und Problemen während der gesamten Programmdauer sorgt unsere 24h-Notfall-Hotline für zusätzliche Sicherheit. Außerdem gehört für alle Teilnehmerinnen und Teilnehmer aus Deutschland eine Nachbereitung zum Programm.

Wichtige Hinweise – Besondere Leistungen – Qualitätssicherung
AFS ist als gemeinnützig anerkannt und Träger der freien Jugendhilfe. Der Verein ist Mitglied im Arbeitskreis gemeinnütziger Jugendaustauschorganisationen (AJA) und hat sich zu den AJA-Qualitätskriterien verpflichtet.

Kurz und bündig			
Gründungsjahr	1948	Anzahl der Sprachreisen-Teilnehmer in 2017	148
Programm seit	2015	Anzahl der Teilnehmer aller Programme in 2017	2174
Mindestalter	13	Sicherungsschein nach § 651r BGB wird ausgestellt	ja
Höchstalter	18	Programmdauer	2-4 Wochen
Weitere Angebote	Schüleraustausch, Freiwilligendienste, Gastfamilie werden, Sprachreisen		

aubiko e.v. Verein für Austausch, Bildung und Kommunikation

Stückenstraße 74   Telefon: +49 (0) 40 98 672 567

22081 Hamburg   Telefax: +49 (0) 40 35 675 470 4

info@aubiko.de   www.aubiko.de

Selbstdarstellung

Interkulturelle Begegnungen für Menschen aus aller Welt zu ermöglichen ist eines der wichtigsten Anliegen von aubiko e.v. Dabei sind gemeinsame Sprachen als Voraussetzung für die internationale Völkerverständigung unerlässlich. Gemeinsam mit unseren Partnerorganisationen in Kolumbien und Taiwan bieten wir authentische und intensive Sprachkurse in Kombination mit täglichen Ausflügen und Exkursionen an. Das ermöglicht die praktische Anwendung des Erlernten über die theoretischen Sprachkursinhalte hinaus.

Zielländer – Programmbeispiele – Leistungen – Kosten

Kolumbien – ein Land voller Naturschauspiele und Herzlichkeit. Erwachsene können ganz flexibel und individuell Spanisch mit Spanish Studies Colombia an der Universidad Central in Bogotá erlernen. Die Kurse starten jeden ersten Dienstag eines Monats und können für mindestens vier Wochen ohne Maximalbegrenzung gebucht werden, Unterbringung inbegriffen. Vier Wochen inklusive Unterkunft und Ausflüge kosten ab 1.110 €. Weitere Informationen finden Sie unter http://aubiko.de/spanish-studies-colombia/. Für Jugendliche bieten wir ebenfalls in Bogotá einen vierwöchigen Spanischsprachkurs mit Ausflügen und Exkursionen unter dem Motto „Umweltschutz und Nachhaltigkeit" für 2.950 € an. Rundumbetreuung und Sicherheit der Jugendlichen stehen dabei neben Lerninhalten und Spaß an erster Stelle.

Taiwan – ein Land der Gegensätze. Riesige Metropolen und unberührte Natur können mit uns 3 Wochen lang erkundet und dabei Mandarin gelernt werden. Eine Rundumbetreuung durch eine qualifizierte Reisebegleitung ist für uns eine Selbstverständlichkeit.

Bewerbungsverlauf und Kriterien für die Annahme des Bewerbers

Die Anmeldung erfolgt telefonisch oder per E-Mail an info@aubiko.de. Im Anschluss senden wir den Interessent/innen ein Anmeldeformular und die Teilnahmebedingungen zu. Einige Wochen vor Programmbeginn erhalten die Teilnehmer/innen zur Vorbereitung ein Informationspaket mit wichtigen Reisedokumenten.

Vorbereitung – Betreuung – Nachbereitung

Ausführliche Informationen über unsere Sprachreisen gibt es auf www.aubiko.de, per Telefon oder E-Mail. Vor Ort sorgt ein Team, bestehend aus engagierten Betreuer/ innen und Sprachlehrer/innen für eine intensive Betreuung. aubiko e.V. ist rund um die Uhr erreichbar und steht in engem Kontakt zu den kolumbianischen und taiwanischen Partnerorganisationen.

Wichtige Hinweise – Besondere Leistungen – Qualitätssicherung

aubiko e.V. ist als gemeinnützig anerkannt und Mitglied im Dachverband AJA.

Kurz und bündig			
Gründungsjahr	2014	Anzahl der Sprachreisen-Teilnehmer in 2017	k. A.
Programm seit	2014	Anzahl der Teilnehmer aller Programme in 2017	1.200
Mindestalter	14	Sicherungsschein nach § 651r BGB wird ausgestellt	ja
Höchstalter	-	Programmdauer	Ab drei Wochen
Weitere Angebote	Schüleraustausch, Jugend- und Bildungsreisen, interkulturelle Projekte		

CAMPS International GmbH	
Poolstraße 36	Telefon: 040 / 822 90 27 0
20355 Hamburg	Telefax: -
service@camps.de	www.camps.de

Selbstdarstellung
Vor 34 Jahren startete CAMPS International mit der Idee der Camp-Ferien in Deutschland. Heute bietet CAMPS neben den Feriencamps in Deutschland auch Sprachreisen nach England, Irland, Frankreich, Kanada und in die USA an sowie Schüleraustauschprogramme in 12 verschiedenen Ländern. Unsere Austauschschüler unterstützen wir bei der Planung ihrer Reise in die USA, Kanada, Neuseeland, Australien, England, Irland, Frankreich, Spanien, Italien, Costa Rica, Argentinien und Südafrika. Bei all unseren Angeboten setzen wir auf persönliche und individuelle Betreuung von der ersten Beratung bis zur Rückkehr nach Deutschland.

Zielländer – Programmbeispiele – Leistungen – Kosten
Zielländer: England, USA und Kanada. Untergebracht sind die Teilnehmer aus aller Welt in der Regel in Internaten, Privatschulen oder Universitäten. Das Programm setzt sich zusammen aus Sprachunterricht, einem vielseitigen Freizeitangebot und Ausflügen. Die Camp-Sprache ist Englisch, Deutsch oder Französisch. In allen Ländern sind Vollverpflegung und das Freizeitprogramm bereits im Preis inbegriffen. Dazu gehören auch alle Eintritte, der im Leistungsumfang beschriebenen Aktivitäten und Ausflüge. Darüber hinaus ist meistens auch der Sprachunterricht von 20 Stunden pro Woche inklusive. Optional werden in allen Ländern Sport- und Freizeitkurse angeboten. Alle Teilnehmer erhalten ein Zertifikat. Die Kosten für eine Sprachreise variieren je nach Land und Aufenthaltsdauer. 14 Tage ab 1.550 €.

Bewerbungsverlauf und Kriterien für die Annahme des Bewerbers
Die Anmeldung erfolgt online unter camps.de. Eine telefonische Anmeldung ist ebenfalls möglich. Nachdem die Anmeldung bei uns eingegangen ist, versenden wir eine schriftliche Buchungsbestätigung. Ca. 2 Wochen vor Reisebeginn erhalten die Teilnehmer ein ausführliches Informationspaket mit wichtigen Reisedokumenten. Die Teilnehmer sollten generell zwischen 10 und 17 Jahren alt sein. Sprachreisen für junge Erwachsene ab 18 Jahren sind ebenfalls möglich.

Vorbereitung – Betreuung – Nachbereitung
Ausführliche Informationen über unsere Sprachreisen gibt es auf camps.de und im persönlichen Beratungsgespräch per Telefon. Vor Ort sorgt ein Team bestehend aus Betreuern, Trainern sowie engagierten Lehrkräften für eine professionelle Betreuung. Die Campleitung vor Ort und auch CAMPS sind immer erreichbar.

Wichtige Hinweise – Besondere Leistungen – Qualitätssicherung
Wir arbeiten seit Jahren eng mit unseren Partnern in den jeweiligen Ländern zusammen und unterziehen uns jedes Jahr eigenen strengen Qualitätschecks.

Kurz und bündig				
Gründungsjahr	1984	Anzahl der Sprachreisen-Teilnehmer in 2017		80
Programm seit	1984	Anzahl der Teilnehmer aller Programme in 2017		192
Mindestalter	10	Sicherungsschein nach § 651r BGB wird ausgestellt		ja
Höchstalter	22	Programmdauer	ab 1 Woche	
Weitere Angebote	Schüleraustausch, Gastfamilie werden			

Carl Duisberg Centren gemeinnützige GmbH	
Hansaring 49-51	Telefon: 0221 / 16 26 289
50670 Köln	Telefax: 0221 / 16 26 225
sprachreisen@cdc.de	www.carl-duisberg-sprachreisen.de

Selbstdarstellung
Die Carl Duisberg Centren sind einer der führenden Dienstleister im Bereich der internationalen Aus- und Weiterbildung. Wir organisieren neben High School-Aufenthalten weltweit hochwertige Sprachreisen für Schüler, Studenten, junge Berufstätige sowie Fach- und Führungskräfte. Wir vermitteln auch Auslandspraktika, Work & Travel und Freiwilligenarbeit.

Zielländer – Programmbeispiele – Leistungen – Kosten
Zielländer:
Europa, USA, Kanada, Südafrika, Australien, Neuseeland
Programmarten:
* Standard- u. Intensivsprachkurse, Prüfungs- u. Abiturvorbereitung, Wirtschaftsenglisch
* Schülersprachreisen, Familiensprachferien, Gastfamilien- und Residenzprogramme
* Sprachkurs plus Praktikum oder Freiwilligenarbeit im Ausland
* Gap Year, Prüfungsvorbereitung und Langzeitkurse
Leistungen:
* Beratung, Vermittlung eines Sprachkurses in international gemischter Gruppe, Unterkunft
* Auf Wunsch auch Buchung von Flug und Reiseversicherungen
Kosten:
Preisbeispiele: Schülersprachreisen ab ca. 1.300 €, Sprachreisen für Erwachsene ab ca.700 €

Bewerbungsverlauf und Kriterien für die Annahme des Bewerbers
Buchung per Brief, Fax, Telefon oder als Internet-Buchung, Teilnahmevoraussetzungen variieren je nach Programmtyp. Bei Vermittlungen in Praktika oder Freiwilligenarbeit erfolgt meist ein Skype- oder Telefoninterview

Vorbereitung – Betreuung – Nachbereitung
Telefonische oder persönliche Beratung vor und während der Buchung. Betreuung der Teilnehmer vor Ort durch Fachkräfte der Schulen.
Abschlussberichte stellen geeignete Evaluierung des Lernerfolges sicher.

Wichtige Hinweise – Besondere Leistungen – Qualitätssicherung
Wir sind Mitglied im Fachverband Deutscher Sprachreise-Veranstalter (FDSV). Die Sprachreisen sind zertifiziert gemäß ISO 9001 – damit dokumentieren und sichern wir den hohen Qualitätsstandard unserer Angebote. Unsere Intensivkurse werden von der Stiftung Begabtenförderung anerkannt und sind gemäß den jeweiligen Regeln der Bundesländer als Bildungsurlaub anerkannt.

Kurz und bündig			
Gründungsjahr	1962	Anzahl der Sprachreisen-Teilnehmer in 2017	k.A.
Programm seit	1995	Anzahl der Teilnehmer aller Programme in 2017	ca. 1.400
Mindestalter	11	Sicherungsschein nach § 651r BGB wird ausgestellt	ja
Höchstalter	keines	Programmdauer	ab 1 Woche bis ca. 6 Monate
Weitere Angebote	Auslandspraktika, Work & Travel, Freiwilligenarbeit, Schulaufenthalte		

Experience! Sprachreisen GmbH	
Petrinistraße 14-16	Telefon: 0931 / 270 577 00
97080 Würzburg	Telefax: -
info@experience-sprachreisen.de	www.experience-sprachreisen.de

Selbstdarstellung

Experience! Sprachreisen ist ein deutscher Sprachreiseveranstalter mit Sitz im Raum Würzburg. Unser Unternehmen wurde 2007 gegründet und verhalf seitdem unzähligen Fremdsprachenbegeisterten zu einem Sprachaufenthalt im Ausland. In der Kurzfassung umfasst das Angebot Sprachreisen in 6 Sprachen und über 20 Ländern weltweit, zu denen Sprachkurse für Schüler, Erwachsene, Berufstätige und Familien gehören. Als mittelgroßer Sprachreiseanbieter gehört die persönliche und individuelle Betreuung und Beratung unserer Kunden, sowie die hohe Qualität unserer Partnerschulen zu unseren größten Stärken. Die angebotenen Sprachschulen wurden durch uns auf Qualität und Professionalität untersucht und ausgewählt.

Zielländer – Programmbeispiele – Leistungen – Kosten

Zielländer: England, Irland, Nordirland, Schottland, Malta, Kanada, USA, Australien, Neuseeland, Südafrika, Spanien, Argentinien, Costa Rica, Chile, Ecuador, Mexiko, Frankreich, Italien, China, Russland / Zusätzlich auf Anfrage: z.B. Indien, Japan, La Réunion
Sprachreisen für Erwachsene (ab 16/17 Jahren): Standard-, Intensiv-, Examensvorbereitungs-, Business-, Minigruppenkurse, Einzelunterricht, Sprachkurse im Hause des Lehrers / Bildungsurlaub an vielen Reisezielen buchbar / Sprachkurs mit und ohne Unterkunft buchbar, Unterkunft in einer Gastfamilie, Residenz oder Hotel möglich / freiwilliges Freizeitangebot wird von den Schulen angeboten / internationale Schulklassen / Teilnahmezertifikat
Schülersprachreisen (8-17 Jahre): Schülersprachkurse in den Ferien / betreutes Freizeit- und Aktivitätenprogramm / Unterkunft in einer Gastfamilie oder Schulresidenz / internationale Schulklassen / Teilnahmezertifikat

Bewerbungsverlauf und Kriterien für die Annahme des Bewerbers

- Beratung und Buchung über Homepage, E-Mail, Fax, Brief oder Telefon möglich.
- Empfehlung: Anmeldung mind. 4-8 Wochen vor Reisebeginn, aber auch kurzfristig möglich

Vorbereitung – Betreuung – Nachbereitung

Kostenlose, individuelle und persönliche Beratung per Telefon oder E-Mail vor, während und nach der Sprachreise / Ausführliche Reiseinformationen vor Kursbeginn / Orientierung und Einstufungstest am ersten Schultag / 24-Stunden-Notfall-Telefonnummer vor Ort

Wichtige Hinweise – Besondere Leistungen – Qualitätssicherung

Experience! Sprachreisen ist Mitglied im Fachverband Deutscher Sprachreise-Veranstalter (FDSV), womit wir uns verpflichten, die Qualitätsstandards des FDSV einzuhalten und was unseren Kunden mehr Transparenz und Sicherheit gewährleistet.

Kurz und bündig

Gründungsjahr	2007	Anzahl der Sprachreisen-Teilnehmer in 2017	k.A.
Programm seit	2007	Anzahl der Teilnehmer aller Programme in 2017	k.A.
Mindestalter	8	Sicherungsschein nach § 651r BGB wird ausgestellt	ja
Höchstalter	-	Programmdauer	1 bis 52 Wochen
Weitere Angebote	Active 50+, Gruppenreisen, Sprach- und Sportcamps, Demi-Pair		

Experiment e.v. – The Experiment in international Living

Gluckstraße 1	Telefon: 0228 / 95 72 20
53115 Bonn	Telefax: 0228 / 35 82 82
info@experiment-ev.de	www.experiment-ev.de

Selbstdarstellung
Das Ziel von Experiment e.v. ist seit über 85 Jahren der Austausch zwischen Menschen aller Kulturen, Religionen und Altersgruppen. Experiment e.v. ist gemeinnützig und das deutsche Mitglied der weltweit ältesten Austauschorganisation „The Experiment in International Living" (EIL). Kooperationspartner sind u.a. Auswärtiges Amt, Bundesministerium für wirtschaftliche Zusammenarbeit und Entwicklung, Deutscher Bundestag, Fulbright-Kommission, Goethe-Institut und die Stiftung Mercator.

Zielländer – Programmbeispiele – Leistungen – Kosten
Sprachkurse mit Gastfamilienaufenthalt je nach Zielland schon ab 14 Jahren. Zielländer: Ecuador, Frankreich, Großbritannien, Irland, Japan, Kanada, Spanien, Südafrika und die USA. Programmdauer: 1 bis 4 Wochen. Kurzzeit-Schulbesuch mit Gastfamilienaufenthalt ab 14 bzw. 15 Jahren. Zielländer: Frankreich, Neuseeland, Spanien, USA. Programmdauer: 2 bis 6 Wochen. Leistungen: Programme im Rahmen der Experiment Academy zu verschiedenen Terminen in den Oster-, Sommer- und Herbstferien mit zweitägigem Vor- und Nachbereitungsseminar. Außerhalb der Ferien zu flexiblen Terminen ohne Seminare. Inkl. Unterkunft und Verpflegung, Betreuung vor Ort durch Partnerorganisation, 24-Stunden-Notfalltelefon, z.T. Freizeitaktivitäten.

Bewerbungsverlauf und Kriterien für die Annahme des Bewerbers
Bewerbungsfrist für Osterferien: 20. Februar, Sommerferien: 2. Mai, Herbstferien: 1. August, außerhalb der Ferien bis 8 Wochen vor Ausreise.

Vorbereitung – Betreuung – Nachbereitung
Betreuung in Deutschland durch die Geschäftsstelle von Experiment e.v. Betreuung im Gastland durch langjährige Partnerorganisationen. 24-Stunden-Notfalltelefon von Experiment e.v. sowie Partnerorganisation. Bei Ferienprogrammen: Zweitägiges, überregionales Vorbereitungsseminar in Deutschland. Zweitägiges, überregionales Nachbereitungsseminar in Deutschland.

Wichtige Hinweise – Besondere Leistungen – Qualitätssicherung
Teilstipendien bis 1.000 € möglich, Bewerbungsfrist: 1. April. Gründungsmitglied des AJA (Dachverband gemeinnütziger Jugendaustausch-Organisationen in Deutschland). Auszeichnungen/Qualitätssicherung: „Gütesiegel Freiwilligendienste Quifd".

Kurz und bündig				
Gründungsjahr	1932	Anzahl der Sprachreisen-Teilnehmer in 2017		35
Programm seit	2016	Anzahl der Teilnehmer aller Programme in 2017		2.288
Mindestalter	13	Sicherungsschein nach § 651r BGB wird ausgestellt		nein
Höchstalter	-	Programmdauer	1 bis 4 Wochen (Verlängerung auf Anfrage möglich)	
Weitere Angebote		Schüleraustausch weltweit, Freiwilligendienste weltweit, geförderte Freiwilligendienste: Europäischer Freiwilligendienst, weltwärts, Internationaler Jugendfreiwilligendienst, Auslandspraktikum, Demi-Pair, Gastfamilienprogramme in Deutschland		

GLS Sprachenzentrum – Inh. Barbara Jaeschke

Kastanienallee 82	Telefon: 030 / 78 00 89 10
10435 Berlin	Telefax: 030 / 78 00 89 894
sprachreisen@gls-sprachenzentrum.de	www.gls-sprachenzentrum.de

Selbstdarstellung
Das GLS Sprachenzentrum vermittelt Sprachkurse für Schüler und Erwachsene, High School- und Studienprogramme sowie Praktika weltweit – und das seit 35 Jahren. Unser umfangreiches Angebot bei den Sprachreisen umfasst: für Schüler Kurse in den Oster-, Sommer-, Herbstferien inkl. Freizeitprogramm und vielfältigen Sportoptionen in internationalen Camps und Sprachschulen; für Erwachsene allgemeinsprachliche sowie fachspezifische Business- und Zertifikatskurse. Viele Programme werden als Bildungsurlaub anerkannt. Zudem bietet GLS eine spezielle Reihe 30+ und 50+ Programme in ausgewählten Destinationen an.

Zielländer – Programmbeispiele – Leistungen – Kosten
Zielländer: Ägypten, Argentinien, Australien, Brasilien, Chile, China, Costa Rica, Dom. Republik, Frankreich, Griechenland, Großbritannien, Irland, Italien, Japan, Jordanien, Kanada, Kuba, Lettland, Malta, Marokko, Mexiko, Neuseeland, Peru, Polen, Portugal, Russland, Schweiz, Spanien, Südafrika, Türkei, USA. Auf Wunsch vermitteln wir zu den Kursen eine Unterkunft in einer Gastfamilie (GF), im Hotel oder Studentenwohnheim; Sportoptionen, Ausflüge, Versicherungen sind ebenso zusätzlich buchbar. Die Preise für die Schülersprachreisen inkludieren ein Freizeitprogramm und eine Betreuung vor Ort. Preisbeispiele:
2 Wochen Sprachkurs als Bildungsurlaub in London: 895 €
2 Wochen Sprachkurs in Peking inkl. Unterkunft in einer WG 1.320 €
4 Wochen Sprachkurs in Buenos Aires inkl. Unterkunft in einer WG: 1.520 €
2 Wochen Abiturvorbereitungskurs auf Malta, inkl. Flug und Unterkunft (GF): 1.450 €
2 Wochen Schülersprachkurs in Antibes (Frankreich) inkl. Unterkunft (GF): 1.630 €
2 Wochen Schülersprachkurs in Málaga inkl. Unterkunft „on Campus": 1.245 €
2 Wochen Sprachkurs 50 plus in York inkl. Unterkunft u Kulturprogramm: 1665 €

Bewerbungsverlauf und Kriterien für die Annahme des Bewerbers
Mindestalter bei Schülersprachreisen 8 Jahre, bei Erwachsenenprogrammen mind. 16 Jahre. Buchungsbestätigung erfolgt innerhalb eines Werktags nach Eingang der Anmeldung.

Vorbereitung – Betreuung – Nachbereitung
GLS unterstützt umfassend bei der Programmwahl und Vorbereitung des Aufenthalts, auf Wunsch ebenso bei Flugbuchung, Visumsbeantragung und Versicherungsfragen. Im Gastland steht ein Mitarbeiter der Sprachschule für Fragen zur Verfügung. Zur Orientierung und Vorbereitung auf den Aufenthalt empfehlen wir die Erfahrungsberichte und Fotoreportagen auf der GLS Website sowie die Kontaktaufnahme zu anderen Teilnehmern über die GLS Community (Schüler: junior.gls-community.de/de; Erwachsene: traveller.gls-community.de/de).

Wichtige Hinweise – Besondere Leistungen – Qualitätssicherung
GLS ist DIN-zertifiziert und Mitglied im: FDSV, ALTO, WYSE, DFH, CSIET

Kurz und bündig

Gründungsjahr	1983	Anzahl der Sprachreisen-Teilnehmer in 2017	2.300
Programm seit	1983	Anzahl der Teilnehmer aller Programme in 2017	5.000.
Mindestalter	8/16	Sicherungsschein nach § 651r BGB wird ausgestellt	ja
Weitere Angebote	Praktikum, Studium, Schüleraustausch		

ICXchange-Deutschland e.V.	
Bahnhofstr. 16–18	Telefon: 0441 / 92 398 0
26123 Oldenburg	Telefax: 0441 / 92 398 99
info@icxchange.de	www.icxchange.de

Selbstdarstellung

ICXchange-Deutschland e.V. – kurz ICX – ist eine gemeinnützige Organisation, die seit 1974 unterschiedliche Programme im Bereich des internationalen Schüleraustausches und der interkulturellen Begegnung durchführt. Unser Ziel ist es, die Völkerverständigung, den internationalen Gedankenaustausch und die Toleranz auf allen Gebieten der Kultur zu pflegen und dadurch ein friedliches Miteinander aller Menschen zu fördern.

Zielländer – Programmbeispiele – Leistungen – Kosten

Wir bieten Sprachferien in den folgenden Ländern an: USA, Kanada, England, Irland, Spanien, Frankreich und Deutschland. Aufenthalte sind von mindestens einer Woche bis zu vier Wochen möglich. Je nach Region variiert das Sprachkursangebot von Gruppenkursen, kleineren Tutorials bis zu Einzelunterricht. Ein interessantes Freizeitprogramm gehört natürlich auch dazu. Unterbringung ist in einer Residenz oder einer Gastfamilie möglich. Im Preis enthalten sind jeweils alle wesentlichen Leistungen: die Kursgebühren, Unterbringung und Verpflegung in der Gastfamilie bzw. Residenz, Flug oder Busreise, Eintritt für die organisierten Veranstaltungen und die Krankenversicherung (USA und Kanada). Die aktuellen Preise und Termine findest du auf www.icxchange.de.

Bewerbungsverlauf und Kriterien für die Annahme des Bewerbers

Bewerben können sich aufgeschlossene und anpassungsfähige Schüler zwischen 14 und 18 Jahren. Eine gute gesundheitliche Verfassung und mindestens 3 Jahre Englischunterricht werden vorausgesetzt. Unser Bewerbungsformular ist auf www.icxchange.de zu finden.

Vorbereitung – Betreuung – Nachbereitung

Vor der Ausreise stehen unsere Mitarbeiter gern für alle Fragen zur Verfügung. Die Teilnehmer erhalten außerdem eine Infomappe mit allen wichtigen Informationen. Während des Auslandsaufenthalts ist ICX weiterhin Ansprechpartner für die Eltern. Die Teilnehmer können sich vor Ort jederzeit an die Partnerorganisation oder ihren Betreuer bzw. Tutor wenden, wenn sie Fragen zum Englischkurs oder zum Leben in der Gastfamilie haben.

Wichtige Hinweise – Besondere Leistungen – Qualitätssicherung

- Wir buchen die Flüge möglichst so, dass die Teilnehmer gemeinsam fliegen.
- Wir evaluieren unsere Sprachferienprogramme jährlich.

Kurz und bündig				
Gründungsjahr	1974	Anzahl der Sprachreisen-Teilnehmer in 2017		45
Programm seit	1990	Anzahl der Teilnehmer aller Programme in 2017		207
Mindestalter	14	Sicherungsschein nach § 651r BGB wird ausgestellt		ja
Höchstalter	18	Programmdauer	1 Woche bis 4 Wochen	
Weitere Angebote	Schüleraustausch weltweit (11 verschiedene Länder), School Guest (4 bis 8 Wochen High School), Gastfamilie werden			

into GmbH	
Ostlandstraße 14	Telefon: 02234 / 946 36 0
50858 Köln	Telefax: 02234 / 946 36 23
kontakt@into.de	www.into.de

Selbstdarstellung

into kann auf jahrzehntelange Erfahrung zurückblicken. Seit 1978 werden Sprachreisen, seit 1986 Schüleraustauschprogramme und seit über zehn Jahre Ü18-Programme (Work & Travel, Auslandspraktika und Freiwilligenarbeit) angeboten. into ist Mitglied im Deutschen Fachverband High School (DFH) sowie Mitglied bei der World Youth and Student Travel Conference (WYSTC). Wir sorgen mit viel Engagement und persönlichem Einsatz dafür, dass der Auslandsaufenthalt unserer Teilnehmer zu einem erfolgreichen und unvergesslichen Erlebnis wird. Eine Sprachreise ist eine ideale Mischung aus Sprachunterricht und Freizeitaktivitäten. So kann man das im Sprachunterricht gelernte direkt anwenden und sich über Erfolge freuen.

Zielländer – Programmbeispiele – Leistungen – Kosten

Wir bieten für Schüler und junge Erwachsene zwischen 12 und 21 Jahren Sprachreisen für ein bis drei Wochen nach England, Malta und Spanien an. Der Unterricht erfolgt montags bis freitags und umfasst je nach Kursart täglich drei bis vier oder fünf bis sechs Unterrichtsstunden. In kleinen Klassen von ca. 8 bis 15 Schülern wird der Unterricht von qualifizierten Lehrern durchgeführt. Man hat die Wahl zwischen klassischen (nur Deutschsprachige) und internationalen Klassen. Nachmittags und am Wochenende findet ein abwechslungsreiches Freizeitprogramm statt. Die Schüler können zwischen mehreren Unterbringungsmöglichkeiten wählen (Gastfamilie, Residenzen, Wohngebäude des Campus)

Bewerbungsverlauf und Kriterien für die Annahme des Bewerbers

Anmeldung mit dem Formular auf unserer Website www.into.de

Vorbereitung – Betreuung – Nachbereitung

Vor der Abreise stehen Ansprechpartner im Kölner Büro zur Verfügung, im Land selbst helfen die Betreuer vor Ort.

Wichtige Hinweise – Besondere Leistungen – Qualitätssicherung

into hat fast 40 Jahre Erfahrung mit Auslandsaufenthalten und pflegt eine langjährige und intensive Zusammenarbeit mit seinen Partnern. Unsere Programme sind geprüft und entsprechen strengen Sicherheitsstandards. into ist Mitglied bei der World Youth and Student Travel Conference (WYSTC), dem Verband zur Qualitätssicherung von Jugendreisen.

Kurz und bündig				
Gründungsjahr	1978	Anzahl der Sprachreisen-Teilnehmer in 2017		10
Programm seit	1978	Anzahl der Teilnehmer aller Programme in 2017		308
Mindestalter	14	Sicherungsschein nach § 651r BGB wird ausgestellt		ja
Höchstalter	18	Programmdauer	bis zu 3 Wochen	
Weitere Angebote	Schüleraustausch, Work & Travel, Auslandspraktika, Freiwilligenarbeit und Gastfamilie werden			

Kaplan International English

Warwick Building, Avonmore Road
W148 HQ, Großbritannien
reception@englishuk.org

Telefon: +49 699753 30 38
Telefax: -
www.kaplaninternational.com/de

Selbstdarstellung

Kaplan International English glaubt fest daran, dass das Erlernen der englischen Sprache neue Möglichkeiten kreiert, neue Kontakte schafft und das Leben bereichert. Aus diesem Grund bieten wir Sprachreisen in den spektakulärsten englischsprachigen Destinationen der Welt an. Unsere Unterrichtsmethoden machen Kaplan International English zu einem einzigartigen Sprachreiseanbieter. Unsere Schüler lernen nicht nur im Klassenraum, sondern auch durch Entdeckungen und Abenteuer - eine Sprachreise mit uns ist ein Abenteuer für's Leben!

Zielländer – Programmbeispiele – Leistungen – Kosten

Wir bieten unsere Sprachkurse in über 40 Sprachschulen an. Alle unsere Sprachschulen befinden sich in den beliebtesten und interessantesten englischsprachigen Metropolen. Angefangen von unserer Sprachschule im berühmten Empire State Building in New York bis hin zu unserer Schule im atemberaubenden Sydney. Mit der Auswahlmöglichkeit unserer Destination und der Kursarten findet jeder Student die passende Sprachreise für sich. Wir bieten eine Vielzahl unterschiedlicher Sprachkurse an, wie z.B. Allgemeinenglischkurse, Prüfungsvorbereitungskurse, Geschäftsenglischkurse, Sprachenjahr und Sprachensemester. Die Länge unserer Sprachkurse variieren zwischen 2 und 52 Wochen. Somit stellt man sich den Kurs nach eigenen Bedürfnissen zusammen.

Bewerbungsverlauf und Kriterien für die Annahme des Bewerbers

Jeder und jede kann einen Sprachkurs mit Kaplan International unternehmen. Wenn du bereits vor Ort in unserer Sprachschule bist, wirst du vor dem Beginn deines eigentlichen Kurses an einem kurzen Englischtest teilnehmen. Dieser Test dient lediglich dazu, einen Kurs zu finden, der deine Sprachfähigkeiten am meisten fördern wird. Außerdem dient dieser Test auch als Vergleich, um dir zu zeigen, wie sehr du deine Sprachkenntnisse während deiner Zeit mit uns verbessern konntest.

Vorbereitung – Betreuung – Nachbereitung

Unsere Mitarbeiter stehen dir während deiner Buchung und natürlich auch nach deiner Buchung, sowie durchgehend während deines Sprachaufenthaltes im Ausland, zur Verfügung. Sie beantworten dir alle deine Fragen und Bedenken

Wichtige Hinweise – Besondere Leistungen – Qualitätssicherung

Kaplan International bietet Englischunterricht von höchster Qualität. Die eigens kreirte K+ Lernmethode hilft dir dabei deine Englischkenntnisse auf schnellstem Wege zu verbessern.

Kurz und bündig				
Gründungsjahr	1967	Anzahl der Sprachreisen-Teilnehmer in 2017		50.000
Programm seit	1967	Anzahl der Teilnehmer aller Programme in 2017		50.000
Mindestalter	+16	Sicherungsschein nach § 651r BGB wird ausgestellt		nein
Höchstalter	-	Programmdauer	2-52 Wochen	
Weitere Angebote	Englisch + Prakitkum oder Job, Englisch für den akademischen Alltag			

LAL Sprachreisen GmbH	
Landsberger Str. 88	Telefon: 089 / 2525 2403
80339 München	Telefax: -
service@lal.de	www.lal.de

Selbstdarstellung
Mit LAL Sprachreisen können Kinder, Jugendliche und junge Erwachsene seit 1981 Sprachreisen in die ganze Welt unternehmen. Unabhängig von Sprache oder Reiseziel stehen, neben dem Sprachunterricht, auch immer unvergessliche Ferien im Vordergrund. Denn eine Sprachreise muss Spaß machen! Als ein Unternehmen der FTI Group, die zu den Top 4 Reiseveranstaltern in Europa gehört, verwirklicht LAL Sprachreisen in 10 Sprachen und auf allen 5 Kontinenten.

Zielländer – Programmbeispiele – Leistungen – Kosten
Schüler ab 7 Jahren und Jugendliche bis zum Abitur:
Englisch (Malta, England, USA, Deutschland), Französisch (Frankreich), Spanisch (Spanien)
Junge Erwachsene ab 16 Jahren:
Englisch (Malta, England, Irland, USA, Kanada, Indien, Südafrika, Australien, Neuseeland), Französisch (Frankreich), Spanisch (Spanien, Kuba, Costa Rica, Ecuador, Mexiko, Dom. Republik, Argentinien), sowie Italienisch, Portugiesisch, Russisch, Japanisch, Chinesisch und Türkisch
Kostenbeispiel:
1 Woche Schülersprachreise nach Malta inkl. Englischkurs, Unterkunft, Freizeitpaket & Transfer ab 450 €.

Bewerbungsverlauf und Kriterien für die Annahme des Bewerbers
LAL bietet Sprachkurse für jedes Alter und Sprachniveau an. Am Anfang des Sprachkurses findet ein Einstufungstest statt, um die Teilnehmer dem passenden Kurs zuordnen zu können. Beim Unterricht wird besonderer Wert auf kleine Gruppengrößen sowie auf einen ausgewogenen Mix der Nationalitäten gelegt.

Vorbereitung – Betreuung – Nachbereitung
Wir legen großen Wert auf die umfassende Betreuung jedes einzelnen Teilnehmers! Unser Team in Deutschland sowie die Mitarbeiter der Sprachschulen bieten eine persönliche Beratung und Betreuung vor der Abreise, während des Aufenthalts und auch nach der Rückkehr. Auf unserer Facebook Fanpage www.facebook.com/lal.sprachreisen können sich die Teilnehmer schon vor Abreise mit anderen Mitschülern austauschen und Reisefreunde finden.

Wichtige Hinweise – Besondere Leistungen – Qualitätssicherung
LAL ist seit vielen Jahren Mitglied im FDSV, dem Fachverband Deutscher Sprachreise-Veranstalter, und ist nach der Europäischen Norm DIN EN14804 zertifiziert.

Kurz und bündig				
Gründungsjahr	1981	Anzahl der Sprachreisen-Teilnehmer in 2017		k.A.
Programm seit	1981	Anzahl der Teilnehmer aller Programme in 2017		k.A.
Mindestalter	7	Sicherungsschein nach § 651r BGB wird ausgestellt		ja
Höchstalter	99	Programmdauer	ab 1 Woche	
Weitere Angebote	Themensprachreisen (z.B. Sprache & DJ-Kurs oder Sprache & Surfen etc.), Work & Travel, Praktika, Academic Semester/Year, Prüfungskurse			

MundoLengua, Centro internacional de Español	
Neuenlander Str. 28b	Telefon: 0421/ 16 76 76 70
28199 Bremen	Telefax: -
info@centromundolengua.com	www.centromundolengua.com

Selbstdarstellung
Seit 2005 organisieren wir mit MundoLengua, Centro internacional de Español, individuell angepasste Spanischsprachkurse, Kulturprogramme und Bildungsreisen für Spanischbegeisterte jeden Alters. Jedes Jahr empfangen wir über 1000 Jugendliche, Studenten, Senioren und Lehrpersonen aus der ganzen Welt. Unser Ziel ist es, durch eine Kombination von Spanischunterricht und kulturellen Aktivitäten, Spanien mit unseren Schülern aus einer neuen und authentischen Weise kennen zu lernen.

Zielländer – Programmbeispiele – Leistungen – Kosten
Wir bieten Sprachreisen für alle Sprachniveaus und Altersklassen ab 14 Jahren in ganz Spanien an. Der Spanischunterricht wird nach Ihren Wünschen als Intensivkurs in Minigruppen, größeren Klassen oder als Privatunterricht gestaltet. Entdecken Sie Spanien, lernen Sie neue Leute kennen und nehmen Sie an sozialen und kulturellen Aktivitäten teil.
Beispiel Sprachreise für Jugendliche: 1 Woche Aufenthalt in Cádiz oder Sevilla, täglich vier Unterrichtsstunden Spanisch, soziale und kulturelle Aktivitäten, Unterkunft in einer Gastfamilie, Flughafentransfer, Dienstleistungsgebühren, ab 585 €.
Beispiel DELE Vorbereitung: 2 Wochen DELE Vorbereitungskurs, täglich fünf Unterrichtsstunden spezifischer Spanischunterricht für das DELE, ab 690 €.
Beispiel Spanischkurs in Minigruppen: Eine Woche Spanischkurs für Erwachsene in Minigruppen in der wunderschönen Stadt Sevilla, 20 Unterrichtsstunden, Unterrichtsmaterialien, Dienstleistungsgebühren, ab 289 €.

Bewerbungsverlauf und Kriterien für die Annahme des Bewerbers
Die Einschreibung erfolgt über unser Onlineportal. Es sind alle Spanischniveaus willkommen. Vor dem Programmstart bitten wir Sie einen Online-Einstufungstest zu absolvieren, damit wir Sie dem richtigen Sprachniveau zuteilen können. Sie sollten interessiert an der spanischen Kultur und Sprache sein, kontaktfreudig, neugierig und offen.

Vorbereitung – Betreuung – Nachbereitung
Um die Vorbereitung auf Ihre Reise so einfach wie möglich zu gestalten, steht Ihnen ein internationales Team in Deutschland und Spanien zur Verfügung. Die Kommunikation läuft über E-Mail oder Telefon, es können aber auch persönliche Beratungsgespräche vereinbart werden. Während Ihrem Aufenthalt in Spanien unterstützen wir Sie bei Problemen und Unklarheiten, wir sind 24/7 für Sie da.

Wichtige Hinweise – Besondere Leistungen – Qualitätssicherung
Centro MundoLengua ist eine vom Instituto Cervantes anerkannte und akkreditierte Sprachschule.

Kurz und bündig			
Gründungsjahr	2005	Anzahl der Sprachreisen-Teilnehmer in 2017	464
Programm seit	2006	Anzahl der Teilnehmer aller Programme in 2017	496
Mindestalter	14	Sicherungsschein nach § 651r BGB wird ausgestellt	nein
Höchstalter	-	Programmdauer	1 bis 6 Wochen
Weitere Angebote	Freiwilligenarbeit, Praktikum, Städtereisen, Austauschprogramm		

OISE Sprachtraining GmbH	
Poststraße 48	Telefon: 06221 / 4340 480
69115 Heidelberg	Telefax: -
sprachreisen@oise.com	www.oise.de

Selbstdarstellung
OISE bietet seit 45 Jahren Sprachreisen für Schüler, Abiturvorbereitungskurse und Sprachkurse für Erwachsene an. Durch kleine 4er- oder 8er-Klassen und Möglichkeiten für Einzelunterricht, wird jeder Teilnehmer ganz individuell gefördert, um das Sprachniveau und Selbstvertrauen in die eigenen Fähigkeiten zu stärken. Der Lernende wird kontinuierlich gefordert und ermutigt, die Fremdsprache anzuwenden. OISE strebt danach, durch ein inspirierendes Sprachtraining, das herausfordert und sich auf konkrete Lernerfolge fokussiert, einen zukunftsprägenden Beitrag im Leben jedes einzelnen Sprachschülers zu leisten.

Zielländer – Programmbeispiele – Leistungen – Kosten
OISE unterrichtet Englisch, Französisch und Spanisch und verfügt über Schulen in UK, USA, Kanada, Frankreich, Spanien, die wöchentlich Kurse und Sommerprogramme anbieten. Es gibt Schulen für Kinder (7-12 J.), Schüler (13-17 J.), Abiturkurse (>16 J.) und Kurse für ein Gap Year und Studenten. Es handelt sich um intensive Ganztagskurse, die an das Alter angepasst werden, und Klassen mit homogenem Sprachlevel. Während die Jüngsten 21h und die Schüler 27h à 60 Min. Unterricht/Woche haben, kann es bei den Abiturienten und älteren Sprachschülern bis zu 35h/Woche sein. Die Schülerkurse bis 27h fokussieren sich auf das Lernen der Sprache durch Sprachunterricht, Projekte, Fachunterricht in der Fremdsprache und kulturelle Exkursionen. Die Kurse für Abiturienten und Studenten sind anspruchsvoller und fordern viel Konzentration, Ausdauer und Motivation. Durch eine Vielzahl an Übungen sehen die Teilnehmer bald ihre Fortschritte. Die Unterbringung erfolgt in Residenzen oder Gastfamilien. Der Flughafentransfer wird bei den Kinder- und Schülerkursen von OISE organisiert. Flüge werden selbst gebucht. Die Kursgebühr beginnt bei 935 €/Woche.

Bewerbungsverlauf und Kriterien für die Annahme des Bewerbers
Die Schüler müssen das für das jeweilige Programm angegebene Alter haben. Vorkenntnisse werden nicht erwartet. Wir empfehlen, 2-3 Monate vor dem Kurs zu buchen. Spontane Anfragen werden bearbeitet. Für die Buchung wird eine Anmeldung handschriftlich ausgefüllt, unterschrieben und per E-Mail oder Post an die obige Kontaktadresse geschickt.

Vorbereitung – Betreuung – Nachbereitung
Der Sprachschüler bzw. die Eltern werden vor der Buchung über alle Leistungen informiert. Es gibt eine 24h-Notfallnummer. Die Sprachschüler geben am 1./2.Tag und am Kursende ein schriftliches Feedback ab. Lokale Betreuer werden intensiv geschult.

Wichtige Hinweise – Besondere Leistungen – Qualitätssicherung
OISE ist Mitglied beim Fachverband Deutscher Sprachreise-Veranstalter e.V. (FDSV), ist vom British Council akkreditiert und Mitglied bei English UK und Groupement fle.

Kurz und bündig			
Gründungsjahr	1973	Anzahl der Sprachreisen-Teilnehmer in 2017	81
Programm seit	1973	Anzahl der Teilnehmer aller Programme in 2017	81
Mindestalter	7	Sicherungsschein nach § 651r BGB wird ausgestellt	ja
Höchstalter	-	Programmdauer	1 Woche bis 1 Jahr
Weitere Angebote	Erwachsenenkurse, Business English, Fachenglisch, Bildungsurlaub		

Panke Sprachreisen GmbH	
Sereetzer Weg 20	Telefon: 04503 / 89 831 0
23626 Ratekau	Telefax: -
info@panke-sprachreisen.de	www.panke-sprachreisen.de

Selbstdarstellung
Panke Sprachreisen veranstaltet Ferien-, Klassen- und Erlebnissprachreisen nach Südengland bzw. Malta für Schüler und Erwachsene. Eigene Schulen, eigene Busse, eigene Disko, qualifizierter Sprachunterricht, beste Betreuung, jede Menge Ausflüge – alles mit Best-Price-Garantie: Mit diesem Erfolgskonzept hebt das Familienunternehmen sich von anderen Sprachreiseveranstaltern ab – seit 35 Jahren. Die Sprachlehrer unterrichten auf Muttersprachler-Niveau und sind bestens qualifiziert (mind. CELTA). Die Unterbringung der Sprachschüler erfolgt, je nach Reisewahl, bei ausgewählten Gastgebern oder in Universitätsunterkünften. Bei Premiumreisen werden die Teilnehmer von der privaten Unterkunft abgeholt und wieder zurückgebracht – täglich – und das bis zu vier Mal. Und unsere ausgebildeten Betreuer sind von Anfang bis Ende mit dabei. Sicherer geht es nicht! Das Motto von Panke Sprachreisen lautet „Lernen mit Fun", denn auch Spaß und gute Laune kommen garantiert nicht zu kurz. Feriensprachreisen finden von Ostern bis zum Herbst statt.

Zielländer – Programmbeispiele – Leistungen – Kosten
Sommer England (Beispiele) – alle Preise Stand 2018:
16-Tage-Sprachreisen für Schüler von 10-17 J. inkl. 40 UStd. Unterricht in Bournemouth:
Inkl. An- u. Abreise, VP. bei priv. Gastgeber., 7 Ausfl. u. Activity ab 993 €
16-Tage-Sprachreisen für Schüler von 10-17 J. inkl. 45 UStd. Unterricht in Bournemouth:
Inkl. An- u. Abreise, VP. bei priv. Gastgeber, 9 Ausfl. u. Activity, Busabh. Gastf. ab 1.258 €
16-Tage Fußball-, Sprach- u. Erlebniscamp von 10-17 J. inkl. 40 UStd. Unterricht in Bmth.:
Inkl. An- u. Abreise, VP. bei priv. Gastgeb., Ausfl. u. Fußballtrain., Busabh. Gastf. ab 1.329 €
Herbst Malta (Beispiel):
15-Tage-Sprachreisen für Schüler von 13-17 J. inkl. 54 Std. Unterricht in Valletta:
Inkl. An- u. Abreise, VP. bei priv. Gastgeber, Ausfl. u. Activity, Busabh. Gastf. ab 1.158€

Bewerbungsverlauf und Kriterien für die Annahme des Bewerbers
Das Mindestalter für unsere Reisen liegt bei 10 Jahren – nach oben gibt es keine Grenzen.

Vorbereitung – Betreuung – Nachbereitung
Telef. Beratung u. 24-Std.-Hotline. Informationsveranstaltungen in Deutschland, Umfangreiche Informationen u. Videos im Internet. Online Einstufungstest vor Reisebeginn. Rund-um-die-Uhr-Betreuung, eigene Reiseleiter, eigene Mitarbeiter in den Schulen.

Wichtige Hinweise – Besondere Leistungen – Qualitätssicherung
Geprüftes Mitglied beim Fachverband Deutscher Sprachreiseveranstalter (FDSV), im Deutschen Fachverband für Jugendreisen (Reisenetz) DIN-geprüft. Die Schule in GB ist vom British Council u. English UK akkreditiert zertifiziert, die Schule in Malta vom ELT Council

Kurz und bündig				
Gründungsjahr	1983	Anzahl der Sprachreisen-Teilnehmer in 2017		>10Tsd
Programm seit	1983	Anzahl der Teilnehmer aller Programme in 2017		>10Tsd
Mindestalter	9	Sicherungsschein nach § 651r BGB wird ausgestellt		ja
Höchstalter	-	Programmdauer	8 Tage bis 8 Wochen, Sprachk. ab 1 Woche	
Weitere Angebote		Oberstufensprachreisen, Elite-Uni-Summercamps, organis. Sprachreisen für Erwachsene, Sprachkurse aller Art, Sprachreisen für Schulgruppen.		

PractiGo GmbH – Sprachen erleben	
Neidenburger Straße 9	Telefon: 0421 / 40 89 770
28207 Bremen	Telefax: 0421 / 40 89 7760
info@practigo.com	www.practigo.com

Selbstdarstellung
PractiGo ist Spezialist für Sprach- und Bildungsreisen weltweit. Seit 2001 organisieren wir maßgeschneiderte Fachpraktika, Sprachreisen, Work & Travel und Hotelarbeit. In unserem Team arbeiten viele Muttersprachler, die wertvolle Tipps zu Sprache und Kultur geben können. Auch unsere deutschen Mitarbeiter haben selbst längere Zeit im Ausland gelebt und wissen, worauf es bei der Organisation von Auslandsaufenthalten ankommt.

Zielländer – Programmbeispiele – Leistungen – Kosten
Zielländer: Argentinien, Australien, Chile, Deutschland, England, Frankreich, Italien, Irland, Japan, Kanada, Malta, Neuseeland, Peru, Portugal Schottland, Spanien und die USA.
Leistungen: Wir bieten eine große Auswahl an Kursarten und Destinationen, individuelle und schnelle Organisation von Sprachkursen mit oder ohne Unterkunft: Intensivkurse mit 15 bis 30 Wochenstunden als Gruppen- oder Einzelunterricht, Spezialkurse für Wirtschafts-Englisch oder -Spanisch, Examensvorbereitung (z.B. TOEFL, DELE), Bildungsurlaub, Jugendcamps und Gruppenreisen. Optional sind Flug, Transfer, Unterkunft und Versicherungen buchbar. Viele Partner-Schulen bieten ein umfangreiches Freizeitprogramm sowie Extra-Services (z.B. gratis Internetnutzung, Bibliothek, Getränke) an.
Kosten: Variieren je nach Zielort. Preise sind individuell online kalkulierbar.
z.B. 2 Wochen Alicante/Spanien: Sprachkurs (15 Std./Woche) + Einzelzimmer WG: 515 €.
2 Wochen Malta: (20 Std./Woche) + Einzelzimmer Gastfamilie: 930 €.

Bewerbungsverlauf und Kriterien für die Annahme des Bewerbers
PractiGo-Sprachreisen sind ab einer Woche mit und ohne Unterkunft buchbar. Mindestalter (variiert je nach Zielort): ab 12 Jahren. Sprachreisen eignen sich für jedes Alter – von Jugendcamps bis zu 50+ Kursen.
Anmeldefrist: 2 Wochen vor Beginn, auf Anfrage auch kurzfristige Buchung möglich.

Vorbereitung – Betreuung – Nachbereitung
Ausführliche Beratung durch unsere Spezialisten, schnelle Organisation und Buchung, Betreuung vor Ort, Feedback und Teilnahmezertifikat nach dem Sprachkurs.

Wichtige Hinweise – Besondere Leistungen – Qualitätssicherung
PractiGo arbeitet ausschließlich mit Sprachschulen zusammen, die eine entsprechende Zertifizierung eines Sprach- oder Kulturinstitutes haben (z.B. Cambridge oder Instituto Cervantes).

Kurz und bündig				
Gründungsjahr	2001	Anzahl der Sprachreisen-Teilnehmer in 2017		k.A.
Programm seit	2001	Anzahl der Teilnehmer aller Programme in 2017		k.A.
Mindestalter	12	Sicherungsschein nach § 651r BGB wird ausgestellt		ja
Höchstalter	-	Programmdauer	ab 1 Woche	
Weitere Angebote	Auslandspraktika, Work & Travel, Hotelarbeit, Auslandspraktika mit 17			

Sprachdirekt GmbH	
Schwanthalerstraße 5	Telefon: 089 / 599 455 70
80336 München	Telefax: 089 / 599 455 711
info@sprachdirekt.de	www.sprachdirekt.de

Selbstdarstellung

Das Münchner Unternehmen Sprachdirekt GmbH wurde 2003 gegründet und hat seitdem bereits für tausende Sprachreisende ihren Aufenthalt im Ausland organisiert. Wir wählen die Sprachschulen nach strengen Kriterien aus und können Ihnen somit eine hohe Qualität garantieren. Durch geschickte Preisabsprachen können wir Ihnen die Preise der Sprachschule oder sogar günstigere Konditionen ermöglichen. Unser geschultes Service-Team berät Sie gerne individuell und kompetent vor, während und nach Ihrer Sprachreise!

Zielländer – Programmbeispiele – Leistungen – Kosten

England, Malta, USA, Kanada, Südafrika, Irland, Australien, Neuseeland, Frankreich, Spanien, Mexiko, Costa Rica, Argentinien, Italien – wir haben für jeden das Passende im Programm. Es fallen keine Vermittlungsgebühren oder zusätzliche Kosten an. Wir haben Sprachreisen für Erwachsene, aber auch spezielle Schülersprachprogramme im Angebot. Neben dem Sprachkurs kann auch eine Unterkunft wie Gastfamilie, Apartment oder Hotel über uns gebucht werden, die Schülerprogramme beinhalten zusätzlich eine komplette 24h-Betreuung sowie ein Freizeitprogramm.

Bewerbungsverlauf und Kriterien für die Annahme des Bewerbers

Vom Sprachlevel „Anfänger ohne Vorkenntnisse" bis „Fortgeschritten" werden alle Stufen angeboten. Ein Einstufungstest findet statt, um die Sprachkenntnisse zu ermitteln und Sie in die entsprechende Kursgruppe einzuteilen.

Vorbereitung – Betreuung – Nachbereitung

Unser Team in Deutschland ist bestens geschult und besucht regelmäßig unsere Sprachschulen im Ausland. Aus diesem Grund kann optimale Beratung auch aus persönlicher Erfahrung erfolgen. Durch unseren engen Kontakt mit den Sprachschulen machen wir auch spezielle Anfragen selbst bei Last-Minute-Buchungen für Sie möglich.

Wichtige Hinweise – Besondere Leistungen – Qualitätssicherung

Sprachdirekt ist durch viele unabhängige Organisationen zertifiziert und ist Mitglied in einigen Dachverbänden, wie bspw. ALTO, WYSE, Bildungsurlaub, Reisenetz oder die British Chamber of Commerce. Über 2.500 zufriedene Kunden im Jahr geben uns Recht! Gerne unterstützen wir Sie auch bei speziellen Fragen bzgl. Bildungsurlaub, Visum, Zivildienst, Firmenrabatte, Reiseversicherung etc.

Kurz und bündig				
Gründungsjahr	2003	Anzahl der Sprachreisen-Teilnehmer in 2017		k.A.
Programm seit	2003	Anzahl der Teilnehmer aller Programme in 2017		k.A.
Mindestalter	10	Sicherungsschein nach § 651r BGB wird ausgestellt		ja
Höchstalter	-	Programmdauer	1 Woche bis 12 Monate	
Weitere Angebote	-			

STS Sprachreisen GmbH	
Mönckebergstraße 5 (ab Dez 2018 An der Alster 62)	Telefon: 040 / 303 999 23
20095 Hamburg (ab Dez. 2018 20099 Hamburg)	Telefax: 040 / 303 999 08
highschool@sts-education.de	www.sts-education.de

Selbstdarstellung
Wir von STS sind schon seit 1958 in der internationalen Austauschbranche tätig und verfügen daher über ein sehr gutes Netzwerk in allen Gastländern. Davon profitierst du bei der Auswahl deiner Gastfamilie und unserer Sprachzentren. Unsere Sprachreisen werden von Language Study Centres (LSC), der englischen Tochterfirma von STS in England, durchgeführt. Die Sprachkurse in England sind vom British Council akkreditiert. STS bietet dir während der gesamten Reise eine persönliche Betreuung. Unser kompetentes Team hat eigene Erfahrungen im Ausland gesammelt und wird vor und während deiner Sprachreise für dich da sein. Ganz egal, wo du auf der Welt gerade bist, es gibt immer eine Kontaktperson, an die du dich wenden kannst.

Zielländer – Programmbeispiele – Leistungen – Kosten
Zielländer: USA, Kanada, UK, Malta, Japan
Programmart: 1 – 4 Wochen, Unterkunft in Gastfamilien oder auf dem Campus, auf dem Campus sind Einzelzimmer möglich. Weitere buchbare Leistungen: Trinitiy Exam, Sportaktivitäten, Ausflüge, USA u.a. Coast to Coast Adventure Trip, Chelsea FC Academy
Kosten: ab 1.540 €

Bewerbungsverlauf und Kriterien für die Annahme des Bewerbers
Alter 13-19 Jahre. Es bestehen keine speziellen Anforderungen.

Vorbereitung – Betreuung – Nachbereitung
Online-Vorbereitungskurs für alle Schüler und Schülerinnen.
Campusaufenthalt: Ein Betreuer ist Tag und Nacht mit den Schülern zusammen.
Gastfamilienaufenthalt: Ein Betreuer wohnt in einer benachbarten Gastfamilie und ist Tag und Nacht erreichbar.
Weitere Betreuer in den Sprachzentren vor Ort.
In Göteborg gibt es im Herbst ein großes Treffen für alles Sprachreisenden

Wichtige Hinweise – Besondere Leistungen – Qualitätssicherung
STS ist Mitglied im Deutschen Fachverband für Jugendreisen, Reisenetz e.V. LSC, der englische Ableger von STS in England, ist akkreditiert beim BRITISH COUNCIL und Mitglied bei ENGLISHUK, Trinity Exam wird angeboten, Chelsea FC Academy

Kurz und bündig				
Gründungsjahr	1987	Anzahl der Schüleraustausch-Teilnehmer in 2017	90	
Programm seit	1987	Anzahl der Teilnehmer aller Programme in 2017	114	
Mindestalter	14	Sicherungsschein nach § 651r BGB wird ausgestellt	ja	
Höchstalter	18	Programmdauer	Kürzeste: ein Monat, Längste: ein Schuljahr	
Weitere Angebote	Schüleraustausch in 15 Länder, Studieren im Ausland			

StudyLingua GmbH – Sprachreisen weltweit

Petrinistraße 14-16	Telefon: 0931 / 27 05 77 00
97080 Würzburg	Telefax:
info@studylingua.de	www.studylingua.de

Selbstdarstellung
StudyLingua gehört zu den führenden Sprachreiseveranstaltern in Deutschland und verfügt über ein großes Angebot an Sprachreisen für Schüler, Erwachsene, Geschäftsleute und Familien. 9 verschiedene (Fremd-)Sprachen können in über 30 Ländern weltweit gelernt werden. Zu unseren besonderen Stärken zählt die persönliche und kompetente Betreuung und Beratung unserer Interessenten und Kunden. Die angebotenen Sprachschulen werden von uns auf eine hohe Qualität geprüft und ausgewählt. Durch teilweise jahrelange Zusammenarbeit kennen wir unsere Schulen gut und persönlich.

Zielländer – Programmbeispiele – Leistungen – Kosten
Zielländer: Großbritannien, Malta, Irland, USA, Kanada, Australien, Neuseeland, Südafrika, Indien, Spanien, Mexiko, Argentinien, Kuba, Kolumbien, Frankreich, La Réunion, Martinique, Guadeloupe, Italien, China, Japan, Russland, Portugal, Brasilien, u.v.m.
Schülersprachkurse (8-17 J.): Schülersprachkurse in den Ferien mit betreutem Freizeitprogramm und Unterkunft in Gastfamilie oder Residenz / Zertifikat / int. Schulklassen
Erwachsenen-Sprachreisen (ab 16 J.): Standard- und Intensivkurse, Businesskurse, Examensvorbereitung, Minigruppe, Einzelunterricht, Im Hause des Lehrers / Bildungsurlaub / Sprachkurse mit oder ohne Unterkunft buchbar / Teilnahmezertifikat / int. Schulklassen
Familiensprachreisen (ab 5 J.): Eltern-Kind-Sprachreisen / Sprachkurse für Erwachsene und Kinder in altersgerechten und dem Sprachniveau entsprechenden Klassen / Zertifikat / int. Schulklassen / optionales Freizeitprogramm
Sprachkurs im Hause des Lehrers (ab 13 J.): Leben und Lernen bei einem Lehrer zu Hause / Einzelunterricht / optionales Freizeitpaket buchbar / Teilnahmezertifikat

Bewerbungsverlauf und Kriterien für die Annahme des Bewerbers
- Beratung/Anmeldung über Website, E-Mail, Fax, Brief oder Telefon möglich
- Anmeldung spätestens 4-8 Wochen vor Reisestart, kurzfristiger teilweise auch möglich

Vorbereitung – Betreuung – Nachbereitung
Persönliche, unverbindliche und kostenlose Beratung per Telefon oder E-Mail möglich / kostenlose Betreuung von der Anmeldung bis zur Rückkehr durch das StudyLingua-Team / Ausführliche Reiseinformation vor Kursstart / Informationen und Einstufungstest vor Ort am ersten Schultag / 24-Stunden Notfall-Telefonnummer der Schule

Wichtige Hinweise – Besondere Leistungen – Qualitätssicherung
StudyLingua ist Mitglied im Fachverband Deutscher Sprachreise-Veranstalter (FDSV), sowie in weiteren Branchenverbänden. Wir verpflichten uns die Qualitätsstandards dieser Verbände einzuhalten und unseren Kunden damit Sicherheit und Transparenz zu gewährleisten.

Kurz und bündig

Gründungsjahr	2010	Anzahl der Sprachreisen-Teilnehmer in 2017	k.A.
Programm seit	2010	Anzahl der Teilnehmer aller Programme in 2017	k.A.
Mindestalter	8	Sicherungsschein nach § 651r BGB wird ausgestellt	ja
Höchstalter	99	Programmdauer	1 bis 52 Wochen
Weitere Angebote	50+, Demi-Pair, Familien, Im Hause des Lehrers		

Terre des Langues - Inh. Petra Schmidt	
Pflanzenmayerstr. 16	Telefon: 0941 / 56 56 02
93049 Regensburg	Telefax: 0941 7 56 56 04
terre-des-langues@t-online.de	www.terre-des-langues.de

Selbstdarstellung
Terre des Langues bietet seit vielen Jahren Sprachreisen für Schüler und Erwachsene an. Die Organisation entstand aus einem Schüleraustausch in den 60er Jahren. Wir arbeiten mit einigen ausgewählten Schulen, zu denen wir persönlichen Kontakt pflegen. Wir legen Wert darauf, dass die Schüler gut platziert werden, ob Gastfamilie oder Camp und dass eine gute Betreuung vor Ort gewährleistet ist. Es ist uns ein großes Anliegen, dass jede Teilnehmerin und jeder Teilnehmer sprachlich viel profitiert und Freude am Vertiefen oder Erlernen der Sprache hat.

Zielländer – Programmbeispiele – Leistungen – Kosten
England, Neuseeland, USA, Kanada, Spanien, Ecuador, Frankreich
Sommercamp oder Gastfamilie in Frankreich mit Sprachkurs und Aktivitäten 850 € pro Woche (ohne Flug). Unsere Spezialität sind die One-to-One-Aufenthalte (ein Schüler – ein Lehrer) in England:
1 Woche (z.B. zur intensiven Prüfungsvorbereitung) ab 1.720 € mit Flug und Transfers zw. Gastfamilie und Flughafen, 15 Stunden Unterricht (à 60 Min.) pro Woche, Betreuung durch Terre des Langues England und Deutschland (auch 2-2-1 möglich).
Programm Wohnen und Lernen im Haus des Lehrers weltweit: z.B. England 1.100 € pro Woche (nur Unterricht und Wohnen bei einer Gastfamilie mit Verpflegung und Betreuung)
In Frankreich, England, Spanien, Ecuador und Neuseeland bietet Terre des Langues Homestay mit Schulbesuch auch für kürzere Aufenthalte an. Das heißt, dass die Teilnehmer zusammen mit ihren Gastgeschwistern deren Schule (High School) besuchen.

Bewerbungsverlauf und Kriterien für die Annahme des Bewerbers
Kein Mindestalter, es sei denn die Schule verlangt es. Camps für Kinder ab 10 Jahre.

Vorbereitung – Betreuung – Nachbereitung
Terre des Langues bietet eine ausführliche Beratung zur Wahl des Programmes, zur jeweiligen Schule oder Camp, Versicherungen, Visabeantragung usw. an. Eine Betreuung vor Ort wird gewährleistet. Die Erfahrungsberichte werden nach der Rückkehr ausgewertet.

Wichtige Hinweise – Besondere Leistungen – Qualitätssicherung
Besonders beliebt ist das One-to-One-Programm, ein Schüler – ein Lehrer oder Wohnen und Lernen im Haus des Lehrers, das von vielen Lehrkräften empfohlen wird, wenn Prüfungen anstehen oder die Leistungen verbessert werden müssen. Die Termine für die Kurse können die Teilnehmer selbst wählen. Wir buchen die Flüge individuell, eine Abholung am jeweiligen Zielflughafen ist gewährleistet. Unsere Partner sind uns persönlich bekannt und kümmern sich immer um die Belange ihrer Gäste.

Kurz und bündig				
Gründungsjahr	1995	Anzahl der Sprachreisen-Teilnehmer in 2017		40
Programm seit	1995	Anzahl der Teilnehmer aller Programme in 2017		120
Mindestalter	-	Sicherungsschein nach § 651r BGB wird ausgestellt		ja
Höchstalter	-	Programmdauer	ab 1 Woche	
Weitere Angebote	Homestay, High School-Aufenthalte, Schüleraustausch, Praktika			

TravelWorks - Travelplus Group GmbH	
Münsterstraße 111	Telefon: 02506 / 83 03 300
48155 Münster	Telefax: 02506 / 83 03 230
sprachreisen@travelworks.de	www.travelworks.de

Selbstdarstellung

Unser TravelWorks-Motto: Anpacken und die Welt erleben! Reisen heißt für uns mehr, als nur Tourist sein in einem anderen Land. Nicht nur auf der Oberfläche schwimmen, sondern ins Geschehen eintauchen, das macht das Abenteuer aus! Mit einer breit gefächerten Palette spannender Programme und einem weltweiten Netzwerk anerkannter und engagierter Partnerorganisationen verhelfen wir dir zu einem gelungenen Auslandsaufenthalt.

Zielländer – Programmbeispiele – Leistungen – Kosten

Sprachreisen für Erwachsene in mehr als 20 Ländern für die Sprachen Englisch, Spanisch, Französisch, Italienisch, Portugiesisch, Russisch, Chinesisch und Japanisch. Neben allgemeinsprachlichen Kursen stehen spezielle Business-Sprachkurse, Zertifikatskurse oder die Kombination von Sprachkurs & Aktivität, z.B. Englisch & Tauchen oder Spanisch & DJ-Kurs zur Auswahl. Sprachferien für Schüler von 8 bis 17 Jahren sind auf die Ferien zugeschnitten, finden weltweit statt und umfassen ein altersgerechtes Freizeitprogramm sowie eine intensivere Betreuung. English Adventure Camps in England: Verbessere deine Englischkenntnisse, nimm an spannenden Aktivitäten teil, lerne deine Stärken kennen, teste eigene Grenzen aus, erlerne neue Fähigkeiten und erlebe echten Team Spirit! Preisbeispiel: 2 Wochen Englisch-Standardkurs für Erwachsene (15 Wochenstunden à 55 Min.) in London inkl. Gastfamilienunterbringung im Einzelzimmer mit Halbpension: 767 €.

Bewerbungsverlauf und Kriterien für die Annahme des Bewerbers

Anmeldung ca. 1 Woche vor Reisebeginn (auch kurzfristigere Anmeldungen sind i.d.R. möglich), Mindestalter für Sprachferien für Schüler: 8 Jahre, Erwachsenensprachreisen ab 16 Jahren. Bis auf wenige Spezialkurse sind keine Sprachvorkenntnisse erforderlich.

Vorbereitung – Betreuung – Nachbereitung

Gemeinsam mit unseren anerkannten Partnern im Gastland legen wir großen Wert auf eine umfassende Betreuung, Servicequalität und die individuelle Beratung jedes Teilnehmers. Unsere Programmkoordinatoren/innen haben selbst umfangreiche Auslandserfahrung und kennen die einzelnen Destinationen sowie unsere Partner i.d.R. persönlich. Wir sind – im Notfall auch 24/7 – mit Infos und Hilfe für dich da.

Wichtige Hinweise – Besondere Leistungen – Qualitätssicherung

TravelWorks ist Mitglied der Qualitätsverbände DFH, FDSV, IAPA, IALC, Reisenetz, Partner des BundesForum Kinder- und Jugendreisen e.V. und für Sprachreisen DIN-zertifiziert (DIN EN 14804).

Kurz und bündig				
Gründungsjahr	1991	Anzahl der Sprachreisen-Teilnehmer in 2017		k.A.
Programm seit	1991	Anzahl der Teilnehmer aller Programme in 2017		k.A.
Mindestalter	8	Sicherungsschein nach § 651r BGB wird ausgestellt		ja
Höchstalter	-	Programmdauer	ab 1 Woche	
Weitere Angebote	Work & Travel, Freiwilligenarbeit, Au-Pair, Auslandspraktika, High School, Summer School			

TREFF-Sprachreisen GmbH	
Wörthstr. 155	Telefon: 07121 / 696 696 0
72793 Pfullingen	Telefax: 07121 / 696 696 9
info@treff-sprachreisen.de	www.treff-sprachreisen.de

Selbstdarstellung

Bereits seit 1984 organisieren wir Sprachreisen für Schüler und Erwachsene sowie Schulaufenthalte in viele verschiedene Länder. Dabei legen wir größten Wert auf eine umfassende, ehrliche Beratung aller Bewerber, denn nur so kann gewährleistet werden, dass jeder den für seine Vorkenntnisse und Ziele geeigneten Kurs und Schulort auswählt.

Zielländer – Programmbeispiele – Leistungen – Kosten

Zielländer: England – Irland – Malta – USA – Kanada – Australien – Neuseeland– Frankreich– Spanien

Programmbeispiele:

Brighton, England:	Standardkurs 20 Ustd., Gastfamilie EZ/HP	2 Wochen ab 1.505 €
Cork, Irland:	Standardkurs 20 Ustd., Gastfamilie EZ/HP	2 Wochen ab 960 €
Toronto, Kanada:	Standardkurs 20 Ustd., Gastfamilie EZ/HP	2 Wochen ab 1.120 €
New York, USA:	Standardkurs 20 Ustd., Gastfamilie EZ/HP	2 Wochen ab 1.780 €
Sydney, Australien:	Standardkurs 20 Ustd., Gastfamilie EZ/HP	2 Wochen ab 1.585 €
Auckland, Neuseeland:	Standardkurs 20 Ustd., Gastfamilie EZ/HP	2 Wochen ab 1.315 €
Fort Lauderdale, USA	Standardkurs 20 Ustd., Gastfamilie EZ/HP	2 Wochen ab 1.480 €
St. Julians, Malta:	Standardkurs 20 Ustd., Gastfamilie EZ/HP	2 Wochen ab 1.045 €
Montpellier, Frankreich:	Standardkurs 20 Ustd., Gastfamilie EZ/HP	2 Wochen ab 990 €
Nerja, Spanien:	Standardkurs 20 Ustd., Gastfamilie EZ/HP	2 Wochen ab 940 €

Bewerbungsverlauf und Kriterien für die Annahme des Bewerbers

Abgabe des Anmeldeformulars – für Sprachreisen bestehen keine speziellen Anforderungen.

Vorbereitung – Betreuung – Nachbereitung

Ausführliches, persönliches Beratungsgespräch. Betreuung durch die Mitarbeiter der Sprachenschule vor Ort sowie per Telefon oder E-Mail mit TREFF. Feedback-Formulare mit Erfahrungsbericht nach Rückkehr.

Wichtige Hinweise – Besondere Leistungen – Qualitätssicherung

TREFF hat seine Partnerschulen nach persönlichen Gesprächen und Besuchen vor Ort ausgewählt. Alle Schulen sind Mitglied in einem entsprechenden Fachverband bzw. anerkannt vom Bildungsministerium ihres Landes oder einer anderen Kontrollinstanz (z.B. British Council).

Kurz und bündig				
Gründungsjahr	1984	Anzahl der Sprachreisen-Teilnehmer in 2017		20
Programm seit	1984	Anzahl der Teilnehmer aller Programme in 2017		250
Mindestalter	14	Sicherungsschein nach § 651r BGB wird ausgestellt		ja
Höchstalter	-	Programmdauer	Mindestaufenthalt i.d.R. 2 Wochen	
Weitere Angebote	High School-Aufenthalte:			
	USA – Kanada – Australien – Neuseeland – Cook Islands			

Studium

Ob für ein Schnupperstudium während der Sommermonate, einen Collegebesuch nach dem Abitur, ein oder zwei Auslandssemester oder das gesamte Studium – viele junge Deutsche zieht es zum Studieren an Universitäten ins nahe und ferne Ausland. Für Studienaufenthalte steht eine Vielzahl an Ländern weltweit offen. Die große Mehrheit der Studenten entscheidet sich für ein westeuropäisches Gastland. Dies hat in vielen Fällen finanzielle Gründe: Selbst wenn dort Studiengebühren erhoben werden, sind diese oft geringer als z.B. in Nordamerika oder Down Under. Nicht zuletzt sind An- und Abreise oder Stippvisiten in die Heimat kostengünstiger. Das beliebteste Zielland in Übersee sind die USA. Darüber hinaus entscheiden sich vergleichsweise viele deutsche Studierende für die Überseeländer China, Australien, Kanada und Neuseeland.

Auslandsstudium

Mittlerweile entschließt sich eine Reihe von Schulabgängern dazu, das komplette Studium im Ausland zu absolvieren. Manche treibt das Fernweh, andere nutzen die Chance, im Ausland Studiengänge zu belegen, die in Deutschland zulassungsbeschränkt sind. Die mit Abstand meisten deutschen Auslandsstudierenden schreiben sich an Hochschulen in Österreich und in den Niederlanden ein, wo viele Studiengänge auch auf Englisch angeboten werden. Es bietet sich unter Umständen ebenso an, den Bachelor in Deutschland zu machen und anschließend für den Masterabschluss ins Ausland zu gehen oder umgekehrt.

Gastsemester im Ausland

Die Mehrheit der Deutschen, die es zum Studieren in die Ferne zieht, entscheidet sich jedoch für ein oder zwei Gastsemester an einer ausländischen Hochschule. Je nach Fachrichtung kann ein Auslandsaufenthalt gleich während der ersten Semester, kurz vor Abschluss des Studiums oder im direkten Anschluss an das deutsche Studium sinnvoll sein. Dies hängt vom Studienaufbau und den Prüfungsordnungen einzelner Fächer, aber auch von persönlichen Motiven ab. Für Bache-

lor- und Masterstudiengänge gibt es Studienverlaufspläne, die den ide-
altypischen Ablauf des Studiums vorgeben. Dies lässt Studierenden
mitunter wenige Freiheiten und kann eine Auszeit ggf. erschweren.
Man kann sich aber schon vor Studienbeginn darüber informieren, ob
und wann ein Studienaufenthalt im Ausland eingebaut werden kann.
Vielleicht ist ein Auslandsaufenthalt sogar offiziell im Studienverlaufs-
plan vorgesehen, so wie beispielsweise bei den vierjährigen „Bachelor
Plus"-Programmen. Bei binationalen bzw. trinationalen Studiengängen,
die zu einem Doppel- oder Dreifachabschluss führen, wird ebenfalls ein
Teil des Studiums im Ausland absolviert.

Attraktiv und mit vergleichsweise geringen Kosten verbunden sind
Gastsemester an einer Partnerhochschule der Heimatuniversität. Bekommt man über seine eigene Hochschule einen Platz angeboten,
so entfallen die ausländischen Studiengebühren. In Europa ist dieses
System durch das von der EU geförderte Erasmus-Programm bekannt
und weit verbreitet. Fast jede deutsche Hochschule, jedoch leider nicht
jeder Fachbereich, hat ein Kontingent an Erasmus-Plätzen, die entweder für ein oder auch für zwei Semester vergeben werden. Studenten
erhalten zudem eine finanzielle Förderung. Die beliebtesten Gastländer
deutscher Erasmus-Studenten sind Spanien, Frankreich und Großbritannien. Nachgefragt sind zudem Studienaufenthalte in Schweden, Italien und der Türkei. Ansprechpartner sind die Erasmus-Koordinatoren
der Fachbereiche oder das Akademische Auslandsamt bzw. das International Office.

Summer Sessions

Wem ein ganzes Semester im Ausland zu lang ist, wer die Zeit zwischen
Schulabschluss und Studienbeginn in Deutschland sinnvoll nutzen
oder wer während der Semesterferien im Sommer in das Studienleben
im Ausland hineinschnuppern möchte, kann sich für Summer Sessions
einschreiben. Diese werden insbesondere von nordamerikanischen
Hochschulen als sogenannte „Summer Sessions", „Summer School"
oder „Summer University" angeboten. Die Studierenden können aus

einer Vielzahl an Kursen vor Ort zwei bis drei Kurse in einem Zeitraum von sechs bis zehn Wochen belegen. Summer Sessions umfassen jeweils den Lernstoff eines regulären Semesters und sind daher mit einer hohen Anzahl an Wochenstunden und intensivem Lernen verbunden. Die Hürden für eine Aufnahme in eine Summer Session sind vergleichsweise niedrig; eine umfangreiche Bewerbung ist in der Regel nicht notwendig. Die Kosten für Summer Sessions hängen von der gewählten Hochschule und den Kursen ab, wobei die Preisspanne groß ist.

Anerkennung der Studienleistungen

Die während eines Gastsemesters bzw. Gastjahres oder einer Summer Session erbrachten Studienleistungen werden häufig, aber nicht immer, von der Heimathochschule anerkannt. Hochschüler können sich vor ihrem Auslandsaufenthalt mit dem Prüfungsamt, dem Dekanat des Fachbereichs oder einzelnen Dozenten in Verbindung setzen und sich erkundigen, was beachtet werden muss. Studierende, die das ganze Studium im Ausland absolvieren, ihr deutsches Studium abbrechen, um es im Ausland zu beenden, oder ein Aufbaustudium im Ausland planen, sollten sich frühzeitig bezüglich der Anerkennung und Akkreditierung ausländischer Hochschulabschlüsse in Deutschland erkundigen. Dies ist z.B. über die Datenbank www.anabin.kmk.org möglich – anabin steht für „Anerkennung und Bewertung ausländischer Bildungsnachweise". Letztlich entscheiden zudem die potenziellen Arbeitgeber darüber, was ihnen der im Ausland erworbene Abschluss wert ist.

Voraussetzungen

Das deutsche Abitur berechtigt in der Regel zum Studium im Ausland. Die Fachhochschulreife wird nicht immer anerkannt. An manchen weiterführenden ausländischen Bildungseinrichtungen, z.B. an Community College in den USA oder an Polytechnics bzw. Institutes of Technology in Neuseeland, können junge Erwachsene mit Mittlerer Reife und einer abgeschlossenen Berufsausbildung ein Studium aufnehmen (an einigen dieser Einrichtungen sogar ohne vorherige Ausbildung). Wie in Deutschland können auch die Noten über die Aufnahme an einer

Hochschule oder die Zulassung zu einem Studiengang entscheiden. An manchen Universitäten kann eine Aufnahmeprüfung erforderlich sein. Studierende, die sich während ihres deutschen Studiums für ein paar Monate im Ausland einschreiben möchten, müssen meist ihre bisher in Deutschland erbrachten Studienleistungen in beglaubigter Form darlegen (Scheine, ECTS Credits oder Zeugnisse). Unumgänglich ist in der Regel ein Nachweis über ausreichende Fremdsprachenkenntnisse. Oft werden ganz bestimmte Ergebnisse in offiziellen Sprachtests verlangt, manchmal reichen gute Schulnoten in der Fremdsprache, ein informeller Test oder ein Kurzinterview aus. Letztendlich entscheidet jede Hochschule und manchmal jeder Fachbereich selbst darüber, welche Unterlagen eingereicht werden müssen. So kann es z.B. sein, dass ein Empfehlungs- oder Motivationsschreiben verlangt wird oder (bei Gastsemestern und Aufbaustudiengängen) bereits eine bestimmte Anzahl an Studienjahren absolviert sein muss.

Planung und Bewerbung

Wen es zum Studieren ins Ausland zieht, der sollte spätestens ein Jahr vor der geplanten Ausreise mit den Vorbereitungen beginnen, da die Bewerbungsunterlagen zusammengetragen, Bewerbungsfristen eingehalten, Sprachkurse besucht und Sprachtests abgelegt werden müssen. Organisatorische Angelegenheiten wie die Klärung von Finanzierungs- und Versicherungsfragen nehmen ebenfalls Zeit in Anspruch. Studiert man bereits in Deutschland, findet man erste Ansprechpartner im Akademischen Auslandsamt bzw. im International Office der Heimathochschule, oder man erkundigt sich beim Auslandsbeauftragten des Fachbereichs. Dort erhält man Auskunft über verschiedene Programme und mögliche Partnerschaftsvereinbarungen mit ausländischen Hochschulen. Zusätzlich können Kontakte zu Kommilitonen, die bereits im Ausland studiert haben, oder zu ausländischen Studierenden und Gastdozenten dabei helfen, sich erste Eindrücke zu verschaffen. Über die Bildungssysteme ihrer Länder können vielfach auch die Konsulate und Kulturinstitutionen wie der British Council aufklären.

Eine gute Informationsquelle sind zudem die Webseiten des Deutschen

Akademischen Austauschdienstes (DAAD): www.daad.de und www.
studieren-weltweit.de. Hier erhält man nützliche Länder- und Studien-
informationen zu Gastländern auf der ganzen Welt.

Besteht eine Partnerschaft zwischen der Heimathochschule und einer
Hochschule im gewünschten Zielland, kann die Bewerbung über die eigene Universität abgewickelt werden. Organisiert man das Vollstudium
oder Gastsemester im Ausland auf privatem Wege, so können deutsche Agenturen helfen. Im Gegensatz zu anderen Programmen bieten
diese beim Auslandsstudium häufig einen kostenlosen Beratungs- und
Bewerbungsservice an, da sie für ihre Dienstleistungen direkt von den
ausländischen Universitäten bezahlt werden. Angebote einiger Agenturen und Organisationen finden sich in den nachfolgenden Service-
Tabellen sowie unter www.handbuchweltentdecker.de.

Kosten und Finanzierung

Das Studieren im Ausland kann kostenintensiv werden. Studiengebühren, An- und Abreise sowie Auslandsversicherungen müssen bezahlt
werden und zudem sind in vielen Ländern vergleichsweise hohe Ausgaben für Unterkunft und Lebenshaltung einzuplanen. Insbesondere
Schulabgänger, die ihr komplettes Studium im Ausland absolvieren
möchten, sollten frühzeitig einen langfristigen Finanzierungsplan auf-
stellen und realistisch kalkulieren. Sind die Studiengebühren für ein
Studium in Übersee zu hoch, bietet sich für viele die oft kostengüns-
tigere Alternative an, innerhalb Europas zu bleiben. Sowohl deutsche
Studierende, die sich für ein Vollstudium in einem EU-Mitgliedsstaat
oder der Schweiz einschreiben, als auch deutsche Gaststudenten, die
nur für ein paar Monate an eine ausländische Hochschule weltweit gehen, können eine staatliche Förderung durch Auslands-BAföG beantragen. Selbst wer im Inland kein BAföG erhält, kann sich erkundigen,
ob ihm Auslands-BAföG zusteht, da sich aufgrund höherer Kosten im
Ausland die Bemessungsgrenzen unterscheiden. Lediglich ein Teil des
Auslands-BAföGs muss später zurückgezahlt werden (zinsloses Darle-
hen), der andere Teil ist sozusagen ein Geschenk des deutschen Staa-

tes. Der BAföG-Antrag sollte im Idealfall mindestens sechs Monate vor der Ausreise eingereicht werden. Die Adressen der für die verschiedenen Gastländer jeweils zuständigen BAföG-Ämter finden sich in Teil 3 dieses Handbuchs unter *Finanzierung und geförderte Programme*.

Stipendien werden z.b. von den Hochschulen im Ausland, von den ausländischen Regierungen oder verschiedenen Stiftungen vergeben. Die Bewerbung um ein Stipendium kann zeitaufwendig und manchmal ernüchternd sein – einen Versuch ist es jedoch wert. Um ein Stipendium zu erhalten, muss man in einigen Fällen jedoch bereits im Ausland eingeschrieben sein, das ganze Studium im Ausland absolvieren oder finanziell sehr bedürftig sein.

Für Gaststudenten, die nur ein oder wenige Semester im Ausland verbringen, gibt es vielfältige Fördermöglichkeiten. Der Deutsche Akademische Austauschdienst (DAAD) vergibt diverse Stipendien, auf die sich natürlich viele bewerben und wo meist die bisher erbrachten akademischen Leistungen im Vordergrund stehen. Aber auch hier gilt: Wer nicht wagt, der nicht gewinnt. Das PROMOS-Programm des DAAD ermöglicht übrigens den deutschen Hochschulen, Auslandsaufenthalte ihrer Studierenden bis zu einer Dauer von sechs Monaten individuell nach eigenen Schwerpunkten zu fördern. Die Fulbright-Kommission vergibt Stipendien zur fachlichen Vertiefung und Ergänzung des Studiums an einer amerikanischen Hochschule und zur Begegnung mit den USA. Zudem ist der Stiftungsindex, www.stiftungsindex.org, hilfreich für die Recherche nach Stiftungen, die Stipendien für Studienaufenthalte im Ausland vergeben. Auch die interaktive Stipendiendatenbank des Bundesministeriums für Bildung und Forschung (BMBF) bündelt Informationen und Ausschreibungen für die verschiedensten Stipendien: www.stipendienlotse.de.

Läuft die Beratung und Bewerbung über eine deutsche Agentur, so kann man sich bei den Mitarbeitern zum Teil nicht nur über landesspezifische Stipendien informieren, sondern sich auch für ein Stipendium bewerben, das seitens der Institutionen vergeben wird.

Für alle Stipendien gilt es, sich frühzeitig zu informieren und zu bewerben. Für Studierende, die bereits einen ersten akademischen Grad erworben haben (z.b. Bachelor) und die ihren Master zu Teilen oder ganz im Ausland machen möchten, kann ein ein- oder zweijähriger gemeinsamer Masterabschluss (Joint Master Degree) im Rahmen von Erasmus+ (Erasmus-Mundus) mit der Option eines internationalen Doppel- oder Mehrfachabschlusses interessant sein. Besonders qualifizierte Studierende aus der ganzen Welt können sich für hoch dotierte Stipendien bewerben. Informationen zu aktuellen Masterprogrammen finden sich auf https://eacea.ec.europa.eu.

Informationen zu diesen und weiteren Stipendien und Fördermöglichkeiten für ein Auslandsstudium oder -semester und anderen akademischen Programmen werden in Teil 3 dieses Handbuchs im Abschnitt *Finanzierung und geförderte Programme* vorgestellt.

Für Studierende, die keine Aussicht auf eine finanzielle Förderung haben oder auf eine zusätzliche Finanzspritze angewiesen sind, kann ein Bildungskredit eine Option sein – ein zinsgünstiger Kredit, der beim Bundesverwaltungsamt beantragt werden kann. Informationen dazu finden sich unter www.bildungskredit.de. Daneben kann Jobben eine weitere Geldquelle sein, wobei dies mit dem Studium zeitlich gut vereinbar sein sollte. Außerhalb der EU benötigen Studierende eine Arbeitserlaubnis.

Kindergeld

Bis zur Vollendung des 25. Lebensjahres wird das Kindergeld auch während des Studienaufenthalts im Ausland weitergezahlt. Auskünfte dazu erteilt die für das Kindergeld zuständige Familienkasse der Agentur für Arbeit. Sie ist unter der folgenden kostenfreien Servicenummer telefonisch erreichbar: 0800 / 455 55 30.

Tipps – Überlegungen für Auslandssemester

Verlässt man die deutsche Hochschule nur für ein oder zwei Semester während des regulären deutschen Studiums, so ist eine Beurlaubung notwendig, die über das Studierendensekretariat abgewickelt wird. Von einer Exmatrikulation sollte abgesehen werden. Für viele Länder benötigen deutsche Studierende ein gültiges Studentenvisum.

Für ein oder zwei Auslandssemester kann es sicherlich reizvoll sein, wenn sich die Hochschule im Ausland von der deutschen Universität unterscheidet. So kann z.B. eine Campusuniversität ausgewählt werden, wenn die Heimatuniversität über die ganze Stadt verteilt liegt, oder man entscheidet sich bewusst für eine kleine Hochschule mit verschultem Lehrplan, wenn man in Deutschland an einer Massenuniversität eingeschrieben ist. Die Wahl der Universität im Ausland sollten Studierende letztendlich jedoch vom Angebot des Fachbereichs abhängig machen.

In klassischen Erasmus-Ländern und beliebten Städten, in die es jedes Semester viele Studenten aus ganz Europa zieht, haben Austauschstudenten häufig mehr Kontakt untereinander als zu einheimischen Kommilitonen. Die ersten neuen Bekanntschaften entstehen oft in der Orientierungswoche für Erasmus-Studenten. Es ist spannend, Gleichaltrige aus ganz unterschiedlichen Ländern zu treffen und die gemeinsame Auslandserfahrung verbindet. Dennoch ist es empfehlenswert, nach Möglichkeit eine Balance zwischen dem Kontakt zur Erasmus-Gruppe und zu einheimischen Studenten zu schaffen. Dazu bietet es sich z.B. an, sich ein WG-Zimmer bei Einheimischen zu suchen, statt in einem Wohnheim für Gaststudenten zu wohnen. Auch die Kurswahl kann Einfluss darauf haben, ob vermehrt Erasmus-Studierende oder einheimische Kommilitonen im Hörsaal sitzen. Nicht zuletzt erleichtern gute Sprachkenntnisse oft auch den Kontakt zu den Menschen im Gastland. Tandem-Partnerschaften mit einheimischen Studenten können hier sowohl hilfreich beim Sprachenlernen als auch ein Schlüssel zu neuen Freundschaften sein.

ASSE Germany GmbH / Go Campus	
Gürzenichstr. 21 a-c	Telefon: 0221 548 145 00
50667 Köln	Telefax: 0221 548 144 99
info@assegermany.de	www.assegermany.de

Selbstdarstellung
ASSE International Student Exchange Programs ist einer der größten Anbieter weltweit für internationale Bildungs- und Kulturaustauschprogramme und ermöglicht jährlich tausenden jungen Menschen einen internationalen Austausch. Durch unser Programm Go Campus vermitteln wir Abiturienten und Studierenden Stipendienangebote von amerikanischen Universitäten, die bis zu 70% der Kosten für Studiengebühren, Unterkunft und Verpflegung abdecken. Ein besonderer Notendurchschnitt ist dazu nicht erforderlich.

Zielländer – Programmbeispiele – Leistungen – Kosten
Go Campus arbeitet eng mit einer großen Anzahl von Colleges und Universitäten in den USA und Kanada zusammen und vermittelt Stipendien dieser Hochschulen an internationale Studienbewerber. Die Stipendien finanzieren einen Großteil der Kosten (Studiengebühren, Unterkunft und Verpflegung) und ermöglichen ein Studium in USA/Kanada zu finanziellen Bedingungen, die mit den Kosten für ein Studium in Deutschland vergleichbar sind. Jedem Go Campus Teilnehmer garantieren wir diverse Stipendienangebote unterschiedlicher Hochschulen. Man kann mit Go Campus ein Studienjahr in USA oder Kanada verbringen, ein in Deutschland bereits begonnenes Studium dort fortsetzen oder ein komplettes Bachelor- oder Masterstudium absolvieren. Kosten: Go Campus Vermittlungsgebühr (2.480 €) und der vom Stipendium nicht abgedeckte Eigenanteil an den Kosten für Studium, Unterkunft und Verpflegung.

Bewerbungsverlauf und Kriterien für die Annahme des Bewerbers
Mindest-/Höchstalter bei Studienbeginn: 17 - 28 Jahre. Schulabschluss: Abitur oder Fachabitur. Bewerbung bereits ab einem Jahr vor dem Fach-/Abitur möglich. TOEFL / IELTS-Test (kann nachgereicht werden).

Vorbereitung – Betreuung – Nachbereitung
Ausführliche Beratung und Begleitung des kompletten Prozesses, inkl. Erstellen des Bewerberprofils, Hilfe bei der Auswahl der Hochschule, Einschreibung an der Wunschhochschule, Visumsbeantragung, Organisation der Anreise.

Wichtige Hinweise – Besondere Leistungen – Qualitätssicherung
Studienbeginn im Januar oder August. Auf Wunsch oder bei Bedarf kann dem Fachstudium ein Semester mit intensivem Englischtraining (ESL) vorausgehen. Ein zunächst für ein Jahr geplanter Studienaufenthalt kann jederzeit verlängert werden.

Kurz und bündig			
Gründungsjahr	1976	Anzahl der Teilnehmer im Bereich Studium in 2017	k.A
Programm seit	2009	Anzahl der Teilnehmer aller Programme in 2017	k.A.
Mindestalter	17	Sicherungsschein nach § 651r BGB wird ausgestellt	nein
Höchstalter	28	Programmdauer	1 bis 4 Studienjahre
Weitere Angebote	High School weltweit, USA Au-Pair & Praktika, Schülersprachreisen		

College Contact GmbH	
Hanauer Landstraße 151-153	Telefon: 069 907 2007 45
60314 Frankfurt	Telefax: 069 907 2007 31
beratung@college-contact.com	www.college-contact.com

Selbstdarstellung
College Contact ist offizielle Repräsentanz von derzeit knapp 175 Universitäten, Colleges und anderen Bildungseinrichtungen in der ganzen Welt. Unsere Aufgabe ist es, im Namen unserer Partnerhochschulen junge Menschen zu den Möglichkeiten eines Auslandsstudiums zu beraten und sie auf ihrem Weg ins Ausland zu begleiten.

Zielländer – Programmbeispiele – Leistungen – Kosten
- Unsere Partnerhochschulen befinden sich in rund 30 Ländern in allen Teilen der Welt. Zu den beliebtesten Zielländern zählen derzeit die USA, Kanada, Australien, Neuseeland, Singapur, Malaysia, Chile, Peru, Spanien, Großbritannien und Irland.
- Die Palette der Studienarten, die wir an unseren Partnerhochschulen anbieten können, ist sehr breit und umfasst neben Auslandssemestern mit freier fachbereichs- und semesterübergreifender Kurswahl auch „Academic Gap Year"-Programme für Abiturienten, Summer Sessions (komprimierte Auslandssemester in den Semesterferien), Studiengänge mit Bachelor-, Master- oder Ph.D.-Abschlüssen in nahezu allen Fachbereichen, Aufbaustudiengänge und Weiterbildungen, Möglichkeiten zum Studium ohne Abitur, Vorbereitungskurse auf Sprach- und Zulassungstests sowie akademische Sprachkurse.
- Zusätzlich zu einer individuellen und ausführlichen Beratung leisten wir auch kostenlose Hilfestellung bei der Bewerbung für ein Studium an unseren Partnerhochschulen. Wir übernehmen die Kommunikation und Korrespondenz mit unseren Partnerhochschulen und betreuen alle Bewerber im Vorfeld ihres Studienaufenthalts im Ausland.
- Die von unseren Partnerhochschulen erhobenen Studiengebühren sowie die Kosten für Unterkunft, Verpflegung und Anreise sind je nach Studienart und Zielland unterschiedlich.

Bewerbungsverlauf und Kriterien für die Annahme des Bewerbers
Der Bewerbungsablauf und die Aufnahmekriterien variieren je nach Studienart (Auslandssemester, Academic Gap Year, Summer Session, Bachelor, Master, Ph.D., Aufbaustudium, Sprachkurs) und Zielland.

Vorbereitung – Betreuung – Nachbereitung
Wir begleiten unsere Bewerber über den gesamten Bewerbungsprozess hinweg und stehen ihnen darüber hinaus auch während des Auslandsaufenthalts bei Fragen oder Schwierigkeiten jederzeit zur Verfügung.

Wichtige Hinweise – Besondere Leistungen – Qualitätssicherung
Da wir von unseren Partnerhochschulen für unsere Beratungs- und Vermittlungsleistungen bezahlt werden, sind all unsere Dienstleistungen für Interessenten und Bewerber vollkommen kostenlos.

Kurz und bündig

Gründungsjahr	1997	Anzahl der Teilnehmer im Bereich Studium in 2017	k.A.
Programm seit	2000	Anzahl der Teilnehmer aller Programme in 2017	k.A.
Mindestalter	15	Sicherungsschein nach § 651r BGB wird ausgestellt	nein
Höchstalter	-	Programmdauer	1 Woche bis 6 Jahre
Weitere Angebote	-		

GLS Sprachenzentrum – Inh. Barbara Jaeschke	
Kastanienallee 82	Telefon: 030 / 78 00 89 30
10435 Berlin	Telefax: 030 / 78 00 89 894
praktikum@gls-sprachenzentrum.de	www.gls-sprachenzentrum.de

Selbstdarstellung
Das GLS Sprachenzentrum vermittelt Sprachkurse für Schüler und Erwachsene, High School-Programme, Studienprogramme und Auslandspraktika weltweit – und das seit 35 Jahren. Ob Sie gerade Abitur gemacht haben, schon studieren oder bereits berufstätig sind – eine Weiterbildung oder ein Zusatzstudium im Ausland lohnen sich immer. GLS vertritt internationale Colleges und Universitäten in Deutschland. Wir beraten Sie gern und immatrikulieren Sie auch – zum Originalpreis.

Zielländer – Programmbeispiele – Leistungen – Kosten
Community Colleges in den USA, Summer Sessions an der UCLA oder UC Berkeley in Kalifornien, , Kurzstudium „Business" in Kanada oder ein Aufbaustudium an der UC Berkeley. Die Preise variieren je nach Anzahl der gebuchten Kurse. Preisbsp.: College Aufenthalt in Santa Barbara oder Seattle, 6 Monate inkl. Unterkunft in der Gastfamilie ab 13.390 €; Summer Sessions an der UC Berkeley, 6 Wochen ab ca. 1.900 € (ohne Unterkunft), Kurzstudium in Kanada, 4 Wochen 1.230 € (ohne Unterkunft). Eine Unterkunft kann auf Wunsch mit vermittelt werden.

Bewerbungsverlauf und Kriterien für die Annahme des Bewerbers
Bewerbung für das Kurzstudium in Kanada und CollegeAufenthalte in den USA ist ganzjährig möglich. Die Summer Sessions in den USA sind ab Februar bzw. März buchbar.

Vorbereitung – Betreuung – Nachbereitung
GLS unterstützt umfassend bei der Programmwahl, Anfertigung der Bewerbungsunterlagen und Vorbereitung des Aufenthalts, auf Wunsch ebenso bei Flugbuchung, Visumsbeantragung und Versicherungsfragen Im Gastland steht ein Mitarbeiter unserer Partner für Fragen zur Verfügung. Zur Orientierung und Vorbereitung auf den Aufenthalt empfehlen wir die Erfahrungsberichte ehemaliger Teilnehmer auf der GLS Website sowie die Kontaktaufnahme zu anderen Teilnehmern über die GLS Community (traveller.gls-community.de/de).

Wichtige Hinweise – Besondere Leistungen – Qualitätssicherung
GLS ist DIN-zertifiziert und Mitglied im: FDSV, ALTO, WYSE, DFH, CSIET

Kurz und bündig			
Gründungsjahr	1983	Anzahl der Teilnehmer im Bereich Studium in 2017	250
Programm seit	1997	Anzahl der Teilnehmer aller Programme in 2017	5.000
Mindestalter	17	Sicherungsschein nach § 651r BGB wird ausgestellt	ja
Höchstalter	-	Programmdauer	Zwischen 4 Wochen und 1 Jahr
Weitere Angebote	Sprachreisen, Praktikum, Schüleraustausch		

MundoLengua, Centro internacional de Español	
Neuenlander Str. 28b	Telefon: 0421/ 16 76 76 70
28199 Bremen	Telefax: -
info@centromundolengua.com	www.centromundolengua.com

Selbstdarstellung
Seit 2005 organisieren wir mit MundoLengua, Centro internacional de Español, individuell angepasste Spanischsprachkurse, Kulturprogramme und Bildungsreisen für Spanischbegeisterte jeden Alters. Jedes Jahr empfangen wir über 1000 Jugendliche, Studenten, Senioren und Lehrpersonen aus der ganzen Welt. Unser Ziel ist es, durch eine Kombination von Spanischunterricht und kulturellen Aktivitäten, Spanien mit unseren Schülern aus einer neuen und authentischen Weise kennen zu lernen.

Zielländer – Programmbeispiele – Leistungen – Kosten
Wir bieten Sommer- und Semesterprogramme für Studenten an den Universitäten in Cádiz und Sevilla an. Zu den offiziellen ECTS Credits erhalten Sie ein Diplom der entsprechenden Universität. Sie verbessern Ihre Spanischkenntnisse, lernen die spanische Kultur kennen, genießen soziale und kulturelle Aktivitäten und werten Ihren Lebenslauf auf.
Beispiel Semesterprogramm Sevilla: Ein Semester in der wunderschönen Stadt Sevilla (Universität Pablo de Olavide), vier bis fünf Kurse mit jeweils sechs ECTS Credits, zwei fakultative Kurse mit spanischen Studenten, Unterkunft in einer spanischen Gastfamilie, Aktivitäten und Exkursionen, Flughafentransfer, Dienstleistungsgebühren, ab 7.980 €.
Beispiel Sommerprogramm Cádiz: 3 Wochen in der Küstenstadt Cádiz (Universität Cádiz), 90 Lektionen Intensivkurs Spanisch für alle Niveaus, Unterkunft in einer spanischen Gastfamilie, Aktivitäten und Exkursionen, Transfer, Dienstleistungsgebühren, ab 2.090 €.

Bewerbungsverlauf und Kriterien für die Annahme des Bewerbers
Die Einschreibung erfolgt über unser Onlineportal. Es sind alle Spanischniveaus willkommen. Vor dem Programmstart bitten wir Sie einen Online-Einstufungstest zu absolvieren, damit wir Sie dem richtigen Sprachniveau zuteilen können. Sie sollten interessiert an der spanischen Kultur und Sprache sein, kontaktfreudig, neugierig und offen.

Vorbereitung – Betreuung – Nachbereitung
Um die Vorbereitung auf Ihre Reise so einfach wie möglich zu gestalten, steht Ihnen ein internationales Team in Deutschland und Spanien zur Verfügung. Die Kommunikation läuft über E-Mail oder Telefon, es können aber auch persönliche Beratungsgespräche vereinbart werden. Während Ihrem Aufenthalt in Spanien unterstützen wir Sie bei Problemen und Unklarheiten, wir sind 24/7 für Sie da.

Wichtige Hinweise – Besondere Leistungen – Qualitätssicherung
Centro MundoLengua ist eine vom Instituto Cervantes anerkannte und akkreditierte Sprachschule. Außerdem arbeiten wir schon lange Zeit mit den Universitäten in Cádiz und Sevilla zusammen und haben dementsprechende Abkommen abgeschlossen.

Kurz und bündig			
Gründungsjahr	2005	Anzahl der Teilnehmer im Bereich Studium in 2017	48
Programm seit	2006	Anzahl der Teilnehmer aller Programme in 2017	496
Mindestalter	18	Sicherungsschein nach § 651r BGB wird ausgestellt	nein
Höchstalter	35	Programmdauer	3 Wochen bis 1 Jahr
Weitere Angebote	DELE Vorbereitung, Freiwilligenarbeit, Praktikum		

STS Sprachreisen GmbH	
Mönckebergstraße 5 (ab Dez 2018 An der Alster 62)	Telefon: 040 / 303 999 23
20095 Hamburg (ab Dez. 2018 20099 Hamburg)	Telefax: 040 / 303 999 08
highschool@sts-education.de	www.sts-education.de

Selbstdarstellung

STS Sprachreisen ist ein Familienunternehmen mit Hauptsitz in Schweden. Wir sind schon seit 1958 in der internationalen Austauschbranche tätig und hunderte Schüler und Studenten aus vielen Ländern dieser Welt nehmen jährlich an unseren High School und Studienaufenthalten teil. STS hat eigene Büros in 14 Ländern und kooperiert mit weiteren geprüften Partnerorganisationen, mit denen wir täglich schnell und effektiv zusammenarbeiten. Wir bieten dir während der gesamten Reise eine persönliche Betreuung. Unser kompetentes Team hat eigene Erfahrungen im Ausland gesammelt und wird vor, während und nach deinem Austauschjahr für dich da sein. Ganz egal, wo du auf der Welt gerade bist, es gibt immer eine Kontaktperson, an die du dich wenden kannst.

Zielländer – Programmbeispiele – Leistungen – Kosten

Zielländer: USA, Australien, UK

Studiengänge: u.a. Business, Jura, Tourismus, Fashion, Media, Design, Psychologie, Kommunikation, Sport und Gesundheit, Journalismus

Programmdauer: 1 Semester-ganzes Studium / Programmarten: Study Abroad und Study Abroad Plus (inklusive Unterkunft) / Kosten: ab 8.540€ pro Semester

Beispiel: Studiere am Santa Barbara City College (SBCC) in Kalifornien. Dort hast du die Möglichkeit, Fächer aus vielen verschiedenen Studiengängen zu wählen und dir deinen Stundenplan nach deinen Wünschen zu gestalten. Deine Freizeit kannst du mit Surfen, Schwimmen und Volleyball spielen an einem nur wenige Meter entfernten Strand der Pazifikküste verbringen.

Bewerbungsverlauf und Kriterien für die Annahme des Bewerbers

Das kostenlose Beratungsgespräch findet bei uns im Büro in Hamburg oder per Skype bzw. Facetime statt. Die Bewerbungsfrist für das Sommersemester ist Ende Oktober, die für das Wintersemester Ende März. Manche unserer Universitäten setzten einen TOEFL oder IELTS Test voraus.

Vorbereitung – Betreuung – Nachbereitung

Wir unterstützen dich während des gesamten Anmeldeprozesses. Vor deiner Ausreise findet ein Treffen statt, um dich perfekt auf dein Auslandsstudium vorzubereiten. Während deines Aufenthaltes, stehen für dich ein Ansprechpartner an deiner Universität und unser Büro jederzeit zur Verfügung.

Wichtige Hinweise – Besondere Leistungen – Qualitätssicherung

STS ist Mitglied im Deutschen Fachverband für Jugendreisen, Reisenetz e.V. LSC, der Name für STS in England, ist akkreditiert beim BRITISH COUNCIL und Mitglied bei ENGLISHUK.

Kurz und bündig			
Gründungsjahr	1987	Anzahl der Teilnehmer im Bereich Studium in 2017	k.A.
Programm seit	2017	Anzahl der Teilnehmer aller Programme in 2017	114
Mindestalter	17	Sicherungsschein nach § 651r BGB wird ausgestellt	ja
Höchstalter	-	Programmdauer	Kürzeste: Semester, Längste: ganzes Studium
Weitere Angebote	Gastfamilie werden, High School Aufenthalte, Sprachreisen		

Work & Travel

Mit dem Rucksack auf dem Rücken die Welt entdecken – viele verbinden mit Work & Travel ein Gefühl von Freiheit und unzähligen Möglichkeiten. Dabei ist der Name Programm: Work and Travel-Abenteurer reisen durch das Land, nehmen Kurzzeitjobs von wenigen Tagen oder Wochen an und treffen an vielen Orten auf Gleichgesinnte aus aller Welt. Selten bleiben sie länger als ein paar Wochen an einem Ort. Hostels, Zelte oder geräumige Autos dienen den meisten Backpackern als Unterkunft. Typische Jobs bei Work & Travel sind Kellnern oder Küchendienst, Erntehilfe, Mitarbeit auf einer Baustelle oder in einer Fabrik, aber auch Hotel-, Verkaufs- oder Promotionjobs und andere Tätigkeiten, die etwas Geld in die Reisekasse spülen. Work & Travel-Aufenthalte sind sehr individuell und lassen sich vorab nicht von A bis Z planen. Man entscheidet selbst, wie man seine Zeit im Gastland verbringt, welche Reiseroute man wählt und wo man welche Jobs annimmt. Vieles ergibt sich erst vor Ort, wenn man auf andere Reisende trifft und ein Gefühl dafür entwickelt, wo man möglicherweise gute Karten für den nächsten Job hat. Wichtig ist es, den Aufenthalt und die eigene finanzielle Situation nicht nur als Idealist, sondern auch als Realist anzugehen. Der Verdienst sichert den Lebensunterhalt und ermöglicht vielleicht die ein oder andere Reise – finanzielle Rücklagen werden jedoch fast immer benötigt.

Mögliche Zielländer

Die klassischen Work & Travel-Länder, in denen man auf viele andere Backpacker trifft, sind Australien und Neuseeland. Seit dem Jahr 2000 bzw. seit 2001 ermöglicht das Working-Holiday-Visum die Kombination aus Reisen und Arbeiten in Down Under. Den ersten Job kann man sich entweder bereits vor der Abreise suchen, alternativ aber auch erst vor Ort. Die Visa werden zahlenmäßig unbegrenzt an alle vergeben, die die notwendigen Voraussetzungen erfüllen. Ebenfalls beliebtes Ziel junger Backpacker ist Kanada, wo die Anzahl der Working-Holiday-Visa allerdings jedes Jahr limitiert ist.

In den USA ist ein klassischer Work & Travel-Aufenthalt von bis zu einem Jahr nicht möglich. Lediglich Studenten, die seit mindestens einem Semester an einer Hochschule eingeschrieben sind, können für das Programm Summer Work & Travel (SWT) mit Hilfe einer deutschen Austauschorganisation ein J-1-Visum beantragen. Nach Ausstellung des Visums haben sie die Möglichkeit, zwischen Anfang Juli und Ende Oktober bis zu vier Monate in einem Job oder in mehreren Jobs in den USA zu arbeiten. Vor der Ausreise muss noch kein Arbeitsangebot vorliegen. Work & Travel-Stellen finden sich beispielsweise im Bereich der Tourismusindustrie (z.B. in Freizeit- oder Nationalparks, im Hotel- und Gastronomiegewerbe oder als Camp Counselor in einem Feriencamp). Inklusive eines optionalen Reisemonats im Anschluss an das Programm beträgt die maximale Aufenthaltsdauer in den Vereinigten Staaten fünf Monate.

Ähnlich wie in den USA ist das „Work Holiday Programme" (WHP) in Singapur nur Studierenden und Studienabsolventen vorbehalten. Visa werden an deutsche und andere Staatsbürger im Alter von 18 bis 25 Jahren vergeben, die an einer deutschen Hochschule studieren oder studiert haben. Die Hochschule muss in einer internationalen Ranking-Liste aufgeführt sein, die man auf den Botschaftsseiten aufrufen kann. Die Arbeitserlaubnis bzw. der sogenannte Work Holiday Pass gilt für sechs Monate.

Klassische Work & Travel-Aufenthalte von bis zu zwölf Monaten Dauer sind übrigens auch in Brasilien, Chile, Israel, Japan, Hongkong, Taiwan und Südkorea möglich. Die Visa stehen deutschen Staatsbürgern zwischen 18 und 30 Jahren offen. Der Studentenstatus ist für diese Länder nicht erforderlich.

Im europäischen Ausland lassen sich Work & Travel-Programme ebenfalls planen – je nach Land oder Region kann die Suche nach Arbeit unter Umständen jedoch schwierig werden. Oftmals ist es innerhalb Europas einfacher, mehrere Wochen lang demselben Job (z.B. in der

Hotellerie, Gastronomie oder Landwirtschaft) nachzugehen und im Anschluss durch das Land zu reisen. Für die meisten europäischen Länder wird kein Visum benötigt.

Voraussetzungen

Um als Work & Traveller durch die Welt zu ziehen und bezahlte Jobs annehmen zu dürfen, muss man volljährig sein. Für Australien und Neuseeland verläuft die Vergabe der Visa an 18- bis 30-Jährige (die Altersangabe gilt für den Zeitpunkt der Beantragung des Visums), für Kanada an 18- bis 35-Jährige. Gute Kenntnisse der Landessprache sind für die Jobsuche unumgänglich, da man durchaus auch mit Muttersprachlern in Konkurrenz steht. Flexibilität und Offenheit für die verschiedensten Arbeitsbereiche erleichtern die Jobsuche sehr. Nicht zu unterschätzen ist zudem, dass das Reisen und viele Gelegenheitsjobs mitunter körperlich sehr fordernd sein können.

Visum Australien und Neuseeland

Das sogenannte Working-Holiday-Visum ist vom Tag der Einreise an zwölf Monate lang gültig. Die Beantragung des Visums für Australien muss außerhalb des Landes und online erfolgen, für Neuseeland ebenfalls online, aber nicht notwendigerweise außerhalb des Landes. Die Bearbeitungszeiten seitens der Botschaften betragen in der Regel einige Tage, in anderen Fällen (z.B. bei postalischem Antrag) aber auch bis zu vier Wochen. Bei der Einreise wird häufig ein Nachweis über ausreichende finanzielle Rücklagen verlangt: 5.000 AU$ und 4.200 NZ$ (Stand Juli 2018). Als Nachweis reicht in der Regel ein von der Bank beglaubigter Kontoauszug aus. Zusätzlich muss man im Besitz eines gültigen Rückflugtickets sein oder alternativ belegen können, dass man über ausreichende Mittel zur Finanzierung der Rückreise verfügt. Eine Auslandskrankenversicherung muss ebenfalls abgeschlossen werden. In manchen Fällen muss man sich medizinischen Untersuchungen unterziehen und z.B. einen Tuberkulosetest machen lassen. Vorstrafen dürfen nicht vorliegen.

Das Working-Holiday-Visum kann für beide Länder jeweils einmal im Leben ausgestellt werden. In folgendem Sonderfall kann man das Visum für Australien für ein weiteres Jahr erhalten: Hat man mindestens für drei Monate im ländlichen Australien gearbeitet – z.b. als Erntehelfer bzw. in der Landwirtschaft – so kann ein zweites Working-Holiday-Visum beantragt werden. Welche Gebiete als „regional Australia" definiert werden, kann man den Botschaftsseiten entnehmen, wo die Postleitzahlen der Regionen eingesehen werden können. In Neuseeland ist die Verlängerung um insgesamt drei Monate möglich, wenn der Antragsteller mindestens 90 Tage lang im Gartenbau oder Weinanbau tätig war. In diesem Fall beantragt man das „Working Holidaymaker Extension"-Visum.

Es ist übrigens denkbar, sich das Working-Holiday-Visum für den gleichen oder ähnlichen Zeitraum sowohl für Australien als auch für Neuseeland ausstellen zu lassen, um in beiden Ländern zu reisen und zu arbeiten. In diesem Fall sind Besonderheiten in Bezug auf Einreisedatum und Flugbuchung zu beachten.

Visum Kanada

Im Rahmen der sogenannten „International Experience Canada" (IEC) Initiative sind Work & Travel-Aufenthalte auch in Kanada möglich. Das Visum wird online beantragt und für zwölf Monate ausgestellt (gültig ab Einreise). Die eigentliche Arbeitserlaubnis wird erst bei der Ankunft in Kanada durch den Einwanderungsbeamten ausgestellt und in den Reisepass geheftet. Eine Krankenversicherung muss bei der Einreise nachgewiesen werden. Zudem müssen ein gültiges Rückflugticket oder ein Beleg über die Finanzierung der Rückreise sowie der Nachweis über ausreichende finanzielle Mittel in Höhe von 2.500 CA$ vorgelegt werden (Stand Juli 2018). Unterhaltsberechtigte Familienangehörige dürfen den Work & Travel-Reisenden nicht begleiten. Die Anzahl der jährlich ausgestellten Working-Holiday-Visa für Kanada ist begrenzt.

2018 werden rund 4.490 Visa an junge Deutsche vergeben. Seit Anfang 2016 hat Kanada sein Verfahren für die Vergabe der Visa grundlegend geändert. Ab sofort gibt es keine Stichtage mehr, dafür werden die Visa regelmäßig verlost. Um an der Verlosung teilzunehmen, ist das Erstellen eines Profils auf der Website der kanadischen Regierung notwendig, mit dem man in den „IEC-Pool" aufgenommen wird. Aus diesem Pool werden immer wieder Bewerber für das Working-Holiday-Visum per Zufall ausgewählt. Wird das eigene Profil ermittelt, erhält man eine Einladung für das weitere Bewerbungsverfahren. Innerhalb von zehn Tagen muss die Einladung bestätigt werden bevor sie ihre Gültigkeit verliert. Nach der Bestätigung bleiben weitere 20 Tage Zeit, um die Visumsgebühren zu begleichen und alle benötigten Dokumente einzusenden. Bei Ablehnung der Einladung bleibt das eigene Profil solange im Pool, wie die Teilnahmevoraussetzungen erfüllt werden und das laufende Jahr noch nicht beendet ist. An Programmen im Rahmen der IEC-Initiative kann man insgesamt zweimal in seinem Leben teilnehmen, nicht jedoch zweimal in der Kategorie „Working Holiday", sondern alternativ am Praktikums- oder am Young Professionals-Programm. Der Kanadaaufenthalt muss zudem zwischen zwei Programmen der IEC-Initiative unterbrochen werden.

Finanzierung und Kosten

Die Kosten für das Visum belaufen sich auf ca. 450 AU$ für Australien sowie 210 NZ$ für Neuseeland und etwa 250 CA$ für Kanada (Stand Juli 2018). Hinzu kommen Kosten für Hin- und Rückflug, Versicherungen, das Reisen und Unterkunft sowie Verpflegung. Entscheidet man sich für ein Work & Travel-Programm einer Austauschorganisation, liegen die Programmkosten etwa zwischen 500 bis 900 Euro (ohne Flüge, inklusive Vorbereitungstreffen, Beantragung des Visums, erste Übernachtungen, Einführungsseminar im Gastland, Tipps für die Jobsuche, Ansprechpartner vor Ort). Wird der Work & Travel-Aufenthalt eigenständig organisiert, sind die Kosten ggf. geringer als bei einer Buchung über eine Agentur. Natürlich ist man in diesem Fall auf sich allein gestellt, muss viel Eigeninitiative zeigen und sich gründlich über alle wichtigen Punkte und notwendige Formalitäten (z.b. Beantragung einer Steuernummer, Eröffnung eines Bankkontos) informieren. Nimmt man an einem Programm einer Work & Travel-Organisation teil, erleichtert dies die ersten Schritte, man spart Zeit und kann von der Erfahrung und vielen Tipps, u.a. in Form eines Einführungsseminars, profitieren. Bei Schwierigkeiten vor Ort bieten Organisationen Ansprechpartner. Ob man sich mit Agentur oder auf eigene Faust ins Work & Travel-Abenteuer begibt, ist nicht zuletzt auch eine Typfrage. Kosten und Nutzen sollten hier individuell für sich abgewogen werden. Da die Jobs vielfach eher gering bezahlt werden, reicht der Lohn meist nicht aus, um die gesamten Programm- und Flugkosten rückwirkend zu begleichen und die Reisekosten zu decken. Bessere Verdienstchancen haben Work & Traveller oft dann, wenn sie eine Ausbildung abgeschlossen haben und somit als Fachpersonal gelten (z.b. Handwerker, Mechaniker, Köche). Alle praktischen Kenntnisse können von Vorteil sein. Hat man bereits als Aushilfe gekellnert oder in den Schul- bzw. Semesterferien am Fabrikfließband gestanden, kann diese Erfahrung sich als nützlich erweisen.

Kindergeld

Für über 18-Jährige besteht bis zur Vollendung des 25. Lebensjahres nur Kindergeldanspruch, wenn sie sich in der Berufsausbildung oder im Studium befinden. Da dies bei Work & Travel-Aufenthalten nicht zutrifft, besteht in der Regel kein Anspruch auf Kindergeld. Kombiniert man den Aufenthalt jedoch mit einem Sprachkurs, kann man prüfen lassen, ob nicht doch die Möglichkeit der Fortzahlung des Kindergeldes besteht – zumindest für den Zeitraum, in dem der Kurs stattfindet. Sprachaufenthalte im Ausland werden von der für das Kindergeld zuständigen Familienkasse als Berufsausbildung anerkannt, wenn sie mit dem Besuch einer allgemeinbildenden Schule, einem College oder einer Universität verbunden sind. In allen anderen Fällen setzt die Anerkennung laut einer Dienstanweisung des Bundeszentralamts für Steuern (DA-FamEstG) voraus, dass der Aufenthalt von einem Sprachunterricht von mindestens zehn Unterrichtsstunden pro Woche begleitet wird. Die kostenfreie telefonische Servicenummer der Familienkasse lautet 0800 / 455 55 30.

Wissenswertes und Tipps

Deutsche Staatsbürger dürfen Australien, Neuseeland und auch Kanada während des Work & Travel-Aufenthaltes beliebig oft verlassen und wieder einreisen. Aufenthalte in anderen Ländern während der Laufzeit des Visums verlängern allerdings dessen Gültigkeit nicht.

Der Programmbeginn ist in den klassischen Zielländern wie Down Under und Kanada ganzjährig möglich. Der Kontakt zu Gleichgesinnten aus aller Welt wird sich – gerade in den Backpacker-Unterkünften und auf Campingplätzen – fast von selbst ergeben; allerdings werden intensive Bekanntschaften mit Einheimischen eher selten entstehen.

Für die Jobsuche vor Ort ist es sinnvoll, wesentliche Bewerbungsunterlagen wie den Lebenslauf oder Zeugnisse in der Landessprache auf die Reise mitzunehmen. Am besten sichert man diese Unterlagen zusätzlich auf einem USB-Stick, in der Cloud oder als E-Mail-Anhang in seinem Mailspeicher. Vorab kann man im Internet Anlaufstellen für die Jobsuche recherchieren und sich online Stellenangebote in Tageszeitungen oder auf Jobportalen ansehen, um sich einen ersten Überblick zu verschaffen.

Für das ein oder andere Vorhaben ist es notwendig, sich in Deutschland den internationalen Führerschein ausstellen zu lassen. Dabei handelt es sich um ein Zusatzdokument zum nationalen Führerschein. Beantragen kann man das Dokument beim zuständigen Straßenverkehrsamt.

Bei längeren Work & Travel-Aufenthalten kann es sich anbieten, den Rückflugtermin noch offen zu lassen, um flexibel zu sein und eine (in vielen Fällen) teure Umbuchung des Rückflugs zu vermeiden. Mit einem „Open Return Ticket" hat man die Freiheit, jederzeit während des Auslandsaufenthalts zu entscheiden, wann man den Heimflug antreten möchte und diesen entsprechend zu buchen. Doch nicht jede Airline bietet auf jeder Strecke Open Return-Flüge an. Verschiedene Reiseveranstalter und Reisebüros können zu diesen Angeboten beraten.

active abroad – Inh. Maria Riedmaier	
Obere Hauptstraße 8	Telefon: 08161 / 40 288 0
85354 Freising/München	Telefax: 08161 / 40 288 20
contact@activeabroad.net	www.activeabroad.de

Selbstdarstellung

Be active abroad und entdecke mit uns den Globus: Von Au-Pair/Demi-Pair über Work & Travel, Auslandsjobs, Volunteerjobs bis hin zu Sprachreisen findest Du bei uns eine Vielzahl an Auslandsprogrammen auf allen fünf Kontinenten. Aufgrund unserer langjährigen Erfahrung können wir Dir das passende Programm empfehlen und nehmen es uns zum Ziel, Dir durch einen vielfältigen und flexiblen Produktkatalog deinen Auslandsaufenthalt so individuell wie möglich zu gestalten.

Zielländer – Programmbeispiele – Leistungen – Kosten

Zielländer: Australien, Neuseeland, Kanada, Island; Work Experience: Irland, Spanien, GB
Kosten: ab 609 €, unterschiedlich je nach Land
In diesem Preis sind folgende Leistungen enthalten:
Beispiel Work & Travel: Flughafentransfer zur Unterkunft (Sydney, Brisbane, Melbourne, Auckland oder Vancouver), Übernachtungen in der Jugendherberge, Willkommenspräsentation, Einführungsseminar zu Jobs im Ausland, Unterstützung bei der Erstellung der landesüblichen Bewerbungsunterlagen, Vorbereitung auf Vorstellungsgespräche, Unterstützung bei Steuerregistrierung und Bankkontoeröffnung, 12-monatige Unterstützung bei der Jobsuche und exklusiver Zugang zu Jobangeboten, freundliches und mehrsprachiges Team, 12-monatige „Hostelling International" Mitgliedschaft, internat. SIM-Karte, unbegrenzter Internetzugang in Partnerbüros, Postlagerungsservice, vergünstigte Reiseangebote in AUS, NZ und CAN, Gepäcklagerung, Notruf-Hotline. Besonderheit Island: Vermittlung bereits von DE aus.
Farmstay: Spezielle Work & Travel Variante in Australien, Neuseeland und Kanada, ab 849 €

Bewerbungsverlauf und Kriterien für die Annahme des Bewerbers

Bewerbungsfrist: 1-3 Monate vor Abreise
Abreisezeitpunkt: ganzjährig, mittlere bis gute Englischkenntnisse

Vorbereitung – Betreuung – Nachbereitung

Versand von ausführlichem Infomaterial, persönliche und individuelle Beratung, Hilfestellung und Tipps während des Bewerbungsprozesses, Betreuung vor, während und nach der Vermittlung, auf Wunsch Hilfe bei Flug, Visum, Versicherung, Betreuung im Gastland durch unsere zertifizierten Partneragenturen, Bestätigungen und Zertifikate nach deinem Aufenthalt

Wichtige Hinweise – Besondere Leistungen – Qualitätssicherung

Mitglied der IAPA (International Au Pair Association), Mitglied der Au-Pair Society, RAL Gütezeichen „Outgoing"

Kurz und bündig

Kurz und bündig				
Gründungsjahr	1998	Anzahl der Work & Travel-Teilnehmer in 2017		k.A.
Programm seit	2005	Anzahl der Teilnehmer aller Programme in 2017		k.A.
Mindestalter	18	Sicherungsschein nach § 651r BGB wird ausgestellt		ja
Höchstalter	30-35	Programmdauer	3-12 Monate, evtl. verlängerbar auf 24 Mon.	
Weitere Angebote	Au-Pair, Demi-Pair, Farmstay, Volunteering, Auslandspraktika, Sprachreisen			

ChileVentura – Lernen, Jobben und Reisen in Chile! – Inh. Manuel Hildenbrand	
Feigenweg 8	Telefon: 0711 / 50 62 75 35
70619 Stuttgart	Telefax: 0711 / 50 62 75 34
info@chileventura.org	www.chileventura.de

Selbstdarstellung
Unser Team wurde durch längere Arbeitsaufenthalte und zahlreiche Reisen selbst vom „Südamerikavirus" angesteckt, besonders aber vom „Chilevirus".
Unsere Motivation ist die Begeisterung und Faszination für das „schmale Land". Wir sind der Überzeugung, mit unserer Agentur einen positiven Beitrag zum kulturellen Austausch zwischen Chile und Europa leisten zu können.
Unser Ziel ist es, Euch als Chile-Interessierte, Südamerikafans und solche, die es werden wollen bzw. neugierig darauf sind, das wunderbare Land Chile und ebenso seine Leute näher zu bringen. Wir bieten Dir eine Möglichkeit, Land und Leute von einer anderen Seite als der normale Tourist hautnah zu erleben.

Zielländer – Programmbeispiele – Leistungen – Kosten
Zielländer: Chile, Peru, Argentinien
Projektbeispiele: Tourguide im Outdoor-Mekka Pucón, Backpackers-Hostal in Patagonien, Surfer-Hostal direkt am Pazifikstrand, Arbeiten auf einer Pferderanch, Hotel in Santiago, Jobben in wunderschönen Naturparks im Süden Chiles, Jobs auf Farmen u.v.m.
Leistungen: Persönliche Beratung und Unterstützung bei Fragen während Deines gesamten Aufenthaltes, Unterkunft und Verpflegung gratis vom Arbeitgeber zur Verfügung gestellt, Teilnahmebestätigung für Deinen Job, Infobroschüre zu Chile, Ansprechpartner vor Ort, Sprachkursvermittlung auf Wunsch
Kosten: 370-450 € (inkl. Unterkunft und Verpflegung)

Bewerbungsverlauf und Kriterien für die Annahme des Bewerbers
Mindestalter: keine Altersbeschränkung.
Starttermine und Dauer: individuell nach Wunsch.
Anmeldung: keine Bewerbungsfristen, idealerweise 3-4 Monate vor Reisebeginn.

Vorbereitung – Betreuung – Nachbereitung
Als Spezialist für die Vermittlung maßgeschneiderter Auslandsaufenthalte legen wir großen Wert auf eine individuelle Betreuung und Beratung. Bei uns gibt es keine Massenabfertigung! Unser Team hat selbst reichlich Auslandserfahrung und kennt das jeweilige Land sehr gut oder ist in diesem sogar aufgewachsen. Nach Rückkehr erhält jeder Teilnehmer ein Teilnahmezertifikat.

Wichtige Hinweise – Besondere Leistungen – Qualitätssicherung
Über uns gehst Du den direkten Weg ins Ausland über nur eine Agentur – es sind keine Partneragenturen im Ausland zwischengeschaltet. Daher können wir absolut faire Preise, eine individuelle und kompetente Beratung sowie eine flexible Programmgestaltung bieten.

Kurz und bündig				
Gründungsjahr	2007	Anzahl der Work & Travel-Teilnehmer in 2017		>100
Programm seit	2007	Anzahl der Teilnehmer aller Programme in 2017		>350
Mindestalter	-	Sicherungsschein nach § 651r BGB wird ausgestellt		nein
Höchstalter	-	Programmdauer	frei wählbar	
Weitere Angebote	Sprachreisen, Praktika, Freiwilligenarbeiten, Unterkünfte			

Experiment e.V. – The Experiment in international Living	
Gluckstraße 1	Telefon: 0228 / 95 72 20
53115 Bonn	Telefax: 0228 / 35 82 82
info@experiment-ev.de	www.experiment-ev.de

Selbstdarstellung
Das Ziel von Experiment e.V. ist seit über 85 Jahren der Austausch zwischen Menschen aller Kulturen, Religionen und Altersgruppen. Experiment e.V. ist gemeinnützig und das deutsche Mitglied der weltweit ältesten Austauschorganisation „The Experiment in International Living" (EIL). Kooperationspartner sind u.a. Auswärtiges Amt, Bundesministerium für wirtschaftliche Zusammenarbeit und Entwicklung, Deutscher Bundestag, Fulbright-Kommission, Goethe-Institut und die Stiftung Mercator.

Zielländer – Programmbeispiele – Leistungen – Kosten
Zielländer: Australien und Neuseeland. Programmbeispiele: In beiden Ländern bietet Experiment e.V. mehrere Programme an, die mit einem „Working Holiday"-Visum durchgeführt werden. Das Visum berechtigt, ein Jahr im Gastland zu leben und zu arbeiten. Ein Farmstay sieht bezahlte Arbeit auf einer Farm im ländlichen Australien vor: 9-tägige Orientation, mehrere Jobs während des Jahres vermittelbar, mind. 3 Monate beim Arbeitgeber inkl. Kost und Logis, Monatslohn mind. 300 AU$; auch kombinierbar mit dem School Language Assistant Program (SLAP, Sprachassistenz im Deutschunterricht), Demi-Pair („halbes" Au-Pair mit Sprachkurs) und flexiblen Freiwilligendiensten. Leistungen: meist Transfer vom Flughafen, Unterkunft auf der Farm bzw. in Gastfamilien/im Projekt, in der Regel Vollverpflegung, Unterstützung bei Visa-Angelegenheiten, 24/7 Notrufdienst in Deutschland und im Partnerbüro vor Ort. Gebühren: Farmstay 1.910 €.

Bewerbungsverlauf und Kriterien für die Annahme des Bewerbers
Teilnahmevoraussetzungen unter www.experiment-ev.de.

Vorbereitung – Betreuung – Nachbereitung
Farmstay Australien: individuelle Vorbereitung vor der Ausreise, 4-tägige Übernachtung in einer Jugendherberge in Noosa an der Sunshine Coast inkl. Orientation. 5-tägige Schulung auf einer Trainingsfarm. Praktika/SLAP: individuelle Vorbereitung, Orientation durch Partnerorganisation. Demi-Pair: Vor- und Nachbereitungsseminar in Deutschland. 24/7 Notrufdienst in Deutschland und im Partnerbüro vor Ort.

Wichtige Hinweise – Besondere Leistungen – Qualitätssicherung
Auszeichnungen/Qualitätssicherung: „Gütesiegel Freiwilligendienste Quifd", das „Volunteers for International Partnership"-Programm ist offizielles Dekadeprojekt der UNESCO-Dekade für „Bildung für Nachhaltige Entwicklung"

Kurz und bündig				
Gründungsjahr	1932	Anzahl der Work & Travel-Teilnehmer in 2017		2
Programm seit	2011	Anzahl der Teilnehmer aller Programme in 2017		2.288
Mindestalter	18	Sicherungsschein nach § 651r BGB wird ausgestellt		ja
Höchstalter	-	Programmdauer	3 bis 12 Monate	
Weitere Angebote	Individuelle Freiwilligendienste, geförderte Freiwilligendienste: Europäischer Freiwilligendienst, weltwärts, Internationaler Jugendfreiwilligendienst, Auslandspraktikum, Demi-Pair, Gastfamilienprogramme in Deutschland, Schüleraustausch weltweit, Ranchstay, Ferienprogramme			

Global Youth Group e.V.	
Eststr. 6	Telefon: +49 (0)201 6124529
45149 Essen	Telefax: +49 (0)201 47619824
info@global-youth-group.de	www.global-youth-group.de

Selbstdarstellung
Die Global Youth Group e.V. (kurz GYG) ist ein gemeinnütziger Verein mit Sitz in Essen. Unser Team besteht überwiegend aus pädagogisch geschulten Mitarbeitern, weshalb wir dich und deine Eltern fundiert beraten und betreuen können. Durch unseren guten Mix aus jungen und erfahrenen Kräften erreichen wir stets eine hohe Qualität und Sicherheit. Eine ausführliche und individuelle Betreuung, hohe Qualität und Sicherheit sind für uns selbstverständlich. Unser Ziel ist, dass du den höchstmöglichen Nutzen aus deinem Auslandsabenteuer ziehst!

Zielländer – Programmbeispiele – Leistungen – Kosten
Argentinien, Australien, Chile, England, Frankreich, Irland, Italien, Norwegen, Spanien, USA

Beim Work & Travel arbeitest du in einer Branche deiner Wahl und an dem Ort deiner Wahl. Je nach Gastland, reist du zwischen 2 Jobs durch das Land oder du reist am Ende des Programms durch das Land um die Kultur und das Land besser kennenzulernen. In den meisten Ländern kannst du dich dabei für eine große Auswahl an Branchen bewerben. Wir unterstützen dich dabei bei der Organisation einer Arbeitsstelle, bieten dir eine Betreuung, helfen dir dabei einen Flug zu organisieren und vieles weitere. Mehr Infos findest du auf unserer Website. Einige Programme bieten eine optionale Städtegarantie.

Argentinien (ab 265 €), Australien (ab 625 €), Chile (ab 475 €), England (ab 525 €), Frankreich (ab 800 €), Irland (ab 600 €), Italien (ab 550 €), Norwegen (ab 150 €), Spanien (ab 550 €), USA (ab 2.350 €)

Bewerbungsverlauf und Kriterien für die Annahme des Bewerbers
Bewirb dich online, per Fax, per E-Mail, per Telefon oder mit unserem Bewerbungsformular per Post. Nach Eingang deiner Bewerbung kontaktieren wir dich für ein unverbindliches und kostenloses Bewerbungsinterview per Skype. Du solltest dich für die Kultur und die Sprache in deinem Gastland interessieren und mindestens mittler Englischkenntnisse haben. Die Teilnahme ist für jeden zwischen 18 und 27 Jahren möglich.

Vorbereitung – Betreuung – Nachbereitung
Wir bieten optional ein Vorbereitungs- und Nachbereitungsseminar an verschiedenen Standorten an. Für deine Betreuung stellen wir dir immer einen persönlichen Ansprechpartner.

Wichtige Hinweise – Besondere Leistungen – Qualitätssicherung
Du solltest dich spätestens 3 Monate vor deiner gewünschten Ausreise bewerben.

Kurz und bündig			
Gründungsjahr	2009	Anzahl der Work & Travel-Teilnehmer in 2017	33
Programm seit	2009	Anzahl der Teilnehmer aller Programme in 2017	300
Mindestalter	18	Sicherungsschein nach § 651r BGB wird ausgestellt	ja
Höchstalter	27	Programmdauer	Ab 1 Monat bis zu 18 Monaten
Weitere Angebote	Au-Pair, Schüleraustausch, Freiwilligendienst, Sprach- & Adventure Camps		

PractiGo GmbH – Sprachen erleben	
Neidenburger Straße 9	Telefon: 0421 / 40 89 77 0
28207 Bremen	Telefax: 0421 / 40 89 77 60
info@practigo.com	www.practigo.com

Selbstdarstellung
PractiGo ist Spezialist für Auslandsaufenthalte weltweit. Seit 2001 organisieren wir maßgeschneiderte Fachpraktika, Work & Travel, Hotelarbeit sowie Sprachreisen. In unserem Team arbeiten viele Muttersprachler, die wertvolle Tipps zu Sprache und Kultur geben können. Auch unsere deutschen Mitarbeiter haben selbst längere Zeit im Ausland gelebt und wissen, worauf es bei der Organisation von Auslandsaufenthalten ankommt.

Zielländer – Programmbeispiele – Leistungen – Kosten
Ziele Work & Travel: Australien, Neuseeland, Japan, London, Kanada und Bremen.
Leistungen: Zwei Übernachtungen, Einführungstreffen im Zielland, intensives Bewerbungstraining, Unterstützung bei der Jobsuche, Ansprechpartner im Zielland, Postweiterleitungsservice, Hilfe bei Beantragung von Steuer- und Sozialversicherungsnummer und Eröffnung des Bankkontos, deutsche 24-Std.-Notrufnummer, freier Internetzugang in unseren Partnerbüros, Handy-SIM-Karte, Jugendherbergsausweis und tolle weitere Unterstützungen (Leistungen können je nach Ziel variieren).
Kosten Work & Travel: Australien ab 595 €, Neuseeland ab 495 €, London ab 695 €, Japan ab 695 € und Kanada 1.145 €.
Ziele Hotelarbeit: Argentinien, Chile, Frankreich, Großbritannien, Kanada, Spanien.
Leistungen Hotelarbeit: Vermittlung einer bezahlten Stelle oder Kost und Logis inklusive, Organisation einer günstigen Unterkunft (wenn nicht vom Hotel gestellt), Informationen über die Stelle vor Abreise, Sprachkurs zusätzlich buchbar.
Kosten Hotelarbeit: Argentinien ab 600 €, Chile 700 €, Großbritannien ab 1.045 €, Frankreich ab 945 €, Kanada 1.145 € und Spanien 745 € weitere Preise online kalkulierbar.

Bewerbungsverlauf und Kriterien für die Annahme des Bewerbers
Mindestalter: 18 Jahre. Anmeldefrist: 2-3 Monate (je nach Programm). Anmeldung mit Lebenslauf und Motivationsschreiben. Vorerfahrungen sind nicht unbedingt erforderlich.

Vorbereitung – Betreuung – Nachbereitung
Ausführliche Beratung vorab, Unterstützung bei der Visumsbeantragung, Unterstützung und Orientierung vor Ort durch das Partnerbüro, deutsche 24-Std.-Notrufnummer, Teilnahmezertifikat.

Wichtige Hinweise – Besondere Leistungen – Qualitätssicherung
PractiGo ist Mitglied der Qualitätsverbände: WYSETC, WYSE und ICEF und erfüllt die Richtlinien der Arbeitsgruppe „Qualitätsentwicklung für Auslandspraktika" (DAAD).

Kurz und bündig				
Gründungsjahr	2001	Anzahl der Work & Travel-Teilnehmer in 2017		k.A.
Programm seit	2009	Anzahl der Teilnehmer aller Programme in 2017		k.A.
Mindestalter	18	Sicherungsschein nach § 651r BGB wird ausgestellt		ja
Höchstalter	35	Programmdauer	ab 12 Wochen (Hotelarbeit ab 4 Wochen)	
Weitere Angebote	Auslandspraktika, Sprachreisen			

Stepin GmbH – Student Travel and Education Programmes International	
Kaiserstr. 19	Telefon: 0228 / 71 005 200
53113 Bonn	Telefax: 0228 / 71 005 999
work-travel@stepin.de	www.stepin.de

Selbstdarstellung
Stepin gehört zu den führenden deutschen Austauschorganisationen und vermittelt seit 1997 erfolgreich Auslandsaufenthalte für Weltentdecker – darunter High School, Work & Travel, Auslandspraktikum, Freiwilligenarbeit und Au-Pair. Unsere Mission: Jungen Menschen die einmalige Chance geben, fremde Kulturen und Länder zu entdecken und einzigartige Erfahrungen fürs Leben zu sammeln. Wir sind Work & Travel-Spezialist und verfügen über langjähriges Know-how bei der Vermittlung kombinierter Reise- und Arbeitsprogramme weltweit. Alles aus einer Hand: Wir unterstützen Teilnehmer von der kompletten Reiseplanung über die Visumsbeantragung und Versicherung bis zur Jobsuche vor Ort.

Zielländer – Programmbeispiele – Leistungen – Kosten
Zielländer: Australien, Neuseeland, Kanada, England, Irland, Island, Norwegen, China, Chile
Programmbeispiele: Für bis zu 12 Monate ein neues Land entdecken, dort reisen, arbeiten und Freunde fürs Leben finden – das ist Work & Travel. Die eigene Reiseroute kann man selbst bestimmen und allein entscheiden, ob man lieber zuerst arbeitet oder sich direkt auf Erkundungstour begibt. Auch Programme mit fester Jobvermittlung vor Ausreise sind buchbar.
Leistungen (Bsp. Work & Travel Australien / Sydney): u.a. Flugorganisation inkl. Stopover-Programme, Jahresrückflugticket, Unterstützung bei der Visumsbeantragung, Handbuch, Reiseführer, 3 Hostelnächte in Sydney, 12-monatiger Jobservice, Beantragung der Steuernummer, Eröffnung des Bankkontos, Betreuung für 12 Monate
Kosten: Work & Travel Australien ab 490 €, Neuseeland ab 490 €, Kanada ab 690 €, Irland 850 € oder England 795 €; Farmarbeit Australien 1.795 € oder Farm Experience Australien 850 €, Neuseeland 850 € oder Kanada ab 795 €; Teach & Travel China 2.145 €; Hotelarbeit England 1.110 €, Australien 1.070 € oder Neuseeland 1.050 €

Bewerbungsverlauf und Kriterien für die Annahme des Bewerbers
18 bis 30 Jahre (35 Jahre für Kanada), deutsche Staatsbürgerschaft o. eines der Abkommenländer für Australien, Neuseeland, Kanada bzw. EU-Staatsbürgerschaft für andere Länder; mittlere bis gute Englischkenntnisse; Anmeldung spätestens 6 bis 8 Wochen vor Abreise

Vorbereitung – Betreuung – Nachbereitung
Unterstützung bei der Visumbeantragung, Handbuch, Einführungsseminar nach Ankunft, Betreuung vor Ort, Teilnehmerzertifikat

Wichtige Hinweise – Besondere Leistungen – Qualitätssicherung
Mitgliedschaften: DFH, WYSE Travel Confederation, IAPA, IATA, FDSV

Kurz und bündig

Kurz und bündig			
Gründungsjahr	1997	Anzahl der Work & Travel-Teilnehmer in 2017	750.
Programm seit	2000	Anzahl der Teilnehmer aller Programme in 2017	k.A.
Mindestalter	18	Sicherungsschein nach § 651r BGB wird ausgestellt	ja
Höchstalter	35	Programmdauer	ab 6 Wochen bis zu 12 Monaten	
Weitere Angebote	High School, Auslandspraktikum, Freiwilligenarbeit, Au-Pair, Gastfamilie werden, eigene Versicherungsabteilung		

TravelWorks - Travelplus Group GmbH

Münsterstraße 111	Telefon: 02506 / 83 03 400
48155 Münster	Telefax: 02506 / 83 03 230
info@travelworks.de	www.travelworks.de

Selbstdarstellung

Unser TravelWorks-Motto: Anpacken und die Welt erleben! Reisen heißt für uns mehr, als nur Tourist sein in einem anderen Land. Nicht nur auf der Oberfläche schwimmen, sondern ins Geschehen eintauchen, das macht das Abenteuer aus! Mit einer breit gefächerten Palette spannender Programme und einem weltweiten Netzwerk anerkannter und engagierter Partnerorganisationen verhelfen wir dir zu einem gelungenen Auslandsaufenthalt.

Zielländer – Programmbeispiele – Leistungen – Kosten

Work & Travel in Australien, Neuseeland, Kanada, Großbritannien, Portugal, Norwegen, Chile. Australien/Neuseeland/Kanada: Auslandserfahrung sammeln, Sprachkenntnisse verbessern, beliebige Jobs vor Ort annehmen, damit die Reisekasse aufbessern und jede Menge reisen. Großbritannien: Arbeit im Adventure Camp. Portugal: Hotelarbeit. Norwegen: Farmarbeit. Chile: Arbeiten im Tourismus oder Farmarbeit. Beispiel: Work & Travel in Australien ab 1.670 €, inkl. Hin- und Rückflug Frankfurt– Sydney/ Melbourne/ Brisbane, Hilfe bei Beantragung von Visum/Steuernummer/ Bankkonto, Transfer vom Flughafen, 2 Hostelübernachtungen/Frühstück, ausführlicher Infoworkshop, Hilfe bei Jobsuche, Jobdatenbank, Internetzugang, Postaufbewahrung, Mitgliedschaft im Hostelverband, Nutzung aller australischen TravelWorks-Partnerbüros, umfangreiches Infopaket vor Abreise.

Bewerbungsverlauf und Kriterien für die Annahme des Bewerbers

Anmeldung: 6-8 Wochen vor Abreise, Europa: mind. 3 Monate vor Abreise. Altersbegrenzung: Je nach Programm 18-40 Jahre (Großbritannien und Chile ohne Altersmaximum). Spezielle Voraussetzungen: Je nach Programm deutsche (Australien, Neuseeland, Kanada) bzw. EU-Staatsangehörigkeit. Englisch- bzw. Spanischkenntnisse, Flexibilität, Anpassungsvermögen.

Vorbereitung – Betreuung – Nachbereitung

Gemeinsam mit unseren anerkannten Partnern im Gastland legen wir großen Wert auf eine umfassende Betreuung, Servicequalität und die individuelle Beratung jedes Teilnehmers. Unsere Programmkoordinatoren/innen haben selbst umfangreiche Auslandserfahrung und kennen die einzelnen Destinationen sowie unsere Partner i.d.R. persönlich. Wir sind – im Notfall auch 24/7 – mit Infos und Hilfe für dich da.

Wichtige Hinweise – Besondere Leistungen – Qualitätssicherung

TravelWorks ist Mitglied der Qualitätsverbände DFH, FDSV, IAPA, IALC, Reisenetz, Partner des BundesForum Kinder- und Jugendreisen e.V.

Kurz und bündig				
Gründungsjahr	1991	Anzahl der Work & Travel-Teilnehmer in 2017		k.A.
Programm seit	2001	Anzahl der Teilnehmer aller Programme in 2017		k.A.
Mindestalter	18	Sicherungsschein nach § 651r BGB wird ausgestellt		ja
Höchstalter	40	Programmdauer	ab 1 Monat, max. 12 Monate	
Weitere Angebote	Freiwilligenarbeit, Au-Pair, Auslandspraktika, Summer School, Sprachreisen, High School, Kurzstudium, English Adventure Camps			

World Unite! Intercultural Experience Ltd. – Deutsche Kontaktstelle
Meisenburgstraße 41 Telefon: 07825 / 43 23 32
45133 Essen WhatsApp: 081 80 8181 3349
info@world-unite.de www.world-unite.de

Selbstdarstellung
World Unite! ist ein weltweit tätiger Anbieter von Inspiration & Lernangeboten im Ausland wie Praktika, Freiwilligendienste, Work & Travel, Sprachunterricht und Aktivreisen. Work & Travel bieten wir in Japan und China.

Zielländer – Programmbeispiele – Leistungen – Kosten
Work & Travel in Japan: 1. Work & Travel in Tokio; 2. Farmarbeit, 3. Hoteljobs, 4. GRATIS-Support für Fabrikjobs in Shiozuoka and Aichi.
Für Japan bekommst du als deutsche(r) oder österreichische(r) Staatsbürger/in (sowie einige weitere Nationalitäten), wenn du 18-30 Jahre alt bist, ein Working Holiday Visum, mit dem du (fast) alle vergüteten Jobs annehmen können. Im Zentrum von Tokio regeln wir für dich alle Formalitäten wie Einwohnermeldeamt, Steuernummer, Bankkonto, Mobilfunkvertrag. Dort betreiben wir unser eigenes kostengünstiges Teilnehmerhaus. Wir helfen dir dann, einen Job zu finden wie Jobs in Restaurants, Cafés, Kinderbetreuung, im Verkauf, als Model oder Komparse, als Englisch- oder Deutschlehrer/in, Sportlehrer/in, etc.
Farmarbeit und Hoteljobs organisieren wir bereits vor deiner Anreise und es gibt Farmen und Hotels in ALLEN Präfekturen von Japan.
NEU! Du bekommst unsere Working Holiday Support gratis und hast einen im Voraus orga-nisierten gut bezahlten Job, wenn du dich für 6 Monate zu leichten Fabrikjobs (Auto- und Elektronikindustrie) in Aichi oder Shizuoka verpflichtest. Du kannst auch während deines Jahres in Japan Work & Travel in Tokio, Farmarbeit, Hoteljob und/oder Fabrikjobs kombinie-ren sowie an Japanisch-Sprachunterricht teilnehmen. Für China organisieren wir vergütete Jobs immer bereits vor deiner Ankunft. Dabei gibt es Hoteljobs, wobei wir mit vielen großen Ketten von 4- und 5-Sterne-Hotels in Beijing, Shanghai sowie weiteren Städten und Urlaubs-regionen in China arbeiten sowie Jobs als Englisch- und Deutschlehrer. Alle Preise und De-tails findest du auf unserer Website.

Bewerbungsverlauf und Kriterien für die Annahme des Bewerbers
Japan: Work & Travel in Tokio buchst du einfach über unsere Website. Für Farmarbeit, Ho-teljobs und Fabrikjobs brauchen wir deinen Lebenslauf und ein Skype-Interview.
China: Du schickst uns unverbindlich deinen Lebenslauf und wir schlagen dir einen Job vor.

Vorbereitung – Betreuung – Nachbereitung
Vorbereitung: Umfangreiche und persönliche Kommunikation, Unterlagen spezifisch für Ein-satzort, E-Learning, Skype-Gruppenvorbereitung; Betreuung: Betreuung sowie Dienstleistun-gen vor Ort. In Tokio eigenes großes Support-Büro in Innenstadt.

Wichtige Hinweise – Besondere Leistungen – Qualitätssicherung
Im Zentrum von Tokio betreiben wir unser eigenes Haus zur Unterbringung unserer Teilneh-mer und Büro. Wir kooperieren auch mit mehreren Sprachschulen in China und Japan.

Kurz und bündig

Gründungsjahr	2006	Anzahl der Work & Travel-Teilnehmer in 2017	300
Programm seit	2015	Anzahl der Teilnehmer aller Programme in 2017	1.400
Mindestalter	18	Sicherungsschein nach § 651r BGB wird ausgestellt	teilw.
Höchstalter	30	Programmdauer	1 Monat bis 1 Jahr
Weitere Angebote	Praktika, Volunteering, Sprachunterricht, Exkursionen, Reisen		

Nach der Schule ins Ausland – unter 18

Was haben Nepal, Tadschikistan und Schottland gemeinsam? In diesen Ländern gilt man bereits mit 16 bzw. 17 Jahren als volljährig – im restlichen Teil der Welt und nicht zuletzt in der Heimat muss man jedoch bis zum 18. Geburtstag darauf warten.

Die meisten klassischen Gap Year-Programme wie Work & Travel, Au-Pair und eine Vielzahl an Angeboten für Freiwilligenarbeit richten sich an junge Erwachsene ab 18 Jahren. Doch mit dem Abitur oder der Mittleren Reife in der Tasche stehen viele Schulabgänger bereits mit 16 oder 17 Jahren vor der Frage, welche Wege ihnen ins Ausland offenstehen. Wenngleich die Auswahl möglicher Programme für unter 18-Jährige für die Zeit nach dem Schulabschluss etwas kleiner ist, können durchaus auch jüngere Weltentdecker für eine kurze oder längere Zeit den Schritt ins Ausland wagen. Je nach Budget und persönlichen Interessen sind auch Kombinationen verschiedener Programme denkbar.

Schüleraustausch

Schule beendet und anschließend doch noch einmal für drei Monate, ein halbes oder ein ganzes Jahr im Ausland die Schulbank drücken? Ein High School-Programm ist auch nach dem Schulabschluss möglich und eine gute Option, wenn man den richtigen Zeitpunkt während der Schulzeit verpasst hat und vielleicht erst später den Wunsch nach einem solchen Aufenthalt entwickelt hat. Grundvoraussetzung für diesen Plan ist die Motivation für den Schulbesuch, denn die Teilnahme am Unterricht und am Schulalltag ist beim Schüleraustausch Pflicht. Auch die Regeln der Gastfamilien, Austauschorganisationen und Schulen gelten während des gesamten Aufenthalts – selbst für 18-Jährige.

Ein großer Vorteil bei einem High School-Aufenthalt nach dem Schulabschluss liegt in der Freiheit, die sich in der Fächerwahl bietet. Ohne schulischen Druck können je nach Gastland und Angebot der jeweiligen Schule beispielsweise auch sehr praxisnahe Fächer belegt werden, die der deutsche Lehrplan nicht vorsieht. In den USA bieten sich zudem sogenannte „Advanced Placement"-Kurse (AP-Kurse) an der High School an, die leistungsstarke Schüler ansprechen und auf einem fortgeschrittenen College-Niveau unterrichtet werden. High School-Aufenthalte nach dem Abitur werden speziell von einigen Austauschorganisationen angeboten. Eine individuelle Anfrage ist empfehlenswert. Nähere Informationen zu High School-Aufenthalten bietet dieses Handbuch im Abschnitt *Schüleraustausch.*

College, Schnupperstudium, Berufsorientierung

Alternativ zu einem Schuljahr im Ausland bietet sich ein Collegebesuch für ein halbes oder ganzes Jahr an, insbesondere wenn man sich zwischen Schule und Studium oder Ausbildung beruflich orientieren und den Studienalltag in einem anderen Land kennenlernen möchte. Möglich sind solche Programme in den USA an Community Colleges, in Neuseeland an polytechnischen Instituten (Polytechnics oder Institutes of Technology), in Australien an sogenannten TAFE-Institutionen (Technical and Further Education) sowie in England an Sixth Form Colleges.

Zur Auswahl steht eine Vielzahl unterschiedlicher akademischer Fächer und berufspraktischer Kurse. Das praxisnahe Schnupperstudium gewährt erste Einblicke in ein mögliches Studienfach oder denkbare Berufsfelder. Vergleichbar sind diese Institutionen mit Berufsfachschulen und Fachhochschulen. Die meisten College-Programme stehen sowohl Schulabgängern mit Mittlerer Reife als auch Abiturienten offen.

Summer Sessions, Summer School, Summer University

Während der Sommermonate zwischen Mai und September öffnen viele Universitäten im Ausland ihre Pforten für sogenannte Summer Sessions (auch Summer School oder Summer University genannt), an denen Abiturienten und Studenten aus aller Welt teilnehmen können. Je nach Hochschule stehen diese Programme auf Anfrage und in Ausnahmefällen auch schon 16- und 17-Jährigen offen.

Bei Summer Sessions handelt es sich um komprimierte Auslandssemester für meist fünf bis sechs Wochen, bei denen zwei bis drei Kurse absolviert werden. Sie umfassen jeweils den Lernstoff eines regulären Semesters und sind daher mit einer hohen Anzahl an Wochenstunden verbunden. Damit eignet sich diese sehr intensive Studienform für besonders motivierte Lerner. Kurse werden in nahezu allen Fachbereichen angeboten und lassen sich nach vorheriger Absprache in vielen Fällen auch auf das (anschließende) Studium in der Heimat anrechnen. Summer Sessions gibt es vor allem an Universitäten in den USA und Kanada. Eine individuelle Beratung bei spezialisierten Agenturen für Auslandsstudienvermittlung ist empfehlenswert. An großen Hochschulen nehmen jedes Jahr mehrere tausend Studenten aus der ganzen Welt an Summer Sessions teil. Neben dem Studium gibt es meist auch Gelegenheiten für Ausflüge und Aktivitäten abseits der Hörsäle. Mehr Informationen rund um das Thema Studieren im Ausland finden sich im Abschnitt *Studium*.

Sprachreisen, Sprachkurse und Sprachenjahre

Sprachkurse und Sprachreisen sind grundsätzlich für jede Altersgruppe zu jeder Zeit weltweit möglich. Damit eignen sie sich ebenfalls für einen kürzeren oder längeren Auslandsaufenthalt nach dem Schulabschluss mit 16 oder 17 Jahren – ganz unabhängig davon, ob man vorhandene Fremdsprachenkenntnisse vertiefen oder eine ganz neue Sprache erlernen möchte. Die Angebote sind sehr vielfältig und reichen von klassischen Sprachurlauben über Sprachkurse an Universitäten bis hin zum (Multi-)Sprachenjahr für drei bis neun Monate. Weitere Informationen rund um das Thema *Sprachreisen* werden im entsprechenden Abschnitt dieses Handbuchs zusammengefasst.

Homestay bzw. Gastfamilienaufenthalt

Ein Homestay bietet die Gelegenheit, für bis zu sechs oder acht Wochen bei einer Gastfamilie zu leben und die Kultur und das Alltagsleben in einem anderen Land hautnah kennenzulernen. Ob in den USA, Großbritannien, Frankreich, Spanien, der Türkei oder Ecuador – diese Form des Auslandsaufenthalts eignet sich sowohl für minderjährige als auch erwachsene Weltentdecker. Informationen zu Gastfamilienaufenthalten finden sich im Abschnitt *Homestay* dieses Handbuchs.

Auslandspraktikum

Auslandspraktika innerhalb Europas sind inzwischen auch für 16- und 17-Jährige möglich. Beliebte Gastländer sind hierbei England und Irland. Praktikaprogramme werden von verschiedenen Organisationen angeboten, die Praktikumsplätze in den verschiedensten Branchen sowie in vielen Fällen auch eine Unterkunft im Gastland vermitteln und bei der Reiseplanung behilflich sind. In der Regel handelt es sich um „Schnupperpraktika" für wenige Wochen, in denen Praktikanten erste Einblicke in die Arbeitswelt erhalten können. In vielen Fällen finden Auslandspraktika auch in Kombination mit einem Sprachkurs statt. Näheres zu verschiedenen Programmoptionen und Voraussetzungen wird im Abschnitt *Praktika* erläutert.

Freiwilligenarbeit und geförderte Freiwilligendienste

Auch Freiwilligenarbeit im Ausland ist zum Teil schon für 16- oder 17-jährige Teilnehmer möglich. Es gibt einige Organisationen, die unter 18-jährige Freiwillige in ausgewählte Projekte vermitteln und entsprechende Betreuungsstrukturen im Gastland bieten. Bei den Programmen handelt es sich meist um flexible Freiwilligenarbeit bzw. sogenannte „ungeregelte" Freiwilligendienste, was bedeutet, dass die Kosten für An- und Abreise, Unterkunft und Verpflegung im Gastland, Vorbereitung, Visum, Versicherungen etc. von den Freiwilligen selbst getragen werden. Diese Programme sind je nach Visumslage für einige Wochen bis zu wenigen Monaten möglich. Mögliche Einsatzbereiche können z.B. die Arbeit mit Kindern und Jugendlichen in Schulen und Tagesstätten oder das Mitwirken an Umweltschutzprojekten sein. Die Art des Projekts können Freiwillige selbst auswählen. Auch der Start und die Dauer des Aufenthalts sind oft flexibel. Untergebracht werden Freiwillige je nach Programm in Gastfamilien oder speziellen „Volunteer"-Unterkünften.

Gesetzlich geregelte und finanziell geförderte Freiwilligendienste sind in der Regel ab 18 Jahren möglich. Lediglich der Europäische Freiwilligendienst (EFD) und der Internationale Jugendfreiwilligendienst (IJFD) stehen – zumindest theoretisch – angehenden Freiwilligen ab 16 (IJFD) bzw. 17 Jahren (EFD) offen. In der Praxis gibt es bei beiden Programmen allerdings nur sehr wenige Projekte, die mit unter 18-jährigen Freiwilligen zusammenarbeiten. Die Gründe dafür liegen im höheren organisatorischen Aufwand für die entsendenden und aufnehmenden Organisationen, denn die Aufsichtspflicht muss für minderjährige Freiwillige im Ausland geregelt sein. Diese Verantwortung wollen und können viele Projekte nicht tragen. Daneben dürfen Minderjährige in vielen Ländern aus visarechtlichen Gründen nicht als Freiwillige in Projekten mitarbeiten. Eine intensive Recherche nach möglichen Anbietern und Projekten sowie Offenheit für verschiedene Gastländer und Arbeitsbereiche sind angesichts des (noch) sehr überschaubaren Angebots für geförderte Freiwilligendienste für unter 18-Jährige in jedem Fall notwendig. Hat man schließlich dennoch einen geeigneten Einsatzplatz für einen geförderten Freiwilligendienst oder ein passendes Angebot für flexible Freiwilligenarbeit gefunden, ist eine gute Vorbereitung auf den Aufenthalt essentiell. Detaillierte Informationen zu geförderten Freiwilligendiensten, dem Bewerbungsverfahren, der Vorbereitung und dem Programmablauf finden sich im Abschnitt *Freiwilligendienste*.

Workcamps und internationale Jugendbegegnungen

Eine mögliche Alternative zu Freiwilligenarbeit sind internationale Workcamps, die weltweit zum Teil auch schon unter 18-Jährigen offenstehen (sogenannte Teenage-Workcamps). In einer Gruppe Gleichgesinnter engagieren sich Workcamp-Teilnehmer für bis zu vier Wochen gemeinsam mit den Menschen im Gastland für ein soziales, handwerkliches oder ökologisches Projekt und teilen den Alltag miteinander. Unterkunft und Verpflegung sind meist frei. Internationale Workcamps sind eine spannende Möglichkeit, interkulturelle Erfahrungen zu sammeln, Gemeinschaft zu erfahren und sich für ein gemeinnütziges Projekt zu engagieren.

Internationale Jugendbegegnungen stellen eine für viele bislang weniger bekannte Alternative dar, Freundschaften und Kontakte zu Gleichaltrigen aus aller Welt zu knüpfen. Begegnungen finden sowohl im Ausland als auch in Deutschland statt und halten viele unterschiedliche Themen, Denkanstöße, Workshops und gemeinsame Projekte bereit. Nähere Informationen zu *internationalen Jugendbegegnungen und Workcamps* finden sich im entsprechenden Abschnitt dieses Handbuchs.

Farmarbeit weltweit mit WWOOF

WWOOF steht für „World Wide Opportunities on Organic Farms" und ist ein Netzwerk ökologischer Farmen in verschiedenen Ländern. Es bringt Hofbesitzer und freiwillige Helfer zusammen und bietet die Möglichkeit, mit wenig Geld das Landleben in verschiedenen Ländern kennenzulernen. Schafe scheren, Himbeeren pflücken, Zäune reparieren, Kartoffeln ernten, Kuhställe säubern – für ca. sechs Stunden am Tag werden je nach Saison und Art des Hofs die verschiedensten Arbeiten verrichtet. Im Gegenzug dazu erhalten die freiwilligen Helfer freie Unterkunft und Verpflegung auf der Farm. Für die Mitarbeit auf den Farmen wird in der Regel Volljährigkeit vorausgesetzt. Unter bestimmten Voraussetzungen – unter anderem mit dem Einverständnis der Eltern und des Gastgebers – können auch schon 17-Jährige im Ausland „WWOOFen". Dies ist beispielsweise in Portugal und Irland möglich. In anderen Fällen ist die Arbeit auf den Farmen für Minderjährige nur in Begleitung eines Elternteils erlaubt. Gegen einen geringen Mitgliedsbeitrag erhält man Zugang zur WWOOF-Datenbank für das gewünschte Gastland und kann direkt Kontakt zu Farmen aufnehmen. Tätigkeiten, Aufenthaltsdauer und Starttermin werden individuell mit den Hofbetreibern geklärt.

Zukünftige „WWOOFer" sollten sich darüber bewusst sein, dass es sich hierbei um offene Datenbanken handelt, die zumeist auf zwischenmenschlichem Vertrauen basieren. Je nach Land überprüft die jeweilige WWOOF-Organisation zukünftige Gastgeber, besucht die Farmen oder fordert Referenzen vor der Aufnahme ins Netzwerk ein. In einigen Ländern basiert die Mitgliedschaft lediglich auf positiven Bewertungen ehemaliger WWOOFer, ohne dass Angaben offiziell überprüft werden. Gibt es hingegen berechtigte Beschwerden, wird das betroffene Mitglied aus dem Netzwerk ausgeschlossen. Dies ist natürlich auf beiden Seiten möglich. Generell gilt: Potenzielle Risiken tragen die Teilnehmer selbst. Im Gegensatz dazu können Organisationen und Agenturen sowohl Freiwilligen als auch Gastgebern einen sicheren Rahmen bieten, indem sie ausführlich beraten, die Gastgeber (und Freiwilligen) prüfen und Ansprechpartner vor Ort stellen, die bei Problemen persönlich vermitteln können.

Ferienjob in der französischen Partnerstadt

Wen es ins Nachbarland Frankreich zieht, der kann einen Ferienjob oder ein Praktikum in der französischen Partnerstadt oder Partnerregion mit dem Deutsch-Französischen Jugendwerk (DFJW) absolvieren. Dies ist bereits ab 16 Jahren möglich und wird vom DFJW mit einem Stipendium finanziell unterstützt. Das DFJW vermittelt keine Praktika, steht jungen Ferienjobbern oder Praktikanten jedoch bei der Vorbereitung beratend zur Seite. Der Partnerschaftsverein oder die Stadtverwaltung kann in vielen Fällen bei der Kontaktaufnahme mit der Partnerstadt und bei der Organisation des Aufenthalts unterstützen. Das Programm dauert vier Wochen; bei Interesse kann der Aufenthalt in Frankreich auch verlängert werden. www.dfjw.org

Reisestipendien

Einige Stiftungen fördern kürzere Studienreisen ins Ausland mit eigenen Projekten zu den verschiedensten Themen. Diese Angebote richten sich an reise- und entdeckungsfreudige Jugendliche zwischen 16 und 20 Jahren, die gern für zwei bis vier bzw. sechs Wochen ins Ausland reisen möchten, um Land und Leute kennenzulernen und ein selbst gewähltes Projekt zu bearbeiten. Stipendien dafür vergeben z.B. die zis-Stiftung für Studienreisen, das DFJW und die Schwarzkopf-Stiftung Junges Europa. Weitere Details zu den einzelnen Stiftungen und Stipendien finden sich in Teil 3 dieses Handbuchs im Abschnitt *Finanzierung und geförderte Programme*.

Work & Travel und Au-Pair – erst ab 18 Jahren

Um als Work & Traveller in die Welt zu ziehen und beispielsweise in Australien, Neuseeland oder Kanada zu jobben, muss man mindestens 18 Jahre alt sein. Dies hat zum einen visarechtliche Gründe, da das notwendige Visum für solche Aufenthalte nur an Volljährige vergeben wird. Daneben würde die Aufnahme eines Jobs das Einverständnis der Eltern erfordern, was bei einem Work & Travel-Aufenthalt kaum praktikabel ist.

Wenngleich Au-Pair-Aufenthalte in einigen Ländern Europas zumindest theoretisch ab 17 Jahren möglich sind, vermitteln die meisten Agenturen Au-Pairs erst ab 18 Jahren – nicht zuletzt, weil Gastfamilien meist ältere Au-Pairs bevorzugen. Im beliebtesten Gastland USA ist ein Au-Pair-Aufenthalt aus visarechtlichen Gründen ebenfalls erst ab 18 Jahren möglich. Eine private Suche nach einer Au-Pair-Stelle ist grundsätzlich – und unabhängig vom Alter – aus Sicherheitsgründen nicht empfehlenswert. Wer nach der Schulzeit unbedingt als Backpacker oder Au-Pair in die Welt ziehen möchte, kann die Zeit bis zur Volljährigkeit mit kürzeren Auslandsaufenthalten oder Aktivitäten in Deutschland überbrücken, beispielsweise mit einem Praktikum, einer ehrenamtlichen Tätigkeit, einem Schnupperstudium an einer Universität, einem Sprachkurs oder einem bezahlten Aushilfsjob in der Heimatstadt. So stehen nach dem 18. Geburtstag alle Wege offen – und in vielen Fällen bleiben auch noch einige Monate Zeit, bevor das Studium oder die Ausbildung beginnt.

Nicht zu vergessen: Auslandsaufenthalte sind natürlich auch noch während der Berufsausbildung oder des Hochschulstudiums möglich. Nähere Informationen dazu finden sich in den Abschnitten *Auslandsaufenthalte für Azubis* und *Studium* im Ausland.

Tipps – Planung und Vorbereitung

Da unter 18-Jährige in fast allen Ländern als minderjährig gelten, sind bei der Vorbereitung und während des Auslandsaufenthalts verschiedene Aspekte zu berücksichtigen. Unabhängig davon, in welches Land es gehen soll oder für welches Programm man sich entscheidet: Das

Einverständnis der Eltern ist bei jungen Reisenden unter 18 Jahren immer erforderlich. Unterstützen die Eltern die Idee des Auslandsaufenthalts nicht, können die Pläne erst nach dem 18. Geburtstag umgesetzt werden.

Auch bei einzelnen Schritten in der Planung müssen 16- bzw. 17-Jährige ihre Eltern einbeziehen. Eine Flugbuchung ist in der Regel genehmigungspflichtig und bei der Flugreise selbst sollte eine schriftliche Erlaubnis der Eltern vorliegen. Wichtig ist, sich im Vorfeld über die jeweils geltenden Bestimmungen der Airline zu minderjährigen alleinreisenden Passagieren zu informieren.

Zudem sind Visabestimmungen ein wichtiger Punkt in der Vorbereitung und sollten gesondert beachtet werden. So sind einige Programme aus visarechtlichen Gründen für unter 18-Jährige ausgeschlossen. Innerhalb der EU wird kein Visum benötigt; ein gültiger Personalausweis oder Reisepass reicht in der Regel aus. In manchen Ländern müssen minderjährige Reisende eine Einverständniserklärung der Eltern vorlegen. Das Auswärtige Amt empfiehlt die Mitnahme einer solchen formlosen Erklärung sowie einer Kopie der Ausweisdatenseite des Erziehungsberechtigten. Genaue Bedingungen können bei der Botschaft oder einem Konsulat des jeweiligen Gastlands erfragt werden. Es ist daneben durchaus zu empfehlen, sich vorab allgemein über die Rechte von unter 18-Jährigen im jeweiligen Gastland sowie mögliche Einschränkungen zu informieren.

Werden alle Besonderheiten beachtet und die Vorbereitung des Auslandsaufenthalts sorgfältig angegangen, steht einem Auslandsaufenthalt auch in jungen Jahren nichts im Weg.

Die nachfolgenden Service-Tabellen zeigen mögliche Angebote verschiedener Organisationen, die Programme für Schulabsolventen unter 18 Jahren anbieten.

AFS Interkulturelle Begegnungen e.V.
Friedensallee 48
22765 Hamburg
info@afs.de

Telefon: 040 / 399 222 0
Telefax: 040 / 399 222 99
www.afs.de

Selbstdarstellung
AFS ist eine der erfahrensten und größten Austauschorganisationen in Deutschland. Als gemeinnütziger und ehrenamtlich basierter Verein bietet AFS Schüleraustausch, Gastfamilienprogramme, Global Prep Ferienprogramme und Freiwilligendienste in rund 50 Länder weltweit an. Damit fördert AFS Jugendliche in ihrer Persönlichkeitsentwicklung und begleitet sie dabei aktive, globale Weltbürger zu werden und somit eine friedlichere und tolerantere Welt zu gestalten. In den vergangenen 70 Jahren haben weltweit mehr als 450.000 Jugendliche und Gastfamilien an den AFS-Programmen teilgenommen.

Zielländer – Programmbeispiele – Leistungen – Kosten
Mit Programmen in rund 50 Ländern weltweit bietet AFS die größte Ländervielfalt aller deutschen Austauschorganisationen. Minderjährige mit Schulabschluss können mit AFS ein Schul(halb)jahr in vielen spannenden Ländern (außer USA) verbringen. Der Preis für ein Schuljahr im Ausland variiert je nach Land und beginnt bei 5.890 €. Für junge Menschen ab 18 mit Schulabschluss bietet AFS weltweit (geförderte) Freiwilligendienste an. AFS vergibt Stipendien an über 35% seiner Teilnehmerinnen und Teilnehmer. Ausführliche Informationen zu Programmen, Preisen und Ländern gibt es unter www.afs.de. Auf Social Media berichten Teilnehmerinnen und Teilnehmer unter dem Hashtag #AFSVoices.

Bewerbungsverlauf und Kriterien für die Annahme des Bewerbers
Bewerberinnen und Bewerber müssen bei Abreise zwischen 15 und 18 Jahre alt sein. Sprachkenntnisse werden in der Regel nicht vorausgesetzt. Wer sich von Mai bis Oktober für die Sommerabreise im kommenden Jahr bewirbt, hat beste Chancen auf alle Länder und Stipendien. Danach ist die Bewerbung bis April auf freie Plätze möglich. Für die Winterabreise bewirbt man sich von Januar bis Mai mit besten Chancen auf das Wunschland und ein Stipendium. Danach bewirbt man sich bis November des Vorjahres auf freie Plätze.

Vorbereitung – Betreuung – Nachbereitung
Auf eine intensive Vorbereitung, Betreuung und Nachbereitung legen wir ebenso großen Wert wie auf die sorgfältige Auswahl der Gastfamilien. Bei Fragen und Problemen steht während des gesamten Austauschjahres eine ehrenamtliche Betreuungsperson vor Ort zur Seite. Darüber hinaus gibt es in jedem AFS-Land eine hauptamtliche Geschäftsstelle. Eine 24h-Notfall-Hotline sorgt für zusätzliche Sicherheit. Nach der Rückkehr bietet AFS Nachbereitungsseminare an, um das Zurückkommen nach Deutschland zu erleichtern.

Wichtige Hinweise – Besondere Leistungen – Qualitätssicherung
AFS ist als gemeinnützig anerkannt und Träger der freien Jugendhilfe. Der Verein ist Mitglied im Arbeitskreis gemeinnütziger Jugendaustauschorganisationen (AJA) und hat sich zu den AJA-Qualitätskriterien verpflichtet.

Kurz und bündig			
Gründungsjahr	1948	Anzahl der Teilnehmer aller Programme in 2017	2.174
Mindestalter	1948	Sicherungsschein nach § 651r BGB wird ausgestellt	ja
Höchstalter	18	Programmdauer	2-3 Monate, Schuljahr, Schulhalbjahr
Weitere Angebote	FWD, Gastfamilie werden, Jugendbegegnungen & Workcamps		

Carl Duisberg Centren gemeinnützige GmbH	
Hansaring 49-51	Telefon: 0221 / 16 26 289
50670 Köln	Telefax: 0221 / 16 26 225
nachdemabi@cdc.de	www.cdc.de/nachdemabi

Selbstdarstellung
Die Carl Duisberg Centren sind ein führender Dienstleister im Bereich der internationalen Aus- und Weiterbildung. Wir organisieren weltweit Sprachreisen, Work & Travel, Freiwilligenprojekte und Auslandspraktika auch für junge Erwachsene, die noch nicht volljährig sind.

Zielländer – Programmbeispiele – Leistungen – Kosten
Zielländer: England, Irland, USA, Kanada, Australien, Neuseeland
Programmarten: Praktikum in England & Irland (mit und ohne Sprachkurs); betreute Schülersprachreisen, Sprachkurs & Freiwilligenarbeit in Kanada; Kurzstudium in Kanada; Schüleraustausch in Kanada, Neuseeland oder Australien
Leistungen: Ausführliche Beratung, Betreuung vor und während des Aufenthaltes, Vermittlung von Sprachkurs, Praktikum/Freiwilligenprojekt, Schule, Unterkunft, Teilnahmebestätigung, Unterstützung bei der Visumsbeantragung; optional Buchung von Flug und Reiseversicherungen
Kosten: Variieren je nach Programm und Dauer. Beispiel: Praktikumsvermittlung Dublin: 795 €; Sprachkurs & Freiwilligenarbeit in Kanada 4+4 Wochen: 1.750 €; Schüleraustausch: Kanada ab ca. 8.000 €

Bewerbungsverlauf und Kriterien für die Annahme des Bewerbers
Persönliche Beratung im Vorfeld. Die Anmeldung sollte ca. 3 Monate vor dem gewünschten Starttermin erfolgen.
Voraussetzungen Praktika, Freiwilligenarbeit, Kurzstudium:
Mindestalter: 17 Jahre; Schulabschluss, für das Kurzstudium ist die Hochschulreife erforderlich; gute Englischkenntnisse; Vorerfahrungen im Praktikumsbereich sind nicht zwingend, aber hilfreich; Flexibilität wird vorausgesetzt
Schüleraustausch: bis zu 19 Jahre; hohe Eigenmotivation, denn der Erfolg des Auslandsaufenthaltes hängt maßgeblich von der Initiative und Offenheit der Teilnehmer ab.

Vorbereitung – Betreuung – Nachbereitung
Ausführliche Beratung zu den Programmen, Betreuung der Teilnehmer vor Ort durch unsere Partner. Teilnahmebestätigung, Abschlussberichte. Vorbereitungsseminar & Nachtreffen bei Schüleraustausch.

Wichtige Hinweise – Besondere Leistungen – Qualitätssicherung
Wir sind Mitglied im Fachverband der deutschen Sprachreiseveranstalter und des Fachverbands Highschool. Wir unterziehen uns im Rahmen der Zertifizierung nach ISO 9001 einer ständigen Qualitätskontrolle.

Kurz und bündig				
Gründungsjahr	1962	Anzahl der Teilnehmer aller Programme in 2017		ca. 1.400
Mindestalter	17	Sicherungsschein nach § 651r BGB wird ausgestellt		ja
Höchstalter	-	Programmdauer	ab 4 Wochen	
Weitere Angebote	weitere Angebote für Praktika und Freiwilligenarbeit, Work & Travel, GAP Year, Sprachreisen, Prüfungsvorbereitungskurse, Schülersprachreisen, High School-Aufenthalt			

Experiment e.V. – The Experiment in International Living	
Gluckstraße 1	Telefon: 0228 / 95 72 20
53115 Bonn	Telefax: 0228 / 35 82 82
info@experiment-ev.de	www.experiment-ev.de

Selbstdarstellung
Das Ziel von Experiment e.V. ist seit über 85 Jahren der Austausch zwischen Menschen aller Kulturen, Religionen und Altersgruppen. Experiment e.V. ist gemeinnützig und das deutsche Mitglied der weltweit ältesten Austauschorganisation „The Experiment in International Living" (EIL). Kooperationspartner sind u.a.: Auswärtiges Amt, Bundesministerium für wirtschaftliche Zusammenarbeit und Entwicklung, Deutscher Bundestag, Fulbright-Kommission, Goethe-Institut und die Stiftung Mercator.

Zielländer – Programmbeispiele – Leistungen – Kosten
Programme: Freiwilligendienst ab 16 Jahren für 3 und 6 Monate (Ecuador, Mexiko), Freiwilligendienst in Sambia ab 17 Jahren für 1 bis 3 Wochen, Summer Camps in Kanada und den USA, Collegeaufenthalt in Irland für Schulabgänger, Gastfamilienaufenthalte und Sprachprogramme für 1 bis 4 Wochen (Ecuador, England, Frankreich, Irland, Japan, Kanada, Spanien, Südafrika, USA), Ranch- oder Farmstay in den USA für 1 bis 4 Wochen. Programmbeispiele: Freiwilligendienst: 4 Wochen Sprachkurs. Dann 8 oder 20 Wochen Freiwilligendienst in verschiedenen Projekten z.B. aus den Bereichen Bildung, Gesundheit, Umwelt oder Soziales. Unterkunft erfolgt in Gastfamilien. Leistungen: Unterkunft /Verpflegung, Betreuung im Gastland, 24-Stunden Notfalltelefon, z.T. Vor- und Nachbereitungsseminar. Gebühren: Aktuelle Gebühren stehen auf der Internetseite. Stipendien möglich!

Bewerbungsverlauf und Kriterien für die Annahme des Bewerbers
Bewerbung bis 12 Wochen vor Ausreise möglich.
Teilnahmevoraussetzungen unter www.experiment-ev.de.

Vorbereitung – Betreuung – Nachbereitung
Unterstützung bei Visa-Angelegenheiten, 24/7 Notrufdienst in Deutschland und im Partnerbüro vor Ort, beim Freiwilligendienst, Summer Camps und College: ein- oder mehrtägiges Vorbereitungsseminar, Nachbereitungsseminar, Orientierung und Einführung im Gastland

Wichtige Hinweise – Besondere Leistungen – Qualitätssicherung
Geförderte Programme: weltwärts, Europäischer Freiwilligendienst (EFD), Internationaler Jugendfreiwilligendienst (IJFD), Auszeichnungen/Qualitätssicherung: „Gütesiegel Freiwilligendienste Quifd", das „Volunteers for International Partnership"-Programm ist offizielles Dekadeprojekt der UNESCO-Dekade für „Bildung für Nachhaltige Entwicklung", Gründungsmitglied des AJA (Dachverband gemeinnütziger Jugendaustausch-Organisationen in Deutschland).

Kurz und bündig

Gründungsjahr	1932	Anzahl der Teilnehmer aller Programme in 2017		2.288
Mindestalter	16	Sicherungsschein nach § 651r BGB wird ausgestellt		ja
Höchstalter	99	Programmdauer	1 Woche bis 1 Schuljahr	
Weitere Angebote	Schüleraustausch weltweit, Auslandspraktikum, Demi-Pair, Gastfamilienprogramme in Deutschland (1 Woche bis ein Schuljahr) und weltweit, Ferienprogramme			

Open Door International e.V.
Thürmchenswall 69   Telefon: 0221 / 60 60 855 0
50668 Köln   Telefax: 0221 / 60 60 855 19
freiwilligenarbeit@opendoorinternational.de   www.opendoorinternational.de

Selbstdarstellung
Open Door International e.V. (ODI) ist ein gemeinnütziger Verein und Träger der freien Jugendhilfe. Wir möchten interkulturelle Verständigung, Toleranz und den Respekt für andere Lebensweisen fördern. Deshalb organisiert ODI Schüleraustausch- und Kurzzeitprogramme, Individuelle Freiwilligenprogramme, den Europäischen Freiwilligendienst (EFD), den entwicklungspolitschen Freiwilligendienst weltwärts sowie den Aufenthalt internationaler Gäste in Deutschland. Zudem sind wir offizielle Partnerorganisation beim „Parlamentarischen Patenschafts-Programm" (PPP) des Deutschen Bundestages und des Kongresses der USA.

Zielländer – Programmbeispiele – Leistungen – Kosten
Zielländer: EU-Mitgliedsländer, EFTA-Länder, Türkei und weitere benachbarte Partnerländer der EU. Projekte: Die Teilnehmerinnen und Teilnehmer suchen sich ein Projekt über eine für den EFD europaweit gepflegte Datenbank, wobei die Bereiche und Einsatzstellen sehr vielseitig sind. Mögliche Bereiche: Soziales, Kultur, Medien, Sport, Umweltschutz, Politik. Einsatzstellen: Kindergärten, Jugendzentren, Behindertenwerkstätte, Nationalparks, Museen und Kultureinrichtungen, unterschiedliche NGOs. Kosten und Leistungen: Der EFD wird über das Programm Erasmus+ der EU nahezu vollständig finanziert. Für die Teilnehmerinnen und Teilnehmer entstehen somit fast keine Kosten, lediglich Anreisekosten zum Auswahl- und Bewerbungstag, eine geringe Unkostenpauschale für die Vor- und Nachbereitungsseminare. Bei (seltenem) Überschreiten einer von Erasmus+ vorgesehenen Reisepauschale kann es vorkommen, dass der/die Freiwillige sich an Reisekosten beteiligen muss.

Bewerbungsverlauf und Kriterien für die Annahme des Bewerbers
Bewerbungsverlauf: 1. Online-Bewerbung über unsere Homepage (rund 10 Monate vor gewünschter Ausreise); 2. Auswahl- und Kennenlerntag (in Köln); 3. Eigene Projektsuche und Antragsstellung auf Fördergelder; alternativ: (auch kurzfristige) Ausreise über freie ODI-Plätze; 4. Vorbereitungsseminar; 5. Ausreise
Voraussetzungen: weitere Informationen auf unserer Website
www.opendoorinternational.de/freiwilligenarbeit/europaeischer-freiwilligendienst

Vorbereitung – Betreuung – Nachbereitung
Vorbereitungsseminar in Köln, je nach Dauer ein bis zwei Seminare während des EFDs im Gastland, zwei Nachbereitungstreffen in Deutschland

Wichtige Hinweise – Besondere Leistungen – Qualitätssicherung
Ein EFD kann bereits ab 17 Jahren absolviert werden und bietet zudem die einmalige Chance auf eine individuelle Projektsuche. ODI ist Mitglied beim Arbeitskreis gemeinnütziger Jugendaustauschorganisationen (AJA). Außerdem wurden wir 2018 mit dem Quifd-Zertifikat ausgezeichnet.

Kurz und bündig			
Gründungsjahr	1983	Anzahl der Teilnehmer aller Programme in 2017	267
Mindestalter	17	Sicherungsschein nach § 651r BGB wird ausgestellt	nein
Höchstalter	30	Programmdauer	6 bis 12 Monate
Weitere Angebote	Individuelle Freiwilligenprogramme, weltwärts, Schüleraustausch, Gastfamilie werden, Kurzzeitprogramme		

PractiGo GmbH – Sprachen erleben	
Neidenburger Straße 9	Telefon: 0421 / 40 89 77 0
28207 Bremen	Telefax: 0421 / 40 89 77 60
info@practigo.com	www.practigo.com

Selbstdarstellung

PractiGo ist Spezialist für Auslandsaufenthalte weltweit. Seit 2001 organisieren wir maßgeschneiderte Fachpraktika, Work & Travel, Hotelarbeit sowie Sprachreisen. In unserem Team arbeiten viele Muttersprachler, die wertvolle Tipps zu Sprache und Kultur geben können. Auch unsere deutschen Mitarbeiter haben selbst längere Zeit im Ausland gelebt und wissen, worauf es bei der Organisation von Auslandsaufenthalten ankommt.

Zielländer – Programmbeispiele – Leistungen – Kosten

Zielländer: Deutschland, England, Frankreich, Irland, Kanada und Spanien.
Leistungen: Vermittlung eines maßgeschneiderten Praktikumsplatzes, Hilfe und Beratung bei Bewerbungsunterlagen (ggf. Übersetzung), Ansprechpartner in Deutschland und vor Ort, Praktikumsbescheinigung. Unterkunft in einer Gastfamilie. Sprachkurs optional buchbar.
Kosten: z.B. 4 Wochen Alicante/Spanien: Praktikum + Einzelzimmer Gastfamilie: 1.465 €
4 Wochen Dublin/Irland: Praktikum + Einzelzimmer Gastfamilie: 1.930 €
Alle Preise sind online einsehbar und individuell kalkulierbar.

Bewerbungsverlauf und Kriterien für die Annahme des Bewerbers

Mindestalter: 17 Jahre. Wir organisieren Praktika für jede(n) Teilnehmer(in) individuell – ob mit oder ohne Vorerfahrung. Bei der Anmeldung geben die Teilnehmer Startdatum, Dauer und Bereich ihres Praktikums vor.
Bewerbungsfrist: 2-3 Monate vor Beginn. Auf Anfrage auch kurzfristiger.

Vorbereitung – Betreuung – Nachbereitung

Ausführliche Beratung vorab und während des gesamten Programms, deutsche 24-Std.-Notrufnummer, Teilnahmezertifikat und Praktikumszeugnis.

Wichtige Hinweise – Besondere Leistungen – Qualitätssicherung

PractiGo ist Mitglied der Qualitätsverbände: WYSETC und WYSE und erfüllt die Richtlinien der Arbeitsgruppe „Qualitätsentwicklung für Auslandspraktika" (DAAD).

Kurz und bündig			
Gründungsjahr	2001	Anzahl der Teilnehmer aller Programme in 2017	k.A.
Mindestalter	17	Sicherungsschein nach § 651r BGB wird ausgestellt	ja
Höchstalter	-	Programmdauer	4 bis 52 Wochen
Weitere Angebote	Sprachreisen, Work & Travel, Hotelarbeit, Auslandspraktika ab 18		

Stepin GmbH – Student Travel and Education Programmes International
Kaiserstr. 19   Telefon: 0228 / 71 005 200
53113 Bonn   Telefax: 0228 / 71 005 999
info@stepin.de   www.stepin.de

Selbstdarstellung
Stepin gehört zu den führenden deutschen Austauschorganisationen und vermittelt seit 1997 erfolgreich Auslandsaufenthalte für Weltentdecker – darunter High School, Work & Travel, Auslandspraktikum, Freiwilligenarbeit und Au-Pair. Unsere Mission von Beginn an: Jungen Menschen die einmalige Chance geben, fremde Kulturen und Länder zu entdecken und einzigartige Erfahrungen fürs Leben zu sammeln. Ein passender Reiseversicherungsschutz fürs Ausland komplettiert das Portfolio und bietet unseren Reisenden einen Rundum-Service aus einer Hand. Neben dem klassischen Schüleraustausch bietet Stepin auch für unter 18-Jährige eine Vielfalt an Möglichkeiten.

Zielländer – Programmbeispiele – Leistungen – Kosten
Zielländer:
Freiwilligenarbeit: Bali, Sri Lanka, China, Indien, Vietnam, Nepal, Laos, Kambodscha, Philippinen Malaysia und Thailand
Programmbeispiele: Elefanten pflegen in Sri Lanka oder Lehmhäuser bauen in Thailand – auch für unter 18-Jährige bieten wir viele Möglichkeiten fremde Länder und Kulturen abseits der Touristenpfade zu entdecken und sich gleichzeitig sinnvoll für die Communities vor Ort einzusetzen.
Leistungen: (Bsp. Freiwilligenarbeit Bali): Projektvermittlung (ab 2 Wochen), Unterkunft und Verpflegung am Einsatzort, Betreuung vor Ort. Optional buchbar: Flug und Versicherung
Kosten: z.B. Freiwilligenarbeit Asien 2 Wochen ab 510 €

Bewerbungsverlauf und Kriterien für die Annahme des Bewerbers
Englischkenntnisse, Flexibilität, Verantwortungsbewusstsein, Kontaktfreudigkeit und Aufgeschlossenheit werden vorausgesetzt.

Vorbereitung – Betreuung – Nachbereitung
Prüfung aller benötigten Unterlagen, Unterstützung bei der Visumsbeantragung (wenn erforderlich), Beratung zu Flügen und Versicherung, Betreuung vor Ort, Teilnahmezertifikat

Wichtige Hinweise – Besondere Leistungen – Qualitätssicherung
Mitgliedschaften: WYSE Travel Confederation, IAPA, IATA, DFH, FDSV

Kurz und bündig			
Gründungsjahr	1997	Anzahl der Teilnehmer aller Programme in 2017	k.A.
Mindestalter	17	Sicherungsschein nach § 651r BGB wird ausgestellt	ja
Höchstalter	-	Programmdauer	ab 2 Wochen
Weitere Angebote	High School, Work & Travel, Au-Pair, Freiwilligenarbeit, Auslandspraktikum, Gastfamilie werden, eigene Versicherungsabteilung		

Study Nelson Ltd. – Deutsches Kontaktbüro
Kurfürstendamm 132 – c/o Blue Sky   Telefon: 030 / 89 00 95 94
10711 Berlin   Telefax: 030 / 89 00 95 24
team@studynelson.com   www.studynelson.com

Selbstdarstellung
Study Nelson ist eine deutschsprachige Organisation mit Hauptsitz in Neuseeland. Seit 1999 bieten wir Jugendlichen die Möglichkeit, unbesorgt einen Aufenthalt in Neuseeland zu verbringen. Dabei geben wir die Verantwortung für unsere Teilnehmer nicht an Partner ab – wir begleiten sie persönlich vor Ort. Unsere Gap Year Programme werden individuell auf jeden Teilnehmer zugeschnitten und eignen sich besonders für Schulabgänger.

Zielländer – Programmbeispiele – Leistungen – Kosten
Wir sind mit Standort vor Ort auf Neuseeland spezialisiert und bieten folgende Programme:
- Gap Year mit High School oder Sprachkurs oder Schnupperstudium: \ freie Schulwahl; Gastfamilie (oder Internat bei High School). Wahlweise Cambridge FCE- oder CAE-Sprachkursmit Zertifikat. Kombination mit anderen GAP Year Programmen möglich; 3-12 Monate; Start: Januar, April, Juli, Oktober; ab 5.950 €; ab 17 Jahren
- Gap Year mit Praktikum, Freiwilligendienst oder Au-Pair: Entweder alleinig oder in Kombination mit High School, Sprachkurs oder Studium buchbar. 6-12 Monate; Start: je nach Programm frei wählbar. Ab 490 €, ab 17 Jahren / Au Pair ab 18 Jahren
- Zusatzprogramm Work & Travel: Im Anschluss an alle Gap Year-Programme möglich, 1-12 Monate; ab 590 €; ab 18 Jahre
- Weitere Zusatzprogramme: Betreuter Gruppenflug im Juli/Januar (ca. 2.300 €); Gastfamilie (ca. 175- € / Woche, bei High School im Preis inkl.); Ferienreisen (Preis je nach Reise)
Leistungen bei allen Programmen: Sorgfältige Beratung, komplette Organisation des Aufenthaltes, Visumsbeantragung, ausführliche Vorbereitung, Einführung vor Ort, Unterkunft, Versicherung, Flugbuchung, Reise-Service, Unterstützung u. Rund-um-die-Uhr Notfallbetreuung.

Bewerbungsverlauf und Kriterien für die Annahme des Bewerbers
Anmeldung auch kurzfristig möglich; Bewerbung per E-Mail oder per Online-Formular; Teilnehmer sollten tolerant und offen für Neues sein.

Vorbereitung – Betreuung – Nachbereitung
Wir bieten eine sorgfältige Vorbereitung, mit Insidertipps und kümmern uns um den Ablauf vor Ort. Bei Ankunft in Neuseeland Einführungsseminar mit umfangreichem Startpaket. Dank Hauptsitz in Neuseeland, können wir schnell reagieren und sind jederzeit für die Teilnehmer da. Betreuung nach Wunsch. Nachbereitungsseminar.

Wichtige Hinweise – Besondere Leistungen – Qualitätssicherung
Unser Team besteht aus deutschen, österreichischen und neuseeländischen Mitarbeitern, die fundierte Beratung sowie eine sorgfältige Organisation garantieren. Seit fast 20 Jahren sind wir vor Ort in Neuseeland und eine von Education New Zealand anerkannte Agentur.

Kurz und bündig

Gründungsjahr	1999	Anzahl der Teilnehmer aller Programme in 2017	545
Mindestalter	17	Sicherungsschein nach § 651r BGB wird ausgestellt	nein
Höchstalter	-	Programmdauer	3 bis 12 Monate	
Weitere Angebote	High School, Familien-Auszeit, Schüleraustausch u.v.m.		

TravelWorks – Travelplus Group GmbH	
Münsterstraße 111	Telefon: 02506 / 83 03 600
48155 Münster	Telefax: 02506 / 83 03 230
info@travelworks.de	www.travelworks.de

Selbstdarstellung
Unser TravelWorks-Motto: Anpacken und die Welt erleben! Reisen heißt für uns mehr, als nur Tourist sein in einem anderen Land. Nicht nur auf der Oberfläche schwimmen, sondern ins Geschehen eintauchen, das macht das Abenteuer aus! Mit einer breit gefächerten Palette spannender Programme und einem weltweiten Netzwerk anerkannter und engagierter Partnerorganisationen verhelfen wir dir zu einem gelungenen Auslandsaufenthalt.

Zielländer – Programmbeispiele – Leistungen – Kosten
USA: Collegekurse im Bereich English, Fashion, Art & Design oder University Abroad Program für einen längeren Aufenthalt an einem amerikanischen College. Kanada: Collegekurse im Bereich Tourismus und BWL mit Diplom/Zertifikat in Vancouver oder Toronto, auf Wunsch mit anschließendem Praktikum. Großbritannien: International Study Year, Sommerkurse oder College & Work Experience – auf das Universitätsstudium vorbereitende Collegekurse in Südengland. Irland: 3- oder 12-wöchige Zertifikatskurse im Bereich BWL oder ganzjähriges University Foundation Program mit fachspezifischen Modulen (Business, Engineering oder Science).Wir helfen dir bei sämtlichen Reisevorbereitungen inkl. Visumsbeantragung. Kosten je nach gewähltem Land und Programm. Beispiel: Collegekurs in Kanada: Vermittlung eines Studienplatzes, Orientierungsveranstaltung, Hilfe bei der Visumsbeantragung, Studiengebühren, Unterkunft in der Gastfamilie mit Mahlzeiten, Betreuung, 24-Stunden-Notrufnummer uvm.: ab 5.550 € (für 8 Wochen Kurs)

Bewerbungsverlauf und Kriterien für die Annahme des Bewerbers
Bewerbung über www.travelworks.de
Voraussetzungen je nach Programm: Ab 16/17/18 Jahren, Schulabgänger mit Realschulabschluss oder (Fach-)Abitur, Englischnote mind. ausreichend. Bewerbung: Mind. 3-6 Monate vor gewünschtem Studienstart (ggf. auch kürzer). Dauer: Ab 2 Wochen bis zu 2 Jahre.

Vorbereitung – Betreuung – Nachbereitung
Gemeinsam mit unseren anerkannten Partnern vor Ort legen wir großen Wert auf eine umfassende Betreuung, Servicequalität und individuelle Beratung jedes Teilnehmers. Je nach Programm geht der Bewerbungsprozess mit einem Sprachtest/Telefoninterview einher. Unsere Programmkoordinatoren haben umfangreiche Auslandserfahrung, kennen die einzelnen Destinationen und unsere Partner i.d.R. persönlich. Wir sind im Notfall (auch 24/7) für dich da.

Wichtige Hinweise – Besondere Leistungen – Qualitätssicherung
TravelWorks ist Mitglied der Qualitätsverbände DFH, FDSV, IAPA, IALC, Reisenetz, Partner des BundesForum Kinder- und Jugendreisen e.V.

Kurz und bündig			
Gründungsjahr	1991	Anzahl der Teilnehmer aller Programme in 2017	k.A.
Mindestalter	16	Sicherungsschein nach § 651r BGB wird ausgestellt	ja
Höchstalter	25	Programmdauer	2 Wochen bis 2 Jahre	
Weitere Angebote	Work & Travel, Freiwilligenarbeit (z.T. auch ab 17), Au-Pair, Praktikum, Sprachreisen, High School, Summer School, English Adventure Camps		

Auslandsaufenthalte für Azubis

Immer mehr Azubis wagen während ihrer Berufsausbildung den Schritt ins Ausland, um den Arbeitsalltag jenseits der heimischen Grenzen kennenzulernen und ihre Chancen auf eine erfolgreiche berufliche Zukunft zu erhöhen. Mit vielen neuen Eindrücken, Selbstvertrauen und frischen Ideen im Gepäck kehren die Auszubildenden anschließend in ihre Unternehmen zurück – damit sind Auslandserfahrungen nicht nur für Azubis selbst, sondern auch für Ausbildungsbetriebe ein Gewinn.

Praktika während der Ausbildung sind weltweit möglich. Das mit Abstand am häufigsten gewählte Zielland deutscher Azubis ist Großbritannien. Aber auch in anderen Ländern wie beispielsweise Frankreich, Spanien, Norwegen, Polen oder Ungarn lohnt sich der Blick über den Tellerrand. Die Handwerks- bzw. Industrie- und Handelskammern rühren kräftig die Werbetrommel für Auslandsaufenthalte während der Berufsausbildung und stehen sowohl Ausbildungsbetrieben als auch Azubis mit Rat und Tat zur Seite. Verschiedene Förderprogramme ermöglichen auch Azubis mit kleinem Geldbeutel den Schritt in die Ferne. Dennoch ist es längst noch nicht allen bekannt, welche Möglichkeiten sich ihnen für einen Auslandsaufenthalt während ihrer Ausbildung bieten und welche Rahmenbedingungen dafür gelten.

Voraussetzungen und Rahmenbedingungen

Maximal ein Viertel ihrer regulären Ausbildungszeit können Azubis im Ausland verbringen. Bei einer dreijährigen Ausbildung sind dies bis zu neun Monate, die entweder im Block oder in einzelnen Abschnitten absolviert werden können. Auslandsaufenthalte bzw. -praktika können als Teil der Ausbildung anerkannt werden, wenn ein Bezug zum angestrebten Beruf besteht. Dies gilt es, im Vorfeld mit dem heimischen Betrieb und der Berufsschule zu klären.

Da Azubis in der Regel fest ins Tagesgeschäft eingebunden sind, muss der Ausbildungsbetrieb dem Vorhaben zustimmen und in der Zeit auf die Arbeitskraft verzichten können. Der Auslandsaufenthalt muss zudem als „Ausbildungsmaßnahme außerhalb der Ausbildungsstätte" in den Ausbildungsvertrag aufgenommen werden. Auch die Berufsschule muss ihre Zustimmung für den Aufenthalt geben und den Azubi offiziell vom Unterricht freistellen. Den versäumten Lernstoff müssen Auszubildende selbstständig nachholen.

Bei Auslandsaufenthalten, die länger als vier Wochen und bis zur Höchstdauer von neun Monaten dauern, müssen Berufsschule, Betrieb und die jeweilige Kammer gemeinsam einen Ausbildungsplan festlegen. So wird sichergestellt, dass das Auslandspraktikum an die Berufsausbildung angerechnet werden kann. Da dies mit einem höheren formalen Aufwand verbunden ist und für viele Betriebe eine längere Abwesenheit der Auszubildenden nicht ohne Weiteres aufzufangen ist, entscheiden sich viele Azubis für kürzere Aufenthalte von bis zu vier Wochen.

Wenngleich es grundsätzlich keine Altersbegrenzungen gibt, ist Volljährigkeit aus praktischen Gründen meist von Vorteil. Hinsichtlich der schulischen bzw. betrieblichen Leistungen des Azubis gibt es für einen Auslandsaufenthalt keine Einschränkungen. Für die Verständigung im Arbeitsalltag sollten Azubis für ein Auslandspraktikum solide Englischkenntnisse mitbringen und, je nach Gastland, idealerweise auch einige Sätze in der jeweiligen Landessprache kennen. Sich in manchen Situationen „mit Händen und Füßen" mitzuteilen ist ebenfalls (ein oft sehr unterhaltsamer) Teil der Auslandserfahrung.

Finanzierung des Auslandsaufenthalts

Wird der Auslandsaufenthalt als Teil der Berufsausbildung anerkannt, muss der Ausbildungsbetrieb die Vergütung während dieser Zeit weiterzahlen. Alle Kosten für An- und Abreise, Unterkunft und Verpflegung vor Ort sowie für persönliche Ausgaben tragen Azubis selbst. Verschiedene Stipendien- und Förderprogramme können jedoch einen großen Anteil der Kosten für den Auslandsaufenthalt decken.

Auslandspraktikum mit Erasmus+-Förderung

Im Rahmen des Programms Erasmus+ fördert die EU Auslandspraktika für Azubis. Das Stipendium enthält pauschale Zuschüsse für die Reise, den Aufenthalt und die Organisation sowie ggf. für einen Sprachkurs und Sonderausgaben. Die genaue Höhe der Förderung richtet sich u.a. nach dem Gastland.

Den Antrag für ein Erasmus+-Stipendium können Azubis nicht selbst stellen, sondern nur Bildungseinrichtungen und Organisationen wie Berufsschulen, Ausbildungsbetriebe, Kammern oder Vereine. Es empfiehlt sich daher, Ausbilder und Berufsschullehrer nach möglichen Auslandsprogrammen und Erasmus+-Förderungen zu fragen. Alternativ dazu können Auszubildende sich individuell bei verschiedenen Organisationen für ein sogenanntes Erasmus+ „Pool-Projekt" bewerben und eine Förderung erhalten – insbesondere wenn die eigene Berufsschule und der Ausbildungsbetrieb keine eigenen Programme durchführen oder wenn ein bestimmtes Land für den Aufenthalt bevorzugt wird. Diese Pool-Projekte stehen Azubis aus ganz Deutschland offen. Damit können sie als Einzelpersonen an geförderten Programmen teilnehmen und ein Auslandspraktikum während der Ausbildung absolvieren. Auf der Website der Nationalen Agentur beim Bundesinstitut für Berufsbildung (NA beim BIBB) gibt es mit der „Pool-Projektsuche" die Möglichkeit, gezielt nach passenden Angeboten zu suchen. Einige Organisationen vermitteln dabei einen Praktikumsplatz im Ausland.

Ein Auslandspraktikum mit Erasmus+ ist zwischen zwei Wochen und zwölf Monaten möglich und lässt sich sowohl in duale als auch in schulische Ausbildungen einbauen. Mögliche Zielländer für Erasmus+-Praktika sind alle EU-Staaten sowie Norwegen, Island, Liechtenstein, die Türkei und Mazedonien. Einige Berufsschulen oder Kammern schicken mehrere Azubis als Gruppe ins Ausland – aber auch Aufenthalte als Einzelperson sind grundsätzlich möglich. Im Übrigen können Auslandspraktika über Erasmus+ auch noch bis zu zwölf Monate nach dem Abschluss der Berufsausbildung gefördert werden.

Weitere Förderprogramme

Andere geförderte Programme neben Erasmus+ beinhalten die Möglichkeit für einen direkten Austausch mit Azubis aus dem Gastland. Ein solches Programm für deutsche und französische Azubis bietet beispielsweise das Deutsch-Französische Sekretariat (DFS-SFA). Auch Tandem,
das Koordinierungszentrum Deutsch-Tschechischer Jugendaustausch,
fördert freiwillige berufliche Praktika von Azubis aus beiden Ländern
und unterstützt Kooperationen zwischen deutschen und tschechischen
Unternehmen. Weiterführende Informationen und Links zu diesen Programmen finden sich in Teil 3 dieses Handbuchs unter *Finanzierung und
geförderte Programme*.

Praktikumssuche

Bei der eigenständigen Suche nach einem Praktikumsplatz im Ausland
sind Ausbildungsbetrieb, Berufsschule und Kammer die ersten Anlaufstellen. Hat der Ausbildungsbetrieb beispielsweise Niederlassungen im
Ausland, bieten sich diese sehr gut für ein Praktikum an. Aber auch
Kooperationspartner, Kunden und andere Kontakte des Unternehmens
können bei der Suche nach einem Praktikumsplatz dienlich sein. Neben
den Kontakten des Ausbildungsbetriebs und der Berufsschule können
auch persönliche Kontakte aus dem eigenen Umfeld genutzt werden
– möglicherweise haben beispielsweise die Betriebe der Eltern, Freunde oder Bekannte Niederlassungen oder Partner im Ausland, die für
ein Praktikum infrage kämen. Liegen keine bestehenden Verbindungen
ins Ausland vor, können neben Praktikumsbörsen auch Außenhandels-
kammern (AHK) oder die Zentrale Auslands- und Fachvermittlung (ZAV)
der Bundesagentur für Arbeit hilfreich sein. Anders als in Deutschland,
ist es in vielen Ländern nicht üblich, ein Praktikum zu machen. In der
Bewerbung sollte deshalb genau erklärt werden, welcher Gedanke
und welche Ziele hinter dem Praktikum stehen.

Beratungsangebote für Azubis

Für Beratungen rund um Auslandsaufenthalte während der Ausbildung
und mögliche finanzielle Zuschüsse steht mit dem Infoportal „Berufs-

bildung ohne Grenzen" ein bundesweites Beraternetzwerk der Handwerks-, Industrie- und Handelskammern zur Verfügung. Geschulte Berater, die sogenannten „Mobilitätscoaches", informieren Azubis sowohl zu Fördermöglichkeiten als auch zu Gruppenprojekten und beantworten alle wichtigen Fragen zur Vorbereitung und Planung. Auch Berufsschulen und Ausbildungsbetriebe können sich zu Förderprogrammen für Auslandsaufenthalte beraten lassen.

Daneben informiert die Nationale Agentur mit ihrer Informations- und Beratungsstelle für Auslandsaufenthalte in der beruflichen Bildung (IBS) über Aus- und Weiterbildungsmöglichkeiten im Ausland. Sie unterstützt Azubis und Unternehmen dabei, passende Angebote und Fördermöglichkeiten zu finden – insbesondere im Rahmen von Erasmus+. Die IBS-Datenbank bündelt verschiedene Programmangebote und erleichtert die gezielte Suche nach Förderungen. Darüber hinaus gibt die Website www.machmehrausdeinerausbildung.de auslandsinteressierten Azubis viele nützliche Tipps zur Praktikumssuche, Bewerbung und Finanzierung und hält eine Reihe anschaulicher Erfahrungsberichte ehemaliger Praktikanten bereit. Plant man die komplette berufliche Ausbildung im Ausland zu absolvieren, kann man sich an die Zentrale Auslands- und Fachvermittlung (ZAV) wenden.

Linktipps: www.berufsbildung-ohne-grenzen.de – www.na-bibb.de – www.machmehrausdeinerausbildung.de – www.zav.de

Wer durch seinen Auslandsaufenthalt als Azubi auf den Geschmack gekommen ist oder wer während seiner Berufsausbildung kein Auslandspraktikum absolvieren kann oder konnte, dem stehen nach dem Abschluss viele weitere spannende Wege in die Ferne offen: Work & Travel, Freiwilligendienste, Jobs im Ausland, Au-Pair und mehr. Die durch die Ausbildung erworbenen Qualifikationen können dabei durchaus Türen öffnen.

Jugendreisen & Klassenfahrten

Die erste Reise ohne Eltern! Viele Jugendliche machen diese beson-
dere Erfahrung in Form einer pauschalorganisierten Jugendreise wäh-
rend der Schulferien. Gemeinsam mit Freunden oder allein können sie
zwischen einer Vielzahl unterschiedlicher Angebote wählen. Ob eine
Ferienfreizeit an der Ostsee, Englisch lernen in Großbritannien, das
Entdecken fremder Kulturen während einer Rundreise durch Asien oder
Skifahren in den Alpen - wer sucht, der findet seine ganz persönliche
Wunschreise und einen bunten Programmmix.

Klassenfahrten außerhalb der Ferien bieten auf der anderen Seite ein
erlebnisreiches Kontrastprogramm zum täglichen Schulbankdrücken
innerhalb des Klassen- bzw. Kursverbands: von Lehrpersonen begleitet, segeln die Schüler über das Ijsselmeer, gehen im Mittelgebirge
wandern, erleben ein abwechslungsreiches Kulturprogramm in Berlin,
Paris und Rom oder stärken den Teamgeist beim Floßbauen.

Jugendreisen

Die Vielfalt der aktuell angebotenen Jugendreisen lässt kaum Wünsche
offen. Die im Folgenden vorgestellten Optionen können dementsprechend nur als Beispiele dienen und Anregungen geben. Eine allumfassende Auflistung ist aufgrund der Vielzahl der Angebote leider nicht
möglich.

Mögliche Programmvarianten

Während sportbegeisterte Jugendliche in Camps ihre Lieblingssportart
trainieren, können Kreative an jugendgerechten Theater- oder Kunst-
workshops teilnehmen. Kulturinteressierte erkunden aufregende Metropolen oder entdecken historische Stätten, andere Teenager lassen
lieber beim Strandurlaub ihre Seele baumeln und erholen sich so vom
anstrengenden Schulalltag. Wen es hingegen Richtung Berge und
Schnee zieht, für den gibt es Wander-, Ski- und Snowboard-Reisen,

und diejenigen, die in kurzer Zeit viel von der Welt sehen möchten, entscheiden sich für Wochenendtrips in europäische Metropolen oder mehrwöchige Rundreisen durch Europa, Asien oder die USA.

Für Jugendliche, die ihre Fremdsprachenkenntnisse intensiv vertiefen möchten, ist wiederum häufig eine klassische Sprachreise die erste Wahl. Details zum Thema Sprachreisen können im entsprechenden Kapitel dieses Ratgebers nachgelesen werden. Wer sich besonders für den „American Spirit" interessiert, für den stehen amerikanische und kanadische Summer Camps offen. Neben einem vielseitigen Freizeit-programm verbessert man hier ganz nebenbei seine Sprachkenntnisse im Zusammenleben mit seinen amerikanischen Camp-Freunden.

Teens, die sich gerne politisch, kulturell oder sozial engagieren und Interesse daran haben, mit anderen jungen Menschen aus der ganzen Welt über die verschiedensten Themen zu diskutieren und gemeinsame Projekte zu entwickeln, können sich hingegen in Workcamps, internati-onalen Jugendbegegnungen oder auf Projekttagen einbringen. Nähere Informationen dazu finden sich in der Rubrik *Jugendbegegnungen & Workcamps.*

Jenseits der nicht selten hochpreisigen, professionellen Reiseveran-stalter organisieren auch Kirchengemeinden, Sportvereine, Jugend-zentren oder Jugendwerke Ferienfreizeiten. Die Kosten sind vergleichs-weise gering, da die Unterkünfte oft sehr einfach gehalten sind und die Betreuungsstruktur über ehrenamtliche Arbeit gewährleistet wird. Lokale Ferienprogramme lassen sich auf den Websites der Städte und Gemeinden oder der Jugendämter finden.

Auf welche Art von Jugendreise die Wahl auch fällt, das Programm, das die Teilnehmer vor Ort erwartet, ist meist sehr abwechslungsreich und unterhaltsam gestaltet: Gemeinsame Spiele, Unternehmungen und Ak-tivitäten bilden häufig einen wichtigen Bestandteil der Gruppenreisen, um das gegenseitige Kennenlernen zu erleichtern und das Gemeinschaftsgefühl zu stärken. Neben altersgerechten Events sowie Ausflügen in nahe gelegene Städte oder zu touristischen Sehenswürdigkeiten können Jugendliche ihre Freizeit auch gezielt dazu nutzen, bestehenden Interessen nachzugehen oder ein neues Hobby auszuprobieren. Beliebte Angebote sind dabei zum Beispiel verschiedene Sportarten wie Fußball, Surfen, Tauchen, Reiten und Klettern, aber auch Theater-, Kunst-, Musik- und Tanz-Kurse.

Betreuung

Betreut werden viele Jugendreisen von jungen Teams, die sich nicht selten aus ehemaligen Programmteilnehmern zusammensetzen. Idealerweise organisieren die „Teamer" ein abwechslungsreiches Freizeitprogramm, sorgen für gute Stimmung und gehen auf die Bedürfnisse der Teilnehmer ein. Als Betreuer werden sie im besten Fall vor der Reise geschult und eingearbeitet. Wie intensiv die Betreuung auf den einzelnen Fahrten ist, ob es deutschsprachige Ansprechpartner vor Ort gibt und über welche Erfahrung bzw. Qualifikation die Teamer verfügen, sollte jederzeit beim Anbieter erfragt werden können.

Voraussetzungen und Kosten

Welche Optionen bei der Programmwahl möglich sind, ist nicht zuletzt eine Frage des Alters. Angebote für Sprach-, Erlebnis- und Sportcamps (im In- und Ausland) gibt es bereits für Grundschüler ab 6 Jahren. Für Fernreisen beispielsweise in die USA oder durch Asien muss man wiederum meist deutlich älter sein.

Je nach gewählter Art, Ziel und Dauer der Reise unterscheiden sich die Kosten im Bereich der Jugendreisen deutlich. Für eine zweitägige Städte- oder Eventreise beginnen die Kosten bei rund 100 Euro, während mehrwöchige Fernreisen oder ein Aufenthalt in einem amerikanischen Summer Camp häufig erst ab 2.000 Euro aufwärts buchbar sind. Das Taschengeld, das vor Ort benötigt wird und je nach Programm und persönlichen Erfordernissen stark variieren kann, muss zusätzlich eingeplant werden.

Klassenfahrten

Ausflüge in Form von Klassen- bzw. Kursfahrten erfreuen sich bei Schülern traditionell großer Beliebtheit und sind mittlerweile fester Bestandteil des Bildungsweges fast jedes Schülers.

Klassenfahrten finden in der Regel während der Schulzeit statt, sodass die Schüler dafür einige Tage, oder auch Wochen, vom Unterricht freigestellt werden. Verantwortlich sind häufig engagierte Lehrer, Schüler und zum Teil auch Eltern, die in Eigenregie eine Reise zusammenstellen und Unterkunft, Anreise sowie das Programm vor Ort organisieren. Oft fällt die Wahl jedoch auch auf einen spezialisierten Reiseveranstalter, der Reisen mit unterschiedlichen Schwerpunkten, Optionen und Bausteinen anbietet und somit ganz individuell auf die einzelnen Wünsche und Vorstellungen eingehen kann.

Neben der Wissensvermittlung an außerschulischen Lernorten sind Teamgeist, Verantwortungsbewusstsein und gegenseitige Rücksichtnahme Inhalte, die auf Schulfahrten vermittelt werden sollen. Die gemeinsamen Aktivitäten haben das Ziel, das Selbstvertrauen der Schüler zu fördern, soziale Kompetenzen zu trainieren und nicht zuletzt den Gruppenzusammenhalt sowie das Gemeinschaftsgefühl der Klasse zu stärken. Entsprechende, professionell organisierte Programme werden zum Beispiel in Form von Städtereisen, Klassenfahrten ans Meer oder in die Berge angeboten. Auch Aufenthalte in Ferienparks oder auf Campingplätzen sind möglich. Das Rahmenprogramm von Klassenfahrten kann vielfältig gestaltet und aus verschiedenen Aktivitäten zusammengesetzt werden. So gibt es beispielsweise Angebote für Wasser-, Team- und Wintersport sowie Wander-, Kletter- und Kanutouren. Großer Beliebtheit erfreuen sich zudem Segeltörns auf Nord- und Ostsee, bei denen Schüler praktische Einblicke in die Abläufe des Segelns erhalten. Oft sind auch Stadtführungen, Museumsbesuche oder Denkmalbesichtigungen Teil des Programms, um zuvor erarbeitete Unterrichtsinhalte anschaulich zu unterstützen.

Klassischerweise werden Reiseziele innerhalb Deutschlands und Europas angeboten, sodass für jede Klassenstufe sowie alle Bildungsziele etwas zu finden ist. Neben Kennenlerntagen für Fünftklässler im Schwarzwald stehen auch Kursfahrten für die Mittelstufen nach Amsterdam oder Abschlussfahrten für Schulabgänger nach Italien zur Wahl. Die Anreise erfolgt meist per Bus, je nach Entfernung kommen aber auch Bahn- oder Flugreisen infrage. Die Unterkünfte auf Klassenfahrten reichen von Zeltcamps über Schullandheime, Jugendherbergen, Hostels bis hin zu Hotels oder Apartments. Auf Segeltörns sind die Teilnehmer hingegen teilweise direkt auf den Schiffen untergebracht. Je nach gewählter Reise werden die Schüler und Lehrer vor Ort von Ansprechpartnern empfangen, die sie beim weiteren Programm unterstützen und zum Teil auch selbst als Tourguide durch die Stadt führen, die Rallye anleiten oder das Sportturnier koordinieren.

Die Kosten für eine Klassenfahrt variieren je nach Gruppengröße, Reiseziel, Unterkunft und Programmpunkten und können sehr unterschiedlich ausfallen. Mindestens 200 Euro pro Person inklusive Anreise und Unterkunft sollten für eine fünftägige Gruppenreise jedoch eingeplant werden, nicht selten liegen die Kosten deutlich höher. Verbindliche Preisinformationen können bei den einzelnen Anbietern erfragt werden.

Das „Bildungspaket" vom Bundesministerium für Arbeit und Soziales beinhaltet u.a. eine Kostenübernahme bei Klassenfahrten von Kindern aus finanziell benachteiligten Familien. Somit soll vor allem bedürftigen Kindern und Jugendlichen die Teilnahme an Schulausflügen ermöglicht werden, indem Kosten für Fahrt, Unterkunft, Verpflegung, Programm und Reiserücktrittsversicherung getragen werden. www.bmas.de

In den nachfolgenden Service-Tabellen stellen Veranstalter ihre Reiseangebote für Jugendliche mit unterschiedlichen Schwerpunkten vor.

aubiko e.v. - Verein für Austausch, Bildung und Kommunikation	
Stückenstraße 74	Telefon: +49 (0) 40 98 67 25 67
22081 Hamburg	Telefax: +49 (0) 40 35 67 54 704
info@aubiko.de	www.aubiko.de

Selbstdarstellung
Interkulturelle Begegnungen für Schüler/innen aus aller Welt zu ermöglichen ist eines der wichtigsten Anliegen von aubiko e.v. Seit der Vereinsgründung im November 2014 haben bereits ca. 2.100 Schüler/innen an unseren Jugend- und Bildungsreisen, Sprachkurs- und Austauschprogrammen teilgenommen. Der Austausch zwischen Jugendlichen verschiedenster Herkunft an interessanten Orten bietet die einmalige Gelegenheit internationalen Freundschaften zu schließen.

Zielländer – Programmbeispiele – Leistungen – Kosten
Deutschland, Europa oder sogar ein anderer Kontinent? Mit uns kannst du diese spannenden Orte erkunden und Jugendliche aus aller Welt treffen. Bei all unseren Reisen legen wir Wert auf einen hohen Bildungsanteil und eine Rundumbetreuung durch qualifizierte Reiseleiter.
- Kuba: Schwerpunkt Nachhaltigkeit, 2 Wochen, ab 16 Jahren, ab 1.790 €
- Warschau: Schwerpunkt deutsch-polnische Beziehungen, 1 Woche, ab 16 Jahren, 980 €
- Kolumbien: Schwerpunkt Sprache, 4 Wochen, ab 14 Jahren, 2.950 €
- Europatour: München, Budapest, Paris, Brüssel u.v.m., ab 15 Jahren, 2 Wochen, 2.290 €
- Deutschlandtour: München, Dresden, Berlin, 1 Woche, ab 15 Jahren, 750 €
- Berlin / Frankfurt: Weihnachtswochenende, 3 Tage, ab 15 Jahren, 190 €
- Garmisch-Partenkirchen: 3 Tage, ab 15 Jahren, 190 €
- Prag: Schwerpunkt Geschichte und Bevölkerung, 7 Tage, ab 15 Jahren, 490 €
Bei einzelnen Reisen hat aubiko e.v. die Möglichkeit Teilstipendien zu vergeben. Weitere Informationen unter http://aubiko.de/austauschschueler/reisen-fuer-austauschschueler/unsere-naechsten-reisen/

Bewerbungsverlauf und Kriterien für die Annahme des Bewerbers
Die Anmeldung erfolgt telefonisch oder per E-Mail an info@aubiko.de. Im Anschluss senden wir den Interessent/innen ein Anmeldeformular und die Teilnahmebedingungen zu. Einige Wochen vor Programmbeginn erhalten die Teilnehmer/innen zur Vorbereitung ein Informationspaket mit wichtigen Reisedokumenten.

Vorbereitung – Betreuung – Nachbereitung
Ausführliche Informationen über unsere Jugendbegegnungen gibt es auf www.aubiko.de, per Telefon oder E-Mail. Vor Ort sorgt ein Team aus engagierten Reisebegleiter/-innen für eine intensive Betreuung. aubiko e.v. ist rund um die Uhr erreichbar.

Wichtige Hinweise – Besondere Leistungen – Qualitätssicherung
aubiko e.v. ist als gemeinnützig anerkannt und Mitglied im Dachverband AJA.

Kurz und bündig			
Gründungsjahr	2014	Anzahl der Teilnehmer an diesem Programm in 2017	400
Programm seit	2014	Anzahl der Teilnehmer aller Programme in 2017	1.200
Mindestalter	14-16	Sicherungsschein nach § 651r BGB wird ausgestellt	ja
Höchstalter	17	Programmdauer	Drei Tage bis vier Wochen
Weitere Angebote	Austauschprogramme, Sprachreisen, interkulturelle Projekte		

MundoLengua, Centro internacional de Español
Neuenlander Str. 28b　　　　　　　Telefon: 0421/ 16 76 76 70
28199 Bremen　　　　　　　　　　　Telefax: -
info@centromundolengua.com　　　　www.centromundolengua.com

Selbstdarstellung
Seit 2005 organisieren wir mit MundoLengua, Centro internacional de Español, individuell angepasste Spanischsprachkurse, Kulturprogramme und Bildungsreisen für Spanischbegeisterte jeden Alters. Jedes Jahr empfangen wir über 1000 Jugendliche, Studenten, Senioren und Lehrpersonen aus der ganzen Welt. Unser Ziel ist es, durch eine Kombination von Spanischunterricht und kulturellen Aktivitäten, Spanien mit unseren Schülern aus einer neuen und authentischen Weise kennen zu lernen.

Zielländer – Programmbeispiele – Leistungen – Kosten
Unsere Programme für Schulklassen finden in ganz Spanien für alle Sprachniveaus statt. Jugendliche können unbekannte Städte entdecken, während sie Ihre Spanischkenntnisse verbessern. Ob Sie mit Ihrer Klasse einen Spanischunterricht an einer unserer Sprachschulen besuchen, an kulturellen und sozialen Aktivitäten teilnehmen oder durch die schönsten Städte in Spanien reisen möchten, wir stellen Ihnen ein personalisiertes Programm zusammen.
Beispiel Spanien Sprachreise für Jugendliche: Spanischunterricht in der Küstenstadt Cádiz oder dem historischen Sevilla, kulturelle und soziale Aktivitäten, Unterkunft bei einer spanischen Gastfamilie, Flughafentransfer, ab 350 €.
Beispiel Städtereise nach Spanien: Kulturelle und soziale Aktivitäten in Sevilla, Cádiz, Barcelona, Madrid, San Sebastian, Unterkunft bei einer spanischen Gastfamilie oder Hotels, Flughafentransfer, ab 325 €.

Bewerbungsverlauf und Kriterien für die Annahme des Bewerbers
Die Einschreibung erfolgt über unser Onlineportal. Es sind alle Spanischniveaus willkommen. Vor dem Programmstart bitten wir Sie einen Online-Einstufungstest zu absolvieren, damit wir Sie dem richtigen Sprachniveau zuteilen können. Sie sollten interessiert an der spanischen Kultur und Sprache sein, kontaktfreudig, neugierig und offen.

Vorbereitung – Betreuung – Nachbereitung
Um die Vorbereitung auf Ihre Reise so einfach wie möglich zu gestalten, steht Ihnen ein internationales Team in Deutschland und Spanien zur Verfügung. Die Kommunikation läuft über E-Mail oder Telefon, es können aber auch persönliche Beratungsgespräche vereinbart werden. Während Ihrem Aufenthalt in Spanien unterstützen wir Sie bei Problemen und Unklarheiten, wir sind 24/7 für Sie da.

Wichtige Hinweise – Besondere Leistungen – Qualitätssicherung
Centro MundoLengua ist eine vom Instituto Cervantes anerkannte und akkreditierte Sprachschule.

Kurz und bündig			
Gründungsjahr	2005	Anzahl der Teilnehmer an diesem Programm in 2017	421
Programm seit	2006	Anzahl der Teilnehmer aller Programme in 2017	496
Mindestalter	14	Sicherungsschein nach § 651r BGB wird ausgestellt	nein
Höchstalter	18 (25)	Programmdauer	1 bis 6 Wochen	
Weitere Angebote	IB Spanisch, DELE Vorbereitung, Freiwilligenarbeit, Praktikum, Semesterprogramme, Austauschprogramme		

TravelWorks - Travelplus Group GmbH	
Münsterstraße 111	Telefon: 02506 / 83 03 300
48155 Münster	Telefax: 02506 / 83 03 230
sprachreisen@travelworks.de	www.travelworks.de

Selbstdarstellung
Unser TravelWorks-Motto: Anpacken und die Welt erleben! Reisen heißt für uns mehr, als nur Tourist sein in einem anderen Land. Nicht nur auf der Oberfläche schwimmen, sondern ins Geschehen eintauchen, das macht das Abenteuer aus! Mit einer breit gefächerten Palette spannender Programme und einem weltweiten Netzwerk anerkannter und engagierter Partnerorganisationen verhelfen wir dir zu einem gelungenen Auslandsaufenthalt.

Zielländer – Programmbeispiele – Leistungen – Kosten
Du möchtest eine ganz besondere Jugendreise machen? Alleine oder mit Freunden verreisen, aber nicht in eins der üblichen Ferienlager? Dann ist unsere Jugendreise ins English Adventure Camp in England bestimmt das Richtige für dich, denn hier erwarten dich Action, Abenteuer, Outdoor-Aktivitäten und jede Menge Abwechslung! Sei es Kanufahren, Klettern, Bogenschießen, Quad fahren oder BMX – Euer Tag ist prall gefüllt. Abends geht es weiter mit Talent Shows, Film- oder Disco-Abenden. Verbessere deine Englischkenntnisse, nimm an spannenden Outdoor-Aktivitäten teil, lerne deine Stärken kennen, teste eigene Grenzen aus, erlerne neue Fähigkeiten und erlebe echten Team Spirit!
Preisbeispiel: 1 Woche English Adventure Camp Osmington Bay inklusive begleiteter Busanreise, 20 Wochenstunden Englischkurs, 20 Wochenstunden Aktivitäten, Abendprogramm, Unterbringung im Mehrbettzimmer auf dem Gelände, Vollpension plus Snacks und Obst, ein Halb- und ein Ganztagesausflug pro Woche: 740 €.

Bewerbungsverlauf und Kriterien für die Annahme des Bewerbers
Anmeldung ca. 1 Woche vor Reisebeginn (auch kurzfristigere Anmeldungen sind i.d.R. möglich), Alter: mind. 10 bis max. 16 Jahre, keine Sprachvorkenntnisse erforderlich

Vorbereitung – Betreuung – Nachbereitung
Gemeinsam mit unseren anerkannten Partnern im Gastland legen wir großen Wert auf eine umfassende Betreuung, Servicequalität und die individuelle Beratung jedes Teilnehmers. Unsere Programmkoordinatoren/innen haben selbst umfangreiche Auslandserfahrung und kennen die einzelnen Destinationen sowie unsere Partner i.d.R. persönlich. Wir sind – im Notfall auch 24/7 – mit Infos und Hilfe für dich da.

Wichtige Hinweise – Besondere Leistungen – Qualitätssicherung
TravelWorks ist Mitglied der Qualitätsverbände DFH, FDSV, IAPA, IALC, Reisenetz, Partner des BundesForum Kinder- und Jugendreisen e.V. und für Sprachreisen DIN-zertifiziert (DIN EN 14804).

Kurz und bündig			
Gründungsjahr	1991	Anzahl der Teilnehmer an diesem Programm in 2017	k.A.
Programm seit	1991	Anzahl der Teilnehmer aller Programme in 2017	k.A.
Mindestalter	10	Sicherungsschein nach § 651r BGB wird ausgestellt	ja
Höchstalter	16	Programmdauer	1 oder 2 Wochen
Weitere Angebote	Work & Travel, Freiwilligenarbeit, Au-Pair, Auslandspraktika, High School, Summer School, Kurzstudium		

Auslandsaufenthalte für Menschen ab 50

So vielseitig und aktiv Menschen jenseits der 50 heute sind, so abwechslungsreich und spannend sind auch die Möglichkeiten, die ihnen zur Gestaltung dieses Lebensabschnitts geboten werden. Immer mehr Fach- und Führungskräfte und Senioren nutzen die Chance, lang gehegte Träume zu verwirklichen. Viele von ihnen zieht es dafür ins Ausland. Sie möchten dort ihr Wissen und ihre Erfahrungen weitergeben oder aber selbst etwas Neues lernen und sich weiterbilden.

Offenheit, Flexibilität, Neugierde und Motivation gehören zu den Grundvoraussetzungen für einen Auslandsaufenthalt – egal ob man 15, 18, 27, 58 oder 74 Jahre alt ist. Da ein Aufenthalt in einer neuen Umgebung, das Zusammentreffen mit Menschen eines anderen Kulturkreises und das Zurechtfinden in einer fremden Sprache eine Herausforderung darstellt, ist darüber hinaus wichtig, dass man sich physisch fit und emotional gefestigt fühlt.

Sich in der Fremde einzuleben bereitet Freude, kann aber auch anstrengend sein. Es ist eben zunächst ungewohnt, den bewährten Alltag, Familie und Freunde hinter sich zu lassen. Doch wer sich traut und offen für Neues ist, kann Erfahrungen machen, die in der Regel als unbezahlbar empfunden werden.

Der Generation 50 plus steht eine ganze Bandbreite an speziell zugeschnittenen Bildungsprogrammen im Ausland zur Verfügung. Die Spanne der Angebote reicht von kurzen Programmen zwischen ein und acht Wochen bis hin zu langfristigen Auslandsaufenthalten zwischen drei Monaten und einem Jahr. Die Ziele sind ebenso vielfältig: Europa oder Übersee, Industrie-, Schwellen- oder Entwicklungsländer, englisch-, spanisch- oder französischsprachige Gastländer – (fast) jeder Wunsch lässt sich erfüllen.

Au-Pair

Senioren-Au-Pairs leben mehrere Monate bei einer Familie mit Kindern im Kleinkind- oder schulpflichtigen Alter – meist unter einem Dach. Unterkunft und Verpflegung werden gestellt. Die Tätigkeiten umfassen Kinderbetreuung, leichtere Hausarbeit und eventuelle Haustierbetreuung, wenn die Gastfamilie für längere Zeit verreist ist. Ein Aufenthalt als Senioren-Au-Pair bietet die Möglichkeit, fremde Länder hautnah zu erleben und sich durch die Einbindung in eine Familie auf besonders intensive Weise in den Alltag, die Kultur und die Sprache des Gastlandes einzufinden. Nicht immer ist es zwingend notwendig, die im Zielland gesprochene Fremdsprache fließend zu beherrschen. Häufig suchen auch im Ausland lebende deutsche oder deutschstämmige Familien nach „Großmüttern auf Zeit", die den Kindern beispielsweise deutsche Gebräuche und die Sprache näher bringen. In diesen Fällen reichen rudimentäre Fremdsprachenkenntnisse oftmals aus.

Gesellschafterin

Ein weiteres Tätigkeitsfeld, in dem Senioren-Au-Pairs sich im Ausland engagieren können, ist das der Gesellschafterin. Gesellschafterinnen begleiten ältere Menschen zu Kulturveranstaltungen wie zum Beispiel zu Museums- oder Theaterbesuchen, bieten ihre Hilfe bei Einkäufen und Besorgungen an oder lesen den Gastgebern deutsche Klassiker vor. Meist besteht die wichtigste Aufgabe jedoch darin, einfach zuzuhören, als Ansprechpartnerin zu dienen und im eigentlichen Sinne des Wortes Gesellschaft zu leisten.

Freiwilligendienste

Ehrenamtliches Engagement gewinnt gerade für Menschen ab 50 oft nochmals besonders an Bedeutung. Als Freiwilliger Gutes zu tun, sich für die Gesellschaft einzusetzen und für sein Engagement Wertschätzung zu erfahren, gibt einem ein gutes Gefühl. Im Ausland können Freiwillige ihre Fähigkeiten in der Regel in ökonomische, soziale, kulturelle oder ökologische Handlungszusammenhänge einbringen. Sie sind in ein bestimmtes Projekt eingebunden, das den eigenen Interessen entspricht und das sie sich zumeist selbst aussuchen können. Die Einsatzmöglichkeiten sind dabei so vielfältig wie die Menschen selbst. So kann man sich beispielsweise als Bewässerungsmanager in Ghana engagieren, als Nähmaschinentechniker in Indien oder als Lehrer in Bolivien. Neben Projekten, bei denen bestimmte Kenntnisse und Fähigkeiten erwartet werden, gibt es aber auch eine Vielzahl an Freiwilligendiensten, die weder Berufserfahrungen noch andere projektspezifische Kompetenzen verlangen. Angeboten werden kurzzeitige Einsätze von nur wenigen Wochen sowie mittel- bis längerfristige Freiwilligendienste, die zwischen mehreren Wochen bis zu einem Jahr dauern können.

Sprachreisen

Endlich findet man Zeit, alte Sprachkenntnisse aufzufrischen oder sich einer neuen Sprache zu widmen, die man schon immer lernen wollte. Warum dafür nicht ins Ausland gehen und die Sprache vor Ort erlernen? Seniorengerechte Sprachreisen verbinden die Lust am Sprachenlernen mit der Lust, auch Land und Leute kennenzulernen. Besonders nachgefragt bei älteren Erwachsenen sind Angebote zum Erwerb von Englisch-, Französisch-, Spanisch- oder Italienischkenntnissen. Gute Sprachkurse für Senioren erkennt man vor allem daran, dass sie sich bei der Vermittlung der Sprache auf die besonderen Bedürfnisse der älteren Lernenden konzentrieren. Das Unterrichtstempo sollte dem Lerntempo angepasst werden und ausreichend Zeit lassen, sich in die Sprache einzufinden. Eine deutliche Strukturierung des Unterrichtsaufbaus ist ebenso wichtig wie die Möglichkeit zur häufigen Wiederholung einzelner Unterrichtsinhalte. Auch der Wahl der Inhalte, die im Unterricht behandelt werden, kommt eine besondere Bedeutung zu. Welches Ziel verfolgt man mit der Sprachreise und ist der Sprachkurs im Ausland so ausgerichtet, dass man dieses Ziel erreichen kann? Die meisten Anbieter für Fremdsprachenkurse haben sich inzwischen auf die Bedürfnisse von Senioren eingestellt und bieten Sprachreisen an, die sich speziell an die Zielgruppe 50 plus richten. In vielen Fällen kombinieren Sprachreisen das Lernen mit verschiedenen Ausflügen und kulturellen Aktivitäten.

Bildungs- und Kulturreisen

Grundsätzlich zählen alle Reisen, die sich mit der Erkundung der Kultur eines Landes beschäftigen, zum Bereich der Bildungs- und Kulturreisen. Auch Pilgerreisen können unter bestimmten Umständen in diese Sparte eingeordnet werden. Im Vordergrund der klassischen Bildungs- und Kulturreisen steht jedoch eindeutig die Vermittlung von Wissen. Anders als bei reinen Sprachreisen, bei denen die Teilnehmer meist ausschließlich in der Sprachschule und an einem festen Ort lernen, handelt es sich bei Bildungs- und Kulturreisen in der Regel um Rundreisen durch ein Land oder eine spezielle Region. Viele Reiseanbieter haben ihre Touren auf die Bedürfnisse von Senioren zugeschnitten. So sind die Tagesetappen kurz und mit Zeit zur Erholung gefüllt. Auch Reisepausen werden in regelmäßigen Abständen eingeplant.

Die nachfolgenden Service-Tabellen bieten Gelegenheit, sich über Programmanbieter und Möglichkeiten zu informieren. Hier finden sich zudem Angaben zum Höchstalter für die Teilnahme an den vorgestellten Programmen.

Abroad Study – Inh. Margit Fahrländer	
Carl-Orff-Weg 4	Telefon: 07641 / 95 994 10
79312 Emmendingen	Telefax: 07641 / 95 994 11
info@abroad-study.eu	www.abroad-study.eu

Selbstdarstellung
Wir von Abroad Study organisieren seit vielen Jahren Schulaufenthalte für Schüler zwischen 14 und 18 Jahren nach Australien und Neuseeland. Abroad Study zeichnet sich durch hohe Qualität und individuelle Betreuung aus. Dieses hohe Niveau möchten wir nun auch den Teilnehmern für unser Programm *Sprachurlaub für Junggebliebene 40+/60+/80+* zugutekommen lassen. Wir besuchen unsere Partnerschulen und kennen die Mitarbeiter der Schulen persönlich.

Zielländer – Programmbeispiele – Leistungen – Kosten
Für unsere älteren Teilnehmer haben wir Zielländer weltweit im Programm. Europaweit von Irland bis Italien und von Portugal bis Malta, weltweit von Kanada bis Peru und von Japan bis Neuseeland. Die Programme haben immer das gleiche Konzept: neben einem Halbtagssprachkurs bieten unsere Partnerschulen ein Rahmenprogramm an, das sich an den vorhandenen Örtlichkeiten orientiert. Da gibt es z.B. Museumsbesuche, Wanderungen, Weinproben, aber auf Wunsch auch Segeln oder Fotografieren. D.h. die Landeskultur und die Natur sind Bestandteil der Programme. Bei all dem soll der Spaß im Vordergrund stehen und nicht ein hochklassiger Abschluss eines Sprachkurses, dazu sind die Programme auch zu kurz. Man soll das am Morgen Gelernte am Nachmittag anwenden können, deshalb orientieren sich die Sprachkurse auch überwiegend an der Praxis des täglichen Gebrauchs.

Bewerbungsverlauf und Kriterien für die Annahme des Bewerbers
Das Mindestalter unserer Teilnehmer wird von den einzelnen Programmen der Schulen vorgegeben. In der Regel ab 50 Jahren, es gibt jedoch auch Programme, die bereits ab 30 oder 40 Jahren wählbar sind. Bei manchen Programmen werden Grundkenntnisse vorausgesetzt, bei den meisten jedoch können auch Anfänger teilnehmen.

Vorbereitung – Betreuung – Nachbereitung
Die Teilnehmer erhalten von uns unmittelbar nach der Anmeldung, alle wichtigen Unterlagen der Partnerschule. Unsere Partnerschulen sind von uns so ausgewählt, dass dort ein ebenso großer Wert auf individuelle Betreuung, speziell der Teilnehmer 50+, gelegt wird, wie bei uns, so dass die Teilnehmer mit ihren Sorgen und Wünschen immer ein offenes Ohr finden.

Wichtige Hinweise – Besondere Leistungen – Qualitätssicherung
Auf unserer Website findet der Interessent alle wichtigen Informationen. Selbstverständlich beantworten wir darüberhinausgehende Fragen jederzeit am Telefon – auch Sonderwünsche bezüglich der Länge des Aufenthaltes oder des Abschlusses des Sprachkurses sind möglich. Viele unserer Partnerschulen bieten auch die Bedingungen für den sog. Bildungsurlaub in Deutschland an.

Kurz und bündig			
Gründungsjahr	2012	Anzahl der 50+-Teilnehmer in 2017	8
Programm seit	2016	Anzahl der Teilnehmer aller Programme in 2017	56
Mindestalter	30	Sicherungsschein nach § 651r BGB wird ausgestellt	nein
Höchstalter	-	Programmdauer	Ab 1 Woche
Weitere Angebote	High School Aufenthalte, Programme 18+, Bildungsurlaub		

MundoLengua, Centro internacional de Español	
Neuenlander Str. 28b	Telefon: 0421/ 16 76 76 70
28199 Bremen	Telefax: -
info@centromundolengua.com	www.centromundolengua.com

Selbstdarstellung

Seit 2005 organisieren wir mit MundoLengua, Centro internacional de Español, individuell angepasste Spanischsprachkurse, Kulturprogramme und Bildungsreisen für Spanischbegeisterte jeden Alters. Jedes Jahr empfangen wir über 1000 Jugendliche, Studenten, Senioren und Lehrpersonen aus der ganzen Welt. Unser Ziel ist es, durch eine Kombination von Spanischunterricht und kulturellen Aktivitäten, Spanien mit unseren Schülern aus einer neuen und authentischen Weise kennen zu lernen.

Zielländer – Programmbeispiele – Leistungen – Kosten

Unsere Spanischkurse 50+ finden in Minigruppen mit 2-4 Teilnehmern statt. So kann der Schwerpunkt des Unterrichts angepasst werden und Sie machen schnellere Fortschritte. Die Kurse werden in Sevilla für alle Sprachniveaus angeboten. In Kombination mit kulturellen und gastronomischen Aktivitäten lernen Sie Spanien auf eine authentische Weise kennen.
Beispiel Spanischkurs in Minigruppen: Eine Woche Spanischkurs in Minigruppen, 20 Unterrichtsstunden, Unterrichtsmaterialien, Dienstleistungsgebühren, ab 289 €.
Beispiel Spanische Sprache, Kunst, Kultur und Küche: Eine Woche Spanischkurs in Minigruppen, 20 Unterrichtsstunden, Unterrichtsmaterialien, Veranstaltungen über die spanische Kunst, Kultur und Gastronomie, Kochkurs, Tapasrundgang, Verkostungen, Dienstleistungsgebühren, ab 495 €.
Zusatzleistungen: Wir helfen Ihnen gerne bei der Organisation von Flug, Transfer, Versicherungen und Unterkunft in einer spanischen Gastfamilie oder einem Hotel.

Bewerbungsverlauf und Kriterien für die Annahme des Bewerbers

Die Einschreibung erfolgt über unser Onlineportal. Es sind alle Niveaus willkommen. Vor dem Programmstart bitten wir Sie einen Online-Einstufungstest zu absolvieren. Sie sollten interessiert an der spanischen Kultur und Sprache sein, kontaktfreudig, neugierig und offen.

Vorbereitung – Betreuung – Nachbereitung

Um die Vorbereitung auf Ihre Reise so einfach wie möglich zu gestalten, steht Ihnen ein internationales Team in Deutschland und Spanien zur Verfügung. Die Kommunikation läuft über E-Mail oder Telefon, es können aber auch persönliche Beratungsgespräche vereinbart werden. Während Ihrem Aufenthalt in Spanien unterstützen wir Sie bei Problemen und Unklarheiten. Wir sind 24/7 für Sie da.

Wichtige Hinweise – Besondere Leistungen – Qualitätssicherung

Centro MundoLengua ist eine vom Instituto Cervantes anerkannte und akkreditierte Sprachschule.

Kurz und bündig				
Gründungsjahr	2005	Anzahl der 50+-Teilnehmer in 2017		28
Programm seit	2015	Anzahl der Teilnehmer aller Programme in 2017		496
Mindestalter	50	Sicherungsschein nach § 651r BGB wird ausgestellt		nein
Höchstalter	-	Programmdauer	1 bis 4 Wochen	
Weitere Angebote	Super-Intensivkurs + Workshop, Intensivkurse an der Universität, Freiwilligenarbeit, Kulturreisen, Privatstunden, Kurse für Jugendliche			

Panke Sprachreisen GmbH	
Sereetzer Weg 20	Telefon: 04503 / 89 831 0
23626 Ratekau	Telefax: -
info@panke-sprachreisen.de	www.panke-sprachreisen.de

Selbstdarstellung
Panke Sprachreisen veranstaltet Erlebnissprachreisen nach Südengland und Malta für Erwachsene und Schüler. Eigene Schulen, eigene Busse, qualifizierter Sprachunterricht, beste Betreuung, jede Menge Ausflüge – alles mit Best-Price-Garantie: Mit diesem Erfolgskonzept hebt das Familienunternehmen sich von anderen Sprachreiseveranstaltern ab – seit 34 Jahren. Die Sprachlehrer unterrichten auf Muttersprachler-Niveau und sind bestens qualifiziert (mind. CELTA). Methoden und Didaktik des Unterrichts richten sich bei den Erwachsenenreisen nach den Anforderungen zeitgemäßer Erwachsenenpädagogik und zielen auf Kommunikation und aktiven Sprachgebrauch. Qualifizierter Sprachunterricht für jedes Bildungsziel – und Spaß, gute Laune und Erlebnis kommen auch nicht zu kurz.

Zielländer – Programmbeispiele – Leistungen – Kosten
Für unsere 50+-Teilnehmer gibt es zwei Modelle: Wöchentlich startende Sprachkurse in allen Niveaustufen (auch Bildungsurlaub) ohne Programm sowie pauschal organisierte Sprachreisen für Erwachsene mit Programm und Reisebegleitung zu festen Terminen, z.B.
10-Tage-Sprachreise inkl. 26 UStd. Unterricht nach Bournemouth (GB.) im Juni u. Sept.:
Inkl. Flug, VP. bei priv. Gastgebern, tägl. Ausflüge u. Freizeitprogramm ab 1.159 €
Oder 11-Tage-Sprachreise inkl. 30 UStd. Unterricht nach Valletta (Malta) im Frühjahr:
Inkl. Flug, VP. bei priv. Gastgebern, tägl. Ausflüge u. Freizeitprogramm ab 1.260 €

Bewerbungsverlauf und Kriterien für die Annahme des Bewerbers
Das Mindestalter für unsere Erwachsenenreisen liegt bei 18 Jahren – nach oben gibt es keine Grenzen. Vorkenntnisse sind nicht notwendig – Kurse „Englisch für Anfänger" bis „Englisch für Fortgeschrittene"

Vorbereitung – Betreuung – Nachbereitung
Telefonische Beratung und 24-Std. Hotline. Umfangreiche Informationen im Internet und in der Broschüre. Online Einstufungstest vor Reisebeginn. Selbst ausgebildete eigene Reiseleiter, eigene Mitarbeiter in den Schulen Bournemouth (GB) und Valletta (Malta).

Wichtige Hinweise – Besondere Leistungen – Qualitätssicherung
Geprüftes Mitglied beim Fachverband Deutscher Sprachreiseveranstalter (FDSV), im Deutschen Fachverband für Jugendreisen (Reisenetz) DIN-geprüft. Die Schule in GB ist vom British Council und von English UK akkreditiert u. zertifiziert, die Schule in Malta vom ELT Council.

Kurz und bündig				
Gründungsjahr	1983	Anzahl der 50+-Teilnehmer in 2017		>300
Programm seit	1983	Anzahl der Teilnehmer aller Programme in 2017		>10Tsd
Mindestalter	18	Sicherungsschein nach § 651r BGB wird ausgestellt		ja
Höchstalter	-	Programmdauer	10 – 15 Tage, Sprachkurse ab 1 Woche – 1 J.	
Weitere Angebote	Betreute Kinder- und Jugendreisen, Klassenfahrten			

Teil 3

Finanzierung und geförderte Programme*

Ob Studium, Praktikum, Schulbesuch oder Freiwilligendienst – nicht selten sind Auslandsaufenthalte mit teils hohen Kosten verbunden. Um den Traum vom Auslandsaufenthalt wahr werden zu lassen, können auch Stipendien und geförderte Programme mögliche Unterstützung und Perspektiven bieten. Dass es eine große Vielfalt an Förder- und Stipendienmöglichkeiten für individuelle Auslandsaufenthalte gibt, zeigen die folgenden Seiten, in denen Optionen für die verschiedensten Programme vorgestellt werden. Die Texte sind alphabetisch geordnet. Zum leichten Finden passender Angebote sind die einzelnen Infotexte mit folgenden Symbolen gekennzeichnet:

 Akademische Programme, die z.B. einen Schulbesuch oder ein Studium an einer Hochschule im Ausland fördern

 Förderprogramme für **Freiwilligendienste** und ehrenamtliches Engagement im Ausland

 Programme mit Bezug zu **Praktika und Arbeitspraxis**, z.B. Auslandspraktika für Studenten oder Azubis oder Förderungen für berufliche Weiterbildungen

 Internationale Begegnungsprogramme, Jugendbegegnungen, Reisestipendien und Programme zur Völkerverständigung

 Angebote, die sich gezielt (auch) an **Menschen über 50 Jahren** richten

 Datenbanken und Informationsplattformen zu verschiedenen Stipendien und Fördermöglichkeiten zur weiteren Recherche

*Die folgenden Texte sind zum Teil Selbstdarstellungen und stammen in diesen Fällen von den jeweiligen Homepages der Organisationen.

AIESEC-Praktika

Die internationale Studentenorganisation AIESEC bietet weltweit Praktikaprogramme für Studenten und Absolventen in den Bereichen Wirtschaft, IT, Bildung und Entwicklungszusammenarbeit an. Die Fachpraktika sind zum Teil vergütet, sodass die Lebenshaltungskosten gedeckt sind. Zudem vermittelt AIESEC mit dem Programm „Global Citizen" Studierende während der Sommermonate für sechs bis acht Wochen in soziale Projekte ins Ausland. www.aiesec.de

Arbeits- und Studien-Aufenthalte (ASA)

Seit mehr als 55 Jahren fördert das ASA-Programm junge Menschen, die sich für globale Zusammenhänge interessieren. Dabei handelt es sich um ein entwicklungspolitisches Lernprogramm, das sich aus mehreren Seminaren, einem dreimonatigen Praxisaufenthalt in Afrika, Asien, Lateinamerika oder Südosteuropa sowie die Vorbereitung und Durchführung einer Aktion in Europa zusammensetzt. Es richtet sich an junge Menschen, die eine Berufsausbildung abgeschlossen haben, einen Bachelor-Abschluss besitzen, der nicht länger als 1½ Jahre zurückliegt oder die studieren und zwischen 21 und 30 Jahre alt sind. Jedes Jahr werden bis zu 280 Stipendien für das ASA-Programm vergeben. www.asa.engagement-global.de

Auslands-BAföG

Unter bestimmten Voraussetzungen bietet das Auslands-BAföG eine staatliche Förderung für ein Vollstudium, Teilstudium, Praktikum oder einen Schulbesuch im europäischen und außereuropäischen Ausland. www.bafög.de

Da für jedes Gastland spezielle Richtlinien gelten, empfiehlt sich die frühzeitige Kontaktaufnahme mit den zuständigen BAföG-Ämtern und eine rechtzeitige Antragstellung – mindestens sechs Monate vor dem geplanten Auslandsaufenthalt. Je nach gewünschtem Zielland sind unterschiedliche Ämter zuständig, die überall in Deutschland verteilt sind.

Afrika, Neuseeland
Studentenwerk Frankfurt/Oder – Amt für Ausbildungsförderung
Paul-Feldner-Str. 8 – 15230 Frankfurt/Oder
Fon: 0335 / 56509-22 – Fax: 0335 / 5650 999
bafoeg@studentenwerk-frankfurt.de – www.studentenwerk-frankfurt.de

Australien
Studentenwerk Marburg – Amt für Ausbildungsförderung
Erlenring 5 – 35037 Marburg
Fon: 06421 / 296-0 – Fax: 06421 / 296 223
bafoeg@studentenwerk-marburg.de – www.studentenwerk-marburg.de

China, Japan, Türkei und weitere Länder im asiatischen Raum
Studierendenwerk Tübingen-Hohenheim – Amt für Ausbildungsförderung
Wilhelmstraße 15 – 72074 Tübingen
Fon: 07121 / 9477-0 – Fax: 07121 / 9477 1195
auslandsbafoeg@sw-tuebingen-hohenheim.de – www.my-stuwe.de

Dänemark, Island, Norwegen
Studentenwerk Schleswig-Holstein – Amt für Ausbildungsförderung
Westring 385 – 24118 Kiel
Fon: 0431 / 8816-400 – Fax: 0431 / 8816 - 204
bafoeg@studentenwerk.sh – www.studentenwerk.sh

Finnland
Studentenwerk Halle – Amt für Ausbildungsförderung
Wolfgang-Langenbeck-Str. 3 – 06120 Halle/Saale
(Postanschrift: Postfach 110541 – 06019 Halle/Saale)
Fon: 0345 / 6847-113 – Fax: 0345 / 6847 202
bafoeg.finnland@studentenwerk-halle.de – www.studentenwerk-halle.de

Frankreich
Kreisverwaltung Mainz-Bingen – Amt für Ausbildungsförderung
Kreuzhof 1 – 55268 Nieder-Olm
(Postanschrift: Georg-Rückert-Straße 11 – 55218 Ingelheim)
Fon: 06132 / 787-0 – Fax: 06132 / 787 1122
kreisverwaltung@mainz-bingen.de – www.mainz-bingen.de

Großbritannien, Irland
Region Hannover – Ausbildungsförderung
Hildesheimer Straße 18 – 30169 Hannover
Fon: 0511 / 616 222-52, -53 – Fax: 0511 / 616 228 96
bafoeg@region-hannover.de – www.bafoeg-region-hannover.de

Italien
Bezirksamt Charlottenburg-Wilmersdorf Berlin – Amt für Ausbildungsförderung
Otto-Suhr-Allee 100 – 10585 Berlin
Fon: 030 / 9029-10 – Fax: 030 / 9029 1346 0
bafoegitalien@charlottenburg-wilmersdorf.de – www.berlin.de

Kanada
Studentenwerk Thüringen – Amt für Ausbildungsförderung – Auslandsförderung
Am Planetarium 4 – 07743 Jena
Fon: 03641 / 930-570 – Fax: 03641 / 930 589
f@stw-thueringen.de – www.stw-thueringen.de

Lateinamerika
Senatorin für Bildung und Wissenschaft – Landesamt für Ausbildungsförderung
Rembertiring 8-12 – 28195 Bremen
Fon: 0421 / 361 11993 – Fax: 0421 / 361 155 43
auslands-bafoeg.lfa@bildung.bremen.de – www.bildung.bremen.de

Osteuropa
Studentenwerk Chemnitz-Zwickau – Amt für Ausbildungsförderung
Thüringer Weg 3 – 09126 Chemnitz (Postanschrift: PF 1032 – 09010 Chemnitz)
Fon: 0371 / 5628-450 – Fax: 0371 / 5628 455
auslands.bafoeg@swcz.de – www.swcz.de

Schweden
Studentenwerk Rostock – Amt für Ausbildungsförderung – Auslandsamt
St. Georg-Str. 104-107 – 18055 Rostock
Fon: 0381 / 4592-600 – Fax: 0381 / 4592 92 999
auslands-bafoeg@studentenwerk-rostock.de – www.stw-rw.de

Spanien
Studentenwerk Heidelberg – Abteilung Studienfinanzierung
Marstallhof 1 – 69117 Heidelberg
Fon: 06221 / 54 54 04 – Fax: 06221 / 5435 24
foe@stw.uni-heidelberg.de – www.studentenwerk.uni-heidelberg.de

USA
Studierendenwerk Hamburg – Amt für Ausbildungsförderung
BAföG für eine Ausbildung in den USA
Nagelsweg 39 – 20097 Hamburg
(Postanschrift: Postfach 13 01 13 – 20101 Hamburg)
Fon: 040 / 42815-5107, -5108 – Fax: 040 / 41902 6126
bafoeg@studierendenwerk-hamburg.de – www.studierendenwerk-hamburg.de

Bildungskredit
Studierende und volljährige Schüler, die keine Aussicht auf eine finanzielle Förderung wie z.B. Stipendien haben oder auf eine zusätzliche Finanzspritze angewiesen sind, können einen Bildungskredit beantragen. Hierbei handelt es sich um einen zinsgünstigen Kredit, der beim Bundesverwaltungsamt erbeten werden kann. www.bildungskredit.de

Brigitte-Sauzay-Programm
In enger Zusammenarbeit mit den deutschen und französischen Schulbehörden fördert das Deutsch-Französische Jugendwerk (DFJW) seit 1989 den mittelfristigen individuellen Schüleraustausch zwischen Deutschland und Frankreich. Das Brigitte-Sauzay-Programm unterstützt Schüler der 8. bis 11. Klasse, die einen individuellen Aufenthalt in Frankreich auf Austauschbasis absolvieren möchten. Das Programm ermöglicht deutschen und französischen Schülern, für drei Monate im jeweils anderen Land zu leben und gemeinsam mit ihrem Austauschpartner die Schule zu besuchen. www.dfjw.org/programme-aus-und-fortbildungen/brigitte-sauzay-programm.html

Carlo-Schmid-Programm
Im Rahmen des Carlo-Schmid-Programms werden Praktika bei internationalen Organisationen und EU-Institutionen im Ausland gefördert. Das Stipendienprogramm richtet sich an leistungsstarke Studierende und Absolventen, die den internationalen Verwaltungsbereich kennenlernen möchten. Es wird durchgeführt von der Deutschen Studienstiftung und dem Deutschen Akademischen Austausch-Dienst (DAAD) und umfasst ein monatliches Lebenshaltungsstipendium, eine Reisekostenpauschale sowie ein Seminarprogramm. www.studienstiftung.de/carlo-schmid

CISV – Internationale Kinder- und Jugendbegegnungen

CISV International e.v. ist eine der weltweit größten Non-Profit-Organisationen für internationale Kinder- und Jugendbegegnungen und ist frei von politischen und religiösen Bindungen. Jährlich finden mehr als 200 nationale und internationale Programme und Aktivitäten für Kinder, Jugendliche und junge Erwachsene in derzeit 62 Mitgliedsländern statt. Aus der Überzeugung, dass Frieden durch Freundschaft möglich ist, fördern die Aktivitäten von CISV den interkulturellen Dialog. www.cisv.de

ConAct – Deutsch-Israelischer Jugendaustausch

Das Koordinierungszentrum Deutsch-Israelischer Jugendaustausch ConAct versteht sich als bundesweites Service-Zentrum und Knotenpunkt für Jugendkontakte zwischen Deutschland und Israel. Im Auftrag des Bundesministeriums für Familie, Senioren, Frauen und Jugend (BMFSFJ) verwaltet ConAct die Fördermittel für den deutsch-israelischen Jugendaustausch und fördert Begegnungsprogramme und Kleinprojekte im Feld der Kinder- und Jugendhilfe in beiden Ländern. ConAct berät bei der Planung deutsch-israelischer Jugend- und Fachkräftebegegnungen, vermittelt Kontakte zwischen Projektpartnern und führt eigene Veranstaltungen durch. In den Bereichen Freiwilligenarbeit, Studium und Sprachkurse informiert und berät ConAct Einzelpersonen und unterstützt die Vernetzung aktiver Organisationen. Das Partnerbüro in Israel ist die Behörde Israel Youth Exchange Authority. www.conact-org.de

Deutscher Akademischer Austauschdienst (DAAD)

Der DAAD ist die weltweit größte Förderorganisation für den internationalen Austausch von Studierenden und Wissenschaftlern und vergibt eine Vielzahl von Stipendien an Studenten und Absolventen. Bewerben kann man sich beispielsweise für Semester- oder Jahresstipendien oder für das Programm „Go East", das Studenten fördert, die an Sommerschulen in osteuropäischen Ländern teilnehmen möchten. Daneben vergibt der DAAD auch Förderungen für Auslandssemester und

Fachpraktika im Rahmen von Erasmus+. Unabhängig von der Vergabe der genannten Stipendien zahlt der DAAD auch Fahrtkostenzuschüsse. www.daad.de – www.studieren-weltweit.de

Deutsch-Französisches Jugendwerk (DFJW)

Das 1963 gegründete Deutsch-Französische Jugendwerk (DFJW) fördert eine Fülle unterschiedlicher Austauschprogramme zwischen Deutschland und Frankreich, die sich an alle Menschen zwischen 3 und 30 Jahren richten. Mit dem DFJW können junge Menschen z.B. an einer deutsch-französischen Ferienfreizeit teilnehmen, in Frankreich zur Schule gehen oder studieren, ein Stipendium für ein Praktikum oder einen Sprachkurs erhalten, ein individuelles Projekt durchführen oder einen Freiwilligendienst in Frankreich absolvieren. Die geförderten Programme werden von Jugendverbänden, Sportvereinen, Schulen und Universitäten, Sprachzentren, Handwerkskammern und anderen Einrichtungen der beruflichen Bildung organisiert. www.dfjw.org

Deutsch-Französisches Sekretariat – Deutsch-Französisches Austauschprogramm in der beruflichen Bildung (DFS-SFA)

Das Deutsch-Französische Sekretariat fördert mit eigenen Programmen den beidseitigen Austausch von Jugendlichen und Erwachsenen in der beruflichen Bildung. Die Programme werden vom Bundesministerium für Bildung und Forschung (BMBF) und der Kultusministerkonferenz (KMK) gefördert. Teilnehmen können Gruppen von Azubis, Berufsfachschülern und Fachschülern oder Arbeitnehmer und Umschüler in der Weiterbildung. Der Aufenthalt im Partnerland dauert in der Ausbildung mindestens drei Wochen. Den Teilnehmern entstehen in der Regel keine Kosten. Bewerben können sich alle Einrichtungen der beruflichen Bildung. www.dfs-sfa.org

Deutsch-Norwegisches Jugendforum

Seit 2007 ist das Deutsch-Norwegische Jugendforum eine Plattform für junge Menschen zwischen 16 und 20 Jahren aus Norwegen und Deutschland. Das Forum soll das Interesse für beide Sprachen wecken und Teilnehmern die Möglichkeit bieten, ins Gespräch zu kommen und neue Kontakte zu knüpfen. Zudem findet ein intensiver Austausch über aktuelle Themen sowie Stipendien, Ausbildungs- und Karrieremöglichkeiten in beiden Ländern statt. Das Jugendforum wird jedes Jahr veranstaltet und u.a. getragen vom Norwegischen Außenministerium, dem Auswärtigen Amt sowie dem Norwegischen Bildungs- und Forschungsministerium. www.dnjf.org

Deutsch-Polnisches Jugendwerk (DPJW)

Das Deutsch-Polnische Jugendwerk wurde 1991 von der polnischen und deutschen Regierung gegründet und verfolgt das Ziel, den bestehenden Jugendaustausch zu erweitern und zu vertiefen und neue Initiativen zu ermöglichen. Durch die Förderung vielfältiger Jugendbegegnungen, beispielsweise mit Theaterworkshops, gemeinsamen Sportwettkämpfen oder Öko-Projekten sollen junge Menschen aus Deutschland und Polen zusammengebracht werden. Das DPJW fördert daneben u.a. Schulpartnerschaften, Jugendaustausch, Praktika und Fortbildungsveranstaltungen. Dabei wird Wert darauf gelegt, dass die Jugendlichen ihr Programm selbst mitplanen und mitgestalten. Antragsteller können öffentliche und nichtöffentliche Organisationen und Initiativen sein. www.dpjw.org

Engagement Global

Engagement Global ist die Ansprechpartnerin in Deutschland für entwicklungspolitisches Engagement, deutschlandweit und international. Die Organisation informiert, berät und qualifiziert für entwicklungspolitisches Engagement, Förderungsmöglichkeiten und die nachhaltige Umsetzung von Projekten. Unter ihrem Dach vereinen sich Einrichtungen, Initiativen und Programme, die in der entwicklungspolitischen Arbeit aktiv sind, darunter u.a. das Freiwilligenprogramm weltwärts, der Senior Experten Service (SES) und das ASA-Programm für Studierende und junge Berufstätige. Engagement Global wird vom Bundesministerium für wirtschaftliche Zusammenarbeit und Entwicklung (BMZ) finanziert. www.engagement-global.de

Erasmus+

Erasmus+ ist das Programm der Europäischen Union für allgemeine und berufliche Bildung, Jugend und Sport. Unter dem Dach von Erasmus+ werden die bisherigen EU-Bildungsprogramme COMENIUS (Schulbildung), ERASMUS (Hochschulbildung), LEONARDO DA VINCI (berufliche Bildung) und GRUNDTVIG (Erwachsenenbildung) vereint. Erasmus+ ist für den Zeitraum von 2014 bis 2020 mit einem Budget in Höhe von rund 14,8 Milliarden Euro ausgestattet. www.erasmusplus.de

Erasmus+ Schulbildung (COMENIUS)

Im schulischen Bereich fördert die EU im Rahmen von Erasmus+ sowohl Auslandsaufenthalte von Schülern und Lehrern als auch die Zusammenarbeit und den Austausch zwischen Schulen aller Schulstufen und -formen, darunter auch vorschulische Einrichtungen, innerhalb der Europäischen Union (z.B. bisherige COMENIUS-Schulpartnerschaften). Erasmus+ im Schulbereich steht öffentlichen und privaten Organisationen offen, die Projekte im Bereich Schulbildung und berufliche Bildung planen. Nähere Informationen erhält man bei der Nationalen Agentur im Pädagogischen Austauschdienst (PAD). www.kmk-pad.org

Erasmus+ Hochschulbildung (ERASMUS)

Erasmus+ im Hochschulbereich fördert Gastsemester von Studenten an europäischen Partnerhochschulen, vereinzelt auch an außereuropäischen Universitäten. Fast jede deutsche Hochschule, doch leider nicht jeder Fachbereich, verfügt über ein Kontingent an Erasmus-Plätzen, die für ein oder zwei Semester vergeben werden. Studierende können über Erasmus+ in jedem Studienzyklus (Bachelor, Master, Doktorand) mehrfach für je eine Dauer von bis zu zwölf Monaten gefördert werden. Streben Studierende oder Absolventen für mindestens zwei Monate ein Praktikum im europäischen Ausland an, sind ebenfalls Zuschüsse über Erasmus+ möglich. Ansprechpartner für die Förderung sind die Erasmus-Koordinatoren der Fachbereiche oder das Akademische Auslandsamt bzw. das International Office der jeweiligen Hochschule. www.daad.de

Erasmus+ Erwachsenenbildung (GRUNDTVIG)

Mobilitätsprojekte in der allgemeinen Erwachsenenbildung sind organisierte Lehr- oder Lernaufenthalte im europäischen Ausland für Bildungspersonal. Diese können Fortbildungskurse, Job-Shadowings oder auch Austauschprogramme zu Lehrzwecken beinhalten. Die Projekte werden von Einrichtungen der Erwachsenenbildung organisiert (Volkshochschulen, Vereine, kirchliche Träger der Erwachsenenbildung etc.). Einrichtungen können daneben auch Mobilitätsstipendien für Personen beantragen, die nicht unmittelbar bei der Einrichtung beschäftigt sind. Einzelpersonen aus der förderfähigen Zielgruppe können sich bei diesen Einrichtungen bewerben. Eine Liste der geförderten Projekte stellt die Nationale Agentur beim Bundesinstitut für Berufsbildung (NA beim BIBB) online zur Verfügung. www.na-bibb.de

Erasmus+ Berufsbildung (LEONARDO DA VINCI)

Auslandsaufenthalte für Auszubildende, Berufsschüler, Berufsfachschüler, Hochschulabsolventen sowie Bildungspersonal werden über Erasmus+ im Bereich der beruflichen Aus- und Weiterbildung gefördert. Diese Lernaufenthalte im europäischen Ausland finden in Form von beruflichen Praktika, Ausbildungsabschnitten und Weiterbildungsmaßnahmen im europäischen Ausland statt. Die Förderungen können u.a. Berufsschulen, Unternehmen, Betriebe, Berufsverbände, Vereine oder Kammern für eigene Projekte beantragen. www.na-bibb.de

Erasmus+ JUGEND IN AKTION

Junge Menschen können mit Erasmus+ JUGEND IN AKTION Kompetenzen für ihre persönliche und berufliche Entwicklung entwickeln. Das Programm will Solidarität über Grenzen hinweg vermitteln und junge Menschen anregen, als aktive europäische Bürgerinnen und Bürger zu handeln. Förderungsmöglichkeiten bestehen hier u.a. für internationale Jugendbegegnungen und den Europäischen Freiwilligendienst (EFD), die von anerkannten Projektorganisationen durchgeführt werden. www.jugend-in-aktion.de

eTwinning – Das Netzwerk für Schulen in Europa

eTwinning fördert virtuelle Schulpartnerschaften in Europa. Das „e" steht für „elektronisch" und „Twinning" für „Partnerschaft". In einem lebendigen Netzwerk können Schulen über das Internet miteinander kommunizieren, Partnerschulen im Ausland finden und in einem geschützten virtuellen Klassenraum an gemeinsamen Unterrichtsprojekten arbeiten. eTwinning ist eine Aktion im Rahmen des EU-Programms Erasmus+. www.etwinning.de

Europäischer Freiwilligendienst (EFD)

Der EFD (auch European Voluntary Service – EVS) ist ein geförderter Freiwilligendienst im Rahmen von Erasmus+ JUGEND IN AKTION. Mit dem EFD arbeiten und leben junge Menschen zwischen 17 und 30 Jahren für einen begrenzten Zeitraum in einem gemeinnützigen Projekt zumeist im europäischen Ausland. Freiwillige unterstützen die Mitarbeiter eines sozialen oder ökologischen Projekts und werden dort für zwei bis zwölf Monate in den Lebens- und Arbeitsalltag eingebunden. Ein Sprachkurs sowie eine umfassende pädagogische Vor- und Nachbereitung sind wichtige Teile des Programms. Freiwilligen entstehen dabei keine Kosten; lediglich ein Zuschuss zu den Reisekosten kann erhoben werden. Für einen EFD bewerben kann man sich bei anerkannten deutschen Entsendeorganisationen. In einer Datenbank sind sowohl alle Entsendeorganisationen als auch Freiwilligenprojekte erfasst. www.go4europe.de

European Funding Guide

Die Plattform European Funding Guide ist die größte EU-weite Infoplattform zur Studienfinanzierung für (angehende) Studenten und bringt mehr als 12.000 Stipendienprogramme im Wert von 27 Milliarden Euro und Studierende in 16 EU-Ländern zusammen. Mit wenigen Klicks legen Studenten ihren Lebenslauf an und erhalten eine passgenaue Auswahl an möglichen Programmen. Finanzielle Förderungen gibt es u.a. für den Lebensunterhalt, für ein Auslandssemester oder -praktikum, für einen Sprachkurs im Ausland oder für ein Forschungsprojekt. www.european-funding-guide.eu

Freiwilliges Soziales/Ökologisches Jahr (FSJ/FÖJ)

Ein Freiwilliges Soziales oder Ökologisches Jahr (FSJ/FÖJ) wird klassischerweise in Deutschland angeboten und bietet die Möglichkeit, sich für bis zu 12 Monate in einer gemeinnützigen Einrichtung zu engagieren. FSJ und FÖJ können aber auch im Ausland geleistet werden. Für einen Auslandsaufenthalt stehen für junge Freiwillige daneben auch spezielle dafür konzipierte Auslandsfreiwilligendienste, z.b. der Internationale Jugendfreiwilligendienst (IJFD), zur Verfügung. Gefördert werden diese Programme vom Bundesministerium für Familie, Senioren, Frauen und Jugend. www.bmfsfj.de – www.pro-fsj.de

Fulbright-Kommission

Die Fulbright-Kommission fördert den kulturellen und akademischen Austausch zwischen Deutschland und den USA und bietet verschiedene Stipendienprogramme für Studien-, Forschungs- oder Lehraufenthalte in den USA. Dafür werden verschiedene Studien- und Reisestipendien sowie Förderungen für Lebenshaltungskosten an Studenten, Absolventen, Lehrer und Professoren vergeben. Daneben ermöglicht beispielsweise die „Fulbright Diversity Initiative" jährlich Abiturienten und Studienanfängern mit Migrationshintergrund die Teilnahme an einem mehrwöchigen Sommerstudienprogramm an amerikanischen Universitäten. www.fulbright.de

Gemeinschaft für studentischen Austausch in Mittel- und Osteuropa (GFPS) e.V.

Die Gemeinschaft für studentischen Austausch in Mittel- und Osteuropa (GFPS) e.V. vergibt Stipendien für Auslandspraktika, Sprachkurse oder Studienaufenthalte in Polen oder Tschechien. Deutsche Studierende können sich für ein Semester in Polen oder Tschechien bewerben. Die Förderungen beinhalten finanzielle Untersützung zur Bestreitung des Lebensunterhalts, persönliche Betreuung bei der Wohnungssuche und Immatrikulation sowie Stipendiatenseminare, die der Vernetzung der Stipendiaten dienen. www.gfps.org

German-American Partnership Program (GAPP)

Das German-American Partnership Program (GAPP) fördert seit 1983 langfristige Schulpartnerschaften zwischen Schulen in Deutschland und den USA durch eine Förderung gegenseitiger Austauschbegegnungen von Schülergruppen. Das Programm bezuschusst die Flugkosten der deutschen Schülerinnen und Schüler sowie der Begleitlehrkräfte. Zudem werden Zuschüsse für Projektkosten für die Austauschbegegnungen in Deutschland/den USA gewährt. Die betreuenden Lehrkräfte werden durch Einführungsveranstaltungen in den Kontext des Programms eingebunden. www.kmk-pad.org/programme/german-american-partnership-program-gapp

Gesellschaft für Deutsch-Australischen/Neuseeländischen Schüleraustausch e.V. (GDANSA)

Die Gesellschaft für Deutsch-Australischen/Neuseeländischen Schüleraustausch e.V., kurz GDANSA, ermöglicht durch spendenfinanzierte Stipendien motivierten deutschen Jugendlichen einen zehnwöchigen Aufenthalt in Australien bzw. Neuseeland. Die Stipendien werden sowohl von Privatpersonen, öffentlichen Stellen als auch von großen international tätigen Firmen gesponsert, die sich entweder die Förderung der Beziehungen zwischen Deutschland, Australien und Neuseeland auf ihre Fahnen geschrieben haben oder aus der Motivation der Jugendbildung die Idee dieses Austausches unterstützen. Dazu gehörten bisher bzw. gehören u.a. die Australische und die Neuseeländische Botschaft, sowie viele Firmen, Privatpersonen und Mitglieder der GDANSA. Das Engagement für den Austausch ist seitens aller Beteiligten ehrenamtlich. www.gdansa.de

Hermann-Strenger-Stipendien in der beruflichen Bildung

Mit dem Hermann-Strenger-Stipendium unterstützt die Bayer-Stiftung seit 2010 junge Menschen beim Sammeln von Berufserfahrungen im Ausland. Das Programm richtet sich an engagierte Menschen in der Schlussphase ihrer Ausbildung oder bis zu zwei Jahre nach erfolgreichem Abschluss, die für maximal ein Jahr ins Ausland gehen möchten.

Dort können sie im Rahmen eines Projekts, eines Praktikums oder einfach „on-the-Job" erste internationale Berufserfahrungen sammeln. Im Fokus stehen technische und kaufmännische Berufe sowie Tätigkeiten im Gesundheitswesen und im naturwissenschaftlichen Bereich. www.bayer-stiftungen.de/de/international-fellowship.aspx

Internationaler Jugendfreiwilligendienst (IJFD)
Der Internationale Jugendfreiwilligendienst (IJFD) ist der Auslandsfreiwilligendienst des Bundesministeriums für Familie, Senioren, Frauen und Jugend und kann in gemeinnützigen Einrichtungen weltweit geleistet werden. Als Lern- und Bildungsdienst spricht er junge Erwachsene im Alter von 16 bis 26 Jahren an, die für sechs bis 18 Monate als Freiwillige in einem sozialen oder ökologischen Projekt im Ausland mitarbeiten möchten. Durchgeführt wird der IJFD von anerkannten deutschen Trägerorganistionen. Eine Förderung erfolgt unabhängig vom jeweiligen Schulabschluss oder dem Einkommen. Die Entscheidung, ob minderjährige Freiwillige einen IJFD leisten dürfen, liegt bei der jeweiligen Trägerorganisation. www.ijfd-info.de – www.bmfsfj.de

International Association for the Exchange of Students for Technical Experience (IAESTE)
IAESTE ist die weltweit größte Praktikanten-Austauschorganisation für Studierende der Natur- und Ingenieurwissenschaften, Land- und Forstwirtschaft. Seit der Gründung im Jahr 1948 wurde weltweit mehr als 330.000 Studierenden aus natur- und ingenieurwissenschaftlichen Fachrichtungen die Möglichkeit gegeben, über die IAESTE ein vergütetes Auslandspraktikum durchzuführen. www.iaeste.de

Kindergeld
Bis zur Vollendung des 25. Lebensjahres besteht Kindergeldanspruch, wenn sich das Kind in einer Berufsausbildung (z.B. in der Lehre oder im Studium) befindet. Die für das Kindergeld zuständige Familienkasse prüft auf Grundlage der eingereichten Unterlagen jeden Fall einzeln. Telefonisch erreichbar ist die Familienkasse unter der kostenlosen Ser-

vicenummer: 0800 /455 55 30. Alle wichtigen Informationen fasst zudem das „Merkblatt Kindergeld" zusammen. www.familienkasse.de

Kreuzberger Kinderstiftung

Die Kreuzberger Kinderstiftung vergibt Teilstipendien für ein Auslandsjahr an Real- und Mittelschüler. Die Stiftung fördert diejenigen Jugendlichen, deren Familien sich eine Teilnahme am Programm alleine nicht leisten könnten. Bevorzugt unterstützt werden Jugendliche aus nicht-akademischen Haushalten. Voraussetzungen für eine Bewerbung sind der Besuch der 10. Klasse einer Hauptschule, Realschule, Werkrealschule, Gemeinschaftsschule, Mittelschule, Sekundarschule, Gesamtschule, Stadtteilschule, Oberschule, Mittelstufenschule oder Regionalschule, sowie das Alter von 16 Jahren bei Ausreise. Auch die Förderung eines Berufsschuljahres im Ausland ist möglich. www.kreuzberger-kinderstiftung.de/stipendien/stipendien-uebersicht/

kulturweit – Der Freiwilligendienst des Auswärtigen Amts

kulturweit ist ein geförderter internationaler Jugendfreiwilligendienst im Bereich der Kultur- und Bildungspolitik. Er ist ein Projekt der Deutschen UNESCO-Kommission in Kooperation mit dem Auswärtigen Amt. Der Freiwilligendienst richtet sich an junge Menschen im Alter von 18 bis 26 Jahren. Die Freiwilligen sind für sechs oder zwölf Monate in Projekten in Afrika, Asien, Lateinamerika oder Europa tätig. Das Programm basiert auf dem Freiwilligen Sozialen Jahr (FSJ) im Sinne des Jugendfreiwilligendienstegesetzes. www.kulturweit.de

LGH – Die Gewerbeförderung des Handwerks

Diese bundesweite Initiative des Handwerks fördert Auslandsaufenthalte in der handwerklichen Ausbildung. Die Community bietet Praktikumsberichte von Azubis, Infos zur Realisierung eines Auslandspraktikums und Hinweise auf Förderprogramme. https://lgh.nrw/index.php/einzelstipendien

Lions Clubs

1917 in den USA gegründet, sind die LIONS heute mit weltweit über 1,3 Millionen Mitgliedern die größte Serviceclub-Organisation der Welt. Der internationale Jugendaustausch bietet Jugendlichen zwischen 16 und 21 Jahren die Möglichkeit, im Rahmen von internationalen Jugendcamps und Schüleraustauschprogrammen weltweit andere Kulturen, Lebensgewohnheiten und Sprachen zu erleben. Jedes Jahr werden auf diese Weise ca. 170 deutsche Jugendliche ins Ausland vermittelt. www.lions.de – www.lions-youthexchange.de

Mobilitätsberatung – „Berufsbildung ohne Grenzen"

Rund um das Thema Auslandsaufenthalte während der beruflichen Bildung berät das bundesweite Beraternetzwerk der Industrie- und Handelskammern (IHK) sowie der Handwerkskammern. Sie sind Ansprechpartner für Unternehmen, Auszubildende und junge Fachkräfte, unterstützen bei der Planung, Organisation und Durchführung von Auslandsaufenthalten und informieren umfassend zu Förderungsmöglichkeiten. www.berufsbildung-ohne-grenzen.de

myStipendium.de

myStipendium ist ein Projekt der Initiative für transparente Studienförderung und vereinfacht die gezielte Stipendiensuche. Mit Hilfe eines Fragebogens kann kostenlos ein persönliches Profil erstellt werden, das anhand von 34 Kriterien mit mehr als 2.300 erfassten Stipendienprofilen abgeglichen wird. Eine kostenlose Liste passender Fördermöglichkeiten – ob Inlands- oder Auslandsstipendium, Praktikumszuschüsse oder Förderung der Abschlussarbeit – gibt Abiturienten, Studenten und Promovierenden eine Orientierung zu individuell passenden Stipendienoptionen. www.mystipendium.de

Ökojobs in Europa

Bei oekojobs.de finden sich Möglichkeiten für Freiwilligendienste, Praktika, Jobs, Workcamps und ehrenamtliche Aktivitäten im Umwelt- und Naturschutz europaweit. Organisationen, ökologische Betriebe und soziale Unternehmen können ihre Angebote online in die Jobdatenbank eintragen und verwalten. Die Plattform ist unabhängig und versteht sich als verbands- und trägerübergreifend. www.oekojobs.de

Pädagogischer Austauschdienst (PAD)

Der Pädagogische Austauschdienst ist als einzige staatliche Einrichtung in Deutschland im Auftrag der Länder für den internationalen Austausch und die internationale Zusammenarbeit im Schulbereich tätig. Das Fremdsprachenassistenzprogramm richtet sich z.b. an Lehramtsstudenten, die eine Fremdsprache studieren und ihr Studium in Deutschland unterbrechen, um für sechs bis elf Monate an einer ausländischen Schule im Deutschunterricht zu assistieren. www.kmk-pad.org – www.daad.de

Parlamentarisches Patenschafts-Programm (PPP)

Das Parlamentarische Patenschafts-Programm ist ein Austauschprogramm für Schüler und junge Berufstätige, das 1983 vom Kongress der Vereinigten Staaten von Amerika und dem Deutschen Bundestag ins Leben gerufen wurde. Jährlich werden rund 360 Stipendien vergeben, 285 an deutsche Schüler für einen einjährigen Gastschulaufenthalt in den USA und 75 an junge deutsche Berufstätige für einjährige Praktikumsprogramme. www.bundestag.de/ppp

Rotary-Club

Über verschiedene Programme von Sommer-Camps über Kurzaustausche während der Schulferien bis hin zu einjährigen Schüleraustauschprogrammen fördern die Rotarier weltweit den Jugendaustausch. Daneben bietet der Rotary Jugenddienst mit dem „New Generations Service Exchange" weltoffenen Schulabgängern, Azubis und Studenten die Möglichkeit für ein Auslandspraktikum. Rotary ist eine weltweite Organisation berufstätiger Menschen, die sich weltweit vereinigt haben, um humanitäre Dienste zu leisten und sich für Frieden und Völkerverständigung einzusetzen. www.rotary-jd.de

SCHULWÄRTS! – Goethe-Institut

Im Rahmen des Projekts SCHULWÄRTS! werden Praktikumsplätze und Stipendien für Praktika an Partnerschulen des Goethe-Instituts im Ausland vermittelt. Für die zwei- bis viermonatigen Praktika können sich Lehramtsstudierende deutscher Universitäten, Referendare und junge Lehrkräfte aller Fächer und Schulrichtungen aus Deutschland bewerben. Durch das Praktikumsprojekt bekommen Lehramtsstudierende und junge Lehrkräfte die Möglichkeit, internationale Erfahrungen zu sammeln und ihre interkulturellen Kompetenzen zu stärken. Die Studierenden vermitteln den Deutschlernenden und Lehrkräften vor Ort ein aktuelles Deutschlandbild und erhalten die Chance, den Unterricht eigenverantwortlich mitzugestalten und außercurriculare Projekte und Veranstaltungen durchzuführen. www.goethe.de/de/spr/unt/for/sch.html

Schüleraustausch-Stipendien.de

Deutsche Schüleraustauschorganisationen vergeben Stipendien im Gesamtwert von mehr als vier Millionen Euro. Detaillierte Informationen und Ausschreibungen einzelner Organisationen zu Schüleraustauschstipendien bietet die Website www.schueleraustausch-stipendien.de

Schwarzkopf-Stiftung Junges Europa

Die Schwarzkopf-Stiftung fördert die Entwicklung junger Menschen zu politisch bewussten Persönlichkeiten und vergibt u.a. Reisestipendien, um Menschen zwischen 18 und 26 Jahren die Gelegenheit zu geben, europäische Nachbarländer durch eine Studienreise zu erkunden und sich mit aktuellen politischen und kulturellen Entwicklungen in Europa auseinanderzusetzen. www.schwarzkopf-stiftung.de

Senior Experten Service (SES)

Der Senior Experten Service (SES) ist die Stiftung der Deutschen Wirtschaft für internationale Zusammenarbeit GmbH und eine gemeinnützige Gesellschaft. Er bietet interessierten Menschen im Ruhestand die Möglichkeit, ihre Kenntnisse und ihr Wissen an andere im Ausland und in Deutschland weiterzugeben. Als ehrenamtlich tätige Senior-Experten fördern sie die Aus- und Weiterbildung von Fach- und Führungskräften. Sie leisten Hilfe zur Selbsthilfe und damit einen wichtigen Beitrag, ein Stück Zukunft zu sichern. www.ses-bonn.de

Sport-Scholarships.com

Die Agentur Sport-Scholarships.com vermittelt verschiedene Sportstipendien für über 3.000 amerikanische Hochschulen. www.sport-scholarships.com

Steuben-Schurz-Gesellschaft

Zusammen mit dem US-Generalkonsulat in Frankfurt hat die Steuben-Schurz-Gesellschaft das deutsch-amerikanische Praktikantenprogramm „USA Interns-Program" ins Leben gerufen. Damit werden deutschen Studierenden mehrmonatige vergütete Praktika in den USA vermittelt. www.steuben-schurz.org

Stiftung Deutsch-Russischer Jugendaustausch

Die Stiftung Deutsch-Russischer Jugendaustausch ist seit 2006 bundesweit die zentrale Koordinierungsstelle für den Jugend- und Schüleraustausch mit Russland. Ihre Hauptaufgabe ist die finanzielle Förderung von Schüler- und Jugendbegegnungen. Auch Gastschulaufenthalte oder Austauschprogramme für Azubis werden unterstützt. Daneben versteht sich die Stiftung als Ansprechpartner für alle am Austausch mit Russland interessierten Menschen und vermittelt Kontakte und Partnerschaften für Austauschprojekte, unterstützt die Weiterqualifizierung von Lehr- und Fachkräften und entwickelt neue Perspektiven für den deutsch-russischen Jugendaustausch. Träger sind u.a. das Bundesministerium für Familie, Senioren, Frauen und Jugend (BMFSFJ) und die Robert Bosch Stiftung. www.stiftung-drja.de

stiftungen.org
Das Portal des Bundesverbands Deutscher Stiftungen ermöglicht eine umfangreiche und kostenlose Online-Stiftungssuche, die rund 10.000 in Deutschland aktive Stiftungen umfasst. www.stiftungen.org

Stiftung Mercator
Die Stiftung Mercator fördert in Zusammenarbeit mit verschiedenen Organisationen eine Reihe von Austausch- und Begegnungsprogrammen mit China und der Türkei, u.a. in den Bereichen Schüleraustausch (sowohl einjährige als auch kürzere Programme), Praktika für Azubis, Freiwilligendienste und Summer Schools. www.stiftung-mercator.de

Stipendienlotse
Die Stipendien-Datenbank des Bundesministeriums für Bildung und Forschung (BMBF) ermöglicht es potentiellen Stipendiaten, sich zielgerichtet über aktuelle Stipendienprogramme zu informieren. www.stipendienlotse.de

Studienstiftung des deutschen Volkes
Die Studienstiftung des deutschen Volkes ist das größte und zugleich älteste deutsche Begabtenförderungswerk. Frei von politischen, religiösen und weltanschaulichen Vorgaben fördert sie besonders begabte Studierende und Doktoranden, die sich durch ihre Leistungsstärke, ihr breites Interesse, ihre Toleranz und ihre soziale Verantwortung auszeichnen. Mit verschiedenen offenen Stipendienprogrammen werden auch Auslandsaufenthalte weltweit gefördert. www.studienstiftung.de

Tandem – Dt.-tschechischer Jugendaustausch
Die Koordinierungszentren Deutsch-Tschechischer Jugendaustausch Tandem fördern die gegenseitige Annäherung und die Entwicklung freundschaftlicher Beziehungen zwischen jungen Menschen aus Deutschland und Tschechien. Tandem ist sowohl im Jugend- und Schüleraustausch als auch im Bereich der beruflichen Bildung aktiv und wird gefördert vom Bundesministerium für Familie, Senioren, Frauen und

Jugend (BMFSFJ). Schwerpunkte der Tätigkeit liegen in der Beratung, finanziellen Förderung und Organisation von Begegnungs- und Austauschprojekten sowie der Vermittlung von Praktika und Freiwilligendiensten für Einzelpersonen. www.tandem-org.de

UK-German Connection

Die UK-German Connection widmet sich der Stärkung von Kontakten und dem Verständnis zwischen jungen Menschen aus Deutschland und dem Vereinigten Königreich. Als Mittler ist sie eng verbunden mit den Schlüsselorganisationen aus beiden Ländern und ist erste Anlaufstelle für alle deutsch-britischen Aktivitäten im Bereich der Schul- und Jugendarbeit. www.ukgermanconnection.org

United Nations Volunteers (UNV)

Das UNV-Programm fördert freiwillige Einsätze als Entwicklungskonzept im Rahmen der weltweiten Solidarität, betreibt besonders basisorientierte Zusammenarbeit und ist zunehmend in den Bereichen humanitäre Hilfsprogramme, Friedenssicherung, Menschenrechte und Wahlen tätig. UNV stützt sich auf engagierte, berufserfahrene Freiwillige, die vor Ort oder online Arbeitszeit und Fachwissen in den Dienst der Entwicklung stellen. www.unv.org – www.onlinevolunteering.org

uniexperts.com

Uniexperts ist auf die Vermittlung von Studienstipendien für die USA spezialisiert und steht bei der Vermittlung von Sportstipendien, ebenso wie akademischen, musikalischen, religiös-kirchlichen und Pauschalstipendien beratend zur Seite. www.uniexperts.com

Voltaire-Programm

Das Voltaire-Programm ist ein Angebot des Deutsch-Französischen Jugendwerks (DFJW), das deutschen Schülern der 8., 9. und 10. Klasse und ihren französischen Austauschpartnern die Möglichkeit für einen individuellen Schüleraustausch bietet. Das DFJW vermittelt den Teilnehmern einen Austauschpartner. Die deutschen Schüler nehmen zunächst ihren Austauschpartner von März bis August bei sich auf und verbringen anschließend weitere sechs Monate in Frankreich bei der Familie des Austauschpartners. Für das Programm fallen durch das Prinzip der Gegenseitigkeit keine Teilnahmegebühren an. Das DFJW gewährt den Teilnehmern zudem ein Stipendium in Höhe von 250 Euro sowie einen Fahrtkostenzuschuss. www.dfjw.org/voltaire-programm

WELTBÜRGER-Stipendien

Aus der Überzeugung, dass junge Menschen sich durch die intensive Kulturerfahrung während eines Auslandsaufenthalts ganzheitlich weiterbilden und dabei einen wichtigen Beitrag zur Völkerverständigung leisten, schreiben deutsche Austauschorganisationen und der unabhängige Bildungsberatungsdienst weltweiser im Rahmen der JugendBildungsmesse „JuBi" zahlreiche WELTBÜRGER-Stipendien für Schüleraustauschprogramme sowie Sprachreisen und andere Auslandsprogramme aus. Ziel ist es, Jugendliche auf ihrem ganz individuellen Weg zum Weltbürger zu fördern. www.weltbuerger-stipendien.de

weltwärts – Der entwicklungspolitische Freiwilligendienst

weltwärts ist der entwicklungspolitische Freiwilligendienst des Bundesministeriums für wirtschaftliche Zusammenarbeit und Entwicklung (BMZ) in Zusammenarbeit mit ca. 160 aktiven deutschen Entsendeorganisationen. Durch die Förderung des BMZ haben interessierte junge Menschen zwischen 18 und 28 Jahren die Chance, einen Freiwilligendienst in einem sogenannten Entwicklungs- oder Schwellenland zu leisten. Die Einsätze dauern in der Regel ein Jahr (je nach Organisation sind zwischen sechs und 24 Monate möglich) und finden u.a. in Projekten in den Bereichen Bildung, Gesundheit, Menschenrechte, Jugendarbeit, Sport, Umweltschutz oder Landwirtschaft statt. Vor, während und nach Beendigung des Programms werden die Freiwilligen pädagogisch begleitet. www.weltwaerts.de

zis-Reisestipendien

Die zis Stiftung für Studienreisen unterstützt Jugendliche, die mit einem selbst geplanten Reiseprojekt Begegnungen abseits des Massentourismus suchen. Es werden junge Schüler, Abiturienten und Azubis zwischen 16 und 20 Jahren unterstützt, die neugierig und mit offenen Augen ins Ausland reisen und dort mit wenig Geld und viel Engagement eigenständig ein selbst gewähltes Thema bearbeiten möchten. Dafür steht nicht nur ein Reisestipendium zur Verfügung, sondern auch eine persönliche Betreuung während der gesamten Projektphase.
www.zis-reisen.de

Unabhängige Beratungsstellen

weltweiser® – Der unabhängige Bildungsberatungsdienst

Büro Bonn – Auslands- und Bildungsberatung

Prinz-Albert-Str. 31 – 53113 Bonn

Fon: 0228 / 391 847 84 – Fax: 0228 / 391 847 86

info@weltweiser.de – www.weltweiser.de

weltweiser@Facebook: www.facebook.com/weltweiser

weltweiser@Twitter: www.twitter.com/weltweiser

weltweiser@Google+: plus.google.com/+WeltweiserDeutschland

weltweiser@instagram: www.instagram.com/weltweiser

weltweiser@pinterest: www.pinterest.com/weltweiser

weltweiser@youtube: www.youtube.com/c/weltweiser-fernweh

weltweiser-NewsLetter:
www.weltweiser.de/tipps-infos/informiere-dich/newsletter/

Das Team des unabhängigen Bildungsberatungsdienstes **welt**weiser hat es sich zur Aufgabe gemacht, sachkundig über Auslandsaufenthalte und internationale Bildungsangebote zu informieren. **welt**weiser hilft bei der ersten Orientierung und der Suche nach dem individuell passenden Programm. Auf Wunsch werden neben den Charakteristika der verschiedenen Angebote die notwendigen persönlichen Voraussetzungen, Bewerbungsverfahren und die Möglichkeiten der Finanzierung eines Auslandsaufenthalts thematisiert. Da teure Programme nicht notwendigerweise die besten sind, spielen in den Beratungen auch detaillierte Preis-Leistungs-Vergleiche eine wichtige Rolle.

Neben persönlichen Beratungen im Bonner weltweiser-Büro, Vorträgen und Seminaren bietet weltweiser zu den Themen Schüleraustausch, Sprachreisen, Work & Travel, Au-Pair, Freiwilligendienste, Praktika und Studieren im Ausland auch Beratungen am Telefon oder via E-Mail an. Auf den von weltweiser im gesamten deutschen Bundesgebiet veranstalteten JugendBildungsmessen „JuBi" präsentieren insgesamt rund 100 Veranstalter ihre Programme und informieren die Besucher über die vielfältigen Facetten von Auslandsaufenthalten.

Ausführliche Informationen über die oben beschriebenen Serviceleistungen, die aktuellen Termine der JuBi-Messen sowie zahlreiche Angebote, Hinweise und Tipps verschiedener Austauschorganisationen finden sich unter www.weltweiser.de.

Durch ausgewählte Städte in Österreich und der Schweiz tourt die europäische Messereihe „Youth Education & Travel Fair" als Infobörse zu Reisen und Bildung im Ausland. www.youth-education-travel-fair.com

Eurodesk Deutschland c/o IJAB e.V.
Godesberger Allee 142-148 – 53175 Bonn
Fon: 0228 / 9506 250 – Fax: 0228 / 9506 199
eurodeskde@eurodesk.eu – www.eurodesk.de

Eurodesk ist ein europäisches Jugendinformationsnetzwerk mit Koordinierungsstellen in 34 Ländern und rund 50 Servicestellen in Deutschland. Die Beratung zu Auslandsaufenthalten ist kostenlos, neutral und trägerübergreifend. Beantwortet werden offene Fragen zu Programmen, Anbietern und Fördermöglichkeiten. Eurodesk Deutschland wird von der EU-Kommission sowie dem Bundesministerium für Familie, Senioren, Frauen und Jugend gefördert. www.rausvonzuhaus.de

Aktion Bildungsinformation e.V. (ABI)
Lange Straße 51 – 70174 Stuttgart
Fon: 0711 / 220 216 30 – Fax: 0711 / 220 216 40
info@abi-ev.de – www.abi-ev.de

ABI versteht sich selbst als „SPEZIAL-Verbraucherschutzstelle", die sich insbesondere mit dem Bildungs- und Kulturaustausch befasst. Zahlreiche Veranstalter von Auslandsaufenthalten bezeichnen ABI hingegen als „Abmahnverein". Für viele Medienvertreter ist die Aktion Bildungsinformation wiederum eine beliebte Anlaufstelle, da man als „investigativer" Journalist auf der Suche nach dem Skandal hier nicht selten Informationen bekommt, die es erlauben, komplexe Sachverhalte auf das „Wesentliche" zu reduzieren.

Fach- und Interessenverbände*

Au-Pair

Au-Pair Society e.V.
Der Au-Pair Society e.V. ist der Bundesverband für Au-Pair-Agenturen, Gastfamilien und Au-Pairs in Deutschland und wurde im Jahr 2000 gegründet. Zentrales Ziel des Vereins ist die Verbesserung des Au-Pair-Wesens in Deutschland, aber auch innerhalb der EU und in Zusammenarbeit mit Partnern weltweit. Der Verband ist zudem Mitglied des European Committee for Au Pair Standards (ECAPS) und

---

*Die Texte über die Fach- und Interessenverbände sind zum Teil Selbstdarstellungen unstammen in diesen Fällen von den jeweiligen Websites der Organisationen.

der International Au Pair Association (IAPA). Die Au-Pair Society hat rund 35 Mitgliedorganisationen, die sich dazu verpflichtet haben, die festgelegten Qualitätsstandards zu befolgen.

Kontakt: Au-Pair Society – Am Eicherwald 5 – 55234 Wendelsheim
Fon: 01805 / 983000 – Fax: 01805 / 986000
info@apsev.de – www.au-pair-society.org

Gütegemeinschaft Au pair e.v. (RAL-Gütezeichen)

Die Gütegemeinschaft Au pair e.v. ist ein Zusammenschluss von Au-Pair-Agenturen und hat den Zweck, die Qualität von Vorbereitung, Vermittlung und Betreuung von Au-Pair-Aufenthalten zu sichern. Mit dem RAL-Gütezeichen „Au Pair" (Incoming und Outgoing) werden Agenturen ausgezeichnet, deren Leistungen den Anforderungen der Gütebestimmungen entsprechen. Derzeit tragen 40 deutsche Agenturen das RAL-Gütezeichen und weisen ihre Einhaltung der Qualitätsstandards regelmäßig durch externe Prüfungen nach.

Kontakt: Gütegemeinschaft Au pair e.v. – c/o Calypso Verlag
Eisenerzstraße 34 – 53819 Neunkirchen-Seelscheid
Fon: 02247 / 9194 942 – Fax: 02247 / 9194 82
info@guetegemeinschaft-aupair.de - www.guetegemeinschaft-aupair.de

European Committee for Au Pair Standards (ECAPS)

Das Europäische Komitee für Au-Pair-Standards wurde von führenden europäischen Au-Pair-Organisationen und Verbänden ins Leben gerufen, um gemeinsame europäische Richtlinien für Au-Pairs, Gastfamilien und Au-Pair-Agenturen zu definieren und Minimalstandards für Au-Pair-Programme in Europa festzulegen. Dem Komitee gehören die nationalen Au-Pair-Verbände an, darunter auch die deutsche Au-Pair Society. www.iapa.org/policy-work/ecaps

International Au Pair Association (IAPA)

Die IAPA ist ein weltweiter Fachverband von qualifizierten Au-Pair-Agenturen, der sich für die Rechte von Au-Pairs und Gastfamilien sowie für die Qualität von Au-Pair-Programmen einsetzt. Die rund 170

Mitgliedorganisationen aus 45 Ländern weltweit verpflichten sich, die ethischen Standards sowie den international anerkannten „Code of Conduct" der IAPA einzuhalten. Der Verband ermöglicht den Au-Pair-Agenturen zudem die Herstellung von Kontakten auf internationaler Ebene. www.iapa.org

Freiwilligendienste

Agentur für Qualität in Freiwilligendiensten (Quifd)

Quifd – die Agentur für Qualität in Freiwilligendiensten hat Qualitätsstandards für Freiwilligendienste entwickelt und unterstützt Einsatzstellen und Entsendeorganisationen bei der Qualitätsentwicklung. Die Standards umfassen alle Phasen eines Freiwilligendienstes vom Auswahl- und Beratungsprozess bis zur Rückkehr der Freiwilligen. Für die nachgewiesene Einhaltung der Qualitätsstandards vergibt die Agentur das Quifd-Qualitätssiegel.

Kontakt: Quifd - Agentur für Qualität in Freiwilligendiensten
Marchlewskistraße 27 – 10243 Berlin
Fon: 030 / 290 492 12 – Fax: 030 / 279 0126
quifd@ehrenamt.de – www.quifd.de

Gütegemeinschaft Internationaler Freiwilligendienst (RAL)

Die seit Mai 2014 bestehende Gütegemeinschaft Internationaler Freiwilligendienst e.V. prüft die Qualität von weltweiten Freiwilligendiensten. Die Kriterien für die Verleihung des RAL-Gütezeichens „Internationaler Freiwilligendienst" (Outgoing und Incoming) umfassen alle wichtigen Aspekte des Freiwilligendienstes: die Auswahl und Vorbereitung der Freiwilligen sowie die Beratung und Betreuung der Freiwilligen während ihres Einsatzes. Organisationen, die das RAL-Gütezeichen tragen, verpflichten sich zu einer kontinuierlichen Eigenüberwachung und einer externen Überprüfung, die alle zwei Jahre erfolgt.

Kontakt: Gütegemeinschaft Internationaler Freiwilligendienst e.V.
c/o AGEH – Ripuarenstraße 8 – 50679 Köln

Fon: 0221 / 9979 2205 – info@ral-freiwilligendienst.de
www.ral-freiwilligendienst.de

Arbeitskreis Lernen und Helfen in Übersee e.V. (AKLHÜ)
Der Arbeitskreis „Lernen und Helfen in Übersee" (AKLHÜ) berät und
unterstützt Menschen, die sich in Entwicklungsländern sozial engagieren möchten, und informiert über Programme, Angebote und Zugangs-
voraussetzungen verschiedener Freiwilligendienste. Zu den Mitgliedern
des gemeinnützigen Vereins zählen staatlich anerkannte Entwicklungs-
dienste, internationale Freiwilligendienste und Organisationen aus dem
Bereich der entwicklungspolitischen Bildungsarbeit.
Kontakt: AKLHÜ e.V. – Meckenheimer Allee 67-69 – 53115 Bonn
Fon: 0228 / 90 89 910 – Fax: 0228 / 90 89 911
aklhue@entwicklungsdienst.de – www.entwicklungsdienst.de

Jugendbegegnungen & Workcamps

**Trägerkonferenz der Internationalen Jugendgemeinschafts-
und Jugendsozialdienste**
In der „Trägerkonferenz der Internationalen Jugendgemeinschafts- und
Jugendsozialdienste" haben sich ca. 60 Workcamp-Organisationen
aus Deutschland zusammengeschlossen. Sie organisieren und vermitteln die Teilnahme an internationalen Workcamps in Deutschland,
Europa, Afrika, Amerika und Asien. Ziele der Trägerkonferenz sind die
Entwicklung gemeinsamer Qualitätsstandards für Workcamps sowie
die Interessenvertretung der Jugendgemeinschafts- und Jugendsozialdienste gegenüber der Bundesrepublik Deutschland.
Kontakt: Trägerkonferenz, c/o ijgd e.V.
Kasernenstraße 48 – 53111 Bonn – Fon: 0228 / 228 00 15
av.av@ijgd.de – www.workcamps.org

Jugendreisen & Klassenfahrten

BundesForum Kinder- und Jugendreisen e.V.

Im BundesForum Kinder- und Jugendreisen e.V. sind bundesweite Dachverbände, Träger und Vereine zusammengeschlossen, die sich zu gemeinsamen Qualitätskriterien im Bereich Kinder- und Jugendreisen bekennen und diese ständig weiterentwickeln.

Kontakt: BundesForum Kinder- und Jugendreisen e.V.
Senefelderstraße 14 – 10437 Berlin – Fon: 030 / 44 65 04 10
service@bundesforum.de – www.bundesforum.de

Reisenetz - Deutscher Fachverband für Jugendreisen e.V.

Das Reisenetz ist der Deutsche Fachverband für Jugendreisen. Der Verband besteht aus kommerziellen und gemeinnützigen Organisationen aus dem In- und Ausland. Mit dem Gütesiegel „Reisenetz Qualität" hat das Reisenetz überprüfbare Qualitätsstandards sowohl für Anbieter von Einzelleistungen als auch für Reiseveranstalter im Bereich der Jugendreisen aufgestellt. Die Zertifizierung nach diesen Kriterien ist Voraussetzung für eine Mitgliedschaft im Fachverband.

Kontakt: Reisenetz - Deutscher Fachverband für Jugendreisen e.V.
Torstr. 61 – 10119 Berlin – Fon: 030 / 2462 8430
info@reisenetz.org – www.reisenetz.org

Praktika

Arbeitskreis „Wege ins Ausland"

Im Arbeitskreis „Wege ins Ausland" haben sich mehrere Institutionen aus Schule, Hochschule, Arbeit und Jugend zusammengeschlossen und informative Publikationen rund um das Thema Auslandspraktika erarbeitet. Die Broschüre „Wege ins Auslandspraktikum" gibt Hinweise zur Organisation, Finanzierung sowie Vor- und Nachbereitung eines Auslandspraktikums und bietet diverse Checklisten, die bei der Planung des Praktikums hilfreich sein können. Zudem wurden zehn Qualitätskriterien für ein gutes Auslandspraktikum aufgestellt, die im Flyer „QualitätsCheck Auslandspraktikum" zusammengefasst werden. Kontakt: Eurodesk Deutschland – c/o IJAB – Fachstelle für Internationale Jugendarbeit der Bundesrepublik Deutschland e.V. Godesberger Allee 142-148 – 53175 Bonn Fon: 0228 / 9506-250 – Fax: 0228 / 95 06-199 eurodeskde@eurodesk.eu – www.wege-ins-ausland.org

Schüleraustausch

Arbeitskreis gemeinnütziger Jugendaustauschorganisationen (AJA)

AJA ist der Dachverband gemeinnütziger Jugendaustauschorganisationen in Deutschland. Seine Ziele bestehen darin, die Öffentlichkeit auf die Bildungswirkung von langfristigen Jugend- und Schüleraustauschprogrammen aufmerksam zu machen, zu informieren und den Ausbau fördernd mitzugestalten. Daneben engagiert sich der AJA für die Verbesserung der rechtlichen und politischen Rahmenbedingungen im Schüleraustausch und setzt eigene Qualitätsstandards. Mitglieder: AFS, Experiment, Open Door International, Partnership International, ROTARY, YFU Kontakt: AJA – Gormannstraße 14 – 10119 Berlin Fon: 030 / 33 30 98 75 – info@aja-org.de – www.aja-org.de

Deutscher Fachverband High School e.V. (DFH)

Der DFH ist ein Zusammenschluss von 13 deutschen Schüleraustauschorganisationen zum Zweck der Qualitätssicherung. Die Mitglieder haben sich zur Einhaltung definierter Qualitätsrichtlinien verpflichtet und werden regelmäßig durch einen unabhängigen Beirat überprüft. Der DFH versteht sich zudem als unabhängiges Beratungs- und Informationsgremium zu Fragen internationaler High-School-Programme. Mitglieder: AIFS, Ayusa-Intrax, Camps, DFSR, GIVE, GLS, into, iSt, Kaplan, Stepin, team!, TravelWorks, Xplore

Kontakt: DFH e.V. – Marburger Straße 15 – 60487 Frankfurt
Fon: 069 / 977 84 608 – info@dfh.org – www.dfh.org

Council on Standards for International Educational Travel (CSIET)
Das CSIET ist eine gemeinnützige Organisation in den USA, die 1984 gegründet wurde, um verbindliche Qualitätsrichtlinien für den internationalen Schüleraustausch mit den USA zu entwickeln und deren Einhaltung zu überwachen. Das CSIET prüft amerikanische Austauschorganisationen – und damit auch die Partnerorganisationen deutscher Austauschorganisationen, die für die Betreuung der Gastschüler in den USA verantwortlich sind. In einer jährlich veröffentlichten Liste („Advisory List of International and Educational Travel & Exchange Programs") werden alle Anbieter aufgeführt, die die festgelegten Qualitätsstandards erfüllen. Informationen zum CSIET und seinen Richtlinien finden sich unter www.csiet.org.

Sprachreisen

Fachverband Deutscher Sprachreise-Veranstalter (FDSV)
Als Zusammenschluss deutscher Sprachreiseveranstalter wurde 1977 der Fachverband Deutscher Sprachreise-Veranstalter e.V. (FDSV) gegründet. Deutschlands einziger Fachverband für Sprachreiseveranstalter hat überprüfbare Qualitätsstandards aufgestellt, zu deren Einhaltung sich die FDSV-Mitglieder verpflichten und die Verbrauchern bei der Wahl eines Sprachreiseanbieters als Richtlinien dienen können. Auf seiner Website informiert der FDSV zudem detailliert über alle Aspekte von Sprachreisen.
Kontakt: FDSV – Kastanienallee 82 – 10435 Berlin
Fon: 030 / 789 53 640 – Fax: 030 / 789 54 313
info@fdsv.de – www.fdsv.de

Association of Language Travel Organisations (ALTO)

ALTO ist der internationale Fachverband für Sprachschulen, Sprachreiseveranstalter und nationale Sprachreiseverbände mit mehr als 180 Mitgliedern weltweit. ALTO stellt allgemeine Qualitätsrichtlinien auf und bietet der Sprachreisebranche eine Plattform für den Informations- und Wissensaustausch sowie für die Weiterentwicklung neuer Ideen. www.altonet.org

English UK

English UK ist ein nationaler Verband englischer Sprachzentren, dem rund 470 Mitglieder angehören, u.a. private Sprachschulen, Universitäten, Bildungsstiftungen und gemeinnützige Organisationen. Jedes Mitgliedszentrum erfüllt festgelegte Qualitätsstandards in Bezug auf den Unterricht und die Betreuung der Kursteilnehmer. English UK bietet eine Online-Datenbank für die gezielte Suche von Englischkursen akkreditierter Anbieter im Vereinigten Königreich. www.englishuk.com

Sonstige

International Student Identity Card Association (ISIC)

Die ISIC – International Student Identity Card wurde 1968 als internationaler Ausweis für Schüler und Studierende eingeführt, um als Reisekarte mit Dokumentencharakter jungen Menschen den Zugang zu den weltweiten studentischen Vergünstigungen und Services zu erleichtern. Die ISIC Association unterstützt die Arbeit der UNESCO und verfolgt das Ziel, jungen Menschen zu ermöglichen, unterschiedliche Kulturen kennenzulernen und die Völkerverständigung voranzutreiben. Kontakt: ISIC – Reisedienst Deutscher Studentenschaften GmbH Grindelallee 41 – 20146 Hamburg – Fon: 040 / 41 46 49-0 contact@isic.de – www.isic.de

World Youth Student & Educational Travel Confederation (WYSE)

Mit mehr als 600 Mitgliedern weltweit ist die WYSE Travel Confederation (auch WYSETC) der größte internationale Dachverband von Jugendreiseveranstaltern. Der Verbund hat es sich zur Aufgabe gemacht, durch die Förderung von Reise- und Bildungsmöglichkeiten für Schüler, Studierende und Jugendliche die internationale Verständigung zu erhöhen. Die Mitgliedorganisationen sind in 120 Ländern weltweit aktiv und führen Reisen und Programme für jährlich mehr als 30 Millionen junge Reisende durch. WYSE bietet zudem ein Forum für Qualitätsentwicklung und die Vernetzung von Organisationen weltweit. Spezialisierte Branchenverbände nehmen eine zentrale Position innerhalb der WYSE Travel Confederation ein und bieten eine Reihe von Dienstleistungen und Produkten für junge Reisende auf der ganzen Welt. Diese Verbände sind aktiv in den Bereichen Jugendbildungsreisen, Job- und Freiwilligenprogramme, Jugendunterkünfte, Versicherungen sowie Flugreisen für Jugendliche und Studenten. www.wysetc.org

Messen & Termine

JuBi – Die JugendBildungsmesse

Die JugendBildungsmesse JuBi ist eine der bundesweit größten Spezial-Messen zum Thema Bildung im Ausland. Über 100 Austauschorganisationen, Veranstalter und Agenturen aus dem gesamten Bundesgebiet informieren in 46 Standorten über alle Facetten von Auslandsaufenthalten und stellen ihre Programme und Stipendienangebote vor. Die Beratung zu Themen wie Schüleraustausch, High School-Aufenthalte, Sprachreisen, Au-Pair, Studium, Work & Travel, Freiwilligenarbeit sowie Praktika im Ausland erfolgt persönlich an den Ständen der Aussteller durch Bildungsexperten, ehemalige Programmteilnehmer und durch das Team von weltweiser. www.jugendbildungsmesse.de

YETF – Youth Education & Travel Fair

Die Messereihe „Youth Education & Travel Fair" informiert Schüler, Auszubildende, Studierende, Eltern, Lehrkräfte und andere Interessierte in

Österreich zu Auslandsaufenthalten und internationalen Bildungsmöglichkeiten. www.youth-education-travel-fair.com

Hessen total international

In Hessen findet jährlich eine Vielzahl an Jugendbegegnungen und Austauschprogrammen mit anderen Ländern und Regionen der ganzen Welt statt. Doch was sich bei diesen Aktivitäten alles Spannendes und Unerwartetes ereignet hat, erfährt meist nur ein kleiner Kreis von Freunden oder die Familie. Bei „Hessen total international" kommen Jugendliche, deren Eltern und Experten für kulturelle Austauschprogramme zusammen, um in einer bunten Mischung aus Info-Börse und kulturellem Programm ihre Erfahrungen auszutauschen und Anreize für den Weg ins Ausland zu schaffen. www.hessen-total-international.de

Kalender

Der Online-Kalender des weltweiser-Auslandsforums ermöglicht es dir, dich über aktuelle Termine auf dem Laufenden zu halten. Bildungsanbieter und Austauschorganisationen informieren über Informationsveranstaltungen, Vorträge und Bewerbungsfristen.
www.weltweiser.de/auslandsforum

Vorträge zum Thema Auslandsaufenthalte

Auf Informationsabenden an Schulen und Volkshochschulen informieren die Bildungsexperten von weltweiser ausgiebig über die Möglichkeiten, die sich Schülern oder Schulabgängern bzw. Abiturienten im Ausland bieten. Die beiden Vorträge „Schüleraustausch. Der Drang in die Ferne" sowie „Fernweh. Nix wie weg und ab ins Ausland" stellen die Vorbereitung und Durchführung eines Auslandsaufenthalts realistisch dar. Abgerundet werden die Vorträge in der Regel durch eine Fragerunde. Auf Wunsch und in Absprache kommt das weltweiser-Team – wenn die geografische Entfernung es zulässt – gern für einen Vortrag vorbei.
www.weltweiser.de/tipps-infos/informiere-dich/vortraege-infoveranstaltungen/

Literatur über Deutschland

Ob in Gesprächen mit der Gastfamilie, mit Kollegen im Freiwilligen-projekt oder anderen Weltenbummlern aus den unterschiedlichsten Ländern – es wird viele Gelegenheiten geben, in denen dir Fragen über dein Herkunftsland gestellt werden. In manchen Fällen bist du womöglich sogar die erste Person aus Deutschland, mit denen sie ins Gespräch kommen, womit deine Aussagen und Beschreibungen besonderes Gewicht für die Menschen in deinem neuen Umfeld haben werden. Deiner Rolle als „Botschafter/in" deines Landes solltest du dir vor diesem Hintergrund bewusst sein. So ist es vor der Abreise sinn-voll, dich nicht nur über die Kultur, Geschichte und aktuelle Gegeben-heiten deines Gastlandes, sondern auch über dein Herkunftsland zu informieren. Informationen zu diversen politischen, gesellschaftlichen und geschichtlichen Themen über Deutschland gibt es beispielsweise bei der Bundeszentrale für politische Bildung (BpB), die teils kostenlo-se Informationshefte, Bücher und DVDs vertreibt.

Ebenso finden sich viele nützliche Informationen über Deutschland u.a. auf folgenden Websites: www.bpb.de – www.deutschland.de – www.germany.travel– www.bundesregierung.de – www.bundestag.de

Die Online-Ausgabe des kompakten Buches „Tatsachen über Deutsch-land" gibt es unter www.tatsachen-ueber-deutschland.de.

Literatur über Auslandsaufenthalte

Je nachdem, was für ein Aufenthalt geplant ist, könnten sich folgende Ratgeber, Broschüren, Magazine und Portale bei der Planung und Vor-bereitung als hilfreich erweisen:

Ratgeber

- Katharina Arlt, Melanie Schmidt: Work & Travel in Australien: Richtig vorbereiten, reisen und jobben, Mana Verlag, 2. Auflage 2016, ISBN 978-3-95503-026-1
- Susanne Caudera-Preil: Als Au-Pair ins Ausland, Calypso Verlag, 1. Auflage 2008, ISBN 978-3-940291-01-1
- Marcus Sieber, Holger Zimmerman: Der Amerikanische Traum. Mit GreenCard oder Visum in die USA, Redline Wirtschaft Verlag, 4. Auflage 2012, ISBN 978-3-86881-330-2
- Thomas Terbeck: Handbuch Fernweh. Der Ratgeber zum Schüleraustausch, weltweiser Verlag, 17. Auflage 2017, ISBN 978-3-935897-36-5
- Susanne Gry Troll: Die Auslandsreise 2016, Susanne Troll Verlag, 14. Auflage 2016, ISBN 978-3-937094-13-7

Broschüren, Magazine und Portale

- Arbeitskreis Lernen und Helfen in Übersee e.V. (AKLHÜ): www.entwicklungsdienst.de
- Auslandslotse: www.auslandslotse.de
- Bundesministerium für Familie, Senioren, Frauen und Jugend: „Zeit, das Richtige zu tun – Freiwillig engagiert in Deutschland – Bundesfreiwilligendienst. Freiwilliges Soziales Jahr. Freiwilliges Ökologisches Jahr.", www.bmfsfj.de
- DAAD: studieren weltweit - Erlebe es! www.studieren-weltweit.de
- Eurodesk: www.rausvonzuhaus.de
- IJAB – Fachstelle für Internationale Jugendarbeit der Bundesrepublik Deutschland e.V.: www.wege-ins-ausland.org
- JUGEND für Europa und Eurodesk: www.go4europe.de
- weltweiser: www.weltweiser.de
- weltweiser: „Stubenhocker – Die Zeitung für Auslandsaufenthalte", www.stubenhocker-zeitung.de

Euro, Dollar & Co.

In Europa ist der Euro in 25 Staaten die offizielle Währung. Neunzehn dieser Staaten gehören zur Europäischen Union (EU). Neben dem US-Dollar ist der Euro die wichtigste Währung der Welt – allerdings kann man nicht in jedem Winkel der Welt mit Euro oder US-Dollar bezahlen. Wer sich vor der Ausreise schlau darüber machen möchte, wie viel ein Euro im gewählten Zielland wert ist, kann sich von einem tagesaktuellen Währungsrechner helfen lassen.

International bekannte Zahlungsmittel neben Bargeld sind z.B. Kreditkarten, Maestro-Cards oder Reiseschecks. Einige deutsche Banken kommen jungen Reisefreudigen mit speziellen Angeboten entgegen. So bietet beispielsweise die Deutsche Bank „Das Junge Konto" kostenlos für Schüler, Studenten und Azubis bis einschließlich 30 Jahren an. Mit der Deutschen Bank Card kann in rund 30 Ländern weltweit an Geldautomaten der Deutschen Bank Gruppe, der Cash Group und an Automaten der Kooperationspartner der Bank im Ausland kostenlos Geld abgehoben werden. www.deutsche-bank.de

Bei der Postbank gibt es die „SparCard direkt", ein Sparbuch in Kartenformat. Die Eröffnung, Nutzung und Kündigung ist kostenfrei. Zehn Auslandsabhebungen pro Jahr sind an Geldautomaten mit dem VISA-Plus Symbol gebührenfrei möglich. Zudem bietet die Postbank Jugendlichen ab 14 Jahren eine kostenpflichtige VISA Prepaid Karte an. Wie ein Handy kann die Karte im Vorfeld von den Eltern mit einem bestimmten Betrag aufgeladen werden. www.postbank.de

Die Deutsche Kreditbank AG bietet für Schüler und Studenten die DKB-Student-Card in Verbindung mit dem DKB-Cash an. Diese Karte ermöglicht es, im In- und Ausland kostenlos Bargeld abzuheben. Darüber hinaus wird das Guthaben auf dem Girokonto und der Kreditkarte verzinst. Vor längeren Reisen kann der Verfügungsrahmen der Kreditkarte erhöht werden, indem man vorübergehend Guthaben auf die

Kreditkarte zahlt und dann kostenlos und sicher während der Reise im Ausland über dieses Guthaben verfügen und Bargeld abheben kann. Der Antrag kann online ausgefüllt werden und es fallen keine Kontoeröffnungs-, Kontoführungs- und Kartengebühren an. www.dkb.de

Gut versichert

Gerade bei längerfristigen Auslandsaufenthalten ist ein ausreichender Versicherungsschutz von zentraler Bedeutung. Besonders wichtig ist der Abschluss einer Auslandskranken- und Unfallversicherung. Dabei sollte je nach medizinischem Standard des Ziellands auf eine ausreichende Abdeckung für einen Krankenrücktransport geachtet werden. Für Aufenthalte innerhalb von Europa kann man bei seiner deutschen Krankenkasse nachfragen, ob die Europäische Krankenversicherungskarte (EHIC) ausreicht oder eine private Zusatzversicherung notwendig ist. Ein Rücktransport wird von den gesetzlichen Krankenkassen jedoch in der Regel nicht gezahlt und muss über eine private Auslandskrankenversicherung versichert werden. Einige Veranstalter bieten ihren Programmteilnehmern an, ein umfassendes Versicherungspaket (Kranken-, Unfall-, Haftpflicht-, Reisegepäckversicherung) über sie zu buchen. Ein Vergleich lohnt sich, da sich für ähnliche Leistungen teilweise große Preisunterschiede feststellen lassen.

Gesundheit

Auch bei Reisen in ferne Länder gilt: Vorbeugen ist besser als heilen. Um den Auslandsaufenthalt gut vorbereitet starten und unbeschwert genießen zu können, sollte das Thema Gesundheitsvorsorge vor der Ausreise unbedingt auf dem Fahrplan stehen. Ein medizinischer Check-up vorab ist empfehlenswert, gerade wenn während der Reise größere körperliche Anstrengungen unternommen werden oder die Reise in tropische Regionen führt. Besonders vor längeren Aufenthalten sind auch der jährliche Zahnarztbesuch und andere routinemäßige Vorsorgeuntersuchungen sinnvoll. Da für einige Länder und Regionen bestimmte Impfungen empfohlen werden, ist die Überprüfung des eigenen Impfstatus und eine landesspezifische Impfberatung durch einen Reisemediziner in vielen Fällen ratsam. Auch der Gesundheitsdienst des Auswärtigen Amtes sowie tropenmedizinische Institute informieren umfassend zum Thema Reisen und Gesundheit. Zudem sollte eine „Reiseapotheke" in keinem Koffer fehlen. Einige Apotheken bieten Standard-Reiseapotheken zum Kauf an, in denen sich u.a. leichte Schmerzmittel, fiebersenkende Medizin, Gel zur Behandlung von Juckreiz oder leichten Verbrennungen, Mittel gegen Durchfall sowie Wundschnellverbände befinden. Wer unter Allergien oder Krankheiten wie Diabetes leidet und regelmäßig Medikamente einnehmen muss, sollte sich vorab über die Einfuhrbestimmungen und die Verfügbarkeit des Medikaments vor Ort erkundigen. www.auswaertiges-amt.de www.tropeninstitut.de – www.crm.de – www.reiseapotheke.de

Visum

Offene Grenzen in Europa gibt es seit dem Schengener Abkommen von 1985. Das Abkommen ist nach dem luxemburgischen Ort Schengen benannt. Das Gebiet, innerhalb dessen es gilt, wird als Schengen-Raum bezeichnet. In den meisten der 28 Mitgliedstaaten der EU sowie in Island, Norwegen und der Schweiz wird das Abkommen heute angewandt. Praktisch bedeutet dies, dass man an der Grenze keinen Personalausweis oder Reisepass mehr vorzeigen muss. Da allerdings eine Routinekontrolle des Zolls denkbar ist, sollte man den Personalausweis stets mit sich führen. Plant man, Europa zu verlassen, sollte man sich vor Reiseantritt auf den Seiten des Auswärtigen Amts und bei seinem gewählten Anbieter sorgfältig über die unterschiedlichen Visabestimmungen für das jeweilige Programm informieren. Bei mehrmonatigen Aufenthalten in Übersee ist ein Visum in der Regel Pflicht. Da es je nach Art und Dauer des Aufenthalts verschiedene Visumstypen gibt, ist es unerlässlich, sich vorher genauestens zu informieren und ggf. beraten zu lassen. www.auswaertiges-amt.de

Diplomatische Vertretungen

Zur Vorbereitung des Auslandsaufenthalts kann man sich mit verschiedenen Stellen des Gastlandes in Verbindung setzen: Bei den diplomatischen Vertretungen erhält man Auskünfte über Einreise- und Aufenthaltsbedingungen und kann – falls notwendig – ein Visum beantragen. Die Kultur-, Presse- oder Öffentlichkeitsabteilungen der Botschaften sind in der Regel für den Schüler- und Jugendaustausch zuständig und können auch Informationen über möglicherweise existierende Kulturzentren und Beratungsstellen geben. Bei den Fremdenverkehrsämtern kann man landeskundliche und touristische Informationen anfordern, um sich auf „sein" Land einzustimmen.

Argentinien
Diplomatische Vertretung
Botschaft der Argentinischen Republik
Kleiststraße 23-26 – 10787 Berlin
Fon: 030 / 2266 8930 – Fax 030 / 229 14 00
info_ealem@mrecic.gov.ar – www.ealem.mrecic.gov.ar
Tourismusinformation: www.argentina.travel

Australien
Diplomatische Vertretung
Australische Botschaft
Wallstraße 76-79 – 10179 Berlin
Fon: 030 / 88 00 88-0 – Fax: 030 / 88 00 88-210
info.berlin@dfat.gov.au – www.germany.embassy.gov.au
Tourismusinformation: www.tourism.australia.com

Brasilien
Diplomatische Vertretung
Brasilianische Botschaft
Wallstraße 57 – 10179 Berlin
Fon: 030 / 726 280 – Fax: 030 / 726 283 20
visa.berlim@itamaraty.gov.br – http://berlim.itamaraty.gov.br/de
Tourismusinformation: www.visitbrasil.com

Chile
Diplomatische Vertretung
Botschaft der Republik Chile
Mohrenstraße 42 – 10117 Berlin
Fon: 030 / 72 6203600 – Fax: 030 / 72 203603
communicaciones@echile.de – www.echile.de
Tourismusinformation: www.chile.travel

China
Diplomatische Vertretung
Botschaft der Volksrepublik China
Märkisches Ufer 54 – 10179 Berlin
Fon: 030 / 27 588 0 – Fax: 030 / 27 588 221
www.china-botschaft.de
Tourismusinformation: www.china-tourism.de

Costa Rica
Diplomatische Vertretung
Botschaft von Costa Rica
Dessauer Straße 28/29 – 10963 Berlin
Fon: 030 / 263 98 990 – Fax: 030 / 265 572 10
emb@embajada-costarica.de – www.botschaft-costarica.de
Tourismusinformation: www.visitcostarica.com

Ecuador
Diplomatische Vertretung
Botschaft der Republik Ecuador
Joachimstaler Straße 12 – 10719 Berlin – Fon: 030 / 800 96 95
info@ecuadorembassy.de – www.ecuadorembassy.de
Tourismusinformation: www.ecuador.travel

Frankreich
Diplomatische Vertretung
Botschaft der Republik Frankreich
Pariser Platz 5 – 10117 Berlin
Fon: 030 / 590 03 91-00 – Fax: 030 / 590 03 91-10
ca.berlin-amba@diplomatie.gouv.fr – www.ambafrance-de.org
Tourismusinformation: www.france.fr

Großbritannien
Diplomatische Vertretung
Botschaft des Vereinigten Königreichs
Wilhelmstraße 70 – 10117 Berlin
Fon: 030 / 20 45 70 – Fax: 030 / 20 45 75 71
ukingermany@fco.gov.uk – www.gov.uk/world/germany
Tourismusinformation: www.visitbritain.com

Indien
Diplomatische Vertretung
Botschaft der Republik Indien
Tiergartenstr.17 – 10785 Berlin
Fon: 030 /257950 – Fax: 030 / 25 79 51 02
dcm@indianembassy.de – www.indianembassy.de
Tourismusinformation: www.india-tourism.com

Irland
Diplomatische Vertretung
Botschaft von Irland
Jägerstraße 51 – 10117 Berlin
Fon: 030 / 22 07 20 – Fax: 030 / 22 07 22 99
berlin@dfa.ie – www.embassyofireland.de
Tourismusinformation: www.ireland.com

Island
Diplomatische Vertretung
Botschaft von Island
Rauchstraße 1 – 10787 Berlin
Fon: 030 / 50 50 40 00 – Fax: 030 / 50 50 43 00
infoberlin@mfa.is – www.botschaft-island.de
Tourismusinformation: www.inspiredbyiceland.com

Israel
Diplomatische Vertretung
Botschaft des Staates Israel
Auguste-Viktoria-Str. 74-76 – 14193 Berlin
Fon: 030 / 8904 5500 – Fax: 030 / 8904 5355
botschaft@israel.de – www.israel.de
Tourismusinformation: www.goisrael.de

Italien
Diplomatische Vertretung
Botschaft der Italienischen Republik
Hiroshimastraße 1-7 – 10785 Berlin
Fon: 030 / 25 44 00 – Fax: 030 / 25 44 01 16
segreteria.berlino@esteri.it – www.ambberlino.esteri.it
Tourismusinformation: www.enit-italia.de

Japan
Diplomatische Vertretung
Botschaft von Japan
Hiroshimastraße 6 – 10785 Berlin
Fon: 030 / 210 94 0 – Fax: 030 / 210 94 222
info@bo.mofa.go.jp – www.de.emb-japan.go.jp
Tourismusinformation: www.jnto.de

Kanada
Diplomatische Vertretung
Botschaft von Kanada
Leipziger Platz 17 – 10117 Berlin
Fon: 030 / 20 31 20 – Fax: 030 / 20 31 25 90
brlin-cs@international.gc.ca – www.kanada-info.de
Tourismusinformation: www.canada.travel

Wichtige Info: Die Botschaft von Kanada in Berlin/Deutschland
verfügt über keine Visa- und Einwanderungsabteilung. Für die
Bearbeitung von Visaanträgen von Personen mit deutscher
Staatsangehörigkeit oder mit Wohnsitz in Deutschland ist die
Botschaft von Kanada in Wien/Österreich zuständig.

Malta
Diplomatische Vertretung
Botschaft der Republik Malta
Klingelhöferstraße 3 – 10785 Berlin
Fon: 030 / 263 91 10 – Fax: 030 / 263 911 23
maltaembassy.berlin@gov.mt – www.mfa.gov.mt
Tourismusinformation: www.visitmalta.com

Mexiko
Diplomatische Vertretung
Botschaft der Vereinigten Mexikanischen Staaten
Klingelhöferstraße 3 – 10785 Berlin
Fon: 030 / 26 93 23-0 – Fax: 030 / 26 93 23-700
mail@mexale.de – http://embamex.sre.gob.mx/alemania
Tourismusinformation: www.visitmexico.com

Neuseeland
Diplomatische Vertretung
Botschaft von Neuseeland
Friedrichstraße 60 – 10117 Berlin
Fon: 030 / 20 62 10 – Fax: 030 / 20 62 11 14
nzembber@infoem.org -
www.mfat.govt.nz/en/countries-and-regions/europe/germany/
Tourismusinformation: www.newzealand.com

Norwegen
Diplomatische Vertretung
Königliche Norwegische Botschaft
Rauchstraße 1 – 10787 Berlin
Fon: 030 / 50 50 58 600 – Fax: 030 / 50 50 58 601
emb.berlin@mfa.no – www.norwegen.no
Tourismusinformation: www.visitnorway.de

Peru
Diplomatische Vertretung
Königliche Norwegische Botschaft
Mohrenstr. 42 – 10117 Berlin
Fon: 030 / 206 41 03 – Fax: 030 / 206 410 77
info@embaperu.de – www.botschaft-peru.de
Tourismusinformation: www.peru.travel

Russland
Diplomatische Vertretung
Botschaft des Russischen Förderation
Unter den Linden 63-65 – 10117 Berlin
Fon: 030 / 229 11 10 29 – Fax: 030 / 229 93 97
info@russische-botschaft.de – russische-botschaft.ru/de/
Tourismusinformation: www.visitrussia.org.uk

Schweden
Diplomatische Vertretung
Botschaft des Königreichs Schweden
Rauchstraße 1 – 10787 Berlin
Fon: 030 / 50 50 60 – Fax: 030 / 50 50 67 89
ambassaden.berlin@gov.se – www.schweden.org
Tourismusinformation: www.visitsweden.com

Spanien
Diplomatische Vertretung
Botschaft des Königreichs Spanien
Lichtensteinallee 1 – 10787 Berlin
Fon: 030 / 254 00 70 – Fax: 030 / 257 99 55 7
emb.berlin.inf@maec.es – www.spanischebotschaft.de
Tourismusinformation: www.spain.info

Südafrika
Diplomatische Vertretung
Botschaft der Republik Südafrika
Tiergartenstraße 18 – 10785 Berlin
Fon: 030 / 220 730 – Fax: 030 / 220 731 190
berlin.consular@dirco.gov.za – www.suedafrika.org
Tourismusinformation: www.southafrica.net

Thailand
Diplomatische Vertretung
Königliche Thailändische Botschaft
Lepsiusstraße 64/66 – 12163 Berlin
Fon: 030 / 794 810 – Fax: 030 / 794 81 511
general@thaiembassy.de – www.thaiembassy.de
Tourismusinformation: www.thailandtourismus.de

Türkei
Diplomatische Vertretung
Botschaft der Republik Türkei
Tiergartenstraße 19-21 – 10785 Berlin
Fon: 030 / 27 58 50 – Fax: 030 / 275 909 15
botschaft.berlin@mfa.gov.tr – www.berlin.be.mfa.gov.tr
Tourismusinformation: www.kultur.gov.tr

Uganda
Diplomatische Vertretung
Botschaft der Republik Uganda
Axel-Springer-Straße 54A – 10117 Berlin
Fon: 030 / 206 09 90 – Fax: 030 / 240 475 57
office@ugandaembassyberlin.de – https://berlin.mofa.go.ug/
Tourismusinformation: www.visituganda.com

USA
Diplomatische Vertretung
Botschaft der Vereinigten Staaten von Amerika
Pariser Platz 2 – 10117 Berlin (Postanschrift: Clayallee 170 – 14191 Berlin)
Fon: 030 / 8 30 50 – Fax: 030 / 8 30 510 50
www.usembassy.de
Amerikanisches Generalkonsulat
Gießener Straße 30 – 60435 Frankfurt/Main
Fon: 069 / 753 50 – Fax: 069 / 753 522 77
EducationUSA
info@educationusa.de – www.educationusa.de
Tourismusinformation: www.vusa.travel

Deutsche Vertretungen im Ausland

Das Auswärtige Amt vertritt die Interessen Deutschlands in der Welt und bietet Deutschen im Ausland Schutz und Hilfe. Eine Liste aller deutschen Auslandsvertretungen ist unter www.auswaertiges-amt.de zu finden.

JuBi – Die JugendBildungsmesse

Schule | Reisen | Lernen | Leben

weltweit

SCHÜLERAUSTAUSCH
FREIWILLIGENARBEIT
SPRACHKURSE
JUGENDREISEN
PRAKTIKA
WORK & TRAVEL
STUDIUM

JuBi

Die JugendBildungsmesse

AUSLANDSJAHR
GASTFAMILIE WERDEN
PRIVATSCHULEN
AU–PAIR
HIGH SCHOOL
STIPENDIEN
ARBEITEN

Auf der JuBi werden Träume zu Plänen!

FRANKFURT, 18.08.2018	STUTTGART, 19.01.2019
OLDENBURG, 25.08.2018	DÜSSELDORF, 26.01.2019
HAMBURG, 01.09.2018	MAINZ, 02.02.2019
DRESDEN, 01.09.2018	DORTMUND, 02.02.2019
POTSDAM, 08.09.2018	KASSEL, 09.02.2019
ESSEN, 15.09.2018	LEIPZIG, 09.02.2019
OSNABRÜCK, 22.09.2018	MÜNCHEN, 16.02.2019
KÖLN, 22.09.2018	HANNOVER, 16.02.2019
MANNHEIM, 29.09.2018	FREIBURG, 23.02.2019
ERLANGEN, 06.10.2018	NÜRNBERG, 23.02.2019
DÜSSELDORF, 06.10.2018	LÜBECK, 02.03.2019
BERLIN, 13.10.2018	BERLIN, 09.03.2019
STUTTGART, 13.10.2018	MÜNSTER, 09.03.2019
MÜNCHEN, 20.10.2018	FRANKFURT, 16.03.2019
HAMBURG, 27.10.2018	KÖLN, 23.03.2019
HANNOVER, 03.11.2018	ERFURT, 23.03.2019
BOCHUM, 10.11.2018	FRIEDRICHSHAFEN, 30.03.2019
KARLSRUHE, 17.11.2018	HAMBURG, 30.03.2019
BONN, 17.11.2018	DÜSSELDORF, 06.04.2019
MÜNSTER, 24.11.2018	KIEL, 11.05.2019
BREMEN, 01.12.2018	DARMSTADT, 25.05.2019
FRANKFURT, 01.12.2018	DORTMUND, 15.06.2019
REGENSBURG, 08.12.2018	BREMEN, 22.06.2019
DÜSSELDORF, 08.12.2018	STUTTGART, 29.06.2019
KÖLN, 12.01.2019	KÖLN, 29.06.2019
BERLIN, 12.01.2019	MÜNCHEN, 06.07.2019
HAMBURG, 19.01.2019	10 - 16 Uhr	Eintritt frei

weltweiser

www.weltweiser.de

Die Infobörse für Auslandsaufenthalte

Schüleraustausch – Austauschjahr – High School
Sprachreisen – Freiwilligenarbeit – Au-Pair
Praktika – Work & Travel – Studium
Jugendreisen – College – Privatschulen

WIEN, 29.09.2018
GRAZ, 20.10.2018
WIEN, 26.01.2019
SALZBURG, 16.03.2019

YOUTH
Education & Travel
FAIR

10-15 Uhr
Eintritt frei!

www.youth-education-travel-fair.com

→ HESSEN
total international
Die Jugend-Info-Börse

Jugendbegegnungen – Austauschjahr – Freiwilligendienste
Gastfamilie werden – Sprachreisen – Work & Travel
Workcamps – Praktika – Au-Pair

10 - 16 Uhr | Eintritt frei
WIESBADEN
10.11.2018

Wiesbadener Kunst & Musikschule | Eingang Kulturforum
Friedrichstraße 16 | 65185 Wiesbaden

www.hessen-total-international.de

ICH BIN FREI.

ARTIKEL 1:

Alle Menschen sind frei und gleich an Würde und Rechten geboren. Sie sind mit Vernunft und Gewissen begabt und sollen einander im Geist der Brüderlichkeit begegnen.

DIE ALLGEMEINE ERKLÄRUNG DER MENSCHENRECHTE
ICH SCHÜTZE SIE – SIE SCHÜTZT MICH

Mehr zu den 30 Artikeln der Allgemeinen Erklärung der Menschenrechte und weitere Informationen unter **www.amnesty.de**

AMNESTY
INTERNATIONAL

weltweiser
online

 AustauschCommunity:
www.schueleraustausch-weltweit.de

 AuslandsForum:
auslandsforum.weltweiser.de

 Facebook:
facebook.com/weltweiser

 Twitter:
twitter.com/weltweiser

 Instagram:
instagram.com/weltweiser

Youtube:
youtube.com/weltweiser-fernweh

© ruckszio/photocase

Ganz schön mutig!

Aktiv werden und Kindern in Not helfen?
Zum Beispiel mit einer mutigen Aktion?
Wir zeigen Ihnen, wie das geht.

www.tdh.de/wwwdg

Elke Gäth & Ulrike Krogmann

Kitchen 2 Go – Kochen und Backen
Deutsch / Englisch

Über 70 Lieblingsrezepte von Jugendlichen –
international, raffiniert, einfach zu kochen!

180 Seiten, 240 Farbabbildungen, 14,80 Euro
ISBN 3-935897-31-0
www.weltweiser.de

HIGHSCHOOLFINDER

> www.highschooljahr-usa.de

Suche, finde und vergleiche
Deine Austauschorganisation
für die USA!

ICH HAB RECHT.

ARTIKEL 6:

Jeder hat das Recht, überall als rechtsfähig anerkannt zu werden.

**DIE ALLGEMEINE ERKLÄRUNG DER MENSCHENRECHTE
ICH SCHÜTZE SIE – SIE SCHÜTZT MICH**

Mehr zu den 30 Artikeln der Allgemeinen Erklärung der Menschenrechte
und weitere Informationen unter **www.amnesty.de**

AMNESTY
INTERNATIONAL

tunaly/iStock

Die 3.400 km Reise...

...nehmen Flüchtlinge auf sich, um nach Deutschland zu fliehen.
Für viele ist es eine Reise auf Leben und Tod, auf der sie ausgeraubt, geschlagen
oder misshandelt werden. Manche Kinder verlieren auf der Flucht ihre Eltern.

terre des hommes setzt sich für Flüchtlingskinder ein. Wir kümmern uns
um Jungen und Mädchen, die durch Krieg und Gewalt traumatisiert wurden.

Bitte unterstützen Sie unsere Arbeit – mit Ihrer Spende!
Weitere Informationen unter 05 41/71 01-128

WELTBÜRGER
Stipendien

Ein Weltbürger, auch Kosmopolit (von griechisch: kósmos = Welt und polítes = Bürger) genannt, ist ein Mensch, der seine Identität stärker mit seiner Zugehörigkeit zur Menschheit verbindet als etwa mit seiner sozialen Klasse oder mit seiner Nationalität.

Aus der Überzeugung, dass junge Menschen sich durch die intensive Kulturerfahrung während eines Auslandsaufenthalts ganzheitlich weiterbilden und dabei einen wichtigen Beitrag zur Völkerverständigung – und somit zur Wahrung der Würde und Freiheit jedes einzelnen Menschen – leisten, schreiben Austauschorganisationen, Unternehmen und der unabhängige Bildungsberatungsdienst weltweiser im Rahmen der JugendBildungsmesse JuBi zahlreiche WELTBÜRGER-Stipendien aus. Ziel ist es, Jugendliche und junge Erwachsene auf ihrem ganz individuellen Weg zum Weltbürger zu fördern.

Die WELTBÜRGER-Stipendien richten sich an Jugendliche und junge Erwachsene. Grundsätzlich gilt, dass neben dem persönlichen Engagement in den Bereichen Soziales, Kultur, Wissen, Innovation, Sport, Musik, Kunst oder Journalismus nicht zuletzt auch die finanziellen Möglichkeiten der Bewerber bei der Stipendienvergabe berücksichtigt werden.

www.weltbuerger-stipendien.de